本书获国家社科基金重大项目“体育成为中华民族伟大复兴标志性事业的理论内涵与时代推进研究”（21&ZD341）和国家体育总局决策咨询重大项目“体育成为中华民族伟大复兴标志性事业的理论内涵研究”（2020-A-15）资助

湖北省公益学术著作出版专项资金
Hubei Special Funds for Academic and Public-interest Publications

| 中国 · 2035 |

体育强国建设与中华民族伟大复兴

赵富学◎著

长江出版传媒
湖北人民出版社

图书在版编目(CIP)数据

体育强国建设与中华民族伟大复兴 / 赵富学著. —武汉 :
湖北人民出版社, 2023.12
ISBN 978-7-216-10557-6

Ⅰ. ①体… Ⅱ. ①赵… Ⅲ. ①体育事业—发展—研究
—中国 Ⅳ. ①G812

中国版本图书馆CIP数据核字（2022）第234273号

责任编辑：徐 艳 张倩玉
封面设计：刘舒扬
责任校对：范承勇
责任印制：肖迎军

出版发行：湖北人民出版社	**地址：**武汉市雄楚大道268号
印刷：湖北新华印务有限公司	**邮编：**430070
开本：787毫米 × 1092毫米 1/16	**印张：**26.5
字数：500千字	**插页：**2
版次：2023年12月第1版	**印次：**2023年12月第1次印刷
书号：ISBN 978-7-216-10557-6	**定价：**88.00元

本社网址：http://www.hbpp.com.cn
本社旗舰店：http://hbrmcbs.tmall.com
读者服务部电话：027-87679656
投诉举报电话：027-87679757
（图书如出现印装质量问题，由本社负责调换）

序　言

习近平总书记在党的二十大报告中指出，“中国共产党的中心任务就是团结带领全国各族人民全面建成社会主义现代化强国、实现第二个百年奋斗目标，以中国式现代化全面推进中华民族伟大复兴”，同时再次强调要“加快建设体育强国”。体育强则中国强，国运兴则体育兴。体育是社会发展和人类进步的重要标志，是综合国力和社会文明程度的重要体现，促进体育事业更好更快发展作为我国现代化强国建设和中国共产党第二个百年奋斗目标的重要组成部分，推动中华民族伟大复兴注入强劲活力。

自2019年国务院颁布《体育强国建设纲要》以来，我国体育事业发展更上一层楼，体育强国建设正以前所未见的建设规模和日新月异的发展速度向前推进，取得了可喜可贺的成绩：竞技体育成绩优异、群众体育蓬勃发展、体育产业亮点纷呈、体育文化深入人心，包括体育学研究学者在内的众多学者相继投身于体育强国建设之中，相关研究成果日益丰硕。在这些研究者中，赵富学教授可谓佼佼者。他撰写的这本《体育强国建设与中华民族伟大复兴》，基于历史探源、理论思辨、现实考察与未来观照，全面系统地阐述了体育强国建设与实现中华民族伟大复兴之间的必然联系，视野广博，角度精妙，解读严谨，论述深刻。本书的出版意义重大，必将影响深远。

血脉相通，命运相连。从历史渊源来看，体育强国梦与民族复兴梦是交织交融、相伴相随的关系。在中国共产党的领导下，中国体育事业经历的从体育救国、体育强体、体育兴国、体育大国到体育强国的发展历程，与党领导人民争取民族解放、民族独立、民族振兴、民族富强的伟大抗争史和奋斗史是相互印证、一脉相承的。在全面建成小康社会、向着第二个百年奋斗目标奋勇前行之际，中国体育也正处在向着建设体育强国的战略目标坚定前行之时，两者之间新的前途与命运勾连应运而生，体育强国建设顺然被赋予了重大的历史责任和时代使命，将成为新时代推动实现中华民族伟大复兴进程的强大力量。

党政引领，协同联动。火车跑得快，要靠车头带。历史和现实共同证明，加快体育强国建设与实现中华民族伟大复兴必须始终坚持中国共产党的正确领导，这是我国体育事业取得辉煌成就的重要基础，也是推动体育强国建设和实现中华民族伟大复兴的首要保障。必须坚定不移贯彻“体育为人民服务”的根本宗旨和“体育发展从群众中来，到群众中去”的价值观念，强化政府对于体育强国建设的顶层设计和宏观指导，同时要加强各政府部门、各社会组织、各市场主体之间的协同联动和相互配合，充分激发社会潜力和市场活力，着力构建起全社会共同参与的多元主体共治机制，共同为体育强国建设出谋划策，贡献力量。

竞技争光，全民参享。竞技体育发展水平是展示国家形象和综合体育实力的重要标志，有利于凝聚家国认同、振奋国民精神，对于体育强国建设具有重要的引领和带动作用。要利用好我国“集中力量办大事”的制度优势，完善举国体制和市场机制相结合的竞技体育发展模式，构建科学化、现代化的竞技体育训练体系、竞赛体系和选拔体系，探索中国特色“三大球”发展之路，不断提升运动员的运动竞技水平和为国争光能力。全民健身国家战略是体育强国建设的奠基工程，可以为体育强国建设和实现中华民族伟大复兴提供强有力的群众基础和健康保障。持续深化全民健身战略、助力健康中国建设的实施要以增强人民体质、提高健康水平为根本目标，以满足人民群众日益增长的多元化体育健身需求为出发点和落脚点，培养人民群众“终身体育”的锻炼习惯，增强人民群众体育参与的“主人翁”意识，使体育发展成果由全民共享，不断提升人民群众的体育满意度和生活幸福感。

产业驱动，文化助力。加快发展体育产业是促进国民经济结构转型调整、推动支柱性产业体系拓展优化的重要内容，更是使体育发展效益惠民利民的有效途径。应推动相关产业融合及区域协同发展，完善体育全产业链条，扩大体育市场规模；鼓励科技创新，增强相关企业的赛事供给、产品供给、服务供给能力，引导民众增强体育消费能力，建立完善的体育市场监管机制，保障体育产业发展效益，充分激发体育市场活力。体育文化是国家文化软实力的重要组成部分，是助推体育强国建设和实现中华民族伟大复兴的强大内生动力。体育强国建设离不开体育文化的滋养和哺育，更离不开体育精神的激励和引导。中国体育文化来源于对中华优秀传统文化的继承和发扬，来源于中国体育人对体育事业发展的奉献和付出。在广大体育工作者对于体育事业孜孜不倦的努力、持之以恒的拼搏和无怨无悔的牺牲中，淬炼了弥足珍贵、历久弥新的“女排精神”“女足精神”“北京冬奥精神”“中华体育精神”。传承体育文化，弘扬体育精神，可以为体育强国建设提振精气神，激发奋斗情，凝聚向心力。

强基固本，内联外合。体育强国建设不是简单片面的，也不是一蹴而就的，更不是踽踽独行就能实现的。一是要筑牢发展根基。加强青少年体育工作，大力发展体育教育，努力提升青少年体质健康水平，为体育强国建设和实现中华民族伟大复兴积蓄力量。二是要补足发展短板。利用好北京冬奥会这一历史机遇，大力普及冰雪运动项目，提升冬季项目竞技水平，促进我国体育竞技综合实力全面发展。三是要强调体育公平。深入推动少数民族地区体育援助计划，努力突破人文差异和地理界限，让体育强国建设成果惠及全国各个地区各个民族。四是要注重体育交往。坚持“开门办体育”的体育对外交往政策，利用好北京冬奥会等大型赛事组办机会，强化与世界各国的沟通交流与文化互鉴，扩大体育国际交往的“朋友圈”与“伙伴群”，为加快体育强国建设和实现中华民族伟大复兴创造良好的外部条件。

改革优化，突破创新。改革与创新是中国体育事业发展建功立业、常践常得的源泉和动力。要深入贯彻新发展理念，以“创新发展、协调发展、绿色发展、开放发展、共享发展”引领带动体育强国建设在竞技体育、群众体育、体育产业、体育文化、学校体育等方面进行改革，改善组织结构，优化发展布局，创新发展方式，消弭内生阻力，激活发展潜能，促进实现体育领域的中国式现代化。增强理论创新、制度创新、文化创新、实践创新能力，不断探索促进体育强国建设的新理念、新观点、新方法、新道路，总结体育治理经验，创新体育运作模式，努力为体育强国建设贡献体现中国精神、中国智慧、中国力量的中国特色体育治理方案，为推动实现中华民族伟大复兴提供经验智慧。

时代召唤，使命在即。在党的全面领导下，我国已实现第一个百年奋斗目标，在中华大地上全面建成了小康社会，正向着第二个百年奋斗目标勇毅前行，体育强国建设也在党和国家领导人的殷切重视和亲自筹划下、在全国人民的大力支持和全心拥护下取得了许多阶段性成就，收获了众多宝贵的建设经验。筑梦新时代，奋进新征程。站在新的历史起点上，体育强国建设更要肩负起助推实现中华民族伟大复兴新征程的时代使命，扬新帆、谋新篇、布新局，努力应对好涉及体育各个领域发展不平衡、不充分、不协调的问题，着力解决好广大人民群众参与体育运动时间少、兴趣低、锻炼难的问题，大力破解好体育产业和体育文化发展基础薄弱、矛盾突出、效益低下的问题，促进体育强国建设向着更高质量、更高水平、更高层次迈进。

体育强国建设功在当代、利在千秋，实现中华民族伟大复兴使命崇高、任务艰巨。我们需要铆足干劲、不懈拼搏、矢志奋斗，才能在推动体育强国建设与实现中华民族伟大复兴新征程中，披荆斩棘、圆梦功成！

此为序。

（作者系武汉体育学院党委副书记、院长，

国务院学位委员会第六、第七届学科评议组成员）

前　言

体育是促进人的身心健康发展和提升社会现代化水平的重要标志，是综合国力和社会文明程度的重要体现，体育强国梦与中国梦紧密相连。党的十八大以来，以习近平同志为核心的党中央高度重视体育事业的改革发展，从历史与现代相结合的视角总结体育事业发展的一般规律，从全局视角和战略高度科学谋划我国体育事业的改革发展，大力推进体育强国建设，不断满足人民对美好生活的需要，努力将体育建设成为中华民族伟大复兴的标志性事业。体育强国建设助推中华民族伟大复兴研究的开展，有利于丰富对体育强国建设内涵与意义、过程与规律、价值与目的等基本理论问题的认识，有助于厘清体育强国建设的各个研究领域以及各领域之间的逻辑关系，对于如何平衡群众体育与竞技体育之间的关系、如何协调体育工作全面发展与重大体育工程建设之间的关系、如何处理体育的社会本位价值与人本位价值之间的关系等具有现实指导意义。本研究采取文献资料法、历史分析法、问题研究法、逻辑推理法、比较研究法等研究方法，对中国共产党领导下的百年体育探索道路进行总结与归纳，从助推中华民族伟大复兴的视角对体育强国建设研究的内容组构进行合理解析与深刻把握，以马克思主义方法论的辩证唯物主义和历史唯物主义的观点，看待体育强国建设的根源问题、历史演进问题以及改革发展问题，阐释习近平总书记关于体育的重要论述对于体育强国建设助推中华民族伟大复兴的理论与实践指导意义，为中国式现代化体育道路的建设与发展奠定坚实基础。

本研究将中国共产党百年体育探索、习近平总书记关于体育强国建设的重要论述以及将体育建设成为中华民族伟大复兴的标志性事业作为三大主要议题，围绕我国体育工作的发展历史、当下实情、未来愿景，在马克思主义认识论和系统科学方法论的基础之上进行学理分析与实践反思。同时，从全民健身、竞技体育、体育产业、体育文化以及体育外交五大板块，探讨体育与促进人的身心健康、发展高水平竞技运动、培育社会经济发展新动能、增强文化自信以及提升国际地位、扩大国际影响力之间的关系，全面分析体育强国建设对于我国政治、经济、文化等方面的重要作用与功能，从宏观上和整体上把握体育事业发展的客观规律和一般特征。回首这十年，我国众多体育重大工程和标志性成果，从不同维度建立了体育事业发展的坐标，“女排精神”“女足精神”“女篮精神”等一系列让人奋发向上的时代精神勾勒出属于新时代的中华体育精神谱系，丰富了中国精神的内涵，扩大了中国精神的外延。北京冬奥会、冬残奥会的胜利举办向世界奉献了简约、安全、精彩的奥运盛会，同时也收获了丰厚的精神财富；北京冬奥会是新时代中国共产党治国理政智慧的一次集中展现，向世界展示了中国特色社会主义制度的优越性；群众参与冰雪运动的热情高涨，“带动三亿人参与冰雪运动”的庄严承诺成为现实；中国体育代表团实现冬奥会全项目参赛，创造了中国冬奥会参赛历史最好成绩；冰雪产业蓬勃发展，冰雪产业体系正快步完善。同时，少数民族地区体育援助事业的蓬勃发展，补齐了我国少数民族地区体育发展薄弱的短板，极大地鼓舞了少数民族地区人民群众参与体育、发展体育的热情和激情，为我国群众体育事业的发展注入了一股强劲力量；青少年体育教育事业的稳步推进，使得我国青少年体质健康状况多项指标止跌反弹、逐步向好，全社会关心青少年身心健康的氛围逐渐浓厚，学校体育改革不断推进，体育师资队伍力量不断加强，体育场地设施条件明显改善，对青少年体质健康的评价越来越高，体教融合不断深化。

体育强国建设是全面建设社会主义现代化国家的一个重要目标。从广泛开展全民健身活动，推动全民健身和全民健康深度融合，加快推进体育强国建设，筹办好北京冬奥会、冬残奥会的时代宣言，到《体育强国建设纲要》的颁布，对体育强国战略任务进行总体部署和全面安排，再到“2035年建成体育强国、健康中国”的阶段目标，中国体育在最好的时代被赋予了全新的内涵和外延，中国式现代化体育道路正在以崭新的方式和独有的特质为中华民族伟大复兴提供优质动力。

目录

第一章

中国共产党百年体育探索与中华民族伟大复兴

一百多年前，“东亚病夫”的蔑称使得有血性的中国人产生了一种强烈的激愤感，自此，无数仁人志士展开了艰苦卓绝的对“祛病”之路的探索。以“救亡图存”为目的的近代资产阶级改良派，从“保种救国”的高度出发，开始高度肯定体育的社会效能，提倡尚武之风，反对社会流行的“文弱”风气，提出“尚武强国”的思想，这一思想逐渐被进步人士和革命派人物所接受，并且演变成为影响近代中国探索强国复兴之路的重要命题。[①]1921年，中国共产党在上海成立，自此，中国的革命事业拉开了新的帷幕，中国的革命面貌随之发生了翻天覆地的变化。中国共产党从成立伊始，便将激励中国人民的反帝爱国热情和民族自尊心作为重要任务，领导中国人民探索真正能够实现“强种强国”的道路。百年来，在中国共产党的坚强领导下，体育作为推进“强种强国”之路的重要手段，被大力提倡和发展起来。“体育强则中国强，国运兴则体育兴”，中国共产党领导中国体育在波澜壮阔的百年历史进程中拼搏奋进，砥砺前行，使体育成为助推中华民族伟大复兴进程的一股强劲动力。

第一节　中国共产党体育强国探索的主题脉络考察

中国共产党领导的体育强国主题和路径探索所经历的百年历程，不仅展示了

① 邓河.中国近代社会的尚武思潮［J］.山西师大学报（社会科学版），1999（1）.

体育能够承载国家强盛的重任，而且诠释了体育能够实现民族振兴的精神内核。百年来，中国共产党基于体育这一主题，完整探索了体育救国、体育强体、体育兴国、体育大国至体育强国的内涵与要义，使体育强国梦与中华民族伟大复兴中国梦结合起来，将体育强国探索和激励鼓舞国人顽强拼搏、自强不息的强大内生动力联系起来。

一、内涵萌生：集中了早期中国共产党人体育强国探索的内涵品性与价值要义

中国共产党始终将提振国民的健康水平和保障国民的健康条件与体育权利作为奋斗目标之一。[①]早期共产党人基于体育与国家危难之间的联系，探讨了体育对增强民族体质、拯救民族危亡的重要作用，对体育救国这一主题发出了时代强音，重塑了体育的时代内涵。随着近代中国反帝反封建任务的确立，早期共产党人基于对马克思列宁主义理论的认识，开始尝试用科学理论与观点来研究和倡导体育发展。毛泽东在审视中国面临的危难和民众面临的疾苦的基础上，深刻认识到了体育对国家、国民和教育的重要影响。《体育之研究》虽然发表在中国共产党成立之前，但它展现了毛泽东同志对体育救国主题认识的全面性和深刻性，对建党后我国体育理论和思想的发展产生了百年的影响力。毛泽东指出："国力苶弱，武风不振，民族之体质日趋轻细，此甚可忧之现象也。"[②]基于此，他指出体育的目的不仅在于"养生"，还在于"救国强民"。《体育之研究》对于体育救国主题的内涵认识，建立在较全面的理论阐释和近代多学科综合研究的基础之上，有破有立，见解深刻，影响深远。恽代英在《学校体育之研究》中，针对当时中国学生体质和学校体育的现状，猛烈抨击了学校体育的问题和兵操体育的弊病，指出了学生体质和学校体育如果不能改进，则会危及中国未来的前途和民族未来的命运。[③]他狠狠地驳斥了近代中国学校体育领域中的守旧观点，对维护学校体育的本真意涵起到了一定作用。

---

① 王猛，渠彦超.中国共产党百年体育思想的历史演进、理论内涵与重要价值［J］.体育与科学，2021，42（4）.

② 编写组.党的十九大报告单行本［M］.北京：人民出版社，2018.

③ 刘辉.中国近代思想家文库（恽代英卷）［M］.北京：中国人民大学出版社，2015.

陈独秀注重通过体育塑造国民“意志顽狠”“善斗不屈”“体魄强健”“力抗自然”的品性。他认为，体育一门在中国教育中从来没人提倡，射和御虽然是古老的中国体育项目，但却没人进行专门的说明和推展，导致“全国人斯文委弱，奄奄无生气，这也是国促种弱的一个原因”[①]。因此，他大声疾呼在国难当头，国人要学些“武备”，增强体质，奋发图强，不仅要“强国保种”，而且要勇于“角胜世界文明之猛兽”，使中国屹立于世界强国之林。邓中夏非常关心青年人的体育和健康，认为革命的劳苦青年需要有体育的权利，以增强体魄，更好地参加革命工作和完成革命任务。萧楚女提出要改造一个社会，首先需要一个强健的改造者，通过锻炼身心，使他们的身体和心力至坚极强，以成为坚强的革命者。[②]杨贤江主张把从事体育锻炼、强健身体提升到个人为国家和社会应尽义务的高度，重视体育爱国精神和团体精神的培养，以便个人能够更好地参与到国家救亡和社会改造中去。[③]体育救国是早期共产党人对于所处时代图存求新主题的回应，是革命事业的重要组成部分。虽然因当时独特的时代背景所限，我们党尚未就体育事业形成专门的纲领和政策，但早期共产党人对于体育救国主题的深刻阐释，集中体现了他们对体育救国内涵品性与价值要义的认知，为后期体育强国主题的提出奠定了基础。

二、行动跟进：凝结了中国共产党体育强国探索的积极态度和行动能力

随着中国共产党领导中国革命进入新的阶段，我们党不仅领导广大军民在革命根据地和解放区开展土地革命，进行经济、政治和文化建设，还在加紧生产和改善生活之外，大力号召开展形式多样的体育活动，提高军民的身体素质和健康水平，为进行革命战争和开展阶级斗争做准备。“练好身体、争取胜利”“养成工农群众的集体精神与强健体格，适合阶级斗争需要”“锻炼工农阶级的筋骨，战胜一切敌人”[④]等口号，成为革命战争时期体育发展的主基调，体育强体的主题

---

① 任建树.独秀文存［M］.上海：上海人民出版社，2016.

② 汪智.20世纪的中国（体育卫生卷）［M］.兰州：甘肃人民出版社，2000.

③ 黄永刚，张健华.杨贤江现代教育理论体系研究［M］.杭州：浙江大学出版社，2015.

④ 汪智.20世纪的中国（体育卫生卷）［M］.兰州：甘肃人民出版社，2000.

淋漓尽致地体现在党领导广大军民对革命胜利的追求和革命乐观主义精神的养成中。在苏区，党和政府大力发展红色体育，虽然当时的物质条件和技术水平较差，能够组织起来的体育竞赛项目也不多，但苏区军民仍在十分艰苦的条件下，紧密结合为革命战争和阶级斗争、政治斗争而服务的目标，组织体育活动和运动竞赛，体育成为广大军民强身健体、迎接战斗和活跃部队氛围的重要手段。根据1933年的统计，在中央苏区的2932个乡中，体育俱乐部就有1917个，经常参加文化体育活动的机关干部有近10万人。①1931年至1934年，中央苏区组织开展重要体育比赛达20余次。为了适应革命战争的需要，军事学院将军事训练和体育锻炼结合起来，为培训革命干部所创办的苏区各级学校广泛开展各类体育活动创造条件，例如苏维埃大学不仅重点开展了篮球、排球和足球活动，而且还广泛开展乒乓球、单杠、双杠、赛跑等体育活动，旨在增强学员身体素质，为更好参加革命事业服务。②

在长征时期，红军部队每到达一个驻地，总会安排文娱体育活动。即便在艰苦异常的环境下，红军干部战士也不乏体育锻炼的热情，尤其是遇到时间较长的休整时间，爬山、赛跑、跳高、跳远、体操、游泳等体育活动，更是开展得轰轰烈烈，十分活跃。在红四方面军举行的“五一全军运动大会”中，朱德倡议成立“红场委员会”，专门负责筹办运动会和推进红军体育运动。③在长征途中，红军部队还积极推动基层群众性体育活动的开展，掀起了军民共同参与锻炼的热潮。党在长征时期的体育工作方针，使广大红军战士能够从思想、意志、军事和生活等方面接受严酷战争环境的检阅和考验，对于提升和凝聚部队战斗力、强化干部战士身体素质和意志品质意义重大。进入抗日战争时期，党领导根据地和边区军民，倡导“为服务革命战争和团结民众一致抗日”，蓬勃开展体育活动，提升广大军民的身体素质和健康水平。在党中央和边区政府的领导下，广泛开展于抗日根据地和解放区的体育活动，非常具有代表性。抗日军政大学几乎每年都会举办运动会，它的基层单位都组织了相应的篮球和排球运动队。1940年，延安成立

---

① 崔乐泉.中国体育通史［M］.北京：人民体育出版社，2008.

② 马振东.中央苏区红色体育［M］.北京：新华出版社，2010.

③ 孔繁敏，程惠丽.中央苏区体育文化研究［M］.北京：人民体育出版社，1999.

了延安体育会[①]；1942年1月，朱德、洛甫、邓发等人在延安军人俱乐部成立了“延安新体育学会”[②]；1942年9月1日，由朱德、贺龙等16位同志发起的延安“九一扩大运动会”，共有1380名男女运动员参加，涉及20多个比赛项目，成为抗日根据地规模最大和影响最为深远的一次运动会[③]。抗战胜利之后，面对国民党反动派发动的内战，在中国共产党的领导下，人民解放军开展了轰轰烈烈的大练兵运动，目的在于使解放军战士掌握过硬的杀敌本领，增强部队的作战能力，为解放全中国做好准备。这一时期党领导的体育运动，不仅延续着人民军队军事体育的优良传统，而且在运动技术方面取得了新的进步，使体育运动为革命战争服务的政治方向得到了延伸，为增强军民体质、保障参军参战和保证各项作战及生产任务的完成作出了不可磨灭的历史性贡献。嵌存于革命战争中的体育强体的主题，展示了党在革命战争时期领导军民开展体育运动的实际行动能力和乐观精神，为新中国强国事业的建设和推进奠定了坚实的基础。

三、能量聚合：汇集了中国共产党为民谋福与为国增利的体育强国探索程式及动力

新中国成立之后，在中国共产党的领导下，体育事业继续继承与发扬革命根据地和解放区的优良传统，在学习借鉴苏联等社会主义国家优秀体育经验的基础上，中国体育事业步入了新的发展阶段。“体育为人民服务”号召的提出，使新中国体育事业的发展有了新的指向，为我国社会主义体育方针的确立奠定了基础。1949年10月27日，朱德在中华全国体育总会筹备大会上指出：“现在我们的体育事业，一定要为人民服务，要为国防和国民健康服务。”[④]1952年6月10日，毛泽东在中华全国体育总会第二届代表大会上题词：“发展体育运动，增强人民体质。”[⑤]1954年1月16日，贺龙在《体育工作总结报告》中指出：“体育以服务于人民健康、经济建设和国防建设为目的。”在党的领导下，新中国的体育工作始终把增强人民群众的体质和健康作为主要目的，并且尝试在“普及的基础

①③ 史进，刘晓莉．中国红色体育［M］．北京：人民日报出版社，2016.

② 孔繁敏，程惠丽．中央苏区体育文化研究［M］．北京：人民体育出版社，1999.

④ 苏肖晴．新民主主义体育史［M］．福州：福建教育出版社，1999.

⑤ 体育史教材编写组．体育史［M］．北京：高等教育出版社，2000.

上进行提高”，有效提升了我国的竞技体育水平。即使在1956年我国经济和人民生活处于落后水平的情况下，新中国培养的运动员已经开始打破世界纪录，取得了令世人瞩目的优异成绩。从这一时期开始，我国体育事业顺势而起，对标体育兴国的要求和标准，在为民谋福的基础上，探索社会主义体育事业的发展道路。

在党的领导下，中国体育事业持续向前推进，尤其是朝着体育振兴国家的方向努力。尽快与世界接轨和进入国际体育核心领域，成为体育工作的重要任务。体育事业发展的脉络开始变得更加清晰，发展质量也不断提高。竞技体育、群众体育、军事体育、学校体育开始全面振兴，发展势头迅猛，出现了可喜的局面。例如1953年至1956年，我国市级以上的运动会就达到6000多场，其中全国性的竞赛达75场，打破全国纪录1300次[①]，运动员陈镜开更是在1956年以133公斤最轻量级挺举的成绩创造了中国第一个世界纪录[②]。国内运动水平的不断提高为我国体育全面振兴和走向世界打下了坚实的基础。在党的领导下，我国从1952年开始至1956年底，陆续加入了国际排球联合会、国际乒乓球联合会、国际举重联合会、国际田径联合会等14个国际单项体育组织。[③]尤其是1954年国际奥委会第四十九届会议将中华全国体育总会确认为中国奥委会合法席位的决定，更是具有重要历史意义。

在全面振兴体育事业的进程中，由于受到国际反华势力和三年困难时期的影响，中国体育事业的发展也经历了曲折和困难。但在中国共产党的坚强领导下，中国体育事业顶住压力，克服困难，聚合能量，逐渐摸索出了适合中国现实的体育兴国之路，并且取得了不俗的成绩。在1961年第二十六届世界乒乓球锦标赛中，中国队夺得男子团体、男子单打、女子单打3项世界冠军和多个项目的亚军。[④]1965年，全国共刷新189项世界纪录，共有66人41次打破28项世界纪录。[⑤]在“调整、巩固、充实、提高”方针的指导下，中国体育事业的发展呈现

---

① 体育史教材编写组.体育史［M］.北京：高等教育出版社，2000.

② 夏莉娜.陈镜开：新中国第一个打破世界纪录的运动员［J］.中国人大，2010（22）.

③⑤ 汪智.20世纪的中国（体育卫生卷）［M］.兰州：甘肃人民出版社，2000.

④ 国家体育总局.新中国体育70年［M］.北京：人民出版社，2019.

出新的走势。在“文革”期间，这种新的走势却受到了巨大冲击，体育事业遭到了严重的挫折和破坏。但在党的领导下，老一辈无产阶级革命家和广大体育工作者，敢于在极其艰苦的环境下进行斗争，使这一时期的体育工作能够在挫折中实现一定范围的发展，在群众体育、竞技体育、体育外交等领域表现出了波浪状和阶段性的发展。

四、布局呈现：展示了中国共产党探索体育强国建设整体布局的战略视域

党的十一届三中全会的召开，为我国体育事业的改革与发展指明了方向。随着我国体育重返奥运大家庭和体育对外交流的不断深入，体育以其自身改革成绩和丰富的内涵，越来越广泛地影响着我国人民的生活方式，日益成为人民群众生活中的重要组成部分。在“思想一盘棋，组织一条龙，训练一贯制”的要求下，举国体制在改革开放初期充分发挥了它在竞技体育中的优势和潜力，为20世纪80年代初我国在世界体坛迅速崛起开辟了一条实用的道路。1983年10月，原国家体委在《关于进一步开创体育新局面的请示》中第一次正式提出要在20世纪末将我国建设成为世界体育强国。[①]1985年8月，在全国体育发展战略研讨会上，确立了“体育强国”建设的战略目标。[②]但在当时，由于过分强调运动竞技水平在世界“体育强国”评价指标体系中的地位，“体育强国”的建设目标被过于放大。直到20世纪末，关于“体育强国”建设的认识逐渐回归到合理的范围内，我国作为体育大国的国际体育地位被逐步确立，体育与经济、教育、文化、卫生协调发展，竞技体育和群众体育在发展上也逐渐互补与协调。人们开始围绕体育的多种功能进行科学和深入的探析，对“体育强国”的内涵拓展与实现时间进行了新的探讨。

进入21世纪，“以人为本”的可持续发展观为我国体育强国探索和建设提供了重要的理论基础。国民经济的发展水平、人民群众的体育意识、休闲时间、政府对体育事业的重视与投入程度等，都成为影响体育强国建设的重要因素。我国

---

① 国家体育总局.新中国体育70年［M］.北京：人民出版社，2019.

② 汪智.20世纪的中国（体育卫生卷）［M］.兰州：甘肃人民出版社，2000.

体育事业开启了全面发展的新阶段。国家调控、依托社会、充满自我发展生机与活力的体育机制和良性循环的运行机制已经构建起来，通过竞技体育、群众体育、学校体育、体育文化、体育外交等领域的协调发展，形成了具有中国特色的体育强国建设新布局。党的十八大以来，体育事业围绕新时代中国特色社会主义建设的实际需要，进行了与时俱进的系统改革，形成了适合我国、面向世界和充满活力的体育事业全面发展主题。在推进我国由体育大国朝体育强国迈进的进程中，党和国家更是基于战略视域的高度，赋予了体育强国建设新的内涵和要义。在体育强国梦与实现中华民族伟大复兴中国梦息息相关这一认识的引领下，我国将体育强国建设融入实现“两个一百年”奋斗目标的布局中去谋划，体育治理体系和治理能力的现代化进程不断加快，体育事业发展方式朝高质量方向转型，推动体育强国建设成为实现中华民族伟大复兴的磅礴支撑力量。

五、边界延展：中国共产党体育强国探索中融入了保障人民健康生活的方式与智慧

党的十八大以来，以习近平同志为核心的党中央将人民健康置于优先发展战略地位。使国民拥有健康的体魄和心理，既是建设体育强国的基础，也是实现中华民族伟大复兴中国梦的前提。习近平总书记在党的十九大报告中指出：“广泛开展全民健身活动，加快推进体育强国建设。”①中国共产党将体育强国建设与国家综合国力的促进和社会文明程度的提升联系起来，不仅谋求体育强国建设在社会发展进程中体现出越来越明显的作用，而且致力于提升广大人民群众的健康水平和身体素质，使体育强国建设能够与国民健康生活结合在一起。体育是促进国民健康的重要手段，百年来，中国共产党领导中国体育事业取得了跨越式的发展成就，这些成就中有相当部分属于提升人民健康水平的范畴。党的十九大报告指出：“人民健康是民族昌盛和国家富强的重要标志”②，体育强国建设更加需要人民健康作为基础和保障。国民身心健康且教育面貌良好，是国家重要的高质量人力资源，能够为国家的经济社会发展贡献更大力量。中国

①② 编写组.党的十九大报告单行本［M］.北京：人民出版社，2018.

共产党致力于建设体育强国，其重要的建设指标便是开展全民健身活动，追求全国人民健康水平的不断提升，使国家的建设者能够带着蓬勃朝气、昂扬锐气、浩然正气步入新时代的新征程中，进而打造出充满生机且和谐有序的体育强国建设局面。

作为体育强国建设的重要组成部分，全民健身不仅是《体育强国建设纲要》的核心构成，而且是《“健康中国2030”规划纲要》的重点领域，它有效延伸了中国共产党体育强国探索有效融入人民健康生活的创新方式与智慧。[①]在体育强国建设进程中，全民健身不仅承担着塑造国民健康体魄的使命，而且肩负着满足人民群众日益增长的体育需求和保障人民群众基本体育权利的重任。在推动全民健身大众化、生活化的同时，全民浓厚的健康意识和健身氛围正在形成，体育具备的“治未病”的功能已经通过全民健身运动体现出来，并且得到了广大健身群体的认可。在党的领导下，不同社会群体健康干预计划的开发与研制积极开展，健康中国行动与体育强国建设互助互推，二者均从国家战略层面提出了具体的对接策略和要求。“大体育＋大健康＋大卫生”服务于“大群体”的局面正在形成，“体医融合”“体养融合”成为体育强国与健康中国建设的热点词汇。一系列能够直接考核、衡量和操作的全民健身与健康服务体系被陆续制定出来，体育在预防与遏制重大慢性疾病上升率方面的作用已经凸显，通过体育手段干预重点人群的健康状况已经成为体育强国建设的重要议题，体育已成为推动健康中国建设的一股强劲动力。

第二节　中国共产党体育强国探索的内容组构解析

中国共产党成立百年以来，领导中国体育事业不断发展和前进，在探索体育强国的道路上，充满了艰辛的跋涉和百折不回的追求，把体育事业和党与国家的建设事业紧密联系在一起，建构起了振兴中华体育的强国内容与历史逻辑。

---

① 新华社．中共中央 国务院印发《“健康中国2030”规划纲要》［EB/OL］．(2016—10—25)［2021—6—5］．

一、从“东亚病夫”到摘金夺银，中国竞技体育事业不断创造人类运动史上的新辉煌

近代“东亚病夫”一词的出现，反映了近代中国国力孱弱和国民体质羸弱、精神麻木的历史现实，并且成为外国人蔑视中国人体力病虚的专用词和中国体育落后的代名词。中国共产党在面对这顶扣在中国人头上的耻辱之帽时，发出了用体育改造国民柔弱之风的呼声，开始带领中华民族真正走上了体育领域的翻身之路。在中国共产党的领导下，国内运动水平不断提高，并且开始积极走向世界、参与国际交流，向世界展示中国人民的崭新形象。1949年，新中国派出中国学生篮球队参加第十届世界大学生夏季运动会①；1950年，我国接待苏联男子篮球队访华②；1952年，我国派出40人组成的奥运代表团参加赫尔辛基第十五届奥运会③；1953年，我国游泳运动员吴传玉在第一届国际青年友谊运动会上获得了100米仰泳冠军，为新中国夺得了重大国际比赛的第一枚金牌④。1951年至1956年，我国陆续组建了篮球、田径、乒乓球、游泳、羽毛球、体操、排球等领域的国家级队伍，同时，开始参照国际标准建立竞赛制度和运动员、裁判员等级制度。从1956年开始，在学习苏联经验的基础上，开始在全国建立青少年业余体育学校，并且继续推动群众体育和军事体育的蓬勃开展。在党的领导下，一系列高水平的运动队和运动赛事开始在中国涌现，中国国民的精神面貌为之一新。

但中国人并不满足“东亚病夫”蔑称的去除，在中国共产党的领导下，开始朝着更宏伟的目标奋进。自中国恢复国际奥委会的合法席位之后，面向世界冲击更高水平的运动成绩便成为中国运动队和运动员们的奋斗目标。1984年美国洛杉矶第二十三届奥运会，中国派出了由300多人组成的奥运代表团，其中有225名运动员参赛，创中国参奥史纪录。在这届奥运会上，许海峰在男子手枪慢射中首先折桂，实现了中国奥运金牌“零”的突破。最终，中国以15枚金牌的成绩位列金牌榜第四位，显示出了新兴体育强国蓄积的实力和能量，一举将“东亚病

①③ 熊晓正.中国体育［M］.北京：北京出版社，1995.

②④ 汪智.20世纪的中国（体育卫生卷）［M］.兰州：甘肃人民出版社，2000.

夫”的百年耻辱洗刷干净。自此，在中国共产党的领导下，中国竞技体育事业迈上了高速发展的新通道，2008年北京奥运会和2022年北京冬奥会，更是作为由中国举办的标志性国际竞技体育赛事被载入史册。由中国运动员刷新和创造的世界纪录不断呈现在世人面前，中国运动员的单兵作战能力和集团攻坚优势发挥得淋漓尽致，取得了世界的公认和赞许，中国共产党率领中国竞技体育事业正在不断挑战新的高度，不断创造人类运动史上的新辉煌。

二、从始祛病根到全民健身，中国大众体育事业迈入了新的历史征程

中国人被蔑称为“东亚病夫”的根源，在于数千年“文武分途”的典型东方传统哲学伦理思想的影响，而意欲昌兴中华体育的先驱者们一直在执着地寻求祛除此病的最良方剂。[①]中国共产党从成立开始，便对国民身体健康予以特别关注，在领导中国人民追求民主和解放的道路上，中国共产党的大众体育事业从来没有停下脚步。在革命战争年代，无论是苏区还是抗日根据地和解放区，甚至是行军途中，党的大众体育事业从来没有停下脚步，不仅激发了人民群众参与体育的热情，而且为新中国的大众体育事业发展储备了丰富的经验和优秀的干部。

20世纪50年代，随着一系列群众体育政策及推进措施的发布和执行，中华民族祛除“东亚病夫”病根的愿望终于变成了现实。1954年1月，中共中央批转《关于加强人民体育运动工作的报告》，其中指出：“使群众性的体育运动首先在厂矿、学校、部队和机关中切实地开展起来。”[②]1955年7月，第一届全国人民代表大会第二次会议审议通过了中华人民共和国发展国民经济的第一个五年计划（1953—1957年），并在其中明确指出：“在全国人民中，首先是在厂矿、学校、部队和机关的青年中，广泛地开展全民健身运动，以增强人民的体质。”[③]在党的领导下，全国各族群众积极参加各种各样的体育锻炼活动，至1956年底，全国已经建立起25100个基层体育协会，发展会员168万多人。[④]改革开放之后，在全

---

① 胡德平，朱兰芳．“东亚病夫”的污名化构建与体育的正名机制［J］．上海体育学院学报，2020（12）．

②③ 国家体委政策研究室．体育运动文件选编［M］．北京：人民体育出版社，1982.

④ 熊晓正．中国体育［M］．北京：北京出版社，1995.

党重点工作转移的基础上，全民健身运动朝着横向联合和开放型的方向发展，逐步深入社会各个领域，取得了令人瞩目的成绩。20世纪90年代初，全国基层体育组织99142个，其中体育协会45491个，专职体育干部2.4万人。[①]从1990年起，中国农民体协在全国推行了“亿万农民健身活动”，将农村基层的全民健身活动推向了新的高潮。[②]进入21世纪，社会和经济的快速发展，对国民的身体素质也提出了新的要求。在总结1995年颁布的《全民健身计划纲要》推行经验的基础上，2009年国家颁布了《全民健身条例》，推进了我国大众体育发展的新里程。2009年国务院批准将每年的8月8日定为“全民健身日”，除港、澳、台外，全国31个省（区、市）均有配套措施跟进。至2010年，我国能够保持经常参加健身活动的群众人数已经达到了10%，基层体育组织和体育俱乐部的数量明显增加，能够为民众提供便捷多样的健身服务活动。党的十八大以来，全民健身作为体育强国建设的重要内容，已经上升为国家战略，“政府主导＋市场布局＋社会支持”的全民健身格局已经形成，截至2020年年底，全国累计拥有社会体育指导员260万人。“15分钟健身圈”和全民健身工程已在城市与乡村正朝着全覆盖的目标发展。全社会支持体育、参与体育、乐于体育的良好全民健身氛围正在形成，中国大众体育事业已经迈上了新的征程。

三、从散落衰败到繁荣兴盛，中国体育文化事业以独特风格走向世界

体育文化是体育强国探索和建设进程中必须要涉及的话题。在华夏大地上流传下来的体育文化，随着不断的社会变革，也逐渐发生了变化。20世纪初，随着西方教会文化教育活动的逐步传入，中国的传统体育文化开始受到西方体育文化的影响，尤其是“西学”的不断兴起，为西方体育在中国的传播创造了条件。虽然有多元体育文化的介入和交流，但近代中国体育文化飘零衰败的面貌并没有实质性的改变。直至马列主义传到中国，思想文化战线上发起了“五四”新文化运动，使中国近代体育文化有了新的觉醒。中国共产党成立后，新体育开始萌

① 汪智.20世纪的中国（体育卫生卷）［M］.兰州：甘肃人民出版社，2000.

② 熊晓正.中国体育［M］.北京：北京出版社，1995.

生，给中国的体育带来了新的变化，为中国体育文化事业的新发展奠定了基础。

体育文化是体育强国建设的重要组成，中国共产党在推进中国体育文化事业全面发展的进程中，从文化的视角系统地探讨了体育与政治、体育与经济基础、体育与人民、运动技能与身体发展之间的关系。在继承马克思主义经典体育观的基础上，深刻且系统地论证了体育的社会职能和文化功能，在以体育为文化繁荣和社会服务的指向上，解决了中国体育文化事业的发展方向问题。[①]在中国共产党的领导下，竞技体育文化、奥林匹克运动文化、中华民族传统体育文化、学校体育文化、大众体育文化等不同的体育文化形式不断丰富和发展，关于体育文化深层次的追寻和探讨有了新的态势和走向。进入新时代，党和国家对体育文化事业的支持力度不断加大，通过文化金融扶持、特色文化产业发展、文化创意设计、文化传媒和文化贸易等方式，全方位强化体育文化在文化事业发展格局中的规模和速度，在为社会发展和民众生活带来健康活力的同时，形成了具有中国特色、能与国际接轨的中国体育文化模式。体育文化的研究和探索兴盛繁荣，在建设新时代中国特色社会主义文化建设方向的基础上，不断发掘、继承和传递中华民族优秀传统体育文化资源，兼顾借鉴世界先进体育文化模式，使中国体育文化在凸显特色的基础上能够更加自信地与世界潮流相结合，形成独特的风格并走向世界。

四、从起步较晚到突飞猛进，中国体育产业实现了领域规模与效益质量的双重突破

体育的娱乐性、休闲性和观赏性等多种社会功能使它具备了一定的交换价值，特别是当体育达到一定的规模和水平时，体育的产业化就形成了一种趋势。[②]在体育事业呈现出全球化与国际化的发展态势下，体育产业的数量质量和

① 赵富学．中国共产党体育强国建设的百年探索［J］．体育科学，2021，41（9）．

② 田文波．中国共产党体育治理理念的历史逻辑考察［J］．武汉体育学院学报，2021，55（7）．

规模效益已经成为衡量体育强国的一个重要指标。[①]从中国共产党领导的体育事业所走过的百年历程来看，体育产业作为一种独立的业态形式，虽然起步较晚，却在短时间内取得了优异的发展成绩。20世纪80年代初，体育领域开始了“体育搭台，经贸唱戏”的尝试，并逐渐涉足场馆出租、土地使用权转让、兴办公司、接受赞助等有形资产的经营与创收活动，对体育产业的形成沉淀了一定的认识、积累了一定的经验。到20世纪80年代末，体育界开始参照国外体育职业化、商业化的发展潮流，对我国体育的市场化问题进行了深入探讨。20世纪八九十年代，随着社会主义市场经济体制的确立和国家将体育定界为第三产业以及体育产业化目标的提出，我国的体育产业化之路有了现实的基础和依据。我国体育产业开始分为以体育为主体的产业类、为体育活动提供服务的相关产业类、推动体育事业发展的其他经营活动产业类三种类型，并且积极探索与国际接轨的体育产业体系和模式。1995年，国家体育总局出台了《1995—2010年体育产业发展纲要》，对我国体育产业的市场化体系做了顶层设计和措施安排，至此，我国体育开始朝着“以体为本、全面推进”的产业化方向发展。到20世纪90年代末，“三票（门票、彩票、股票）”“三会（博览会、基金会、体育协会）”“三开（开放、开发、开拓）”的体育产业化运行机制已经逐渐成熟，门类齐全、结构合理、规范发展的体育产业体系已经初步形成。

进入21世纪，党的体育产业发展布局更加明晰，在梳理我国体育产业发展的难点、痛点和堵点的基础上，积极寻求体育产业发展的关键点和突破点，不断优化体育竞赛表演业的发展方式，拓展体育健身休闲业的涉及领域，延展体育场馆服务业的覆盖面，推进体育培训业和体育用品业的创新力度，使这五大体育产业领域能够更好对接新世纪体育市场体系的特征和需求。党的十八大以来，随着《国务院关于加快发展体育产业促进体育消费的若干意见》《关于促进全民健身和体育消费推动体育产业高质量发展的意见》等政策文件的相继发布和实施，更是体现出体育产业作为我国国民经济发展支柱性产业的位置。随着我国体育产业创

---

① 白宇飞，杨松.我国体育产业数字化转型：时代要求、价值体现及实现路径［J］.北京体育大学学报，2021，44（5）.

新力和竞争力的不断增强，在继续培育体育消费产业的基础上，我国将体育产业的升级发展、多层次体育产业市场资本的开发、集聚式体育产业空间的拓展，作为提升新时代体育产业发展新能级的主要策略，体育产业发展质量、效率和动力的变革与推进效果更加凸显。体育健身休闲产业、体育旅游产业、“互联网＋”体育产业等业态形式不断扩展。2019年，全国体育产业总规模为29483亿元，增加值为11248亿元。[①]随着一系列体育产业政策的精准发力，体育产业作为民生产业和绿色产业的理念已经被广大民众所接受，其领域规模和质量效益进一步凸显。体育产业作为基础性动力，成为助力我国体育强国建设进程中提高硬实力的亮点元素。

五、从除冰破局到全面融入，体育外交事业拉近了中国与世界的距离

在中国共产党领导中国体育事业走过的百年历程中，体育同时作为外交元素出现在外交场域中，从革命战争时期外国记者和友好人士对革命根据地的访问记录中，可以看出体育是经常交流的话题。美国记者埃德加·斯诺（Edgar Snow）在访问陕甘宁边区时，就曾专门和苏区列宁小学的负责人就学生的军事体育比赛进行过讨论。新中国成立后，我国参照苏联等国的经验，开始与国际体育组织进行积极接触，并在1952年派团参加了赫尔辛基第十五届奥运会。后来虽然由于诸多原因，我国体育对外交流步履艰难，但仍然与社会主义国家保持有体育领域的联系。20世纪70年代初，我国与美国的关系经历了著名的“乒乓外交”之后，开始除冰破局，逐步实现正常化。在恢复联合国合法席位的同时，我国也积极重返包括国际奥委会在内的各类国际体育组织，如国际赛艇联合会、亚洲运动联合会、国际划艇联合会等。我国与各国的体育交流也在逐步深入：1973年，我国举办并参加了“亚非拉乒乓球友好邀请赛”；1974年，我国派团参加了第七届亚运会和第一届世界中学生运动会；1975年，我国象棋协会加入国际象棋联合会。[②]在中国共产党的领导下，通过体育的交流，不断拉近中国与世界之间的距离，不仅展示了中国改革开放进程中的

① 新华网.全国体育产业总规模［EB/OL］.（2020－12－31）［2021－6－5］.

② 汪智.20世纪的中国（体育卫生卷）［M］.兰州：甘肃人民出版社，2000.

新形象，而且随着中国体育健儿在国际上取得一系列骄人战绩，在扩大中国国际影响的基础上，提高了国家与民族的声誉和地位，振奋了民族精神，增强了国人的凝聚力，推动了体育强国建设的进程。

步入改革开放时期，我国体育外交方式更加灵活和务实。党的体育外交路线和策略能够与我国体育事业发展的国际化进程结合起来，例如“奥运模式”的提出，就创造性地解决了我国台湾地区参奥的会籍问题，为国际体育组织解决此类问题提供了样板与方案。随着我国体育事业在国际社会中的影响力越来越大，我国体育外交也开始向公共外交战略转型。①体育逐渐成为我国公共外交的重要组成部分，体育不仅是我国与国际社会建立合作交流的重点领域，而且不断与健康、教育、卫生、文化、旅游等领域进行融合，形成了丰富多元的对外交流类型，交流的深度和广度也进一步延伸与扩大。尤其是党的十八大以来，以习近平同志为核心的党中央，充分肯定了体育事业在我国外交格局中发挥的重要价值和意义。习近平总书记更是积极推进，中国外交活动中的体育元素越来越丰富，北京冬奥会、冬残奥会等大型国际体育赛事的举办，进一步拉近了中国与世界各国人民的距离和感情，中国共产党领导的体育外交事业在体育强国建设中的整体功能进一步凸显。

第三节　中国共产党体育强国探索的历史经验审视

体育强国不仅是一个时代命题，而且也是一个历史命题。②百年来，无数仁人志士都在奋力探索强国方略与道路，为此付出了极大的牺牲与努力。体育作为强国进程中的重要元素，已成为中国共产党人探索强国理论与实践的重要支撑。

一、与中国共产党领导人民“站起来、富起来、强起来”的历史进程同声相应

在中国共产党的领导下，中国人民陆续推翻了殖民主义、帝国主义和封建主

---

① 刘桂海，汪婷，杨智国，等.改革开放40年中国特色体育外交：历程、经验与理论反思——基于“历史观、大局观、角色观”三重视角的考察［J］.体育科学，2020，40（3）.

② 赵富学.中国共产党体育强国建设的百年探索［J］.体育科学，2021，41（9）.

义的统治和压迫，中国人民受奴役的历史就此结束。随着新中国的成立，由中国共产党领导的适合我们自己的社会制度出现在中国大地上，中国人民真正“站起来”了，并且跨入了革命和建设的全新时代。在中国共产党领导中国人民“站起来”的进程中，批判和改造旧体育、建立和形成新体育成为当时体育领域的主要任务。新中国成立初期，贺龙便要求体育工作者要完成摘掉“东亚病夫”帽子的任务。他指出：“过去洋人骂我们是‘东亚病夫’，现在中国人民站起来了，这顶帽子要摘掉。”①在中国共产党的领导下，全国体育工作者和人民群众，抱着一定要把“东亚病夫”帽子扔掉的期望，积极投身于新中国体育事业的建设中。在新中国成立初期，体育事业在“为劳动生产和国防建设服务”的基础上，以“发展体育运动，增强人民体质”为任务指向，在全国范围内推行《准备劳动与卫国体育制度暂行条例和项目标准》，为改善和提升人民健康与体质状况发挥了重要作用。在陆续举办的全运会的带动下，人民群众参与体育运动的热情非常高涨，群众体育活动得到了很大的普及，我国的体育运动水平也得到了明显的提高。郑凤荣、陈镜开、容国团、庄则栋等优秀运动员在国际大赛中屡获大奖，在第一、二届全运会中刷新了全国纪录，我国竞技运动成绩开始广领域、大幅度地提高，标志着已经“站起来”的新中国的体育事业走上了快速发展之路。在后期，我国体育事业虽然遭受了一定的波折，但总体来看，在党的领导下，体育事业发展领域善于不断总结经验和教训，逐步形成自己独有的发展轨迹。

党的十一届三中全会以来，中国共产党带领和团结全国各族人民，实现了从“站起来”到“富起来”的伟大飞跃，党领导的体育强国事业也在中国人民“富起来”的进程中焕发出了新的面貌。改革开放初期，中国竞技体育突飞猛进，不仅实现了奥运会金牌“零”的突破，也在女排、体操等领域的国际大赛中陆续实现了“零”的突破，并且形成了一系列优势项目，奠定了中国的体育强国之路。20世纪90年代被认为是中国全民体育发展最为迅速的十年，1995年颁布的《中华人民共和国体育法》和《全民健身计划纲要》，使全民体育的政策保障得到了落实和完善。在北京举办第十一届亚运会之后，全民健身的热潮席卷了整个中国，乒乓球、羽毛球、

① 熊晓正.中国体育［M］.北京：北京出版社，1995.

游泳、马拉松等体育项目逐渐成为民众生活的重要组成部分，人民群众的锻炼期望和需求逐渐增长，全民体育快速发展的局面开始形成。进入21世纪，中国体育呈现出强盛的发展势头。2002年，《关于进一步加强和改进新时期体育工作的意见》的发布，使体育强国建设的指向和道路更加明确。2008年北京奥运会的成功举办，不但取得了奥运成绩的历史性飞跃，而且向世界全方位展示了中国的综合国力。在党的领导下，新时代的体育事业已经迈入"富起来"的新阶段，中国踏上了体育大国的发展之路，正在推动竞技体育、群众体育、体育产业等协调发展，为"富起来"的中国式生活增添体育色彩。

"强起来"是一个国家各项事业都能够处于强盛的历史阶段，"强起来"虽然有标准，但是无止境。"强起来"是中国共产党肩负的时代使命，也是夺取社会主义伟大事业全面胜利的重要保障。"强起来"既是一个时代命题，更是一个艰巨任务。在中国共产党的领导下，体育强国建设是体育领域对"强起来"的时代使命的具体回应。体育强国战略的提出，使新时代体育事业的发展有了更为深刻的内涵，体育事业发展的2020年、2035年、2050年阶段性目标也更为明确，覆盖的体育领域更为广泛，提出的建设任务更加精准。"强起来"是"富起来"的升级版，这一版本不会有"完成时"的结果，将会永远处于"进行时"的状态。在体育强国事业的推进过程中，体育"强起来"表现出了多点发力、全面推进和重点突破相结合的态势，通过党在体育发展战略思想上的顶层设计和长远谋划，配套生成相应政策体制，逐一攻克体育强国建设道路上的各类难题，使体育"强起来"能够持续处于"现在进行时"中。

二、与中国共产党领导人民"救国、建国、强国"的国家发展脉络相互印证

救国是实现中华民族伟大复兴的根本前提。[①]在中华民族内忧外患、面临生死存亡的历史时刻，中国共产党开始团结和带领中国人民积极寻求拯救民族与国家之路。体育作为独特的元素，在中国共产党领导的救国之路上发挥着不可忽视

---

① 段妍.中国共产党百年奋斗对中华民族伟大复兴的历史性贡献［J］.陕西师范大学学报（哲学社会科学版），2021，50（4）.

的作用。中国共产党领导的人民群众和军队，在艰难困苦的革命战争条件下，使体育普及穷乡僻壤，贯穿于革命全程，唤醒了群众参加体育和革命的热情，确立了新民主主义体育形式，创造和积累了发展人民体育事业的优质经验，建立了中国体育事业为人民群众服务和为新中国成立服务的新格局。

经过28年的浴血奋战和不懈追求，中国共产党领导人民推翻了“三座大山”，建立了社会主义新中国，完成了建国大业。在1956年召开的中国共产党第八次全国代表大会上，周恩来同志在政治报告中指出：“要在广大人民群众中进一步开展体育运动，有效增强人民体质，提高我国体育运动水平。”①这是新中国成立之后，党和政府首次对发展体育事业提出的明确要求。伴随着新中国成立后社会各项事业重新确定发展轨道的社会现实，在党的领导下，体育领域陆续制定和修订了一系列政策和制度，使新中国的体育运动在统一规划下，与建国的步调相一致，形成统一整体且能够有序运行。为此，一批优秀的运动队、俱乐部、群众体育运动组织等也相应建立，促进了我国体育运动规模和成绩的迅速扩展与提高。在探索体育强国道路的进程中，虽然充满了各种曲折和艰辛，但在中国共产党的领导下，在宏伟建国兴业目标的指引下，我国体育事业不断顶住压力、克服困难，积极探索适合中国特色的体育强国建设之路，并取得了令世人瞩目的辉煌成绩。

体育强国和健康中国是我国强国事业的重要组成部分，其中的体育元素更是直接反映出体育在强国事业中的突出贡献。强国事业建立在“救国”和“建国”的基础之上，随着我国社会主义经济建设取得的长足进步和国际政治地位不断提升而整体推进。目前，我国体育事业已经进入了新的历史发展阶段，体育事业的综合实力也不断展现在国际体育事业发展的各个领域。体育与健康、教育、文化、产业等领域的融合力度越来越大，竞技体育的突破、群众体育的普及、体育产业的兴盛、体育文化的创新等，都从不同侧面印证了强国脉络中体育事业的发展轨迹，使我国强国进程中的优质经验能够更好地与体育事业发展体系融合起来。

① 汪智.20世纪的中国（体育卫生卷）[M].兰州：甘肃人民出版社，2000.

三、与中国共产党领导人民“筑梦、追梦、圆梦”的中华民族伟大复兴轨迹相向一致

实现中华民族伟大复兴中国梦，就是要实现国家富强、民族振兴、人民幸福。[①]百年来，中国共产党团结和带领中国人民，在通往中华民族伟大复兴中国梦的道路上奋力前行。体育梦，拥有特殊的精神内涵和文化特质，是中国梦的核心组构之一。体育梦不仅承载着国人强体健心的朴素追求，而且对振奋民族精神和凝聚国人力量发挥着无可替代的作用，它属于实现中华民族伟大复兴中国梦进程中的动力和劲流。

中国人民的体育强国梦，同中华民族伟大复兴中国梦的轨迹相向一致，同样经历了“筑梦、追梦、圆梦”的历程。百年来，中国共产党领导中国人民扫清了“东亚病夫”带来的各种屈辱，筑起了体育推动国家强盛之梦，不仅彻底改变了国民体质羸弱不堪的历史，而且重视、提倡和发挥体育在改造民族精神面貌中的作用，开展包括体育实践在内的一系列体育救国的主张和活动，使体育强国的“筑梦”之旅与中华民族伟大复兴中国梦联系起来，顺应历史发展潮流，在特殊的时代赋予了中华民族体育梦特殊的内涵。在追逐体育强国梦的历史进程中，体育事业置于中华民族伟大复兴的追梦图景中，推动中国由体育大国朝体育强国迈进。中国梦引领着中国体育强国梦的追梦方向，也擘画出了中国体育强国梦的圆梦历程。从20世纪50年代体育领域“锻炼身体，保卫祖国”“团结起来，振兴中华”的主基调，到60年代提出的“胸怀祖国，放眼世界”的新境界，再到七八十年代“全民健身，利国利民”“冲出亚洲，走向世界”的新指向，无不体现出中国人期望通过体育来助力建设强大中国的美好梦想。20世纪90年代直至新时代，体育领域的开放和改革力度进一步加大，从全民健身到办好奥运，从体育强国到健康中国，体育已经渗透到民众生活的诸多领域，形成了自己独特而鲜明的发展主线。在中国共产党的领导下，“体育强则中国强，国运兴则体育兴”的体育强国追梦和圆梦逻辑，已经融入中华民族伟大复兴的全新轨迹中，为中华民族

① 人民网.实现中华民族伟大复兴的中国梦［EB/OL］.（2019−7−26）［2021−6−3］.

的强大和自信注入了坚实的力量。

四、与中国共产党领导人民致力于“立业、兴业、强业”的奋斗图景相映相融

中国共产党领导和团结全国各族人民正在进行新时代中国特色社会主义事业建设。中国共产党在探索中国特色社会主义发展道路的过程中，同时也在摸索和探究中国特色社会主义事业的奠基与发展规律。社会主义事业的形成和发展，有着一定的历史脉络和现实逻辑。[①]体育强国事业作为社会主义事业的重要组成，与中国共产党领导下中国特色社会主义事业的立业基础、兴业历程、强业实践的奋斗图景相映相融，已深深根植于中国特色社会主义事业的建设体系中。

新中国成立之初，经济萧条，百业待兴。中国共产党领导中国人民完成了建国任务，但面临的新挑战和新使命才刚刚开始。中国共产党带领人民在满目疮痍的旧中国的废墟中奠基立业，为新中国体育事业打下了坚实的基础。新中国成立至改革开放初期，我国体育事业在零起点上，经历了飞速发展，也经历了低谷时期，在这种曲折发展的轨迹中，体育事业的立业条件与社会主义事业的立业背景相一致，均与当时的政治、经济、文化等社会环境条件密切相关。“体育为人民服务”的社会主义体育方针在社会体育组织、社会群众组织、民间体育组织全面贯彻执行，旨在建立能够增强中华民族体质的民族的、科学的、大众的社会主义体育事业。进入改革开放时期，随着社会主义市场经济体制的确立，体育体制的深化改革也进入了攻坚期，体育管理体制、竞赛体制、训练体制、科研体制、教育体制等也陆续进行了改革与创新，“依法治体”“体育产业化”“体育社会化”“增强全民体质，强国强民”等振兴体育事业的任务，通过体育工作的具体方针、政策和措施等得到了体现，中国体育开始走上适合中国国情的发展道路，体育事业也同时进入了前所未有的新兴发展时期。21世纪以来，体育强国事业在实现全面小康、构建和谐社会、推动民生建设等社会背景下有了更为明确的发展方

① 齐冰．中国共产党百年体育实践成果与文化特质［J］．北京体育大学学报，2016，44（6）．

向，体育助力全民健康素质不断提升，多元化群众体育发展格局正在形成，北京奥运会和北京冬奥会的成功申办和胜利举办，更是向世界展现了中华民族伟大复兴的图景。“亲民、利民、便民”的全民健身服务体系成为中国共产党执政为民的主要体育内容，体育作为各地社会经济发展规划的重要组成部分，有力佐证了中国共产党领导下的中国特色社会主义事业取得的伟大成就。

五、与中国共产党“重体、兴体、强体”的不懈追求相连相通

国运盛，体育兴；体育兴，民族强。百年来，中国人民在中国共产党的领导下，实现了民族独立和人民当家作主，中国体育经历了从摘掉“东亚病夫”帽子到“百年梦圆”北京奥运会的历史性跨越，使中国以体育大国的姿态屹立在世界体育之林。中国共产党“重体、兴体、强体”的体育事业发展理念和举措，从根本上改变了中国体育事业的发展面貌。

中国共产党将体育事业定义为人民的事业，将其与国家命运和民族命运紧密联系在一起，视体育为中华民族实现伟大复兴的重要标志。[①]重视体育、振兴体育和做强体育，是中国共产党历代领导集体形成的历史共识。以北京奥运会和北京冬奥会为典型代表，由中国举办和参与的国际重大体育赛事取得的一系列成功，更是极大地增强了中华民族的自信心和自豪感。在中国共产党的领导下，中国体育强国事业已经达到了一个前所未有的新高度。在中国由体育大国向体育强国迈进的进程中，中国体育事业在新的起点上，建立了一座座新的里程碑。中国共产党站在引领中华民族伟大复兴的高度，使“重体、兴体、强体”的不懈追求转变成了实际行动，对中国体育事业的全面发展作出了新的部署，尤其是在全面建成小康社会之后，着眼于人民群众对生活质量表现出的新追求，提供更好更优质的体育公共服务，使更多的人能够享受到由社会进步和体育事业发展带来的成果。在党的领导下，我国体育强国建设在充分认识和发掘我国体育事业发展的优势与特点的基础上，能够不断凸显出体育事业发展的巨大潜力，能与优化体育事业结构、提高体育事业发展效益、推动体育事业内部各门类的均衡发展紧密结合

① 赵富学. 中国共产党体育强国建设的百年探索［J］. 体育科学，2021，41（9）.

起来，突出我国体育事业的综合实力和国际竞争力及其表现出的巨大优势，与党的整体事业布局相连相通起来，共同实现体育强国的目标。

第四节　中国共产党体育强国探索的实践路向解析

中国共产党领导下的体育强国探索之路，是中国特色社会主义道路的重要组成部分。百年来，中国共产党坚持发扬优良传统，拼搏奋斗，不懈追求，致力于实现体育事业的全面、协调和可持续发展，创造出了我国体育事业的一系列新辉煌，奋力向实现体育强国的目标和路线前行。

一、强有力的领导

坚持党对体育事业的全面领导，是我国体育事业取得辉煌成就的重要路向，也是推动体育强国建设的首要保障。党对体育事业的全面领导，归根结底在于提升体育事业服务于人民群众的能力和水平。[①]中国共产党成立伊始，就将体育事业定义为人民的事业，“体育为人民服务”的理念成为中国共产党领导体育事业发展的核心理念。中国共产党领导的体育事业发展轨迹完美地呈现了体育发展“为了谁”的时代命题，更凸显了人民群众作为推动体育强国建设的主力军地位。中国共产党从革命战争年代，就致力于领导和团结人民群众推动红色体育与军事体育发展，并且积累了丰富的发展经验、形成了明确的实践路向，为取得全国胜利贡献了体育领域的力量。新中国成立后，中国共产党积极发展体育事业，致力于增强人民群众的体质和健康水平，为新中国的生产建设和国防建设服务。改革开放后，党领导体育事业积极适应人民群众的物质与精神生活需求，为体育强国建设奠定群众基础。进入新时代，中国共产党秉持“人民对美好生活的向往，就是我们的奋斗目标”，将体育强国建设作为提升人民美好生活质量的重要保障，成为人民群众共享体育事业高质量发展成果的重要路径。以全民健身为重要载体

① 何虎生.实现中华民族伟大复兴的政治宣言——深刻领悟习近平总书记“七一”重要讲话的思想精髓［J］.人民论坛，2021（19）.

的《体育强国建设纲要》，更是展现出了体育事业回馈和造福人民群众的重要取向。2018年至2020年，我国中央财政每年拨款9.3亿元，每年用于补助1000多个大型公共体育场馆的运营，使其向民众开放。[①]2020年底，我国的体育场地面积已经达到了近31亿平方米，人均2.2平方米，能够保障人民群众的日常健身需要。[②]随着体育基础设施的及时补充和不断更新，我国全民健身的层次和质量不断提升，使“人民体育为人民”的理念不断深入人心和得到印证。在中国共产党强有力的领导下，人民群众积极参与体育强国建设中并构筑起了强大的合力，形成了充满活力的体育强国建设力量之源。

二、强有力的根基

体育是人民创造、人民实践、人民推动、人民享有的社会事业，是反映人类社会生存质量和文明进步的显著标志。[③]办好人民满意的体育事业，是建设体育强国的强有力的根基。体育事业向来是人民事业的重要组成部分，在党的领导下，体育强国建设的各元素紧紧围绕“健民、育民、亲民、乐民”的民生体育要求，来打造有体育元素参与的广大人民群众健康幸福的美好生活。2014年颁布的《体育局关于加强和改进群众体育工作的意见》，围绕《全民健身条例》和《全民健身计划（2011—2015年）》的全面实施，对群众体育事业进行了顶层筹划和具体部署，保障人民群众的体育需求和利益。随着人民群众生活水平的不断提升，其所表现出的对体育的需求层次和质量也在不断增长，这种增长是推动体育事业发展的内在动力和根本方向。中国共产党领导中国体育事业，在对标人民群众体育需求类别和层次的基础上，致力于解决体育事业发展领域中比较突出的系列问题。例如，在推动群众体育参与的层面，党和政府下大力气解决群众身边体育场地、体育组织和体育活动的不足、不畅、不便等问题，从源头上探索解决

① 沈克印，寇明宇，吕万刚.数字经济时代体育产业数字化的作用机理、实践探索与发展之道［J］.上海体育学院学报，2021，45（7）.

② 人民网.2020年我国预计人均体育场地面积2.20平方米［EB/OL］.（2021—3—1）［2021—6—3］.

③ 扈建华.全面深化改革 办好人民满意的体育事业［N］.中国体育报，2019，23（1）.

群众科学健身知识和技能欠缺、青少年学生体质健康水平下降等问题的方法，并且积极进行方案探索和实践设计，使人民群众掌握的体育资源分布不平衡、不充分的状况得到了很大程度的改变。在推动体育强国建设的进程中，人民群众对体育事业的满意程度是衡量体育强国建设质量的重要标尺。体育强国建设中的全民健身、体育产业、体育文化等内容，均是能够惠及每个人健康幸福生活的体育元素。在中国共产党领导下，以办好人民满意的体育事业这根主线来串联和整合体育强国建设的组成要素，推动我国体育事业持续精进的高质量发展，使体育强国建设的组成要素能够对人民健康幸福生活体系进行良性的增益和赋能，进而推动体育强国建设达到人民群众满意和认可的水平。

三、强有力的使命

体育是社会发展和人类进步的重要标志，中国的体育事业从来都是与国家和社会发展紧密相连的。中国共产党将体育视为推动国家强盛和人民幸福的应有之义，注重体育事业在社会主义现代化强国建设征程中的重要作用。《体育强国建设纲要》指出要将体育建设成为中华民族伟大复兴的标志性事业，充分展示出了党和国家对于体育事业在民族复兴进程中所处重要地位的肯定。建设体育强国不是一朝一夕就能完成的，它凝结着数代国人对国家强盛和民族强大的希冀以及由此付出的实际行动。中国共产党将推动中华民族伟大复兴作为发展体育事业的强有力的使命，建立起了体育强国建设的目标导向和阶段战略，回答了“中国体育强国建设的‘强’到底应该体现在哪里”的问题。在对标我国社会主义现代化强国建设所处历史阶段的基础上，呼应符合中国特色社会主义现代化强国建设实际的“2020—2035—2050”阶段性目标，据此来布局体育强国建设的阶段性内容。从体育强国建设的现状和效果来看，我国设定的2020年实现与全面建成小康社会相适应的体育发展新机制已经顺利形成。群众体育、体育产业、体育文化、竞技体育、学校体育等领域预设的“2020”目标已经有序实现。2035年的目标对政府主导、社会保障、市场运行、群众参与、组织协调、服务完善等方面作出了具体要求，目的在于推进体育强国建设内容能够与现代化强国建设布局相适应，加快形成符合现代化强国建设的体育发展新格局。2050年的远景目标则对社会主义现代化体育强国进行了具体描绘和设计，其重点是提升人民群众的身体素养和健康水平，增强我国体育事业的国际影响力和竞争力，使我国体育事业的综合实力能够排在世界前列。有了具体的目标导向，使命就会更加明晰和确切。在党的领导下，体育强国建设的阶段性内容，将会融合在推动中华民族伟大复兴的实际行动中，落实在体育事业发展使命的具体细节中，进而形成具有中国特色的体育强国建设新路径。

四、强有力的革新

体育强国的建设目标，是需要体育事业踏着改革创新的步伐不断前行才能实现的。[①]在中国共产党的领导下，中国体育事业经历了由封闭迈向开放、由单一朝向多元、由小众变成大众的发展脉络。目前，中国体育事业已经全面迈入了新时代。随着体育领域改革创新范围不断扩展，关于体育体制机制深化改革的内容分区更加明晰，全民健身已经上升到了国家战略的层面，体育产业促进与改革的力度更加突出，竞技体育的发展方式朝着高质量迈进，这些变化共同推动新时代中国“大体育”发展格局的形成。王宗平教授将中国体育改革的主体架构总结为“四梁八柱”式，即由社会体育、学校体育、体育产业和竞技体育作为中国体育改革的四根“主梁”，来统领体育强国建设、人民体质增强、健康中国实施、全民健身战略、学生身心健康、奥运争光计划、职业体育推进和足球改革发展等八大“支柱”。[②]这一论点形象地总结出了我国体育实现改革创新和有序发展的基础与保障，有助于结合新时代国家经济社会的发展布局，划分出新时代我国体育改革的层次和脉络。“大体育”发展格局反映出了中国体育改革的综合成效，目前，能够覆盖城乡的全民健身服务体系正在稳步建立和推进。学校体育改革成为国家政治生活中的热点议题，2014年，教育部连续印发了《中小学体育工作评估办法》《学生体质健康监测评价办法》《高等学校体育工作基本标准》《国家学生体

① 郭维刚.论共享发展理念与体育强国的价值建构［J］.成都体育学院学报，2021，47（2）.

② 太原市体育局.新时代，中国体育改革的“四梁八柱”［EB/OL］.（2018—4—3）［2021—6—3］.

质健康标准（2014年修订）》等文件，对优化学校体育改革的内容和标准提出了具体要求。2020年，国务院印发了《关于全面加强和改进新时代学校体育工作的意见》，国家体育总局与教育部联合印发了《关于深化体教融合 促进青少年健康发展的意见》，更是明确化了新时代学校体育改革与创新的方向和路径。体育产业领域连续实现转型升级，预计到2025年总规模可以超过5万亿元，成为推进经济社会发展的重要经济体。[①]竞技体育领域的改革步伐更加坚定，体育协会实体化、国家队实现目标管理与扁平化管理相结合、奥运备战体系的高效化更新等，使中国竞技体育呈现出了更强的发展实力和后劲。截至2020年底，我国共获得了3588个世界冠军，创造了1351次世界纪录，中国已经被公认为国际体坛强有力的竞技体育劲旅。改革创新在推动体育事业全面发展中表现出的强大实力和动力，是党领导体育事业推进管理体制和运行机制持续改革的有力印证，同时呈现出了中国体育在适应经济社会发展变化中所具备的优秀适应力，凸显了中国共产党推进体育事业体制机制改革的典型经验和成效。在党对体育事业的创新性领导下，新的体育改革创新思路、模式和动力已经形成，体育领域的理论、科技、制度创新体系正在科学构建，现代化的体育治理体系和治理能力正在稳步提升与推进，共同为体育强国建设提供坚实保障，凝聚强大力量。

五、强有力的开放

多元化的对外体育交流是体育强国建设的重要内容之一。[②]新中国成立以来，在党的领导下，与我国建立体育友好关系的国家达180多个，交流范围涉及高水平训练、体育产业、体育文化和青少年体育等领域，产生了丰硕的交流成果。目前，我国已经与100多个国家和地区签署了双边体育合作协议，并且与国际大型体育组织建立了稳固的合作关系，有力提升了我国体育对外交流的层次和水平，为体育强国建设创造了良好的外部条件。随着我国体育开放格局的不断扩大，开

① 沈克印，寇明宇，吕万刚．数字经济时代体育产业数字化的作用机理、实践探索与发展之道［J］．上海体育学院学报，2021，45（7）．

② 陈思．中国体育外交能力：内涵、现状与提升策略［J］．北京体育大学学报，2020，43（11）．

展深度交往已经成为中国对外体育交流的特征之一，展现在国际体坛中的中国声音不断增强。截至2018年底，我国已有289人在122个国际体育组织中担任过420个职务，这既是中国体育对外开放和交流的显著成果，也是中国体育软实力的直接展现，凸显了中国作为体育大国在国际体育领域所作出的人力资源贡献。中国共产党积极扩展中国体育事业对外交流开放力度和格局，从1990年的北京亚运会到2008年的北京奥运会，再到2022年的北京冬奥会，中国连续成功承办了多次国际大型体育赛事，让世界感受到了中国的热情和实力，使“和平、友谊、进步”的理念深入到了中国对外体育交流的各个领域。中国故事不仅通过体育的途径呈现在世人面前，而且通过体育这一特殊的桥梁，为中国与各国之间开启了互通互融的交流窗口，中国在国际体育事务中的话语权也得到了明显提升。党的十八大以来，伴随着体育强国建设进程的加快，我国对外体育交流的层次不断深化，体育外交已经成为“元首外交”的新亮点和新常态，习近平总书记更是积极推动，使体育成为推进“国之交，民相亲”的核心内容，通过体育这一特殊窗口展现了中国开放自信和包容友善的国际形象。进入新时代，体育外交积极配合国家的外交大局，以扎根中国为根本，以融通世界为指向，致力于优化和丰富“一带一路”中的体育对外交流模式，积极参与“金砖”“上合”等高级别人文交流与多边合作中的体育事务，通过体育方式不断拓展中国的“朋友圈”，为体育强国建设营造更加有利和开放的外部环境。

↘ 本章小结

百年来，中国共产党对于体育强国的探索从未停止，在长期的积累与总结中取得了一系列体育强国建设的新认识和新成就，使中国体育事业的整体发展有了正确的方向和坚定的行动。中国共产党厘清了体育事业对于国家强盛和民族振兴所肩负的历史使命与责任，赋予了体育事业在强国征程各个阶段中所要储备的能量和动力，使体育强国梦成为中华民族伟大复兴中国梦不可或缺的重要组成部分。立足于新时代，围绕中国共产党在探索体育救国、体育强体、体育兴国、体育大国至体育强国进程中积累的丰富经验，通过深入发掘蕴含在政府主导与顶层设计、社会执行与过程反馈、市场运行与程序调适、群众需求与参与意向、组织架构与服务要求等体育强国建设环节中的各类联结规律，创新性地拓展了与新时代中国特色社会主义事业相适应的体育发展新格局。在体育成为中华民族伟大复兴标志性事业的时代命题中，坚持中国共产党对体育事业的全面领导，系统研究适合中国体育强国建设需要的现代化体育治理体系构建策略，多维审视符合体育强国建设标准的体育治理能力现代化制度及推行程式，积极创新体育强国建设所必须依靠的全民族身体素养和健康水平提升路径，发掘全民健身公共服务体系构建和竞技体育综合实力增强的内在规律，使体育产业、文化和外交等领域能够围绕体育强国建设主题持续更新发展理念和汲取发展动力，进而在不断涌现的体育强国新理念、新实践、新素材融合交汇的影响下，使党的体育强国建设事业能够顺应中国体育自身的发展规律和改革的综合要求，为中华民族伟大复兴中国梦的实现持续贡献体育的独特智慧和力量。

第二章

将体育建设成为中华民族伟大复兴标志性事业

2019年，国务院颁布了《体育强国建设纲要》（以下简称《纲要》），部署我国推动体育强国建设的步骤，提出要充分发挥体育在全面建设社会主义现代化国家新征程中的重要作用。《纲要》指出，要以习近平新时代中国特色社会主义思想为指导，全面贯彻党的十九大和十九届二中、三中全会精神，认真学习贯彻习近平总书记关于体育工作的重要论述，按照党中央、国务院关于加快推进体育强国建设的决策部署，坚持以人为本、改革创新、依法治体、协同联动，持续提升体育发展的质量和效益，大力推动全民健身与全民健康深度融合，更好发挥举国体制与市场机制相结合的重要作用，不断满足人民对美好生活的需要，努力将体育建设成为中华民族伟大复兴的标志性事业。①进入新时代，体育事业的发展已经纳入"五位一体"总体布局和"四个全面"战略布局的整体进程中，同时也是助力"两个一百年"奋斗目标的重要内容，更是推动实现中华民族伟大复兴中国梦的坚实力量。

标志性事业，区别于一般性事业，是指对时代和社会发展起着其他事业不能替代的、独特的和获得大众识别并认可的事业类型。②在习近平新时代中国特色社会主义思想的引领下，在中华民族伟大复兴的历史必然和时代要求的指引

① 国务院办公厅.关于印发体育强国建设纲要的通知［EB/OL］.（2019—9—2）［2022—11—8］.

② 曲青山.新时代在党史新中国史上的重要地位和意义［M］.北京：人民出版社，2019.

下，体育如何成为中华民族伟大复兴的标志性事业，如何对其深刻意蕴进行系统阐释和解析，是解决体育事业在推动中华民族伟大复兴进程中面对的各种矛盾和问题的重要理论武器，也是抓牢我国体育事业发展的时代本质、把握体育事业发展的现实规律、解决体育事业发展的现实问题的重要理论支撑和实践导向。

第一节　体育成为中华民族伟大复兴标志性事业的时代特质

进入新时代，我国建设体育强国的决心更加坚定，步伐更加稳健。在习近平新时代中国特色社会主义思想的指引下，党的十八大、十九大精神均对体育事业发展进行了顶层设计和长远谋划。我国由体育大国朝体育强国迈进的道路更加明晰和宽阔。体育事业承载着中华民族实现伟大复兴梦想的重任，在党和国家的全面关怀和高度重视下，走出了一条适合自身特色的发展道路，体育事业已然成为推动中华民族伟大复兴的标志性事业，这一论断具有深刻的时代内涵和意蕴。

一、体育事业置身于建设富强民主文明和谐美丽的社会主义现代化强国的进程中

在习近平新时代中国特色社会主义思想的指引下，实现中华民族伟大复兴作为中国特色社会主义建设的总任务之一，有着明确的目标划分和推进进程。到本世纪中叶，我国将建成富强民主文明和谐美丽的社会主义现代化强国，这一目标的实现，需要充足的物质文明奠基，先进的政治文明支持，成熟的精神文明指导，规范的社会文明调适，优质的生态文明保障。体育事业在完善国家治理体系和优化国家治理能力方面，有着独特的作用和价值，在全面提升我国政治、物质、精神、社会、生态文明建设水平中扮演着重要角色。[①]在保障人民群众实现

① 程文广.习近平新时代中国特色社会主义思想引领下健康中国的体育思想：释义、源起与意义［J］.北京体育大学学报，2018，41（9）.

共同富裕和享有更加安康幸福的生活进程中，体育事业向来都是以积极的形象和身份参与其中。在我国体育发展史中，“发展体育运动，增强人民体质”的观念早已深入人心，体育运动发展得好不好，人民体质是否得到增强，已经成为人民群众安康幸福生活体系中的重要图标。国家富强民主，社会文明和谐美丽，是中华民族各族群众为之奋斗的美好梦想。“体育强，中国强”蕴含的强大逻辑内蕴，在民众追求国家富强和生活美好的奋斗中开枝散叶，其成果体现在国家体育事业发展和民众体育生活的方方面面，人民群众对体育的高度关注和积极参与已经在社会主义现代化体育强国建设进程中得到了充分的展现。

步入新时代的中国体育，以满足人民群众对美好体育生活的需求为基点，在贯彻国家创新、协调、绿色、开放、共享的新发展理念的同时，动员和组织各方有效利用体育资源，着力解决人民群众体育生活中遇到的一系列困难。在体育强国建设进程中，党和国家始终坚持体育工作的根本方针和任务，坚持人民群众的主体地位，不断创新体育工作方式，协调体育发展机制，构建绿色体育生活，开放体育发展理念，使人民群众能够共享体育发展成果，凸显发展体育事业在解决新时代我国社会主要矛盾中的独特功能。体育事业的发展，时刻以人民群众日益增长的体育运动需求为宗旨，使均衡发展、全面发展的新型体育发展理念能够与体育强国建设的顶层设计有效结合起来。将人民群众对美好体育生活的追求置于首位，满足人民群众的健身需求，提升人民群众的健康水平，丰富人民群众的体育生活，使人民群众的体育利益和诉求成为体育事业发展的风标和导向。在协调创新体育发展方式的支持下，推动我国体育事业不断助力富强民主文明和谐美丽的社会主义现代化强国建设的进程。

二、体育事业融合于全面建成小康社会和不断满足人民对美好生活需要的奋斗目标中

为人民谋求幸福生活，是中国共产党的奋斗初心，也是实现中华民族伟大复兴的重要指向。[①]但美好的生活同时也都是通过奋斗而得到的。体育生活是人民

① 中国宁波网.为健康中国夯实体育之基［EB/OL］.（2017—8—8）［2022—11—8］.

群众美好生活蓝图的重要组成部分，人民群众对美好体育生活的追求，不仅是国家欣欣向荣的生活景象的有力反映，更是人民群众积极生活状态的有力体现。党的十八大以来，体育事业已经完全融合到全面建成小康社会的进程中。[①]“没有全民健康，就没有全面小康”，在习近平总书记提出的“全面建成小康社会，一个也不能少”的要求下，体育同样阐释了人民群众在全面奔小康的道路上也绝不能少“健康”的核心内涵。党和国家向来将人民群众的身体健康视为全面建成小康社会的重中之重，要求体育事业的发展，必须首先兼顾和考虑能否为人民群众提供优质周到、全方位和全周期的健康服务。体育作为提升和增进人民群众健康水平的重要手段，同时也是强化全民族身体素养不可或缺的重要方式。[②]体育运动的经济性、组织开展的快捷性、健身成果的有效性，已经得到了广大民众的普遍认可和接受。在全面建成小康社会的进程中，人民群众不仅需要良好的居住条件、优美的生活环境，更需要优质的健康服务。体育作为“健康中国”建设的重要抓手，是实现健康中国战略的坚实力量，同时也是全面建成小康社会对全民健康领域的助力和支撑。

人民群众对美好生活的需要，体现在社会生活的方方面面。进入新时代，体育在人民群众社会生活中的地位不断得到提升和凸显，其所发挥的社会功效已经超越了体育自身的价值和功能，其社会影响力不断得到拓展和补充。推动人民群众朝美好生活奋进，体育不仅改变了人们的生活方式，也改善了生活条件和生活环境。目前，我国各个年龄段的体育需求正在得到有序满足，人民群众在参与体育活动的过程中遇到和反映出的各类问题被重视与积极解决，人民群众不出远门、就近寻找健身场所开展健身活动已经不是遥不可及的事，而成为实实在在能够“够得着，用得上”的新兴体育生活的必备组成。国家为方便群众健身而配套建设的“六个身边”工程，有力配合了全民健身场所功能的全面发挥和实现，使全民健身活动的类型更加丰富，形式更加多样，既方便了普通群众就近健身的需

---

① 中国经济网．习近平的足球情结蕴含着几代人的体育强国梦［EB/OL］．(2017－6－15)［2022－11－8］．

② 新华网．让体育以全民参与形式深入人心．［EB/OL］．(2017－8－28)［2022－11－8］．

求，还能够兼顾有特殊需求的群众参与体育健身赛事，得到专业的体育健身指导，同时使存在于群众身边的体育健身文化不断得到弘扬和发展。丰富的群众体育生活，活跃了广大民众追求美好生活的环境和氛围，拓展了人民群众美好生活的“愿望单”，使人民群众的生活福祉中融入了更多的体育元素，使体育生活能够增强人民群众在向美好生活进军中的获得感和幸福感。体育已然成为衡量人民群众美好生活的重要标尺，为实现中华民族伟大复兴持续不断地注入活力。

三、体育事业服务于建设健康中国和建成中国特色社会主义现代化体育强国的宏伟实践中

“实施健康中国战略”是党的十九大报告提出的国家重要发展方略。[①]健康中国的建成，已经上升到国家治理理念和能力体系建设的高度。中华民族伟大复兴的实现，需要健康中国的建设成果作为基础和保障。社会主义现代化体育强国的建成，同样需要健康中国的建设成果作为依据和基础。体育事业对于健康中国建设的贡献，在于体育本质上可以以喜闻乐见、集体参与的形式伴随着民众追求健康的过程。关注健康、促进健康，不仅是健康中国建设的重要内涵，同时也是全民体育事业发展追求的目标之一，亦是国家、社会、家庭、个人在健康维护进程中所应该共同担当的责任、义务和做出的行动。在实现中华民族伟大复兴的道路上，体育对于国民健康素养的整体推进和提升，表现在社会生活的方方面面。党的十八大以来，人民健康已经成为民族昌盛和国家富强的重要标志。习近平总书记指出，要把人民健康放在优先发展的战略地位。党和政府以保障人民的健康生活为出发点，制定了一系列展现国家决心的全局性和前瞻性的规划与设计，使社会经济发展与人民健康促进能够实现良性协调和循环。

体育作为促进民众健康的重要手段，融入健康中国建设的各个环节。[②]在建设社会主义现代化体育强国的宏伟实践中，吸纳和应用来自健康中国的建设成果

---

① 新华社.中共中央 国务院印发《“健康中国2030”规划纲要》[EB/OL].(2016—10—25)[2022—11—8].

② 中华网.体育产业占GDP比重将超1%，能盈利才是真“风口”[EB/OL].(2018—8—2)[2022—11—8].

显得尤为重要。在理念层面，健康中国建设和体育强国建设均体现出国家以人民为中心的发展理念，透射出国家增进为人民谋福祉的发展取向，同时表现出国家治理理念和治理能力协调融合的现实样态。体育对于健康中国建设的助力，同样表现在体育对健康生活的促进、体育对健康服务的优化、体育对健康保障的支持、体育对健康环境的建设、体育对健康产业的贡献等方面。在《"健康中国2030"规划纲要》的实施过程中，来自体育领域的全面支持是一股重要且非常稳定的力量。体育不仅能够提升居民的生活质量，而且能够全面参与到社会健康治理和健康公平促进的进程中，有效降低慢性病、职业病和失眠抑郁等精神障碍的发病率，避免社会矛盾和化解社会危机。在建设体育强国的进程中，体育能凝聚全社会对健康中国的认识和建设成果，推动体育健身事业的整体发展，助力于强化"疾病治疗向健康促进"的理念和实践①，为中华民族伟大复兴奠定坚实的健康基础，提供永续输出的健康动力。

四、体育事业沉浸于国民经济结构转型重点布局和国民经济支柱性产业的拓展体系中

国民经济结构调整转型和支柱性产业体系的拓展优化，是实实在在推动中华民族伟大复兴进程的显性力量。体育产业的飞速发展已经成为我国体育事业整体发展中极其重要的一环。党的十八大以来，国家制定和设计的一系列关于国民经济结构转型和重点布局的产业体系中，均可以看到体育产业的身影。体育产业不仅在满足人民日益增长的美好生活需要方面有着独特的贡献和支持，而且对于优化国家经济结构类型有着不可替代的作用。②在习近平新时代中国特色社会主义思想的指导下，通过优化体育产业要素，强化体育产业功能和保障，激发体育市场的活力，提升人民群众的体育消费热情，将体育产业打造成为推动国民经济发展的支柱性产业，促进体育产业成为国民经济结构转型发展和调整过程中不可或缺的组成部分。目前，体育产业形态多样，不仅可以将其视为关乎人民群众的幸

① 新华网.习近平："三大球"要搞上去［EB/OL］.（2014—8—16）［2022—11—8］.

② 孙龙飞.体育产业向更深更广发力［N］.人民日报，2020—2—25（15）.

福产业，而且可以将其定义为关乎民众福祉的民生产业，体育产业已经成为推动人民群众健康生活的重要组成部分，是实现中华民族伟大复兴进程中满足人民美好生活需要的坚实动能。

作为国家体育事业的重要一隅，体育产业以其较低的资源消耗、富于弹性的社会需求、覆盖领域的广阔性能、高回报的产品附加值、长线的体育产业链条、强势的辐射带动作用等特点，既可以以绿色产业的身份参与到国民经济结构转型重点布局中，又能以新兴产业的角色补充到国家支柱性产业的拓展体系中，具有极为灵活的社会适应性和市场调和力。配合第一、二、三产业的结构调整和革新转型，体育产业涌现出了一系列新兴的体育产品、产业模式和发展业态，其展现出的强劲成长性和可持续性已经得到社会公认。近年来，我国体育产业的年增加值持续稳定在20%以上，处于发展的快速时期和明显的上升时期。[①]虽然与世界体育发达国家相比，我国体育产业对整体国民经济的贡献度仍然不够，但我国体育产业的发展表现出的强势后劲，会推动我国体育产业的增速保持在较高的增长水平。有预期表明，我国体育产业占国民GDP的总量，在2035年有望突破4%[②]，这一比率已经达到了国民经济支柱性产业所要求的GDP比率[③]，使体育产业成为国家支柱性产业的标志之一。体育产业在助力中华民族伟大复兴的进程中，需要不断探索如何合理有序地拓展体育产业的规模，寻求强化体育产业结构合理化的策略，使体育产业能够在符合国民经济发展规律的基础上，实现自我发展的迈进和突破。推动体育产业实现高质量发展，已经成为我国建设体育强国的必由之路，更会成为实现中华民族伟大复兴进程中所形成的普遍共识。

五、体育事业熔铸于中华体育精神传承发扬和新时代中国特色大国外交的构建中

在推动实现中华民族伟大复兴的进程中，民族精神的支持是必不可少的。中

---

① 郑轶.让体育产业释放新动能［N］.人民日报，2020—1—7（15）.

② 王亮.探寻体育产业的矿脉［N］.人民日报，2019—12—3（16）.

③ 王亮.体育产业需要“精耕细作”［N］.人民日报，2019—11—26（16）.

华体育精神作为中华民族精神的重要组成部分，折射出的是中华民族在面对各类挑战和困难时的精气神。[①]中华体育精神同样是推动中华民族伟大复兴进程的坚实力量，一代代体育健儿在各类世界赛场上奋勇争先、为国争光，向全世界宣告“中国人能行”，由此锻造和形成的以“自强不息，振兴中华”为中心的中华体育精神，是亿万中华儿女共同的底气和自豪，现在已经化为整个中华民族的精神财富和奋斗力量。中国在“站起来、富起来、强起来”的宏图铺展中，加快体育强国建设的步伐迈得更加快速和稳健，中国体育实现了从追赶者向领跑者进发，在世界体育格局中体现出了中国从容和自信的大国气质与形象。中华体育精神中蕴含的历久弥新的独特价值，已经全面融入实现中华民族伟大复兴的进程中。在新时代开启的全新征程中，体育强国梦从未像今天这样接近实现的彼岸，中华体育精神凝练形成的宝贵精神财富，将会一代代传承下去并不断发扬光大，向全世界传递中华儿女奋进自强的源源不断的正能量，为中华民族伟大复兴的实现注入一股劲流。

体育外交是我国整体外交事业的重要组成部分，多年来，体育外交为我国的整体外交事业作出了重要的贡献。新时代以来，体育外交更是中国大国外交的重要推力和抓手，担当着构建人类命运共同体的重任和使命，同时也为中国外交事业的整体发展贡献出蓬勃力量，有力推动中国体育强国的建设进程。在我国由体育大国迈向体育强国的道路上，体育事业提质增效、结构调整、实力提升、多元合作的发展理念，需要借助体育外交的途径向世界宣示。体育外交推动着我国体育在国际上的话语权、影响力和号召力等不断提升，这些体育强国软实力的增强，是提升我国体育事业整体国际影响力的“扩音器”和“放大镜”，成为我国与世界各国进行体育运动经验、文化、机制交流的新型纽带。积极参与国际体育事务，不仅拓展了我国在国际体育领域的话语权和影响力，而且彰显出了中国作为负责任的体育大国在处理国际体育事务中的能力和自信。中国体育外交全方位地展现在竞技体育、体育文化、体育科技教育等领域，与

---

① 於鹏，张树林，陈章源.以体育人：新时代体育价值观培育践行的着力点——基于习近平纪念五四运动100周年讲话精神研究［J］.体育与科学，2020，41（2）.

国家的人文交流机制相衔接，塑造出了符合体育大国和体育强国身份的国际形象，不断改进和提升了我国体育事业对外形象的整体层次和水平，有效地提振了我国体育对外交流的软实力，助力着我国体育强国建设外围环境的不断优化和改善。

第二节　体育成为中华民族伟大复兴标志性事业的历史脉络

新中国成立70多年来，党和国家非常重视体育事业的整体发展。我国体育发展历程，折射出了中国体育如何以昂扬的姿态自信地迈向世界，映射出了体育在中国经济社会发展中的重要位置。习近平总书记曾指出：我们每个人的梦想、体育强国梦都与中国梦紧密相连。这一论断，将体育事业的发展提升至事关国家前途、民族复兴的高度，充分展现了党和国家领导人对体育事业在实现国家富强、民族振兴进程中的战略定位。中国体育助力新中国政治经济文化飞速发展的进程，也勾画出了体育成为中华民族伟大复兴标志性事业的历史脉络。

一、新中国成立后体育事业作为重要议事日程被提到国家建设的全局规划中

体育事业成为中华民族伟大复兴的标志性事业，一路并非高奏凯歌，其经历的重重曲折和困难更能映现出体育事业在助力中华民族伟大复兴进程中的顽强特性和坚韧品质。新中国成立以后，百废待兴，体育事业几乎是一穷二白。但党和国家在恢复经济建设的同时，迅速将新中国体育事业的发展提上了国家建设的重要议事日程。新中国成立后不到20天，就组织召开了全国体育工作者代表大会，与会者集思广益，共同为新中国体育事业的发展出谋划策、谋篇布局。会议提出了“为人民的健康、新民主主义的建设和人民的国防而发展体育”的工作方向和指针。新中国成立初期，全国的体育事业归属于团中央负责，到1952年11月，由中央人民政府直接领导的体育运动委员会，整体指导全国体育事业的组织和发展。这一时期，由国家体委负责，各体育部门通力实施、协作分工、管理集中的体育行政领导体制初步形成，使“国家＋部门＋单位”的体育组织管理实施体系

完整地建立起来。

在党和国家的统一领导下，一系列关于体育事业发展的政策和措施逐步落实到位，不同层级和职能的体育管理部门逐渐建立，用以指导和开展新中国的体育工作，肩负起推动国家体育事业向前发展的各类责任和任务。随着新中国体育工作体系的逐渐成熟和工作深度的不断拓展，用于发展体育事业的拨款额不断增加，体育场地设施的建设力度不断加大，群众体育生活逐渐丰富，优秀运动队也如雨后春笋般地建立起来，体育科学研究开始起步，专门的体育人才培养机构也先后成立，专业的体育人才培养制度和体系开始形成。这一时期，中国的体育事业由一穷二白逐渐过渡到有健全的政府管理体育的体系及其相应的职能配置，短时间内将涣散的体育现状改造为面貌一新的体育事业发展新局面。新中国成立后的体育事业发展也并非一帆风顺，极少数国外反华势力在不同国际体育组织，不择手段地附加政治条件来阻挠新中国参与国际体育事务，我国出于对国家利益的维护，于1958年被迫中断了与包括国际奥委会在内的国际体育组织的联系。“文革”期间，我国体育事业的发展经受了严重的损失和挫折，但中国人民面对困难呈现出不屈不挠的顽强拼搏精神，仍然在极其不利的情势下努力开展体育工作，使新中国的体育事业在曲折中实现了前行和发展，体现出了体育事业的强大韧性。

二、改革开放将体育事业的发展与国家重大战略的制定紧密结合起来

改革开放为我国体育事业的整体发展带来了新的机遇，我国体育事业也由此迎来了良好的历史发展机遇期。这一时期，中国体育事业不仅按照自己特有的规律实现了突飞猛进，而且与一系列国家制定的重大战略紧密地结合起来。改革开放初期，在“一国两制”伟大构想的倡导下，我国提出“奥运模式”，用以解决国际体育组织中的涉台问题，成功地利用体育的手段排除了中国体育步入国际体育组织的障碍和挑战，不仅迅速地恢复了中国奥委会在国际奥委会中的一系列合法权益，而且积极地参与了国际体育组织推行的一系列改革和改组。1980年和1984年，我国组队分别参加了冬季奥运会和夏季奥运会，竞技体育的发展开始以奥运会为核心和目标，在国家层面制定了奥运战略并提出了“奥运争光计划”。中国竞技体育自信满满地走向了世界舞台，并且陆续取得了让世人瞩目的辉煌成就。

中共中央于1984年印发了《关于进一步发展体育运动的通知》，该通知提出了“中国一定能跻身世界体育强国之林”的核心论断，极大地振奋了国人参与体育运动和支持体育事业发展的热情，使体育事业在整个国民生活中的地位不断提高，同时促使中国体育事业的发展得到了国际社会的更多关注。进入20世纪90年代，随着一系列关于体育体制机制改革的政策与措施不断出台，体育行政体制领域的变革拉开了帷幕，全国性单项体育协会开始尝试运行方式的创新，运动项目管理中心也开始设立，“两块牌子，一套班子”的管理体系逐步在单项体育协会和运动项目管理中心试行，不仅使管理的质量和行政的效率大为提高，而且使体育体制的改革更加适应这一时期全国体育事业发展的导向和趋势。在推动竞技体育全面发展和革新的同时，这一时期国家对群众体育和学校体育的布局与发展也进行了系统化的变革，群众体育组织、各级学校体育组织、青少年体育组织举办的赛事和体育文化创新活动形式多样、类型丰富，国家、地方和社会组织层面的对外体育交流活动变得频繁和活跃，体育事业迸发出的巨大能量不仅体现在人民群众的日常生活中，而且也成为国家生活的必要组成部分，体育事业在国家改革开放全局中的地位进一步坚实和巩固。

三、北京奥运会的成功申办和胜利举办为体育事业带来重大发展机遇

一个国家能不能成功申办奥运会，能不能成功举办奥运会，不仅是衡量一个国家体育整体发展水平的标志，也是衡量一个国家经济社会发展水平的标志。[①] 2008年北京奥运会的成功举办，对于国际奥林匹克事业的发展和中国体育事业的发展具有双重的重要意义和影响。中国作为世界性体育大国，需要通过奥林匹克运动会这样一个国际性的体育大舞台来展示中国的建设成就、人文传统、体育成绩，奥林匹克运动会同样需要中国这样一个坚定支持者的整体参与。中国经过改革开放的洗礼之后，政治经济社会的发展程度进一步加深，经济活力进一步增强，人民群众的生活状态已经发生了翻天覆地的变化，人民群众对体育事业的关

① 谢军，周志雄.奥运备战视域下科技助力竞技体育发展的研究［J］.体育科学，2020，40（7）.

心和对美好体育生活的追求与日俱增，我国在处理国际事务中的国际地位和获得的国际威望日益提升，所有取得的这些成就，都与世界上其他国家有所不同。2008年北京奥运会的成功举办，极大地提振了国人对发展体育事业的信心和决心，也为奥林匹克运动在全世界发展中国家的普及开启了一个良好的开端。另外，这也为在世界人口最多的大洲宣扬奥林匹克精神、彰显奥林匹克主义、阐释奥林匹克内涵等方面提供了成功的借鉴模式。

2008年北京奥运会的成功举办，是我国对成功申办奥运会所做各项承诺的最为响亮的回应。2008年北京奥运会不仅检阅了我国的经济发展实力和稳定的政治局面，而且向世界展示了中国这样一个全球最大的社会主义国家在社会治理、治安管理、民众素养、科技水平、环境建设、卫生保障以及体育综合竞争力方面的整体实力。我国竞技体育在2008年北京奥运会上实现了量的突破和质的飞跃，同时带动了群众体育、学校体育、体育文化、体育对外交流的全面发展，使中国成为体育强国的声音更加响亮，为世界体育事业的整体发展作出了中国特有的贡献。2008年北京奥运会的成功举办，加速形成了我国体育事业对外全方位、多层次、宽领域的交流互通格局，为我国国际地位的不断提升创造了良好的国际环境和有利条件，促进了中华民族伟大复兴的历史进程。中国“以发展办奥运，以奥运促发展”的办奥思路①，使奥运会的举办有效地与中国的政治、经济、文化发展结合起来，促使国内外各类交流更加频繁和高效，极大地改善了中国的国际形象。尤其对于我国全面推进小康社会建设，构建社会主义和谐社会的意义更大。通过成功举办奥运会，体育成为民众最为关注的热门和焦点话题之一，中华大地上掀起了一波又一波的体育热，体育事业所展现出的淋漓尽致的魅力得到了民众的高度认可，奥运会带来的体育事业的成功成为中华民族实现伟大复兴进程中浓墨重彩的华丽篇章。

---

① 龚维斌，张林江．“四型”社会建设：未来社会发展的思路与对策——疫情“大考”之后的社会建设路径［J］．行政管理改革，2020（5）．

四、党的十八大使体育事业融入“五位一体”和“四个全面”的战略布局

实现中华民族伟大复兴，是中国共产党向全党全国人民提出的共同奋斗目标和纲领。[①]党的十八大将经济、政治、文化、社会、生态文明这“五位”统一于全面建成小康社会、实现社会主义现代化和中华民族伟大复兴中。[②]“五位一体”的总体布局已经成为指导中国特色社会主义建设进程中各行各业的行动蓝图。对于体育事业而言，在“五位一体”总体布局的引领下，需要回答好“体育事业需要什么样的发展，应该怎样发展”的战略问题，自觉运用习近平新时代中国特色社会主义思想武装好发展构想、指导好发展实践、推动好发展工作。深刻认识“五位一体”的总体布局，有利于体育事业更全面地融入我国社会主义现代化建设新的历史阶段，使体育事业的整体发展能够与实现中华民族伟大复兴的总目标进行有机统一，对于明确我国体育事业的发展方向、夺取社会主义体育事业发展的更大胜利意义重大。在体育事业助力中华民族伟大复兴的进程中，来自经济、政治、文化、社会、生态方面的建设经验和综合影响，必将对体育事业的发展进行导向。牢牢把握“五位一体”总体布局的实质和内涵，总结其在体育事业发展中的指导规律和实践特质，定当能够推动中国体育事业的全面发展进步，使新时代的中国体育事业更加生机勃勃、蒸蒸日上。

党的十八大以来，党和国家在总结改革开放取得的重大成就的基础上，协调推进“全面建设社会主义现代化国家、全面深化改革、全面依法治国、全面从严治党”四个全面的战略布局。[③]体育事业的发展在“四个全面”的指导下，成为助力全面建设社会主义现代化国家和全面深化改革的有力助手，同时也是全面依法治国和全面从严治党的先锋组织和队伍。体育事业的发展，已经深深地融入“既要小康，也要健康”的理念之中，体育事业已成为社会主义现代化国家必不

---

① 冯务中.中国特色社会主义基本方略的渊源［J］.思想教育研究，2020（4）.

② 郑金鹏.习近平“人民美好生活观”的逻辑阐释与现实启迪［J］.山东社会科学，2020（4）.

③ 於鹏，张树林，陈章源.以体育人：新时代体育价值观培育践行的着力点——基于习近平纪念五四运动100周年讲话精神研究［J］.体育与科学，2020，41（2）.

可少的重要组成部分。体育事业所进行的一系列改革，密切配合全面深化改革的总要求和总方针，敢当和甘当全面深化改革的“试水棒”与“铺路石”。在全面依法治国的进程中，体育领域率先制定一系列法治化的制度和手段，配合市场机制进行大刀阔斧的法治化改革，取得了明显的成效。在全面从严治党的要求下，体育事业各级组织严格服从党的要求，坚持党的政策和路线，健全党的组织，使各级体育工作都在党的坚强领导下开展和进行，确保体育事业发展的正确道路和方向，“四个全面”的战略布局已经完全贯穿于新时代中国体育事业实现跨越式发展的全过程中。

五、党的十九大将体育事业作为助推经济社会发展的强大支持和动力

党的十九大开启了我国全面建设体育强国的新征程。以全民健身活动为载体，带动竞技体育、学校体育，盘活体育产业，加强体育文化建设和对外体育交流，成为党的十九大以来体育强国建设的新内容。建设体育强国，已然成为决胜全面建成小康社会和夺取新时代中国特色社会主义伟大胜利的重要工程，是实现中华民族伟大复兴中国梦的艰巨而光荣的使命。①中国作为体育大国，正以强劲的势头朝体育强国的目标迈进。在这一进程中，体育与经济社会发展自然而然地紧密联系在一起，中国既要向世界展现中国体育事业的大发展，同时也要使中国人民获得实实在在的大健康。人民健康水平的提升，是社会主义政治经济全面快速发展的重要保障。②在经济社会飞速发展的新时代，建设体育强国既需要争分夺秒，更需要提速增效，使体育事业真正融入国家经济社会发展的大格局中去，不断厘清和革新体育发展观念，深化体育体制和推行机制改革，使群众体育与全民健身协调起来，奥运计划和竞技体育对接起来，体育产业与富民便民连接起来，体育素养与体育文化融合起来，在推动体育强国建设和经济社会全面发展中体现出体育的动能和力量。

---

① 范文.新时代中国特色社会主义政治建设的理论分析［J］.中国特色社会主义研究，2019（6）.

② 李钰.新时代我国生态文明建设的作用、创新及特色发展［J］.重庆社会科学，2019（9）.

党的十九大以来，经济社会的供给侧结构性改革为体育事业的发展带来了新的机遇，在不断推动整合性经济社会资源创新中，通过一系列的尝试，探索运用新的方法解决体育事业发展中出现的新问题，在国家提出的“大众创业，万众创新”理念的驱动下，新时代的体育事业逐步走出了一条集合人民性、国家性、民族性、社会性、发展性的符合经济社会发展规律的新路径。体育强国建设的基础不断夯实，体育事业发展领域各个层面组成内容之间的协同性和系统性进一步增强。体育产业与群众体育、竞技体育的发展协调推进，城乡体育均衡发展的理念更加深入地贯彻到经济社会发展的方方面面，体育事业可持续发展的方式已经全面普及。新时代的体育事业正在实现对内开放和对外开放的双向结合。对内开放，不仅最大程度地盘活了各类社会体育资源，而且优化了体育资源的增长体量和设计增量；对外开放，实现了中国体育资源与国际体育资源的有效互补和衔接，盘活了国际体育资源对中国体育事业发展的补充结构和局面，同时也使大量带有中国标签的体育资源以多样化的形式走向世界，推动中国体育企业在海外投资并购、合作合资、协同开发、联合攻关等，提升体育资源的国际市场化水平，为助推我国经济社会发展提供强大的支持和动力。

第三节　体育成为中华民族伟大复兴标志性事业的内涵逻辑

体育事业的发展向来与国家整体事业的发展紧密联系。体育成为中华民族伟大复兴的标志性事业有着深刻的内涵，全面且系统认识这一内涵，对于体育事业的全面深化改革、竞技体育水平的稳步提高、群众体育活动的蓬勃发展、体育产业的规模化推进、体育文化交流的不断拓展等有积极的指导意义。厘清蕴藏于其中的逻辑架构和导向，有助于更加清晰地识别和理解体育成为中华民族伟大复兴标志性事业的内涵要义和整体指向。

一、凝聚强大力量实现体育强国梦与实现中华民族伟大复兴中国梦之间一脉相承

体育强国梦的实现进程，始终与实现中华民族伟大复兴中国梦紧密地联系在

一起。体育强国梦的实现，需要凝聚全国各界的强大力量，在长期的拼搏和奋斗中不断构筑和完善。[①]中国自从摘掉“东亚病夫”的帽子之后，时刻没有停止过对体育强国梦想的追求。从中国体育的发展史和中华民族的复兴史来看，体育强国梦与中华民族伟大复兴中国梦一脉相承，都致力于追求国家的强盛和民族的振兴，这一脉凝聚了中华民族的强大力量，寄托着无数先贤对“自立自强”表达出的渴望和希冀。从体育“强国强种”的发端开始，严复、蔡元培、杨昌济等先贤就已经意识到了体育对国人与国运的重要影响，体育在他们的教育思想中是置于其他各育之首的。毛泽东则深刻体会到了国民体质与民族命运之间的深刻联系，“一国动则一国强”的理念完整地体现在他的体育思想和治国方略中。邓小平将国家体育事业的发展和国家整体事业的发展高度统一起来，使体育事业成为中国特色社会主义事业的重要组成部分。进入新时代，习近平更是从“体育强国”“健康中国”的高度来定义体育事业的发展，体育强则中国强，将体育事业的发展与国运紧密地联系在了一起，将体育强国梦与中华民族伟大复兴中国梦紧密地联系在了一起，赋予了体育事业发展新的标识和新的内涵。

体育强国梦脱胎于中华民族伟大复兴中国梦，二者同枝同蔓、一脉相承。体育强国梦全面地反映出了中华民族伟大复兴中国梦实现进程中体育事业的发展指向和脉络。2014年，习近平总书记看望索契冬奥会中国体育代表团时指出，“我们每个人的梦想、体育强国梦都与中国梦紧密相连”。中国体育发展史也可以佐证，中国梦在体育事业发展中的反映，就可以理解为中国体育强国梦。体育强国梦的实现，是实现中国梦的动力源和能量包。中国体育从经历“一个人的奥运”，到“奥运梦想成真”，其间经历了几十年的坎坷追求之路。中国从褪去“东亚病夫”的辱名，到体育大国向体育强国的迈进，其历史轨迹蕴含的不仅是体育事业的荣辱成败，而且关乎着整个民族信心的提振、民族健康的提升、国家命运的改变、国家形象的更新，更关乎着整个中华民族的精神追求。体育强国梦与中国梦同根同源、一脉相承，体育强国梦的实现，不仅可以为中华民

---

① 赵富学.论习近平新时代体育强国思想蕴含的马克思主义哲学观［J］.北京体育大学学报，2020，43（5）.

族伟大复兴中国梦的实现提供源源不断的动力输出，而且能够优化、升级中国梦的实现路径和人力资本，以全新的方向和途径为中华民族伟大复兴中国梦的实现贡献力量。

二、全民健身国家战略与健康中国建设对实现中华民族伟大复兴的贡献

中国体育事业的发展，体现了强烈的人民性和国家性。[①]这和我国建设中国特色社会主义的总方向和总路线是分不开的。“人民体育为人民”是体育强国建设的本质属性之一，反映的是中国特色体育事业的发展指向和轨迹。体育事业发展的人民性，目的是维护最广大人民群众的根本体育利益和诉求。体育强国的建设，需要将人民性置于最优先的位置。自国家推动全民健身战略以来，人民群众的体育需求和健康诉求就成为体育强国建设的重要内容。习近平总书记指出，全民健身是全体人民增强体魄、健康生活的基础和保障。当前，全民健身战略已经上升到了国家战略的层面，推动民众形成终身体育的能力和习惯，提供完备的公共体育场地和设施，开展有针对性的健身指导咨询和服务，既是促进国民体质提升的有效途径，也是惠及民生和培养合格公民的重要选择。让人民群众共享新时代体育强国建设进程取得的各类成果和红利，不仅是体育强国建设的有力支撑，更是体育事业助推中华民族伟大复兴中国梦实现的有力佐证。

习近平总书记在多种场合透彻地指出了全民健康与全面小康之间的深刻联系。在体育与健康、体育与医疗、全民健身与全民健康深度融合的过程中，国家对于体育促进全民健康的投入力度越来越大，体育旅游业、体育休闲业、体育销售业、体育彩票业与全民健康之间的联结方式越来越丰富，健康中国建设所涉及的领域也越来越广泛。健康中国建设配合体育强国建设，在多个领域实现多元交叉和跨界融合，极大地提升与促进了民众对健康中国战略的清晰认识和深刻认同，不断加深了民众对于健康中国建设的参与度和投入度。在全面建成小康社会的进程中，当人民群众的身体棒起来、腰包鼓起来的时候，丰富的体育活动参与

---

① 白蓝．“一带一路”背景下中国体育文化对外交流研究［J］．体育学刊，2020，27（2）．

类型将会极大地吸引广大民众以积极的态度参与其中，从体育活动中获得生活的幸福感，从健康的生活中体验生命的获得感，进而能够以充沛的精力和强大的动力积极踊跃地参与到实现中华民族伟大复兴的奋斗中。

三、提升竞技体育综合实力与增强为国争光能力对实现中华民族伟大复兴的意义

一个国家竞技体育综合实力的体现往往与该国的综合国力、国家形象、民族气势、国际地位等紧密地联系在一起，既是国家实力的展现，也是体育发展历程和成果的缩影。自新中国成立以来，我国运用国家力量来健全和发展竞技体育事业，不断提升体育综合实力，为我国竞技体育的高水准全面发展创造了良好的内外部条件。尤其是在改革开放之后，在国家力量的大力介入之下，举国体制发挥了重要作用，促进了中国竞技体育事业的长足发展。中华体育健儿在各种国际赛场争金夺银、为国争光，极大地提升了中国体育在国际体育格局中的地位和影响力，中国由体育大国朝体育强国迈进的步伐更加坚强有力。

强化竞技体育的综合实力，提升竞技体育的为国争光能力，需要举国体制与市场机制相互结合且不断调适。[①]在开放办体育的理念下，“国家办＋社会办”的竞技体育发展模式，衍生出了一系列优质的竞技体育管理机制和运行方式，使各方力量和资源能够有效地汇集起来，强化了高校、地方和其他社会力量参与到竞技体育事业发展中的积极性和开拓性。各方对竞技体育项目发展目标和现实机遇之间关系的综合评估，使竞技体育项目的发展潜力、价值和持续性得到统筹和规划，使对竞技体育投入和产出的效益评估更加准确和有效。从近期来看，参加和举办东京奥运会、残奥会和北京冬奥会、冬残奥会，既是中国竞技体育事业发展的战略性清单，也是检验中国竞技体育周期性发展水平和成果的重要机会。在传统优势项目继续保持和不断强化的基础上如何在非优势项目上获得更多和更大的突破，在全面备战和科学训练的基础上如何能够弥补短板和体现特长，在优化队

① 卢文云.迈向体育强国我国竞技体育发展面临的问题与对策［J］.沈阳体育学院学报，2020，39（2）.

伍和改革机制的基础上如何能够打造出一支代表中国体育形象和作风一流、能征善战的竞技体育队伍，是加强新时代中国竞技体育事业发展综合实力需要考虑的重点问题，也是竞技体育在多个方面实现为国争光目标需要主动探索的路径。竞技体育综合实力的提升，使体育为国争光的机会越来越多，使中华民族伟大复兴进程中来自体育领域的声音更大、底气更足，更能够向世界展示中华民族伟大复兴进程中的体育气势和形象。

四、加快发展体育产业与促进体育文化事业繁荣对实现中华民族伟大复兴的价值

体育产业与体育文化分别是推动体育事业发展的“硬通货”和“软实力”。体育产业的创新发展是新时代中国体育事业发展前行必须依靠的实践动力。[①]在供给侧结构性改革为体育事业发展带来的各类机遇面前，树立起多元化的体育产业资源和创新思维模式，尝试运用新的符合体育产业规律的办法解决新的问题，有助于中国特色体育产业在协调国家顶层设计与体育事业发展实际的过程中，走出体现中国体育发展风貌的新路子。《关于加快发展体育产业促进体育消费的若干意见》《关于加快发展健身休闲产业的指导意见》《关于加快发展体育竞赛表演产业的指导意见》的出台，更使体育产业焕发了“大众创业、万众创新”的新局面，体育产业在线平台、体育企业内外资源、体育休闲健身产业新型生态圈等体育产业业态形式的不断整合和协同，扩大了体育产业推动和服务体育事业发展的职能范围，尤其是“互联网+”与“体育+”的融合方式更新速度越来越快，彼此双向结合的力度和频次不断加强与增加，开发出的多种体育产业类型能够务实和精准地对接体育事业的发展实际，激发出体育市场的无限潜力和活力，使体育事业在推动中华民族伟大复兴进程中发挥的功能和体现的价值逐一地落在实处。

体育文化是推动体育事业发展进程中必不可少的软实力。[②]从《体育强国建

---

① 彭国强，杨国庆.世界竞技体育强国重点项目奥运备战举措及对我国备战东京奥运会的启示［J］.体育科学，2020，40（2）.

② 张兵.新时代体育强国建设进程中职业体育高质量发展路向［J］.体育科学，2020，40（1）.

设纲要》中可以看出，满足人民群众多层次、多元化、多类型的体育文化需求和消费需要，丰富人民群众的体育文化体验和感受，是推动体育文化繁荣发展的基础。体育文化嵌入体育事业发展的整体框架中，不仅融入了中华体育精神、拓展了体育强国建设的构面，而且在继承和发扬民族传统体育文化、建设运动项目文化、提供体育文化服务、供给体育文化产品等方面，展现出了独特的价值和功能。体育文化已经融入社会主义核心价值观的建设体系之中，是社会主义思想道德体系构建的重要组成部分，同时也是社会主义精神文明建设不可或缺的内容。具有时代内涵和中国特色的体育文化，体现在体育事业发展的方方面面，助力体育成为中华民族伟大复兴的标志性事业。

五、弘扬中华体育精神与构建中国特色体育外交对实现中华民族伟大复兴的助推

中华体育精神向来被视为中国体育事业发展的脊梁。[①]国际社会对中国体育事业的深入了解，离不开中华体育精神的感染和影响。中华体育精神同时也是中国特色体育外交中引以为傲的资本和力量。在弘扬中华体育精神的过程中，需要深入发掘中华体育精神的内涵和精髓。中华体育精神浸染着一代又一代中国体育人的奋斗底色，是中华体育健儿不断拼搏前行的精神支柱。中华体育精神体现着国人的爱国情怀，在国际舞台上展现的是不折不扣的“中国制造”。在中华体育精神的感召下，国人的力量不断凝聚，奋进的凯歌持续奏响，使中华体育健儿自信地向世界展现中国力量。中华体育精神是中国走向体育强国的充足底气和灵魂基石，它是几代中国体育人不懈奋斗与顽强拼搏的精神浓缩和结晶，既是体育事业发展过程中的宝贵财富，也是释读体育作为中华民族伟大复兴标志性事业内涵的重要依据和内容。

中国特色体育外交承载着弘扬中华体育精神和展现中国体育态度的重任。[②]随着中国特色体育外交格局的逐渐建立，中国世界各国的体育交流合作愈加频繁，交流的层次和规格越来越高，实现了越来越丰富的体育互利合作内容。体

---

① 王凯.体育强国建设背景下体育产业强省建设的思考［J］.体育学研究，2019，2（6）.

② 钟秉枢．“人类命运共同体”引领下的中国体育外交战略构建［J］.体育文化导刊，2019（2）.

育外交不仅是新时代中国整体外交的重要组成，而且已经成为中国外交事业的“排头兵”和“先锋队”。尤其是在“一带一路”倡议的推动下，中国政府、体育组织积极与各国及与国际体育组织互动交流，产生了丰富的交流成果。一些国际体育组织、体育媒体、体育明星、体育企业等主动与我国体育组织、媒体等对接，同时带动了民间体育对外交流活动的推进。在加强与重点区域和国家体育交流的合作进程中，我国也积极主动参与各种形式的政府间与非政府间体育人文交流活动，借助多边合作的框架，积极搭建不同类型的体育对外交流平台，实现深度交流和有品质的高度交流，妥善参与和处理国际体育事务，扩展了中国在国际体育领域的话语权和影响力，使中国体育大国的形象更生动地展现在世界面前。

第四节　体育成为中华民族伟大复兴标志性事业的发展愿景

要深刻理解体育成为中华民族伟大复兴标志性事业的内涵，既要对体育事业的发展历程和当前问题进行深入的释读，也要对体育事业的发展愿景进行长远的规划和部署，使体育在助力中华民族伟大复兴的进程中，有现实支持和未来规划相互配合，共同推进体育事业发展。

一、愿景一：亲民、便利、普及的全民健身体育将成为助推中华民族伟大复兴的重要力量

党的十八大以来，全民健身成为解读全面建成小康社会重要内涵的热点词汇之一。在中央政策的引导下，各级政府和体育组织等积极为人民群众提供全民健身设施设备和指导服务，亲民、便利和普及化的全周期、全方位的全民健身与健康指导体系正在悄然形成。截至目前，我国全民体育健身场地人均达1.86平方米，全国各类体育场地已经达到了317万个，每10000人约拥有体育场地23个，全国90%以上的农（牧、渔）村地区建设了体育健身工程路径。这些数字不仅反映了全民健身体育的发展速度和覆盖程度，更体现出了亲民、便利、普及化的全民体育发展标准，是促使全民健身发展成为推动全民族身体素质改善、健康意识增进、健康水平提升的最快捷、最经济和最有力的途径之一，是体育强国和健康中国战略实施的坚强支撑，是助推中华民族伟大复兴的重要力量。

按照我国体育事业的发展速度和体育强国战略安排的时间节点，在未来，不同地域、不同民族、不同年龄段的健身群体都可以实现健身“举步可就”的愿望。人民群众在健身过程中遇到的普遍问题和突出困难将会得到全面解决，全民健身组织的类型将会更加丰富，全民健身场地设施的专业性和安全性将会进一步提高，全民健身活动的组织频次和开展力度将会越来越大，全民健身赛事的举办场次和参加人数将会达到新的规模，全民健身指导服务的专业化程度和普及化程度将会实现新的突破，全民健身文化的高层次开发和建设将会达到新的高度。亲民、便利、普及的全民健身将成为关乎人民群众福祉、体现人民群众利益的重要社会事业。全民健身工作将会与当地经济社会发展的总体目标和规划相适应，全民健身事业的发展成果将能够让人民群众赞成、支持和满意，使全民健身在助推中华民族伟大复兴的进程中不断开辟新的思路、探索新的路径、推行新的举措和实现新的发展。

二、愿景二：更好、更快、更高、更强的竞技体育将成为助力中华民族伟大复兴的重要图标

竞技体育已经成为各国向世界展示国家综合国力和民族意志力的重要平台。[①]更好、更快、更高、更强的竞技体育发展理念，配合举国体制与市场机制相调适及结合的竞技体育发展模式，推动形成了具有中国特色的“国家办+社会办”的竞技体育管理机制和协调运行体系。随着优秀运动员的培养通路被打通和不断优化，优秀运动队的组建结构也随之进一步被优化和更新，高校、地方以及社会力量参与竞技体育事业发展的积极性越来越高。竞技体育项目所展现出的发展势头愈发迅猛，竞技体育已经成为对外能够宣扬国威、对内能够振奋民众士气的实现中华民族伟大复兴的重要图标之一。

竞技体育事业发展的现实和愿景是紧密相连的。只有脚踏实地，扎实推进各项备战工作，提升科学训练水平和综合保障服务能力，将队伍打造成作风优良、善于攻坚的一流队伍，在各大体育赛事中取得预期的成绩，才能为竞技体育的

① 马剑.不断开创体育事业发展新局面［N］.人民日报，2020-9-27（2）.

2035年、2050年发展目标和愿景的实现奠定坚实的基础。在中国竞技体育的发展愿景中，从来没有停止对更好、更快、更高、更强的追求，中国人正用实际行动诠释着“更好、更快、更高、更强”所蕴含的新内涵。“更好”诠释的是中国竞技体育事业正处于历史最好的发展环境之中，要善于把握前所未有的历史发展机遇，走在时代发展的前列，不断实现创新和突破。“更快、更高、更强”不仅是指人体运动机能和技能的完美与极致展现，将其含义拓展到推动体育强国建设语境中仍然能够适用。“更快”体现的是竞技体育的前行与发展的脚步将继续加快，“更高”展现的是竞技体育的发展质量和水平将持续提高，“更强”突出的是竞技体育的软实力和硬实力都将稳步增强。竞技体育的全面提质增速，为助力中华民族伟大复兴进程构建起了一块重要的拼图。

三、愿景三：更大、更活、更优、更全的体育产业将成为助推中华民族伟大复兴的重要支柱

从我国体育产业的发展现状来看，处于初级发展阶段的认识已经被各界所认可和接受。[①]在我国国家顶层设计的整体规划中，一系列带有助力性质的国家体育产业政策逐步出台和落实，成为助推体育产业发展的强大驱动力，我国体育产业朝“更大、更活、更优、更全”方向发展的步伐越来越快。在未来一段时间，我国体育产业不仅会稳步发展，而且将会逐步显现出发展空间大、产业动力强、发展韧劲好的优秀特质，成为助推中华民族伟大复兴事业中的支柱产业类型之一。

“更大、更活、更优、更全”的体育产业发展愿景，体现了我国体育产业的未来发展格局和规模。“更大”体现的是体育产业在未来的发展体量将会更大，发展的布局和形成的产业规模将会持续增大，在国家产业结构体系中所占的份额也将会越来越大。“更活”体现的是体育产业市场运行将会展现出持续的活力，体育产业领域的设计、生产、制造、销售的对接通道会依次联结起来，并且对照市场需求能够灵活调整，致力于研发生产高科技、高性能体育产品的中国体育产业将会以更加

---

① 鲍明晓.以全面建设体育强国为统领推动“十四五”体育事业高质量发展［N］.中国体育报，2020—9—24（1）.

灵活的方式登上世界舞台。“更优”体现在中国体育产业的布局优、市场优、产品优和竞争优等方面。在国家产业政策的宏观调控下，体育产业的布局和市场开发不断寻求更加灵活的调适方式，中国的体育产品以其优质的品质和优势的价格，已经在国际大型体育市场落脚和生长。“更全”则展现了中国体育产业体系的全面性优势，中国体育产业类型不仅在设计、生产、制造、交易、服务等领域实现了全覆盖，而且在研发、示范、成果转化等涉及自主知识产权领域的体育产业类型方面也开始不断完善，面广质优的体育产业集中了品牌、项目和企业的综合竞争优势，使中国体育产业的国际影响力持续增强。进入新时代，在体育产业的飞速发展进程中，“更大、更活、更优、更全”的特质在中国体育产业发展格局中的作用体现得更加淋漓尽致，将会为中华民族伟大复兴事业的推进提供助力。

四、愿景四：富于感召力、影响力的体育文化将成为助兴中华民族伟大复兴的重要板块

进入新时代，我国体育文化建设的力度不断加强，体育文化自信在多个领域得到了彰显，体育文化领域取得了一系列丰富的建设成就，其感召力和影响力不断增强，使新时代体育文化建设的基础和条件更加坚实与优越。随着体育强国事业的不断推进，体育文化作为体育强国建设蓝图中的重要板块，其发挥的作用越来越显著，体育文化对体育事业整体发展进程的推动作用也愈加明显，体育文化与群众体育、竞技体育、体育产业、体育外交共同建构起了新时代中国体育事业发展的整体框架，形成了合力驱动效应，使中国体育事业的未来发展格局愈加完整。

在体育事业助推中华民族伟大复兴的进程中，体育文化建设的创新和实践也将会产生相应的变化。[①]在推动自身繁荣的基础上，体育文化的顶层设计将会发挥更好的引领和示范作用，体育文化建设的方向与战略将会积极配合体育强国建设的要求，形成具有中国特色的体育文化繁荣体系和运行机制。运动项目文化的建设也将会产生巨大变化，将会围绕运动项目的文化内涵，凝练和发扬运动项目的特有文化及蕴含的精神实质，扩展运动项目文化对民众尤其是青少年的影响

① 钟文.努力当好体育事业未来发展“奠基人”[N].成都日报，2020—11—4（1）.

力。体育赛事文化也将会以其多功能的社会价值而得到推崇，不同体育赛事的文化功能将会进一步被强化，联合社会宣传不断扩展其社会影响力和体现其社会价值。体育赛事中蕴含的文化自信元素将与爱国精神和民族精神有效地结合起来，向世界进行传递和表现。中华民族传统体育文化的开发和传承力度将会进一步加大，传统体育项目蕴含的文化元素将与国家政策的支持结合起来，在这其中，传统体育项目保护与传承的信息化平台建设将会成为重点，富有民族特色的体育文化交流力度也会进一步加大。体育博物馆将会把弘扬中国特色体育文化作为主要工作任务，多种类型的体育文化博览会将会定期举行，体育文化交流展示的信息平台将不断完善，体育文化的交流质量也会不断提高。中华民族优秀传统体育文化“走出去”的形式也将更加丰富，中华体育文化将会借助“一带一路”等合作交流路径，更加多元地向世界展示中国体育事业的历史发展进程，进而扩大中国体育文化的影响力和感召力，使体育文化建设这一块重要的拼图能够完整地镶嵌在体育推动中华民族伟大复兴的蓝图中。

五、愿景五：具有中国特色的对外体育交流将成为助燃中华民族伟大复兴的重要支持

中国体育事业取得的辉煌成绩，是国家力量对体育事业发展各方面进行大力支持的集中展现。从国际层面来看，体育已经成为促进国家外交达到新高度的重要手段，体育对外交流为中国体育“走出去”和“引进来”搭建了高效的平台，丰富了国家对外交流的内容。丰富的体育外交类型，促进国家外交实现了新的突破和达到了新的境界，使中国体育大国的良好形象更好地展现在世界面前，推动了中国处理国际体育事务能力和国际影响力的提升。体育外交助力我国在社会、经济、文化等领域的外交行动取得了丰富的成果，盘活了体育领域的国际资源，并且辐射到国家整体外交的布局和结构中。①

---

① 刘桂海，汪婷，杨智国，等.改革开放40年中国特色体育外交：历程、经验与理论反思——基于“历史观、大局观、角色观”三重视角的考察［J］.体育科学，2020，40（3）.

体育外交已经成为中国特色社会主义事业的重要组成部分。[①]进入新时代，体育外交在助力中华民族伟大复兴进程中所展现出的作用越来越显著。体育外交有助于优化国家的体育外交格局，使外交的内容和形式发生了新的变革。在我国朝着中华民族伟大复兴迈进的进程中，通过体育外交的手段，我国将会积极参与国际体育事务，主动搭建国际体育交流平台，借助与“一带一路”共建国家、金砖国家、上海经合组织等国家、地区和国际组织开展交流合作的同时，实现在体育领域的深度合作和多元交流。通过政府间和民间的多层次体育人文交流活动，推动中国与世界各国进行体育领域的互利合作。在体育外交具体领域，我国将会继续深化体育对外交流的力度和内容，采用积极的手段，不断巩固和推动体育对外交流友好关系。我国将会在体育旅游、体育文化互鉴、赛事举办、青少年体育训练、学校体育等领域与国际社会展开务实有效的合作交流方式，推动中华民族传统体育走向世界，使体育对外交流合作平台建设与体育对外发展行动计划有效地对接起来。同时，我国将会进一步强化体育对外交流的质量和结构，开拓优势体育外交领域，持续拓展中国在国际体育事务中的话语权和影响力，努力为中华民族伟大复兴营造出友好和谐的国际环境和氛围。

↘　本章小结

体育成为中华民族伟大复兴的标志性事业，其蕴含的深刻内涵并不是一成不变的，将会随着体育事业面临的挑战、机遇以及自身的发展进程而发生相应的变化。党的十九届五中全会精神，再次突出了体育对于国家生活的重要性和贡献度，将体育强国与文化强国、教育强国、人才强国、健康中国并列，使体育成为助推新时代中国特色社会主义建设和中华民族伟大复兴进程的“五轮驱动”中的重要一轮，同时也赋予了体育事业在国家富强与民族振兴中的新内涵和新任务。在新时代的

① 王创业，张德胜.体育外交的实践逻辑：工具理性与资本再生产［J］.上海体育学院学报，2020，44（5）.

感召下,要用发展的眼光理解体育成为中华民族伟大复兴标志性事业的深刻内涵,将体育事业置于新时代中国特色社会主义建设的全局中进行谋划和布局,在坚持“五位一体”的总体布局和持续推进“四个全面”的战略行动中,以“两个一百年”奋斗目标为指向,使体育事业能够直指如何助推中华民族伟大复兴的战略命题,不断发掘其蕴含的时代内涵和价值使命,持续优化和设计新时代中国体育事业发展的宏伟蓝图,努力把体育建设成为推动中华民族伟大复兴的标志性事业。

第三章

习近平总书记关于体育的重要论述与体育强国建设

社会是以经济生产为基础的整体结构，在论证整个社会结构中的政治、经济和文化等重要领域之间的辩证互动关系时，反复强调唯物主义社会理论并不局限于对社会、物质关系的分析，要在物的关系背后发现引导社会发展的各类活动之间互相关联的性质。[①]历史唯物主义指出，一切重要历史事件的终极原因和动力是社会的经济发展。[②]体育事业是国家经济、社会、文化事业整体发展进程中的重要组成部分，从体育事业发展的历史规律与逻辑轨迹来看，国家各方面事业兴旺发达，定会促进体育事业的强大兴盛，同时，体育事业的蓬勃发展也会促进国家整体事业的繁荣昌盛。

第一节　习近平关于体育的重要论述的马克思主义立场

习近平总书记关于体育的重要论述，是在全面总结党的十八大以来我国体育事业发展领域取得的突出成就的基础上，以党的十九大确定的建设新时代中国特色社会主义事业为指导方向而形成的一系列关于我国建设体育强国事业的顶层设计与整体布局的理念与思想。习近平总书记关于体育的重要论述，从历史唯物主义与辩证唯物主义的立场出发，遵循大国崛起至强国建设进程中的社会发展特征

① 顾海良.马克思主义中国化史（第四卷）［M］.北京：中国人民大学出版社，2015.

② 涂良川，王庆丰.历史唯物主义与政治哲学［M］.北京：中国社会科学出版社，2018.

与经济发展规律，系统地阐释了新时代中国梦与“体育强国梦”之间对应的马克思主义关系，完整地注解了体育事业在国家发展战略中的历史地位与时代价值，从马克思历史唯物主义立场、辩证唯物主义立场、唯物主义本体论立场、唯物主义内外因辩证关系立场，体现了新时代中国体育强国建设事业对马克思主义的创新性继承、发展和运用。

一、坚持体育强国梦与实现中华民族伟大复兴中国梦一脉相承的历史唯物主义立场

历史唯物主义又称唯物史观，被誉为马克思主义解释社会历史发展的自身固有客观规律的哲学钥匙。①从马克思唯物史观视角审视，人类社会的历史发展是有其特定规律的，社会生产力的发展水平，决定了人类社会的进程，规定着社会形态的主要特征。习近平总书记指出：“我们开辟了中国特色社会主义道路不是偶然的，是我国历史传承和文化传统决定的。”②新时代中国特色体育事业的发展，“体育强国梦”的提出，也绝非一朝一夕能够完成的，它经历了上百年的历史进程才得以构筑和完善。纵观近代以来中国体育的发展史，体育强盛的历程与民族复兴的进程紧密联系，一脉相承，是国人对国家强盛与民族振兴的不懈追求。早在清末时期，洋务运动使中国的学校教育中首先出现了体育，紧接着维新运动促进了中国近代体育思潮与实践的形成，反映了近代民众对“强国强种、立国自强”的强国梦想的期望与渴求，这一寄托着无数先贤志士对民族复兴梦想所表达出的历史希冀，在经历了“西学东渐”“华风西被”“军国民主义”思潮之后，发展成为“尚武精神”“国粹主义”“国术救国”的朴素“体育强国”追求。严复、蔡元培、张伯苓、杨昌济等人将体育置于各育之首，指出只有强健国民的体格，国家才能强盛，民族才有希望。青年毛泽东则以一篇荡气回肠的经典之文《体育之研究》，回应了体育的要义，指出体育不振，导致“国力苶弱……民族之体质，日趋渐细”③，他推崇经世致用学

① 萧前.历史唯物主义原理［M］.北京：北京师范大学出版社，2012.

② 中共中央文献研究室.习近平关于协调推进“四个全面”战略布局论述摘编［M］.北京：中央文献出版社，2015.

③ 申伟华，尹华丁.毛泽东体育思想概论［M］.长沙：湖南教育出版社，2009.

派代表人物颜元的“一身动则一身强”“一国动则一国强”的观点。新中国成立后，毛泽东题写了著名的“发展体育运动，增强人民体质”，之后又多次指出，要大力发展体育事业，增强人民体质，不能让外国人讲我们是“东亚病夫”了。毛泽东洞悉了体育事业发展与国家希望、民族未来之间的关系，将体育运动、国民体质与国力兴衰之间的关系紧密联系起来。

邓小平非常重视体育事业的发展，他指出：“我们要大力发展体育事业，增强人民体质，‘东亚病夫’的帽子不能戴了。”[①]改革开放以后，邓小平曾多次指示要加强体育工作，他说：体育运动搞得好不好，影响太大了，是一个国家经济、文明的表现。[②]他在会见体育界外宾时说：“过去我们是东亚病夫，以后要做东亚强人。”可见，“体质强—体育强—国家强”是邓小平对体育事业与人民体质、国家强盛的认识基线，他为改革开放初期体育强国事业的发展奠定了认识论的基础。江泽民非常关心中国体育事业的整体发展水平，他指出：“体育水平是一个民族文明进步的重要标志。”[③]江泽民认为体育事业是中国特色社会主义事业的重要组成部分，他提出发展体育运动要为建设有中国特色的社会主义服务，对体育事业可以强国利民的价值进行了总结，他为全民健身运动题词“全民健身，利国利民，功在当代，利在千秋”，阐释了体育运动对于国家强大、民族强盛的历史意义。胡锦涛对体育事业与国家和民族命运之间的关系有着深刻的认识，他指出，“国运盛则体育兴”，认为“体育是中国综合国力的重要组成部分”，提出“中国要努力推动由体育大国向体育强国迈进”。[④]党的十八大召开以来，习近平总书记提出了一系列体育强国的观点与论述，将体育强国梦与中华民族伟大复兴的中国梦有机地融合起来。习近平总书记指出：“我们每个人的梦想、体育强国梦都与中国梦紧密相连。”[⑤]他对体育在实现

① 编写组.邓小平讲话实录（第二卷）[M].北京：红旗出版社，2018.

② 余玮.邓小平的体育情节[EB/OL].（2000—11—2）[2022—11—7].

③ 江泽民.江泽民文选[M].北京：人民出版社，2006.

④ 胡锦涛强调推动中国由体育大国向体育强国迈进[EB/OL].（2009—10—17）[2022—11—7].

⑤ 中国体育的习近平印记：体育强国梦与中国梦紧密相连[EB/OL].（2016—8—23）[2022—11—7].

中国梦进程中表现出的强大力量进行了肯定，强调“体育承载着国家强盛、民族振兴的梦想”，指出要不断开创我国体育事业发展新局面，加快把我国建设成体育强国。①

习近平总书记在继承和发展中国共产党历代领导人体育强国思想的基础上，坚持中国体育事业的优秀历史传统并进行了全局性的创新，形成了习近平关于体育的重要论述。马克思认为：“有了历史的观点，我们在看待、分析和处理问题时就会更加全面、更加客观、更加符合实际、更加智慧、更加接近事物本身的客观规律。”②习近平关于体育的重要论述是在对中国体育发展历史经验进行系统总结之后形成的，是站在历史唯物主义的角度，对新中国历代领导人的体育强国思想进行综合与升华，结合新时代中国特色社会主义事业建设进程的整体规划，沿着“体育强—国家强”的体育与国家关系的历史发展主线提出的。习近平总书记注重体育事业发展的过去与现在的历史连接问题，强调体育事业的发展要保持和发扬优良的历史传统，以争取更辉煌成绩。他指出：“只要我们立下雄心壮志，奋起直追，就一定能够实现从体育大国向体育强国迈进的目标。”③习近平总书记肯定了我国体育事业发展的历史成绩，但也指出要认识到我国体育事业发展的不足，要从我国体育事业发展的纵向历史总结经验，辨明历史与现实的关系，从而客观认识体育强国梦的实现途径。体育强国梦与中国梦一脉相承，源于中国人民对中华民族伟大复兴的不懈追求和奋斗。习近平总书记关于体育的重要论述站在历史唯物主义的立场上，遵循马克思主义唯物史观，是对体育强国梦与中国梦一脉相承关系的完整阐释。

二、坚持体育强国梦与实现中华民族伟大复兴中国梦普遍联系的辩证唯物主义立场

马克思认为，社会的发展如果以社会的生产关系来分割，也是社会经济结构

---

① 习近平的足球情结蕴含着几代人的体育强国梦［EB/OL］.（2017—6—15）［2022—11—7］.

② 赵家祥，聂锦芳. 马克思主义哲学教程［M］. 北京：北京大学出版社，2003.

③ 钱彤，陈贽. 习近平亲切看望索契冬奥会中国体育代表团［EB/OL］.（2014—2—7）［2022—11—7］.

的具体化。[①]中国梦与“两个一百年”奋斗目标紧密相连，是对国富民强、社会进步、人民幸福的中华民族伟大复兴图景的积极追求。中国梦植根于我国经济社会良好发展态势的沃土之中，指引着新时代中国社会经济结构具体化的方向和落地化的朝向。经济社会秩序的良好运行与发展，为体育强国梦的实现提供了源源不断的助推之力。从辩证唯物主义的立场来看，中国梦是实现体育强国梦的稳固基础，体育强国梦的实现则是中国梦的有力支撑，从联系、全面、发展的辩证法观点来看，体育强国梦是中华民族伟大复兴中国梦全面布局中的一环。体育强国梦与实现中华民族伟大复兴的中国梦息息相关，共同构筑了中国人民从“站起来、富起来，再到强起来”的历史性画卷，印证着“建国、富国、强国”的国家发展脉络，联系着“筑梦、追梦、圆梦”的中国梦实现轨迹，孕育着“重体、兴体、强体”的体育强国梦远大图景。

青年时代的习近平阅读了大量的马克思主义哲学书籍，在实际工作中运用唯物辩证主义的观点观察问题和解决问题。美国前国务卿基辛格多次与习近平接触过，在他的印象中，习近平是一位“很有哲学深度的人，很会全面的思考问题”[②]。习近平下功夫钻研了马克思主义唯物论和辩证法的观点，当今，他强调要形成辩证的思维，提升运用辩证法的能力，从辩证法视角出发去观察、发现和解决问题。习近平总书记的体育强国思想，贯穿着全面、发展、联系的辩证法观点。目前，我国已经进入全面建设中国特色社会主义的新时代，新时代体育强国梦想的实现，需要平衡与处理群众体育、竞技体育、体育产业改革过程中凸显的错综复杂的各类关系。习近平总书记指出：“要坚持发展地而不是静止地、全面地而不是片面地、系统地而不是零散地、普遍联系地而不是单一孤立地观察事物，妥善处理各种重大关系。”[③]在体育强国建设进程中，习近平总书记强调要建立健全面向全民的健身服务体系，完善、改革与创新支持竞技体育发展的举国体制，深化体育产业机制改革，提升中

① 安启念.新编马克思主义哲学发展史（第3版）[M].北京：中国人民大学出版社，2015.

② 中央党校采访实录编辑室.习近平的七年知青岁月[M].北京：中央党校出版社，2017.

③ 中共中央宣传部.习近平总书记系列重要讲话[M].北京：学习出版社，2016.

国体育在世界体育领域的影响力。这些目标和任务紧密联系、相互贯通、相互影响。其中重点是构建面向全体人民的全民健身服务体系，但同时，这一重点又可以与举国体制、体育产业、体育国际影响力结合起来进行发展，这是辩证唯物主义“两点论”的体现。体育强国梦与中国梦紧密联系、息息相关，体育强国的建设，不仅是为了推动中华民族伟大复兴中国梦的实现，更是为了全体人民都能享受体育事业发展所带来的丰硕成果。[①]同理，体育强国梦的实现是推动中华民族伟大复兴中国梦实现的重要一环，体育强国梦时刻与中国梦的既定目标保持一致，与人民群众对体育的需求结合在一起。

运用矛盾的原理与观点解决问题，是马克思辩证唯物主义的一大特征。马克思认为，矛盾是事物内部或事物之间的对立统一关系。[②]运用矛盾的观点和原理解决问题，首先要有全局观，要做到对现有的矛盾有清晰的认识，能够把握主要矛盾和矛盾的主要方面。体育强国梦与中国梦息息相关，紧密联系，但实现中华民族伟大复兴中国梦是主要矛盾，在新时代中国特色社会主义建设的矛盾体系中居于支配地位，起支配作用。主要矛盾得以解决，就会加快和推进事物发展的进程；次要矛盾的解决，也会助推主要矛盾的解决。在实现中国梦的进程中会为实现体育强国梦奠定坚实的社会、经济、文化基础，有利于我国早日建成体育强国；同理，体育强国梦的实现，又会为中华民族伟大复兴中国梦的实现增加更为丰富的内容和提供强大的推动力。从体育强国梦来看，建立覆盖城乡的全民健身体系与改革完善举国体制是矛盾的主要方面，其他是矛盾的次要方面。覆盖城乡的全民健身体系的建立，使人民群众的体育需求得到满足，这是人民向往的美好生活的重要组成部分。改革与完善举国体制，其目的是提升我国竞技体育的竞争力，拓展我国竞技体育在世界范围内的影响力，呼应了中华民族伟大复兴的目标与追求。习近平总书记指出：抓住重点带动面上工作，是唯物辩证法的要求，也

① 习近平：开创中华民族伟大复兴新局面［EB/OL］.（2016—11—13）［2022—11—7］.

② 刘冠婵.马克思主义简明读本：解读《矛盾论》［M］.长春：吉林出版集团有限责任公司，2014.

是我们党在革命、建设、改革进程中一贯倡导和坚持的方法。[①]将建设覆盖城乡的全民健身体系与改革完善举国体制作为建设体育强国的重点，协同推进体育产业的发展和体育国际影响力的提升，可以解决我国体育事业发展不平衡、不充分的问题。要满足人民群众日益增长的体育需求，保障人民群众美好生活需要对体育的要求，创新性地运用与发展马克思辩证唯物主义观点和立场，清楚认识体育强国梦与中国梦的辩证关系，勇于直面体育强国梦实现进程中的各种突出问题，重点解决，分类消化，为实现中华民族伟大复兴中国梦贡献体育事业的力量。

三、坚持在体育强国建设进程中遵循问题导向的唯物主义本体论立场

马克思和恩格斯曾在《德意志意识形态》中幽默地提到："精神从一开始就很倒霉，注定要受物质的纠缠。"[②]这就要求我们在社会实践中，要坚持从实际出发寻找解决问题的思路和方向，坚持实事求是的原则，认识和处理所面临的各类问题。通过努力，我国目前处于体育大国地位的现状已毋庸置疑，但要清醒地认识到，我国朝体育强国迈进还需要一定的时间，还需要积蓄一定的能量和做出足够的成绩。我国公民基本体育需求仍需满足，对发展群众体育过程中的政府投入仍需加大，体育人口的比例、人均体育场地、社会体育指导员的数量和质量与发达国家相比仍有差距，竞技体育与职业体育的项目基础仍需强化，体育产业的机制与体制仍需进一步优化和改革，我国体育的国际影响力与话语权仍需提升和加强，这些都是我国体育强国事业发展过程中面临的最大实际问题。对这些问题的认识和把握，关乎我们能否将体育强国建设进程中的各项准备与规划全面落实到实践中去。习近平总书记指出：认识和把握我国社会发展的阶段性特征，要坚持辩证唯物主义和历史唯物主义的方法论，从历史和现实、理论和实践、国内和国际等的结合上进行思考。强调要牢牢把握社会主义初级阶段这个最大国情，牢牢

① 习近平：高举中国特色社会主义伟大旗帜 为决胜全面小康社会实现中国梦而奋斗［N］.人民日报，2017－7－28（1）.

② 邹广文.物质和精神的平衡发展［N］.光明日报，2014－2－19（16）.

立足社会主义初级阶段这个最大实际。[①]这一论断清晰地呈现出体育强国事业的发展要遵循我国社会主义建设的阶段性特征，从我国体育事业发展的实际出发，精确定位，瞄准方向，把握时机，积极进发。加快建设体育强国，要把体育事业融入实现“两个一百年”奋斗目标大格局中去谋划。实现“两个一百年”奋斗目标同时也是目前我国各项社会事业的奋斗目标，奋斗的起点与过程是社会各项事业面临的最大实际。体育强国事业需要认准自身的发展起点，遵循体育事业发展的客观规律与逻辑，实事求是地发现问题、分析问题与解决问题，是对习近平关于体育的重要论述中蕴含的唯物主义本体论最好的释读与运用。

习近平总书记在多次会议中反复强调：“我们立足中国发展实际，坚持问题导向，逐步形成并积极推进全面建成小康社会、全面深化改革、全面依法治国、全面从严治党的战略布局。”[②]“立足发展中国实际，坚持问题导向”是目前发展我国各领域社会事业应遵循的本体论立场。根据唯物主义关于事物发展的一般规律，可以推导出我国体育强国建设进程不会一帆风顺，定会遇到种种问题。习近平总书记认为“问题是创新的起点，也是创新的动力源”[③]。因此，习近平总书记关于体育的重要论述，坚持问题导向的唯物主义本体论立场，牢牢掌握体育强国建设进程中全民健身、竞技体育、体育产业等领域的本体规律，直面建设体育强国面临的政策、机制、体制与资金等现实问题，不断探寻创造性的解决办法和突破方式。

四、坚持体育强国建设要利用好国际与国内两种资源的唯物主义内外因辩证关系的立场

马克思主义哲学指出，世界上任何事物的发生、发展与变化都是内外因起作

---

① 习近平：高举中国特色社会主义伟大旗帜　为决胜全面小康社会实现中国梦而奋斗［N］.人民日报，2017—7—28（1）.

② 习近平：在会见博鳌亚洲论坛理事会成员时的谈话［EB/OL］.（2015—3—29）［2022—11—7］.

③ 习近平：紧紧扭住全面建成小康社会这个战略目标不动摇［EB/OL］.（2016—11—15）［2022—11—7］.

用的结果，外因是条件，内因则是推动事物发展变化的根据，内因决定外因，外因需要通过内因起作用。我国与世界体育强国相比，在竞技体育均衡实力、群众体育普及程度、学校体育整体水平等方面仍有差距。我国体育事业的发展向来立足于国内实际，在寻求突破的基础上积极与国外合作，吸取国外体育发展优秀经验，加快我国体育事业各个领域的深化改革。习近平总书记强调中国的创新发展，既要继承老祖宗留下的财富，也要敞开国门，解放思想，谦虚学习国外的新理论、新成果、新技术。体育强国的建设，需要正视我国体育事业发展的现状，在肯定优势的基础上，也要认识到自己的短板，学习与吸收国外先进经验。近年来，国家主席习近平在出访国外的活动中多次谈及体育国际合作问题，将体育元素打造成我国外交事业的一个常态元素。习近平出访墨西哥时指出："我是一个足球迷，中国足球队一直很努力，但目前只有一次闯进过世界杯比赛，带领中国队创造这次纪录的就是也担任过墨西哥国家足球队主教练的米卢。"[①]中国的足球人口基数很大，这是内部的优势资源，但足球成绩并不理想，事实表明，合理利用国外优势资源，对于协助中国足球事业实现突破性发展是可行的。习近平指出，我国在一些领域已经取得了领先性的优势，但仍然需要不断超越、不断完善，用好国际与国内两种资源，实现创新性发展。我国竞技体育在乒乓球、跳水、羽毛球、体操、举重等项目上长期具有优势地位，在某些项目上甚至有一家独大的垄断性优势，但从长远来看，优势项目要进一步实现自身的突破与发展，必须立足实际，寻求实现对自身的不断超越，具备国际视野，用好国际资源并融入国际体系，这是实现项目创新性发展的必经之路。

马克思主义哲学认为，内因与外因在事物发展变化的过程中作用是不同的，在实践中需要正确认识二者之间的关系。[②]广泛开展全民健身运动、促进群众体育与竞技体育全面发展是习近平总书记对中国体育事业发展过程中内部资源运用指向的概括，这是内因，是我国建设新时代体育强国的根据，对我国体育事业的整体发展具有决定性作用。在此基础上，积极拓展国际体育交流领域，是新时代

---

① 习近平体育外交展现大国风范［EB/OL］.（2017—1—16）［2022—11—7］.

② 朱传棨.马克思哲学思想研究论稿［M］.北京：中央编译出版社，2018.

体育强国建设的重要外部资源，对我国体育事业的整体发展具有补充性调节作用。习近平从小喜欢足球，他以足球为突破口，在多次出访活动中，为中国足球的发展搭建了良好的外部资源平台与通道。在出访荷兰时，习近平实地考察了荷兰青少年足球的训练情况，他非常赞赏荷兰足球的青少年训练系统，表示中国的“校园足球”也可借鉴荷兰模式，希望强化中荷两国在青少年足球训练方面的合作与交流。习近平在出访英国时指出，英国是现代足球的发源地，也是传统的世界足球强国，体育交流是中英两国人才交流的重要组成部分，希望能够加强两国在足球发展领域的深层次合作。申办2022年北京冬奥会的过程，也集中体现了习近平关于体育的重要论述中的内外因辩证关系。在聚集国内资源建设体育强国这一目标的基础上，利用好国际体育合作的外部资源，是我国新时代体育强国建设的重要路径。习近平以建设体育强国为目标，为体育强国事业铺平了国内外资源整合的道路，为足球事业内外部资源的国际性交流搭建了平台，使中国体育事业的发展与国际体育接轨，在注重自身建设的同时积极迈入国际，是马克思主义哲学内外因辩证关系在体育领域科学应用的经典范例。

第二节　习近平关于体育的重要论述的价值引领

在我国全面决胜小康社会和铸就中华民族伟大复兴中国梦的历史时期，从马克思主义哲学视域审视习近平体育强国建设的系列思想，对于我们解决新时代中国体育事业发展领域的难题，推动体育强国事业有序、稳步地向前发展有着重大意义。习近平关于体育的重要论述，引领着竞技体育、群众体育、体育产业、体育文化、体育外交等事业领域的发展方向，创新与发展了马克思主义哲学的实践结构和理论体系。

一、引领竞技体育事业发展的精神与动力

竞技体育的发展水平，在很大程度上是衡量一个国家综合体育实力的重要标尺。竞技体育所彰显的内在精神，鼓舞着国人激昂和高涨的爱国热情，是促进一个国家和民族不懈努力和奋进的重要动力。按照马克思主义矛盾论观点，竞技体育是我国体育强国建设进程的主要矛盾之一，解决好这一矛盾，我国体育强国事

业的发展便拥有了强势的推动力。抓竞技体育建设，需要清晰认识竞技体育对国民精神与国家形象塑造方面的贡献力。竞技体育需要教练员、运动员之间形成团结互助、精诚合作的密切关系，而这正是中华民族精神在体育运动领域的生动展示。里约奥运会表现耀眼的中国女排形成拼搏奋进的“女排精神”，便是这种伟大民族精神的完美诠释和缩影。习近平在接见从里约奥运会载誉归来的中国女排时称赞道：中国女排不畏强手、英勇顽强，打出了风格、打出了水平，时隔12年再夺奥运金牌，充分展现了女排精神，全国人民都很振奋。[①]他同时称赞参加里约奥运会的全体运动员“生动诠释了奥林匹克精神和中华体育精神，为祖国争了光，为民族争了气，为奥运增了辉，为人生添了彩，激发了全国人民爱国热情和全世界中华儿女的民族自豪感，增强了中华民族的凝聚力、向心力、自信心，是中国精神的一个重要体现”[②]。竞技体育所迸发出的强大民族精神力量，形成了推动民族振兴和国家发展的强大精神动力，习近平关于体育的重要论述顺应时代的潮流，引领着这种强大精神和动力，不断助力中国竞技体育事业的崛起与腾飞。

二、引领群众体育事业发展的内核与旨归

习近平关于体育的重要论述对群众体育事业格外关注，将群众体育事业的发展提升到了新的历史高度。习近平总书记对群众体育事业的认识和论断，是马克思主义群众史观应用于体育领域的重要成果。随着中国国民经济实力的显著提升和人民群众生活水平的不断提高，广大人民群众十分关注自我健康，全民健身事业成为发展群众体育事业的要点和抓手，群众体育事业发展的内核便是提升全民身体素质与健康水平。习近平总书记指出：“发展体育运动，增强人民体质，是我国体育工作的根本方针和任务。”[③]他将推动全民健身视为群众体育事业发展的

① 为国争光，振奋民族自信心［EB/OL］.（2016—8—29）［2022—11—7］.

② 习近平会见第31届奥运会中国体育代表团［EB/OL］.（2016—8—25）［2022—11—7］.

③ 习近平：人民健康是全面建成小康社会重要内涵［EB/OL］.（2013—8—31）［2022—11—7］.

内核，将促进人民群众的身体健康视为全面建成小康社会的重要内涵，指出拥有健康的体质，是一个人成长和实现幸福生活的重要基础，也是一个国家和民族拥有美好未来的重要基础。习近平总书记倡导要广泛开展全民健身运动，促进群众体育和竞技体育全面发展，他将全民拥有健康、幸福、快乐的生活，视为发展群众体育事业的要旨。习近平总书记指出，人生幸福快乐，强身健体十分重要，同时指出有小康还要有健康。健康的国家需要健康的人民去支撑和建设，健康的人生需要健康的身体去实现和保障，习近平关于体育的重要论述中透视出的群众观，以全民健身为突破口，更加透彻地阐释了群众体育事业发展的内核与要旨，有力地印证了体育强国建设对于全民健康的价值与意义。

三、引领体育产业领域发展的风向与格局

新时代体育强国建设需要依靠体育产业领域形成的强大经济动力来推进。按照马克思主义方法论，体育产业的发展需要在重点领域实现突破，借此带动其他领域体育产业实现协调发展。习近平关于体育的重要论述坚持科学运用马克思主义方法论，遵循社会主义经济建设规律，对新时代中国体育产业的发展作出了顶层设计与落地构想，引领着体育产业领域的发展风向与格局。2014年10月，国务院印发了《关于加快发展体育产业促进体育消费的若干意见》，将体育产业升级为我国经济产业领域内的重要转型力量，致力于构建门类齐全、内涵升级、品质高端的体育产业体系，使体育产业成为推动我国经济社会发展的重要新型经济体。以参赛办赛为依托，为体育产业的国际化发展搭建平台，借此检验体育产业发展的水平和驱动力，是习近平对我国体育产业发展全局的整体性判断和把握。办赛能力是衡量一个国家体育产业体系发展是否协调和完备的重要指标，习近平总书记强调通过举办大型赛事，提升国家办赛和参赛的能力。近年来，我国通过举办大型体育赛事，释放出了体育产业在国家经济领域所蕴含的巨大潜能。据预测，到2025年我国体育产业总产出将超5万亿元，体育用品、体育装备和器材等领域发展潜力十分巨大。[①]在习

① “十四五”体育产业展望：2025年体育产业总规模将突破5万亿元［EB/OL］.（2019—10—23）［2022—11—7］.

近平关于体育的重要论述的引领下，体育产业领域发展的风向与格局将会更加符合我国体育事业发展的整体实际，我国体育产业的主体将变得更加多元，体育产业结构和布局更趋合理，体育产业的跨区域融合与市场供给能力将进一步增强，体育产业国际化交流与合作水平将进一步提升，进而实现体育产业与经济社会协调有序发展。

第三节　习近平关于体育的重要论述中蕴含的马克思主义认识论

马克思主义哲学运用唯物论的方法解释社会的变革与进步，视创新发展为推动人类社会不断进步的根本。[①]中国共产党自成立以来，灵活运用马克思辩证唯物主义哲学思想注解与研究社会各项事业的发展进程，在各个历史阶段和社会发展领域中不断创新与丰富马克思主义哲学理论及实践。在马克思主义理论的引领下，中国已经从“富起来”大步迈入“强起来”的新时代。作为马克思主义理论的重要组成部分，马克思主义哲学为新时代强国思想研究提供了有力的理论支持与价值指向，是“强国梦”与中国梦实现联结的重要思想基础及理论纽带。党的十九大全面开启了新时代我国各领域事业朝着更高目标前行的征程，体育作为我国社会发展总体事业的重要组成部分，更是取得了令人瞩目的辉煌业绩与成就。习近平总书记历来非常关心我国体育事业的发展，曾在多次会议和多种场合中，对新时代我国体育工作的规划与部署作出了重要指示。在党的十九大报告中，习近平总书记明确指出我国体育事业领域要加快推进“体育强国”建设，这是在围绕新时代中国特色社会主义总要求和新主线的基础上，对新时代我国体育事业发展方向的整体性认识与创新性要求。对于“体育强国”，习近平总书记在不同时段关于体育事业发展的讲话中都有提及，并且对“体育强国”的内涵和价值进行了相应的概括与阐释。习近平总书记指出：加快建设体育强国，就要把握体育强

① 陈先达，杨耕．马克思主义哲学原理（第4版）［M］．北京：中国人民大学出版社，2016.

国梦与中国梦息息相关的定位。[①]建设“体育强国”已成为新时代中国特色社会主义体育事业发展的重要指向。“体育强则中国强，国运兴则体育兴”[②]已经成为国人的广泛共识，也是习近平关于体育的重要论述的高度浓缩。笔者通过文献资料检索法，以“习近平体育”“体育强国”“新时代体育”等为关键词，在中国知网、人民网、新华网、中国社会科学网等系统搜索相关文献资料，并对搜集到的资料进行梳理和辩证分析，得出以下结论：习近平新时代“体育强国”思想立足于党的十八大以来我国体育事业取得的辉煌业绩的基础之上，是对党的十九大以来我国体育事业与国家发展之间关系的重新定位，对于认识和把握体育事业在国家发展中的角色担当及历史使命提供了系统的理论支持与实践指导，蕴含着丰富的马克思主义认识论、方法论及群众观，兼具引领和回应新时代我国体育事业全面发展的价值与指向。马克思辩证唯物主义认识论强调在实践的基础上实现对事物的能动反映。[③]按照马克思辩证唯物主义认识论的要求，通过实践的手段将认识目标的制定与认识过程的组建统合起来，是我国社会各项事业发展进程中坚持与发展马克思主义认识论的重要体现。

一、透视出在体育强国建设实践中要坚持不断探索与总结经验的马克思主义认识要求

体育强国事业的建设，面临的最大实际就是要正视我国体育事业发展的现状，用审视和发展的眼光去认识与处理体育强国建设进程中遇到的系列问题。习近平总书记指出体育“是综合国力和国家软实力的重要体现”[④]，这一论断从马克思辩证唯物主义认识论的高度概括出了体育与国力之间的关系。综合国力是体育强国建设的现实基础，体育强国的建设可以为综合国力的提升贡献力

① 习近平在会见全国先进体育单位和先进个人代表等时强调　开创我国体育事业新局面　加快把我国建设成为体育强国［N］.人民日报，2017—8—28（1）.

② 习近平：体育强则中国强，国运兴则体育兴［EB/OL］.（2017—8—18）［2022—11—7］.

③ 欧阳康.马克思主义认识论研究［M］.北京：北京师范大学出版社，2017.

④ 如何成为习近平眼中的“好样的”中国健儿［EB/OL］.（2016—6—26）［2022—11—7］.

量。从1979年恢复中国在国际奥委会合法席位的“名古屋决议”，到1984年我国在洛杉矶奥运会实现金牌“零”的突破，再到2008年北京奥运会的成功举办，直至2022年成功主办的北京冬奥会，这条时间线不仅反映了我国体育事业飞速发展的历史轨迹，也是体育事业助力我国综合国力不断提升的有力证明，更是我国体育强国建设认识论的重要经验和历史基础。马克思以实践为指向，强调把唯物主义的认识路线和认识过程辩证统一起来，实现对事物的深刻认识。[①]回顾我国建设体育大国、迈向体育强国的体育事业发展历程，其间所遵循的认识论基础和方法，是遵循事物发展“由小到大，由弱至强”客观规律的认识结果，是将体育大国迈向体育强国进程中所遵循的认识路线和制定的认识过程的有机统一，营造了竞技体育勇于进取、群众体育蓬勃发展、体育产业生机勃勃的体育事业蓬勃发展局面，为新时代体育强国建设做足了认识论层面的积累和准备。

马克思主义哲学强调实践决定认识，要以正确的认识和理论指导实践，在认识事物的过程中要有突破，这样才能实现实践上的突破。[②]“三大球”的发展水平是衡量国家体育综合实力的重要体现，在“三大球”上实现突破，是对国家体育综合实力发展水平的有力印证。习近平总书记指出：“三大球”要搞上去，这是一个体育强国的标志。[③]“三大球”中足球事业的发展和突破，深受习近平总书记的关注和强调。2015年3月，《中国足球改革发展总体方案》出台，标志着广受群众关注的中国足球已经走上了整体改革之路。发展振兴足球是建设体育强国的必然要求，也是全国人民的热切期盼。[④]足球被誉为“世界第一运动”，在体育强国的评判标准中占有重要的位置。习近平总书记从我国足球事业的发展现状出发，认识、探索与总结体育强国的建设经验，其认识轨迹符合世界体育强国的成长与建设规律，也是在马克思辩证唯物主义中认识规律、把握规律的认识论在

---

① 陈志良.思维的建构和反思：重新理解马克思主义认识论［M］.北京：北京师范大学出版社，2017.

② 刘国章.马克思新哲学观及其认识与改造理论研究［M］.北京：人民出版社，2018.

③ 习近平：“三大球”要搞上去［EB/OL］.（2014—8—16）［2022—11—7］.

④ 习近平的足球情结蕴含着几代人的体育强国梦［EB/OL］.（2017—6—15）［2022—11—7］.

体育事业发展领域的创造性发展。《中国足球改革发展总体方案》将中国足球事业的发展分为“三步走”，制订了相应的近期、中期和远期发展目标与规划。“三步走”的目标与规划建立在对我国足球事业发展现状清晰认识的基础之上，从纵向来看，目标从“立足国内—迈出亚洲—融入国际”的认知主线来设计；从横向来看，目标涵盖“足球竞赛体系、社会足球、足球场地建设管理、投入机制”等领域。纵向目标之间层层递进，横向目标之间密切呼应，均立足于我国足球事业发展面临的问题和亟待突破的方向。从现实出发，从实践入手，认识不足、审视劣势、弥补短板、寻求突破，有力地阐释了马克思辩证唯物主义认识论对事物发展逻辑和规律的判断，使我国体育强国建设的宏大愿景有了具体经验的支撑和印证，为新时代体育强国建设提供了坚实可靠的马克思辩证唯物主义认识论基础。

二、透视出在体育强国建设中要遵循真理性与价值性相统一的马克思主义认识原则

实现事物发展真理性与事物内在价值性之间的统一，是马克思主义哲学提出的认识事物与改造世界所应遵循的重要认识原则。马克思指出：在人类生产活动和社会活动中有两大主导性原则，即真理原则与价值原则。真理原则指人们能够按照世界和事物的本来面目对其进行改造和认识，实现对真理的追求和服从；价值原则是指人们按照自己对世界和事物的认识标尺对其进行评判和改造，使世界与事物适合人们的发展和需要。①建设体育强国目标的提出，是习近平总书记对体育事业发展在国家整体发展中具有不可替代的重要价值和意义的真理性认识。体育是提高人民健康水平的重要手段，也是实现中国梦的重要内容，能为中华民族伟大复兴提供凝心聚气的强大精神力量。一方面，提高人民健康水平，是新时代体育强国建设进程中的重要组成部分，是体育强国建设的价值所在，是实现中华民族伟大复兴中国梦这一宏伟蓝图的真理性的具体体现，同时也是对认识过程

① 俞吾金.马克思主义基础理论研究丛书：马克思主义认识论研究［M］.北京：北京师范大学出版社，2012.

中客体尺度与主体尺度辩证关系的统一。体育事业发展过程中所展现出的强大社会凝聚力，可为中国梦的实现凝心聚气、汇集力量、彰显士气，显现出其他社会事业发展所不能替代的独特价值。党的十九大报告提出的加快体育强国建设的国家决策，表明了党和国家对于体育事业发展规律和价值认识的深化，是对“体育强则中国强”这一真理性认识的遵循和坚持。

党的十八大以来，我国体育事业的发展始终遵循事物发展的客观规律，习近平总书记在客观审视现阶段国际与国内体育事业发展形势的基础上，对我国体育事业领域进行了一系列卓有成效的系统改革，使其更加适合国家的体育发展战略部署与人民群众的体育生活需要。2014年10月，国务院印发了《关于加快发展体育产业促进体育消费的若干意见》，将全民健身提升到国家战略的高度，将增强人民体质、提高健康水平作为发展体育产业和促进体育消费的初衷与目标①，这一认识，让体育产业正式成为新兴国民经济产业的代表之一，走进了国家经济发展的主流产业领域，使国民清晰地认识到体育产业除了在促进我国经济转型升级方面具有重要价值之外，同时也是国家全民健身战略顺利实施的有力保障。2016年10月，中共中央、国务院印发《“健康中国2030”规划纲要》，强化了体育作为提升国民健康意识、促进国民健康产业、提升国民健康水平的重要作用，规划了体育事业与健康事业融合发展的新路径。②要充分认识体育对提高人民健康水平的积极意义，落实全民健身国家战略，普及全民健身运动，促进健康中国建设，彰显体育在国家战略层面的积极价值与意义。对于“体育强国梦”这一真理性愿景的不懈坚持与奋斗，使全民健身、体育产业、竞技体育的发展形成了强大的合力，在补强我国体育事业整体发展现状中的短板、转变发展思路、满足群众需求、促进体育事业全面转型的过程中，表现出了特有的价值，完整地体现了马克思主义认识论中真理性与价值性相统一的原则，释放了体育强国建设可以有力带动各项体育事业迅猛发展的巨大能量。

---

① 冯国有，贾尚晖.中国财政政策支持体育产业发展的承诺、行动、效应［J］.体育科学，2018，38（9）.

② 新华社.中共中央 国务院印发《“健康中国2030”规划纲要》［EB/OL］.（2016—10—25）［2022—11—7］.

三、透视出在体育强国建设中要遵循实践与认识相统一的马克思主义认识规律

马克思主义认识论指出，对事物的认识，需要经历复杂的过程，通过实践才能完成对事物的深化认识，把认识的结果付诸实践，才能达到认识事物的深刻性与完整性，并且需要多次反复才能完成，这是认识世界和事物的规律。[①]毛泽东在总结中国发展实践经验的基础上，对马克思主义认识规律进行了中国化的改造，指出"实践—认识—再实践—再认识，循环往复乃至无穷尽"的认识规律。[②]习近平总书记指出，在新的时代条件下，要勇于推进实践基础上的理论创新。[③]在建设体育强国的进程中，仍然需要依靠体育强国建设实践，完成对体育强国建设理论的认识创新，二者循环往复，不断跟进。习近平总书记指出要充分认识到体育对于人民健康水平的意义，落实全民健身战略，普及全民健身运动，推进健康中国建设，为体育强国梦助力。[④]体育强国的建设实践需要落实到竞技体育、群众体育、体育产业等领域之中，需要依靠这些领域产生的合力来推动体育强国建设的进程。近年来，围绕建设体育强国的实践所取得的成果，立体式、全方位、大周期的保障竞技体育、群众体育和体育产业发展的政策相继出台，由"政府主导＋多部门联动＋全社会共同参与"的"大格局"体育产业集群已经形成，竞技体育在保持传统优势的基础上有新的突破；全国经常参加体育运动和锻炼的群众人口达到4亿[⑤]；符合《国民体质测试标准》的城乡居民人口数占总人数的90％，城乡群众体育场地的面积达1.57平方米/人[⑥]；新兴体育产业蓬勃发

---

① 白亚光.马克思主义认识论丛谈［M］.哈尔滨：黑龙江人民出版社，2001.

② 庄福龄，杨瑞森.毛泽东哲学思想史［M］.北京：中国人民大学出版社，2011.

③ 习近平指引理论创新［EB/OL］.（2017—8—11）［2022—11—7］.

④ 程文广.习近平新时代中国特色社会主义思想引领下健康中国的体育思想：释义、源起与意义［J］.北京体育大学学报，2018，41（9）.

⑤ 2017年中国健身行业发展现状及发展趋势分析［EB/OL］.（2017—2—27）［2022—11—7］.

⑥ 全国体育场地超170万个、人均1.57平方米［EB/OL］.（2016—4—7）［2022—11—7］.

展，体育产业占GDP比重将超1%[①]。这些实践成果的取得，使人们更加深刻认识到体育强国建设进程所带来的整体效应，为新时代体育强国建设的具体规划、部署与实践提供了鲜活的素材。

四、透视出在体育强国建设中要坚持一切从实际出发的马克思主义认识路线

习近平总书记深谙一切从实际出发、客观对待问题在唯物主义历史与现实时空中的转化维度和认识路线。习近平总书记对体育强国建设进程中面临的实际问题、困难及挑战有着清晰的认识和判断。习近平总书记强调，要把满足人民健身需求、促进人的全面发展作为体育工作的出发点和落脚点。[②]人民群众对健身的现实需求，是建设体育强国应遵循的最大实际，促进人的全面发展，是体育强国建设进程中应凸显的最大效应。体育强国的建设，需要综合考量人民健身需求在体育强国事业体系中所占据的位置与分量，冷静思考与分析在满足人民群众体育需求过程中面临的问题，客观处理这些问题及其映射的社会状况。从习近平总书记建设体育强国的视角可以推理出，只有全体人民群众的体质强，才能实现真正意义上的体育强，体育强国才能真正建成。

一切从实际出发被誉为马克思主义认识论的活的灵魂。[③]一切从实际出发是建设体育强国必须坚持的认识路线。习近平总书记指出，长期以来，我国体育取得了长足发展，在一些项目上长期保持优势。同时，在一些人民群众十分关注的项目上，同国际先进水平相比，我们还有不小差距。[④]对这些差距的深刻认识，是习近平总书记在总结历史、审视现实、放眼未来的基础上提出的，鲜明体现了

① 中华网.体育产业占GDP比重将超1%，能盈利才是真“风口”[EB/OL].(2018—8—2)[2022—11—8].

② 让体育以全民参与形式深入人心[EB/OL].(2017—8—29)[2022—11—7].

③ 曾祥云.论毛泽东的马克思主义中国化思想——从马克思主义认识论角度[J].湖南大学学报(社会科学版)，2018，32(5).

④ 冬奥开启北京时间 国际奥委会对北京冬奥会提出新愿景[EB/OL].(2018—2—26)[2022—11—7].

一切从实际出发的马克思主义认识路线，使中国体育事业的顶层设计与现实发展实现了顺利的接轨。正是通过总结历史，认识到了新中国体育事业发展所经历的波折和难题，习近平总书记才会对体育强国建设和“体育强国梦”的铸就如此深切渴望；正是通过脚踏实地，认真总结我国体育事业发展的成就与经验，梳理我国体育事业领域存在的问题与不足，习近平总书记才会对体育强国事业发展主线有着坚定信心；正是通过放眼未来，认识到了我国体育强国建设将会是一项光荣与艰巨的任务，习近平总书记才会对“体育强国梦”的实现满怀激情。坚持一切从实际出发的认识路线，就会辨清新时代体育强国建设进程中面临的困难与挑战，抓住有利于实现“体育强国梦”的机遇与条件，使我国在迈入体育强国征程中所依仗的理念更加科学，提出的举措更加完善，迈出的步伐更加稳健。

第四节　习近平关于体育的重要论述中蕴含的马克思主义方法论

马克思主义方法论是与马克思主义世界观相统一的方法论，它是指导我们正确认识和改造世界的根本思想方法和工作方法。[①]习近平关于体育的重要论述，蕴含着其基于对马克思主义认识路线的深刻理解与创新，同时，马克思主义方法论也为中国体育强国梦的实现提供了方法的指导与路径的预判。

一、解放思想与实事求是相统一

解放思想与实事求是向来是我们党在国家生活中坚持的马克思主义方法路线。[②]改革开放以来，我国体育事业飞速发展，我国已经跨入世界体育大国的行列，竞技体育的竞争力受到国际的普遍认可，人民群众的体育生活质量显著提高，体育产业的规模化发展已经初步形成并稳步推进。从改革开放后体育事业的重振，到体育大国的建成，再到朝体育强国的迈进，均是解放思想、实事求是的马克思主义方法路线在体育事业领域结出的硕果。解放思想、实事求是对于我国

① 倪志安.马克思主义哲学中国化的方法论问题研究［M］.北京：人民出版社，2015.

② 焦佩锋.马克思主义中国化的方法论图景［J］.科学社会主义，2018（5）.

各项社会事业的整体推进有着重要作用。党的十八大以来，在解放思想与实事求是方法路线的指引下，中国体育强国事业建设的步子迈得更加坚实，转型、改革成为中国体育事业发展领域的主流思想与话语。足球改革打响与引领了体育事业改革的攻坚战，传达出了国民对体育管理体制改革的呼声和对体育事业发展的期望，引领中国体育事业的转型与改革进入攻坚区和深水区。

习近平总书记指出：我们要分类指导，从娃娃抓起，扎扎实实提高竞技体育水平，持之以恒开展群众体育，不断由体育大国向体育强国迈进。[①]这就需要在实事求是的基础上，进一步解放思想，使“改革的胆子大一些，迈出的步子稳一些”[②]。要深化体育改革，更新体育理念，推动群众体育、竞技体育、体育产业协调发展。[③]理念的更新预示着解放思想的力度要实时跟进，深化体育改革需要按照实事求是的方法开展。“让专业人做专业事”成为各级体育协会改革中解放思想的破题点，姚明当选篮协主席，李琰当选中国滑冰协会主席，李玲蔚当选中国奥委会副主席，郎平兼任中国排协副主席……不破不立，体育强国的建设，“破”需要中国体育事业的发展进一步解放思想，“立”则需要体育事业的发展遵循实事求是的方法进行，破与立的相统一，为中国体育实现管办分离、简政放权提供了方法论的指导。解放思想与实事求是的密切统一，为体育强国的建设提供了持续的动能，使体育强国建设进程中的各项短板迅速得到补全，全方位地拓展了我国体育事业飞速发展的空间。

二、战略思维和辩证思维相统一

战略思维方法是从战略的高度考虑问题、谋划发展，是一种高瞻远瞩、总揽全局性质的把握事物发展趋势与方向的思维方法，是中国共产党对马克思主义哲

---

① 深入学习领会习近平总书记关于体育的重要论述，建设中国特色体育强国［EB/OL］.(2022—9—28)［2022—11—7］.

② 深化改革要“胆子大，步子稳”［EB/OL］.(2013—12—9)［2022—11—7］.

③ 全民参与与时俱进体育强国梦永不退场［EB/OL］.(2017—9—8)［2022—11—7］.

学思维方法的创新。[①]战略思维方法指导中国共产党顺利开展了武装革命、和平建设、改革开放等历史任务，在步入新时代之时，战略思维仍是我们党应对社会发展、进行社会改革的重要思维方法。辩证思维方法是马克思主义洞察事物发展规律的主要方法，它有利于在解决问题的过程中扣要点、抓难点和突重点，有利于从关键环节来掌控事物的发展趋势。[②]战略思维与辩证思维相统一，向来是我国解决社会主义事业建设进程中的思维方法之利器。习近平关于体育的重要论述一经提出，就已经站在了战略的高度，对我国目前乃至今后相当长时期内的体育事业发展进行了战略性的全局考虑。党的十八大以来，我国体育体制进行了全面深入的改革，体育体制改革的目标是建设体育强国。在战略上，习近平总书记指出，要“充分认识体育对提高人民健康水平的积极意义，落实全民健身国家战略，普及全民健身运动，促进健康中国建设”[③]。习近平总书记深知没有全民健康，就没有全面小康，国富民强当然也就无从谈起。习近平总书记将全民健身提升到国家战略，并将其摆在体育强国建设的关键环节和重要位置，是将马克思主义战略思维与辩证思维方法结合运用在体育强国建设论述中的精要所在。

运用战略思维和辩证思维相统一的方法解决新时代体育强国建设进程中的诸多问题，需要辩证分析我国体育事业发展面临的困境和存在的机遇，从顶层设计和宏观规划的战略角度，确定体育事业发展的主攻方向、优先顺序和机制方略等。习近平总书记在主持召开中共中央政治局常委会会议时作出坚持“绿色办奥、共享办奥、开放办奥、廉洁办奥”的重要指示，为北京冬奥会的筹办指明了战略方向。[④]“绿色、共享、开放、廉洁”的办赛要求，是习近平总书记对北京冬奥会筹备进行全面考量后作出的战略性顶层设计，这一要求体现了习近平总书

① 周嘉昕.马克思主义经典著作研究与马克思主义哲学方法论自觉［J］.求索，2018（5）.

② 邓伯军.从分析哲学看马克思主义中国化话语体系的方法论［J］.北京行政学院学报，2018（5）.

③ 为健康中国夯实体育之基［EB/OL］.（2017—8—8）［2022—11—7］.

④ 习近平：绿色办奥共享办奥开放办奥廉洁办奥 办成一届精彩非凡卓越的奥运盛会［EB/OL］.（2016—3—19）［2022—11—7］.

记对办奥理念与国家形象之间关系的辩证思考。站在战略的高度，全民协力办好2022年北京冬奥会，能向全世界展现一个更加自信、开放的中国形象，中国也与世界各国共同参与这场人类奥运文化盛宴，共享世界奥运文化成果。冬奥会的承办是习近平关于体育的重要论述践行过程中的特殊一环，冬奥会筹备过程中所展现的战略思维与辩证思维相统一的马克思主义方法论，从战略和全局的高度指导新时代体育强国建设的全程。

三、统筹大局与兼顾差别相统一

统筹大局与兼顾差别相统一的方法是马克思主义哲学方法论中的重要组成部分，经过毛泽东、邓小平等老一辈无产阶级革命家的创造性发展，形成了“统筹兼顾”的重要哲学方法和实践方式。[①]党的十八大以来，习近平总书记在治国理政的方略中，多次强调要运用“统筹兼顾”的方法解决新时代中国特色社会主义建设过程中遇到的逆境和难题。2014年习近平在接受俄罗斯电视台专访时说，在中国当领导人，必须在把情况搞清楚的基础上，统筹兼顾、综合平衡。统筹大局和兼顾差别意味着顶层设计中的大局观与落地实践中的责任担当相结合。新时代体育强国的建设，面临着千头万绪、千变万化的各类矛盾及情况，要让体育强国建设的中轴有效运转起来，就需要用统筹兼顾的方法将体育强国建设进程中各方面的努力和贡献有效串联起来。习近平总书记“开创我国体育事业发展新局面，加快把我国建设成为体育强国”的顶层设计，在大局观的层面对我国体育强国事业的统筹发展指明了方向，即需要统筹竞技体育、群众体育、体育产业等方面的综合力量，在建设体育强国的大背景下来进行运筹与谋划，以推动体育强国目标的最终实现与我国体育事业的全面发展相统一。

统筹大局与兼顾差别相统一，既要划定统筹层面，也要规制兼顾范围。习近平总书记指出：“加快建设体育强国，就要把握体育强国梦与中国梦息息相关的定位，把体育事业融入实现‘两个一百年’奋斗目标大格局中去谋划。”习近平总书记从

---

① 赵磊，赵晓磊.马克思主义：信仰抑或科学？——基于科学方法论的解读［J］.经济纵横，2018（9）.

“两个一百年”的层面，统筹安排体育事业发展的目标，将体育强国梦与中国梦牢牢地联结在一起，这是大局观的体现。“两个一百年”奋斗目标的实现是大局，体育强国事业发展便是与这个大局相对应的“差别”，在这一大局的奋斗进程中，体育事业将会贡献自己独特的力量。规制兼顾的范围，意味着在中国共产党成立100周年时的体育事业发展将会与中华人民共和国成立100周年时的体育事业发展存有差别，两个时间节点的发展重点、难点和规划部署将会有一定的不同。立足于体育强国建设全局，统筹兼顾体育事业整体发展中的各个环节，综合平衡各方面的发展诉求，从大局中去谋划体育强国建设的要点，兼顾体育强国建设中的差别，体现的是习近平总书记立足于全局的执政智慧，展示了习近平总书记登高望远且脚踏实地地对体育强国事业所做出的系统观察与整体思考。

四、整体推进与重点突破相统一

整体推进与重点突破是马克思主义矛盾论在方法论中的引申，新时代中国特色社会主义各项事业的整体推进，需要选择重点领域进行突破，从而达到以点带面、协同发展的效果。体育强国建设的整体进程中，各种因素纷繁交错，需要厘清思路，逐个解决，整体推进。例如竞技体育的发展能否坚守传统、继续突破；群众体育的发展能否更好地确保均衡、服务人民；体育产业的发展能否持续有力、突出特色；各大赛事的举办能否更好彰显国民热情、体现运动精神；等等。每一个领域又有不同的重点和关键点，它们都可以对体育强国的整体建设产生不同类型的影响。新时代体育强国的建设是一个宏大的整体事业，面临的问题十分复杂，显现的矛盾也非常突出，如果处理不好，势必会引起“牵一发而动全身”的连带效应。因此，习近平总书记将体育强国建设融入到新时代中国特色社会主义建设的整体之中，从整体上分析和认识体育强国事业应着力发展的重点与关键，为新时代体育强国建设部署重点突破的领域，阐释了马克思主义哲学方法论在解决国家事务中整体与重点之关系的精髓和要义。

习近平总书记指出：“整体推进不是平均用力、齐头并进，而是要注重抓主要矛盾和矛盾的主要方面，注重抓重点领域和关键环节，努力做到全局和局部相配套、治本和治标相结合、渐进和突破相衔接，实现整体推进和重点突破相统一。”党的十九大以来，全面开展全民健身活动、推动竞技运动与体育产业协调发展、办好国际体育盟会是摆在我国现阶段体育强国整体建设中的重点任务。以全面开展全民健身活动为支点，找准竞技体育与体育产业协调发展的突破口，动员国内外一切有利资源办好国际体育盛会，借以带动体育强国建设进程中其他领域事业的发展，可以实现有原则、有目的、有步骤地整体推进我国体育强国事业的建设进程。在竞技体育发展的具体领域，习近平总书记同时指出优先发展“三大球”，而足球又是我国“三大球”事业发展的核心与要点。可以看出，“事事有重心，层层有重点”是习近平总书记在我国体育强国事业整体推进中灵活应用马克思主义哲学方法论的真实写照，也是我国体育事业领域全面深化改革应参照的典型范例与方法。体育事业重点领域的突破和发展，可以更好展现体育强国建设在促进国家建设进程中发挥的独特作用，更好彰显体育事业为全面建成小康社会所贡献的社会价值。

第五节　习近平关于体育的重要论述中展现的马克思主义群众观

群众观是马克思主义哲学思想的独特观点。马克思指出，群众是历史的创造者，是推动历史前进的根本力量，历史活动是群众的事业。[①]马克思主义哲学强调人民群众在人类历史前进中扮演着实践主体与价值主体相统一的角色。[②]在习近平总书记发表的系列重要讲话中，“人民群众”也是被反复提及和强调的热点词汇。进入新时代，人民群众既是建设体育强国的主体，同时也是体育强国建设成果的享有者。在习近平关于体育的重要论述中，人民群众根基论、人民群众主体论、人民群众立场论、全面发展论四位一体，展现出马克思主义群众观的系统性。

---

① 闪耀马克思主义哲学光辉的理论创新成果［EB/OL］.（2022—9—28）［2022—11—7］.

② 王朋兵.论以人民为中心的发展思想对“人民主体论”的新拓展［J］.长江论坛，2018（5）.

一、人民群众根基论：人民群众是体育强国建设的坚实根基

群众史观是马克思主义哲学观的重要组成部分，人民群众的观点是历代马克思主义者对群众史观的创造性发展。列宁指出，以一定生产方式从事物质生产活动的人民群众是社会物质财富、精神财富的创造者，是社会变革的决定性力量。[①]邓小平指出，人民群众是我们党和国家事业的力量根基。[②]习近平关于体育的重要论述，牢牢把握住“人民群众”这一建设体育强国事业的根基，去阐释和化解体育强国建设进程中的诸多问题。习近平总书记指出：把人民拥护不拥护、赞成不赞成、高兴不高兴、答应不答应作为衡量一切工作得失的根本标准。建设新时代体育强国，是事关全国人民健康和国家经济、文化及国家形象的重要事业，建设力量来源于人民群众，建设根基培植于人民群众，建设成果服务于人民群众。人民群众对于体育强国的向往和贡献出的力量，是建设体育强国的坚实根基。

全民健身与全民健康是建设体育强国的重要支撑，习近平总书记以全民健身为抓手，突出体育强国的内涵式建设。他强调：“全民健身是全体人民增强体魄、健康生活的基础和保障，人民身体健康是全面建成小康社会的重要内涵，是每一个人成长和实现幸福生活的重要基础。”体育强国建设的根基是全体人民群众拥有健康的体魄和生活，全民健身的目标是增强和保障人民群众的健康体魄，使人民群众追求健康生活的基础更加坚实。习近平总书记指出，体育代表着青春、健康、活力，关乎人民幸福，关乎民族未来；体育承载着国家强盛、民族振兴的梦想。发展体育事业，就是确保人民群众有着健康与活跃的身心状态，能够投入到对幸福生活的奋斗和追求中去，能够以饱满的身心状态投入到新时代中国特色社会主义建设中去。体育关乎民族未来，同理，充满希望的民族未来也必须依靠体育事业的全面发展，体育对于民族及国家的兴旺和发达是基础性的条件。党和国家发展人民体育事业，是实现民族振兴与国家强盛的本源所在，也是新时代体育

---

① 邹安乐.马克思主义视域中的新时代人民观［J］.前线，2018（10）.

② 周尚文.列宁政治遗产十论［M］.上海：上海人民出版社，2018.

强国建设的根基所在。

二、人民群众主体论：人民群众是体育强国建设的强大主体

在中国革命斗争和社会主义建设阶段，毛泽东、邓小平等马克思主义者，将马克思主义哲学理论中的群众观与中国革命与建设的实际紧密结合起来，形成了中国特色的马克思主义人民群众主体论，即使用“人民群众主体”的话语指导中国各项社会事业的前进与发展。习近平总书记在继承老一辈马克思主义者“人民群众主体”观点的基础上，创新性地发展了“人民群众主体”的观点和内涵。人民是民族复兴伟大梦想的实践主体、中国特色社会主义伟大事业的建设主体。人民群众是推动体育强国梦实现进程的唯一主体，也是建设新时代体育强国事业的唯一主体。坚持人民群众在体育强国建设进程中的主体地位，顺应人民群众在追求美好体育生活中的主体性要求，是促进我国体育事业繁荣发展的基础和重心。

人民群众主体论反映在习近平关于体育的重要论述中，具体表现为体育强国的建设是“为了谁”和“依靠谁”的论断。在“为了谁”的问题上，从新中国成立之初的“发展体育运动，增强人民体质”；到20世纪80年代奥运金牌“零”的突破，增强全体人民群众的民族自豪感；再到体育强国梦的提出，寄托着全体人民群众对中华民族伟大复兴的期盼与渴望。沿着这一历史主线可以看出，新中国成立以来，围绕“人民群众”这一主体论点发展体育事业，是中国共产党回答建设体育强国“为了谁”的完整答案。习近平总书记在2017年8月27日会见全国体育先进单位和先进个人代表等时强调：“加快建设体育强国，就要坚持以人民为中心的思想，把人民作为发展体育事业的主体。”习近平总书记以人民群众为主体，主张美好的体育生活由人民群众共同创造，丰硕的体育发展成果由人民群众共享。党的十八大以来体育事业的发展轨迹和指向，有力印证了习近平总书记在体育事业发展中倡导的人民群众主体观，体育供给侧开展的一系列改革，让中国人民切实享受到了体育事业发展所带来的实惠与福利。在“依靠谁”的问题上，习近平总书记坚持“人民群众是历史的创造者”这一马克思主义论断。党的十八大以来，通过全国人民的努力，我国体育事业取得长足发展，全民健身蓬勃

开展，竞技体育成绩显著，体育改革不断深化，并成功举办2022年冬奥会。在习近平总书记眼中，体育事业取得的辉煌成绩离不开全体人民群众的强大支持，体育强国的建设更离不开全体人民群众的努力奋斗，只有坚持人民群众的主体地位，才能通过全国上下的共同努力早日实现体育强国梦，才能真正使人民群众“强”起来，国家“强”起来。

三、人民群众立场论：体育强国建设进程中坚持的重要立场

人民群众立场是体育强国建设进程中最为重要的立场，习近平总书记依据马克思主义哲学关于“人民群众是历史创造者”的基本原理，指出：“把满足人民健身需求、促进人的全面发展作为体育工作的出发点和落脚点，落实全民健身国家战略，不断提高人民健康水平。”[①]创造性地提出了在体育强国建设中如何发挥人民群众的首创精神，如何把体育事业发展的最新成果普及到人民群众中去，如何把人民群众应该享有的体育利益维护好、保障好。在具体举措方面，习近平总书记将全民健身提升到国家战略层面，把满足人民群众的健身需求、提高人民群众的健康水平放在发展体育事业的首位，展现了体育强国建设必须坚持紧紧依靠人民的马克思主义人民立场论。

体育强国的建设事实上也是一个创新过程。靠谁创新？靠的就是亿万人民。站在人民的立场，谋划和发展体育强国的建设事业，会使建设体育强国的根基更加牢靠，业绩更加辉煌。全面推进全民健身的国家战略，是对体育强国建设人民立场的最好诠释和维护。习近平总书记多次强调，必须发展好、维护好人民群众的根本利益，充分调动群众推进改革的积极性、主动性、创造性。党的十八大以来，我国全民健身事业领域发生了一系列重大变革，在习近平总书记看来，没有全民健康，就不会有全面小康。习近平总书记站在人民群众利益的立场上来推进全民健身，在全民健身战略的指引下，我国群众体育事业取得了瞩目的变化。例如在城市，参加人次超千万的上海市第二届市民运动会让大家眼前一亮，历时

---

① 开创我国体育事业发展新局面　加快把我国建设成为体育强国［J］.实践（党的教育版），2017（9）.

218天，赛期内举办各种群众性比赛9778场、群众体育活动8058场，使全民健身成为上海市民的生活常态。[①]在乡村，全民健身活动同样开展得红红火火，"村村有运动队，乡乡有运动会"是乡村近年来大力开展全民健身活动的真实场景。在全运会中，引入了群众体育项目，使全民健身不但能"健"出花样，还能"健"出层次。2022年北京冬奥会不仅是一次盛大的竞技体育盛会，更是推动引领"三亿人参与冰雪"的全民盛会。这一系列举措表明，"人民群众"和"人民利益"已成为全民健身领域的主题语和热点词，面向"全体人民"的立场将会伴随着我国体育事业领域的一系列改革深入推进。

四、全面发展论:体育强国建设与人民群众的全面发展密不可分

马克思主义哲学指出，人的全面发展不仅是一种理想目标，也是一个漫长的历史过程，人的全面发展根源于有效实践对自身的要求，实现人的全面发展是共产主义的基本特征。[②]体育强国梦的实现，为中国人民的全面发展注入了全新的内容；实现全体人民的全面发展，是解析体育强国梦的重要价值维度。习近平总书记指出："体育在提高人民身体素质和健康水平、促进人的全面发展，丰富人民精神文化生活、推动经济社会发展，激励全国各族人民弘扬追求卓越、突破自我的精神方面，都有着不可替代的重要作用。"[③]这是对体育在人的全面发展中所展现出的功能的全面概括。体育运动不仅有利于维护与发展人民群众的身心健康，而且站在推动社会经济发展的视角，体育事业的发展可以增强全体人民在自我突破、追求卓越方面的信心和决心，为中国梦的铸就提供了致力于促进人民全面发展的强大体育供给。

---

① 上海市第二届市民运动会全民共享嘉年华［EB/OL］.（2016—11—28）［2022—11—7］.

② 欧阳康，张明仓.在观念激荡与现实变革之间——马克思实践观的当代阐释［M］.北京：中国人民大学出版社，2008.

③ 发展体育运动增强人民体质 促进群众体育和竞技体育全面发展［EB/OL］.（2013—9—1）［2022—11—7］.

马克思指出："人的全面发展离不开生产劳动。"[①]在建设体育强国的进程中，人民群众通过自觉与积极地参加体育活动，提升自己的身心水平，这可以被视为一种促进自己全面发展的"特殊生产劳动"，这种劳动是对人自身的积极"改造"，符合马克思主义哲学中强调的"劳动改造人本身"的原理。体育这种特殊的"生产劳动"，对人本身的改造是促进人的全面发展的重要条件，在这种改造过程中，人们在感受到自身变强壮的同时，也会直观体验到"体育强"对"国家强"所作出的贡献。习近平总书记以青少年体育为例，以体育对青少年全面发展的价值与意义，阐释了体育强国建设与人的全面发展密不可分的关系。习近平总书记指出："少年强、青年强则中国强。""少年强、青年强"是多方面的，既包括思想品德、学习成绩、创新能力、动手能力，也包括身体健康、体魄强壮、体育精神。[②]体育是青少年"变强"必不可少的"强化"方式，习近平总书记系统认识到了体育对于青少年"身体健康、体魄强壮、体育精神"培养方面的特殊价值与作用，强调体育可以培育青少年的"品德、学习、创新和动手"方面的素养，为促进青少年全面发展指出了健康的路径和科学的方法。由体育带来的"少年强、青年强"，势必会带动"全民强"，将会为我们理解新时代体育强国建设对促进人的全面发展提供新的视域。

↘ 本章小结

新时代体育强国的建设是一个整体性的事业，习近平总书记对建设体育强国进程的定位及战略主线的把控，是在厘清竞技体育、群众体育与体育产业等领域关系的基础上，创新性应用和发展马克思主义认识论、方法论及群众观的结果，标志着我们党对体育强国建设的实践进程有着更加深入的认识水平，揭示了体育强国建设实践的内在价值与外部机遇。从马克思主义认识发展的规律来看，"建设新时

① 逄锦聚.马克思劳动价值论的继承与发展［M］.北京：经济科学出版社，2005.

② 习近平寄语青年［EB/OL］.（2017—5—3）［2022—11—7］.

代体育强国”这一战略目标的提出、形成、发展和深化是一个完整的认识过程，在马克思主义方法论的指导下，它的实践基础是我国体育事业已经取得的辉煌成绩和现实发展需要，它的实践动力来自于广大人民群众的热情期盼与强大支持，它的实践目的则是满足人民群众日益增长的对体育生活的美好需要，力争使我国早日立于世界体育强国之林。习近平关于体育的重要论述全面思考了我国体育事业在新的历史时期的整体布局、结构框架及实施主线，蕴含着丰富的马克思辩证唯物主义观点，并在体育领域进行了创造性的运用和发展，对我国今后一定历史时期体育事业的发展方向、脉络和路径作出了前瞻性的顶层设计。从体育大国到体育强国，从全民健康到全面小康，演绎的是新时代体育事业发展的中国方案，凝聚的是体育强国建设进程中的中国智慧，交出的是将马克思主义灵活应用在体育事业发展领域的中国答卷。在习近平关于体育的重要论述引领下，体育事业要以普及体育生活、完善体育机制、优化体育环境、发展体育产业为视域，以人民群众对美好体育生活的需求为突破口，平衡与协调好竞技体育、群众体育、体育产业等领域的发展结构和关系，走好中国特色体育强国事业之路。借用习近平寄语冰雪健儿“好风凭借力，送我上青云”的诗句，借力建设新时代中国特色社会主义的“好风”，中国体育强国事业定会迈上新的台阶，开创新的局面，为实现全面决胜小康社会、实现“两个一百年”奋斗目标、实现中华民族伟大复兴中国梦奠定坚实的体育基础，贡献强大的体育力量。

第四章

全民健身国家战略助力健康中国建设

在全党全国各族人民迈上全面建设社会主义现代化国家新征程、向第二个百年奋斗目标进军的关键时刻，《“十四五”体育发展规划》的颁布、中国共产党第二十次全国代表大会对体育领域发展提出的新要求，为体育强国建设助推中华民族伟大复兴谋划了更为详细的建设蓝图。2019年，国务院办公厅印发的《体育强国建设纲要》，从总体要求、战略任务、政策保障、重大工程专栏四部分明确如何建设体育强国，并提出到2050年，“体育成为中华民族伟大复兴的标志性事业”的战略目标。“落实全民健身国家战略，助力健康中国建设”[①]作为战略任务的首要部分，助力体育强国建设。全民健身战略充分体现了党中央、国务院对全民健身工作的高度重视和殷切期望，深入推进全民健身战略是对持续服务全民健康的保驾护航，也为健康中国建设打好了坚实的人力资源基础。其不仅需要政府的支持与保障，更需要充分调动社会、市场和公民的积极性，形成合力发展的良好局面。[②]从全民健身公共服务体系完善、全民健身场地设施统筹建设、全民健身活动广泛开展着手，通过落实全民健身“六个身边”工程建设、开展省市县全民健身三级联创活动、鼓励社会力量建设小型体育场所、探索发展乡村健身休

---

① 国务院办公厅.关于印发体育强国建设纲要的通知［EB/OL］.（2019—9—2）［2022—11—2］.

② 陈华荣.全民健身公共服务：从要素供给到制度保障［J］.成都体育学院学报，2022，48（4）.

闲产业和建设运动休闲特色乡村、建设覆盖城乡的全民健身组织网络、建立群众性竞赛活动体系和激励机制等具体措施，促进城乡体育供给相对均衡、居民健康水平得以提升，进而发挥全民健身战略助推健康中国建设的基础作用，实现体育强国建设助力中华民族伟大复兴的时代目标。

第一节　完善全民健身公共服务体系

一般认为，全民健身公共服务体系是指政府为满足全体人民健身需求而提供的各种公共体育服务组成的有机整体，是全民健身领域政府服务能力和服务程度的整体体现。[①]在全民健身、健康中国上升为国家战略的大背景下，人民群众对健身的需求和要求也不断提高。《体育强国建设纲要》在“落实全民健身国家战略，助力健康中国建设”中明确提出要完善全民健康公共服务体系。[②]落实全民健身国家战略，要以“便民惠民”为中心，扎实推进“六个身边”工程建设、积极开展全民健身三级联创活动，推动基本公共体育服务均等化，推动全民健身公共服务资源向农村倾斜，推动残疾人康复体育和健身体育广泛开展。不断完善全民健身公共服务体系既可以不断满足人民对美好生活的需要，也可促进体育强国的建设，同时也符合我们党和国家努力将体育建设成为中华民族伟大复兴的标志性事业的伟大目标。

一、全民健身“六个身边”工程建设

“六个身边”工程是指围绕群众健身开展的完善群众身边的体育健身组织、建设群众身边的体育健身设施、丰富群众身边的体育健身活动、支持群众身边的体育健身赛事、加强群众身边的体育健身指导、弘扬群众身边的体育健身文化等六项工程。“六个身边”是完善全民健身公共服务体系的“四梁八柱”，体现了我

---

① 牵住“牛鼻子”完善全民健身公共服务体系［EB/OL］.（2021—3—24）［2022—11—2］.

② 国务院办公厅.关于印发体育强国建设纲要的通知［EB/OL］.（2019—9—2）［2022—11—2］.

们党和国家以人民为中心、为中国人民谋幸福的发展理念。全民健身“六个身边”工程建设着力解决人民去哪里健身和如何科学健身的问题，扎实推进“六个身边”工程建设有利于解决全民健身发展不平衡不充分的问题，是深入推进并完善全民健身公共服务体系的重要路径。

第一，着力完善体育健身组织。全民健身由谁组织是要突破的一道难题，促进全民健身首先要在政策上加大倾斜力度，激发各级体育组织的生机活力并让其建起来、动起来、活起来。[①]《全民健身计划纲要》在“对策和措施”中提出逐步形成社会化的全民健身组织网络。[②]如江苏省南通市海门区政府把群众体育作为“一把手工程”，广泛建立体育运动协会和健身指导站，大力培养社会指导员，建立健全体育组织网络，为群众体育开展提供有力保障。各类协会和指导站通过各种形式的讲座、活动等将科学的健身知识方法传授给群众，调动了广大人民群众的积极性，有利于完善体育健身组织进而形成全民健身组织网络。第二，着力建设体育健身设施。体育健身设施是指用于体育教学、体育比赛、体育训练及向公众开放便于开展群众体育活动的建筑物、场地和设备等。[③]系统完善的体育健身设施是保障群众进行健身的基础条件，随着经济发展和人民日益增长的物质文化需求，群众对健身设施的要求也愈发增高，只有不断完善全民健身服务设施，才能满足群众多元化健身需求。体育健身设施应满足不同人群的需求，如针对青少年的设施应年轻化、个性化，而针对中老年群体的设施应便捷化、安全化。第三，着力丰富体育健身活动。广泛开展体育健身活动既是中国体育事业的顶层设计，也是实现人民群众充分行使体育权利的制度保障，更是习近平总书记“以人民为中心”的生动体现。[④]要多渠道、多途径开展丰富多彩的群体健身活动，发展各具特色的健身活动。根据不同年龄段人群举办跑步、骑行、登山和跳健身操

---

① 拓宽全民健身“六个身边”工程新内涵［EB/OL］（2018－10－11）［2022－11－3］.

② 周结友，曹华.“全民健身计划”政策制度演进贯穿的七大逻辑主线研究［J］.广州体育学院学报，2021，41（4）.

③ 王广亮，侯斌.我国体育设施建设规划探索［J］.体育文化导刊，2010（5）.

④ 郝家春.开展全民健身活动 推进体育强国建设——学习习近平关于加快推进体育强国建设的重要论述［J］.中南民族大学学报（人文社会科学版），2018，38（5）.

等活动，根据地区设立具有民族特色的健身活动，或根据场地分别设置大中小型健身活动。应鼓励广泛举办赛事活动，带动各地全民健身工作深入开展，形成全民健身蓬勃发展的生动局面。第四，着力支持体育健身赛事。各类体育健身赛事的举办可以有效宣传体育运动，吸引和鼓舞人们参加体育锻炼，增添群众的乐趣，丰富其业余文化生活，对推动群众性体育运动的开展有着积极作用。如青海省体育局提出积极扶持建设社会足球俱乐部，创办职工足球赛、农牧民足球赛、社区足球赛等贴近群众的足球联赛，这一举措丰富了各个群体的赛事活动，可有效促进广大群体深入了解、参与体育活动。第五，着力加强体育健身指导。促进全民健身服务体系更加完善离不开科学合理的健身指导，培养科学、合理的体育锻炼方式，增强群众体质和健康水平需要充分调动各方积极性，加大体育社会指导员的培训力度，充分发挥好社会体育指导员在全民健身工作中的积极作用。第六，着力弘扬体育健身文化。体育健身文化是开展全民健身的根基，是推动广大群众参与健身锻炼的内在动力。[①]宣传普及体育文化要用人民群众听得懂的方法吸引人民群众广泛参与全民健身。如江苏省张家港市在普及体育健身文化时通过官方网站、微信公众号、官方微博等多渠道及时报道、扩散全民健身情况。体育健身文化的弘扬为完善全民健身公共服务体系和实现体育强国作出了巨大的贡献。

二、积极开展省市县全民健身三级联创活动

全民健身省市县三级联创是在习近平新时代中国特色社会主义思想指导下，党和国家以人民为中心，为深化体育体制改革创新和满足群众健身需求而提出的“三级联创、三个带动”，即省级以创建体育强省为抓手、市级以创建全民运动健身模范市为着力点、县级以创建全民运动健身模范县（市、区）为导向，以求通过上下联动，努力实现建设体育强国目标。完善全民健身体系建设需积极开展全民健身三级联创活动，各省、市、县要牢记使命担当、各部门要协同发力，整体推进全民健身建设。近年来，在党中央、国务院坚强领导下，全民健身国家战略

① 王浩淼．围绕“六个身边”构建全民健身新路径研究［J］．体育文化导刊，2018（11）．

深入实施，人民群众健身热情日益高涨，掀起全民健身热潮。但目前，仍存在一些问题，追其缘由，一方面是因为我国是人口大国，幅员辽阔，城乡差异较大，政府提供全民健身基本公共服务的能力有限；另一方面是由于各级政府和体育部门对全民健身工作的重视还不够，资源的配置、人力的投入明显不足。[①]积极开展省市县三级联创活动有利于各级部门明确任务划分，实现资源配置公平，体现了党和国家始终把人民放在第一位、始终以满足人民健身需求和保证人民幸福安康为出发点和落脚点，有利于加速推进体育强国建设。

首先，省级统筹推进，为联创活动保驾护航。省级部门起统领的作用，应做好顶层设计，积极为各市、县全民健身提供政策扶持。一方面，要结合地方特色制定相关健身政策，如具有滑雪项目条件的城市应制定冰雪运动的相关管理政策，沿海沿江地区可制定划船等项目的管理政策；另一方面要加强设施管理政策，建立健全体育健身设施管理维护机制。同时也要加大体育强省宣传力度，为全省全民健身建设营造良好的舆论环境，推进全民健身建设。其次，市级上传下达，为联创活动承前启后。在省市县三级联创中，市级起到“承上启下”的衔接作用。各市级部门要把政策落到实处，积极建立各体育部门和体育运动单项协会，积极建立市体育中心或全民健身活动中心，为全民健身活动提供体育场、活动广场、体育馆、游泳馆等设施。此外，市级政府也要落实先发展带动后发展的理念，大力培养社会体育健身指导员，为县级发展输送人才，并通过体育竞赛如市级联赛等活动的举办为健身优秀人才提供展现平台，同时也激励群众积极参与全民健身。最后，县级夯实基础，为联创活动稳固根基。县级全民健身服务是打造市级以及省级全民健身体系的基础，县级政府应通过广播、电视等多种媒体形式大力普及全民健身，让广大群众了解、知道并主动参与全民健身。同时，县级政府要积极参与推进体育组织改革，提高组织为全民健身的服务能力，通过下乡指导或宣讲活动将科学的健身知识和方法传授给广大群众。县级还应加大广场舞、健身气功等群众健身活动的开展，让全民健身真正融入广大群众。

在党和政府领导下积极开展全民健身省市县三级联创活动，坚持“纵向衔

---

① 刘国永.对新时代群众体育发展的若干思考［J］.体育科学，2018，38（1）.

接、横向协同”的各部门联动，能够整体提升我国全民健身质量和水平，对完善全民健身公共服务体系起到重要作用。

三、逐步推动基本公共体育服务均等化

基本公共体育服务均等化的实质不是强调所有居民都享有完全一致的基本公共体育服务，而是在承认地区、城乡、行业和人群间存在明显差异的前提下，保障居民都享有一定标准之上的基本公共体育服务，其本质是“普遍覆盖的底线均等”[①]。但由于我国区域经济发展水平不同，城乡公共服务质量差距较大，不同行业人群的人均可支配收入差别明显，大部分农村居民、贫困群体、灵活就业人员和农民工基本上被排除在公共体育服务的覆盖范围之外。这显然不符合我国公平正义的发展理念，与社会主义的本质规定、核心价值理念以及和谐社会的发展目标不一致。因此，需要推动基本公共体育服务均等化以满足人民群众日益增长的体育健身需求，实现地区之间、城乡之间以及行业和人群间和谐均衡发展，促进体育强国建设。

首先，推动基本公共体育服务均等化要促进服务供给主体的多元发展。[②]实现基本公共体育服务均等化过程中政府发挥着主导作用，但过于依赖政府甚至将政府作为单一供给主体也会严重制约基本公共体育服务供给的有效性、可及性和针对性。因此，需要构建政府主导、多元主体协同的基本公共体育服务供给模式，引导企业等市场主体、体育社团等社会组织参与基本公共体育服务供给，提升基本公共体育服务供给效能。例如，以政策引领、规范设计、标准制定等举措，积极引导社会力量参与体育赛事、支持社会资本投资体育产业，培育优质体育企业、鼓励以委托运营、购买服务等方式，建立公建民营的第三方体育场馆运

① 马志军，汪俊.基本公共体育服务均等化相关概念辨析及其内涵解读［J］.广州体育学院学报，2016，36（6）.

② 刘玉.改革开放30年我国体育公共服务供给模式转型与现实选择［J］.体育科学，2013，33（2）.

营模式。[①]

其次，针对人群特点、区域差异，提供符合群众需求的基本公共体育服务。据调查发现老年人进行体育锻炼的主要目的是增进健康和防病治病，中年人主要通过运动健身宣泄、缓解工作压力，进行人际交往，调节情绪，而青年人则希望通过科学的运动内容设计达到塑造健康身形的效果。同样，不同区域的健身人群对健身的需求和目的也存在较大差异。对于经济发达地区的健身群体来说，运动健身的目的主要在于社交和解压，而经济落后地区的健身群体则更多是为了锻炼身体、消磨时光。[②]因此，要依托当前的互联网、大数据、人工智能等技术，建立国家基本公共体育服务供需平台，及时掌握不同人群对于基本公共体育服务的需求。随后，基层公共体育服务机构将群众对于公共体育服务的意见和需求反馈到行业负责部门、地方政府和第三方服务机构，通过项目匹配和政策引导的方式，完善我国基本公共服务均等化问题的薄弱点。

四、推动全民健身公共服务资源向农村倾斜

优化农村区域健身公共服务是提高农村居民健康水平的重要途径，是满足农村居民对美好生活向往、促进农村居民健康水平发展的重要手段，能够有效助力乡村振兴事业，而全面推进乡村振兴是实现中华民族伟大复兴的重要板块，也是实现中华民族伟大复兴的关键一环。习近平总书记在全国脱贫攻坚总结表彰大会上强调“乡村振兴是实现中华民族伟大复兴的一项重大任务”，民族要复兴，乡村必振兴。因此，推动农村健身公共服务发展是新时代落实全民健身战略与乡村振兴战略、建设体育强国与实现中华民族伟大复兴的必然之举。目前，对于农村居民健身公共服务的资源供给明显不足，导致农村地区还存在健身场地设施建设

① 柳鸣毅，敬艳，孙术旗，等.行政放权与多元赋能：“社会力量办体育”的中国方案——基于浙江省改革实践的案例分析［J］.上海体育学院学报，2022，46（9）.

② 孙玲，徐晓仪，刘旻航.体育强省建设背景下山东群众体育发展趋势及对策研究［J］.山东体育学院学报，2020，36（3）.

缺乏、专业性体育人才不足等问题[①]，迫切需要推动全民健身公共服务资源向农村倾斜，以满足农村居民对健康生活的追求。

首先，增加健身场地设施资源数量，强化现有场地资源利用。一方面，要对体育公共服务落后的农村区域加大资助力度和政策倾斜，建设更多适应农村居民特点、满足农村居民需要的体育场地设施，通过体育健身设施场所数量的扩充保障全民健身战略在农村区域的实施。另一方面要充分挖掘农村现有场地资源的潜力，因地制宜开展全民健身活动。如利用农村的水域、空域、森林、草原等特色自然资源，将体育健身元素嫁接其中，大力发展户外运动项目，形成农村休闲体育旅游产业，让农村居民能够在身边体验体育文化，进行体育健身锻炼。如此不仅能够实现农村居民健身活动的需要，还有利于促进乡村体育产业的发展。[②]

其次，建设农村社会体育指导员队伍。一方面，要尽快建立城乡体育人才交流与分享机制，打通城乡体育人才之间的互通渠道，通过城市优质体育人才将先进的健身技术与理念带入农村，实现城乡体育人才有序互动。目前，农村各级各类体育人才仍然十分匮乏，相当一部分地区没有专业的社会体育指导员，与之相反，体育院校的毕业生的数量相对于城市就业岗位却供过于求。因此，农村应制定优惠政策，鼓励城市的体育人才例如体育专业的大学生支援农村健身公共服务机构。另一方面，要加快建立农村社会体育指导员的培训机制，建设农村本土的社会体育指导员队伍。通过互联网健身相关课程或邀请专业的体育人才下乡培训，引导农村干部、农村体育教师以及农村体育志愿者学习科学锻炼与健康相关的知识，从而宣传体育政策，指导农民进行科学合理的健身锻炼，积极开展健身活动。[③]

---

① 吴永奎，李庆有，虞灿星.农村社区和学校体育场地器材共建共享的困境与出路［J］.湖北体育科技，2020，39（7）.

② 姚磊.乡村振兴战略中农村体育基本公共服务供给机制的创新路径［J］.体育科学，2022，42（6）.

③ 杨小明，田雨普.和谐社会视域下城乡群众体育统筹发展的战略［J］.北京体育大学学报，2014，37（5）.

五、推动残疾人康复体育和健身体育广泛开展

在落实全民健身国家战略的过程中，应贯彻全民参与、全民共享的理念。我国8500万残疾人作为推行全民健身、建设体育强国中不可忽视的人群，也应共享全民健身公共服务资源。残疾人体育是残疾人增强体质、康复身心、参与社会、实现全面发展的有效途径，是人们认识残疾人潜能与价值、促进社会和谐共进的独特渠道。[①]《关于构建更高水平的全民健身公共服务体系的意见》指出，营造无障碍体育环境，为残疾人参与全民健身运动提供便利[②]；《全民健身基本公共服务标准（2021年版）》明确要求改善残疾人健身环境，要求公共体育设施免费或低收费向残疾人开放[③]；《“十四五”体育发展规划》规定，要进一步提升残疾人全民健身公共服务水平[④]。残疾人体育已然被纳入全民健身、健康中国、体育强国等国家战略当中。因此，为广泛开展残疾人康复体育和健身体育活动，改善残疾人体育公共服务提供切实有效的路径与对策尤为重要。

第一，加强对残疾人体育服务的科学研究。残疾人康复和健身体育相对于健全人体育更为复杂，涉及体育学、康复学、教育学和心理学等众多学科，因此，应加强对残疾人康复体育的研究力度并将其纳入相关学科重点研究之内，使其研究成果转化为加速残疾人体育服务发展的重要推动力。针对视障人士、听障人士、言语障碍人士、肢体残疾人士等具有个体差异的残疾人士，研发出适应残疾人特点的康复和健身体育项目、体育方法、体育器材、体育产品等，从而有效地提高残疾人体育公共服务的科技水平。

第二，提高残疾人参与体育的意愿。一方面，可以利用残疾人运动员参加

---

① 中国残疾人体育事业发展和权利保障［N］.人民日报，2022—3—4（13）.

② 中共中央办公厅 国务院办公厅印发《关于构建更高水平的全民健身公共服务体系的意见》［EB/OL］.（2022—3—23）［2022—11—7］.

③ 关于印发《全民健身基本公共服务标准（2021年版）》的通知［EB/OL］.（2022—1—4）［2022—11—7］.

④ 关于印发《“十四五”体育发展规划》的通知［EB/OL］.（2021—10—5）［2022—11—7］.

2022年北京冬季残奥会的优秀教育示例素材进行宣传，让残疾人领会运动员们勇于挑战、超越自我、自强不息、顽强拼搏的精神，激发其想要去锻炼的欲望，让他们感受到体育赋予人生的力量。另一方面，引导残疾人主动学习体育健身相关知识，了解体育对身体素质的促进作用，帮助他们积极康复。虽然残疾人有身体上的缺陷或障碍，但是进行体育健身同样可以使残疾人达到娱乐身心、强身健体、延年益寿的目的。①

第三，建立残疾人体育互助体系。残疾人之间因为拥有相对相似的身体状况，在交流过程中容易产生更多的情感共鸣，从而形成更为紧密的互助网络。②因此，要鼓励广大残疾人互帮互助，共同参与到全民健身公共服务中去。首先，应大力培养残疾人体育指导员，他们作为残疾人更加了解残疾人的健身需求，能提供更符合残疾人特点的健身指导。其次，应扩大残疾人志愿者队伍，负责观察残疾人运动情况、汇报突发状况的简单照看工作，防止残疾人体育活动中事故的发生。最后，利用现有的残疾人互助社会组织，共同完善残疾人公共服务体系。

第二节　统筹建设全民健身场地设施

“统筹建设全民健身场地设施”是《体育强国建设纲要》对加速落实全民健身战略提出的重要内容，场地建设数量与建设质量关系全民健身战略的落实成效。2021年国务院印发的《全民健身计划（2021—2025年）》中明确提出“加大全民健身场地设施供给”建设任务。全民健身场地设施作为开展全民健身活动、提升全民体育参与力度的基础保障资源，在我国的建设成效有待提高。统筹建设数量足、质量高的全民健身场地设施，需要将其置于城市建设项目综合开发和改造中，鼓励社会力量建设小型体育场所，有序促进各类体育场地设施向社会开放，探索发展乡村健身休闲产业和建设运动休闲特色乡村，完善覆盖城乡的全

① 张素明，肖哲，熊胜胜，等.残疾人体育健身影响因素研究［J］.内江科技，2022，43（2）.

② 李婧，卜长莉.社会工作参与贫困残疾人社区康复的路径探究——以长春市H社区为例［J］.长春理工大学学报（社会科学版），2019，32（1）

民健身组织网络等，进而达到供给充足、效益良好的全民建设场地设施为深入落实全民健身战略、持续建设体育强国、助力建设健康中国服务的时代目标。

一、与城市建设项目综合开发和改造相结合

全民健身场地设施作为落实全民健身计划的核心内容之一，其建设数量与质量关系着全民体育参与形式与体育参与成效，对全民健康水平的提升与城市文明程度的发展产生重要影响。“十三五”规划时期，党和国家加大对全民健身场地设施建设的投入力度，取得相对较好的建设成效，场地设施覆盖率不断提高，到2020年底，全国体育场地371.34万个，体育场地面积30.99亿平方米，人均体育场地面积2.2平方米。[①]但随着人民群众对美好生活需要的日益增加，全民健身公共服务尤其是体育场地设施供给不足的现实状况突出，难以有效满足人民群众的体育参与需要。根据《城市用地分类与规划建设用地标准》，适用于体育场地设施建设的主要用地类型为体育用地（A4）和康体用地（B32），康体用地是指单独设置的高尔夫练习场、赛马场、溜冰场、跳伞场、摩托车场、射击场，以及水上运动的陆域部分等用地；体育用地则分为体育场馆用地（A41）与体育训练用地（A42）。由于这类特定用地多以块状形式供地，占地面积较大，适合建设面积、规模较大的大中型体育场地设施[②]，其多用在各类型体育赛事的组织开展上，对人民群众体育参与的精准有效供给相对有限，因此，合理利用非体育用地、形成与城市建设项目综合开发与改造相结合的全民健身场地设施建设思路，能有效缓解全民健身设施不足与提升全民健身实效。

加强全民健身场地实施与城市建设项目综合开发与改造相结合。一方面，需要充分认识全民健身场地实施的多种形式，如城市绿道、健身步道、自行车道、全民健身中心、体育健身公园、社区文体广场以及足球场、冰雪运动场等，并依据各种体育设施的建设用地特点，将其合理置于城市规划中，如大型商场建设中

① 《“十四五”国民健康规划》聚焦体育促健康［EB/OL］.（2020－5－23）［2022－11－2］.

② 陈元欣，何开放，杨金娥，等.我国利用非体育用地建设体育场地设施研究［J］.体育学研究，2020，34（5）.

娱乐设施区域的划分、市中心场地规划中文体广场区域的预留、社区建设中全民健身路径的设置、道路规划中绿道与步道的开放等，为人民群众的体育选择和参与提供多样化途径，也是对各类人群体育关怀的彰显。另一方面，相关政府部门在积极落实国家政策与全民健身发展战略的基础上，既要善于借鉴国内外城市体育设施建设的经典案例，从中汲取城市规划与体育设施建设的发展经验，又要善于结合本市地域特点进行全民健身设施布局。例如，内蒙古自治区的和林格尔县借助被列为国家新型城镇化综合试点的重大历史机遇，结合区域发展实际，将旧厂房、旧校舍改造建成室内乒乓球馆、足球馆、篮球馆、羽毛球馆等体育设施的同时，将旧校舍建成可容纳万人参与的多功能全民健身中心，并坚持“景观功能化、功能景观化”的设计理念，在带状公园内建成了包括极限运动区、儿童活动区、中老年活动区、低强度运动区和高强度运动区的小型体育公园①，促进群众体育活动积极发展，实现体育与城市建设的融合互动发展，促进了本区域内的城市化进程与体育事业繁荣。在“十四五”期间，应继续加强全民健身场地设施与城市建设项目相结合，充分利用绿地、边角地、废旧厂房等建设体育场地设施，解决群众“健身去哪儿”的实际难题，夯实健康中国建设的场地基础。

二、鼓励社会力量建设小型体育场所

全民健身场地设施建设是落实全民健身战略助推健康中国建设的基础工程，社会力量作为全民健身场地设施建设的中流砥柱，鼓励其参与建设小型体育场所，既能够调动社会力量建设与完善全民健身公共服务场地资源的主动性，也能有效推动社会力量助力全民健身场地设施治理体系的健全与治理水平的提升。社会力量对体育事业发展的多领域、多渠道有助力作用，是推进中国体育现代化发展的重要主体。2020年10月国务院办公厅颁布的《关于加强全民健身场地设施建设发展群众体育的意见》指出，“鼓励各地区在符合城市规划的前提下，以租赁方式向社会力量提供用于建设健身设施的土地”，“社会力量投资建设的室外健身设施在符合相关规划要求的前提下，由各相关方协商依法确定健身设施产权归

① 城市建设与体育融合互动发展［EB/OL］.（2017—7—18）［2022—11—3］.

属，建成后5年内不得擅自改变其产权归属和功能用途”[①]。目前，因涉及用地红线、供地指标等问题，社会力量投资体育场馆等体育基础设施困难重重，但国家政策对社会力量参与全民健身场地设施建设提出的相关要求，为引导和鼓励社会力量投资兴建体育设施提供了硬招实招，指明了社会力量在全民健身公共服务场地治理体系中效能发挥的建设方向。

支持社会力量参与全民健身场地设施建设，需要地方政府在详细解读国家有关全民健身场地设施建设等相关政策的基础上，结合本区域内的用地布局，出台相应的土地政策。一方面，相关政府部门要出台法律政策保护社会力量建设小型体育场所的积极性，鼓励社会力量在合理合法的范围内“撸起袖子加油干”，坚持奋发有为、主动作为，努力为小型体育场所建成提供人才支持、资金支撑及技术保障，实现小型体育场所更好为人民群众的健身与健康服务。如温州市抓住全民健身战略的发展机遇，鼓励社会力量投资建设与运营体育场所，国家体育总局和浙江省政府签署了《关于联合在温州市开展社会力量办体育试点的框架协议》，温州成为全国唯一的社会力量办体育的试点，其实践经验由国务院官网专题推介并被列为国家体育总局2021年17项重点体育工作之一，为其他省市社会力量兴办体育场所提供了可供参考的发展经验。[②]另一方面，社会力量要抓住国家政策机遇，用好体育总局办公厅印发的《政府委托社会力量运营公共体育场馆示范合同（参考文本）》，发挥自身各类资源优势，主动出击建设小型体育场所，如运动服饰品牌的企业，可以抓住全民健身的热潮，以赞助物资的方式参与小型体育场所的建设，在促进企业平稳运营的过程中加强企业与体育事业发展的联系，提升企业的社会参与感与责任感。民营企业在体育场馆征房产税和城镇土地使用税、公共场馆免费低收费开放补贴、体育赛事资源获取、水域和空域开放使用等

---

① 国务院办公厅关于加强全民健身场地设施建设发展群众体育的意见［EB/OL］.(2020—10—10)［2022—11—2］.

② 张学兵，章碧玉，孟令飞.社会力量办体育实践经验与启示——以“温州模式”为例［J］.体育文化导刊，2022（4）.

方面能享受公平公开的竞争机会和优惠条件。[①]鼓励社会力量建设小型体育场所是提升全民健身场地设施供给效率与建设质量的必然举措，在当下及未来一段时期内，需要加大对这一重要力量的政策扶持与引导，进而推动全民健身战略深入落实。

三、有序促进各类体育场地设施向社会开放

有序促进各类体育场地设施向社会开放，是提升体育场地设施利用率的必然举措，有助于构建更高水平的全民健身公共服务体系的重要内容，推动全民健康水平的提升与全民健身战略的落实。2017年发布的《关于推进学校体育场馆向社会开放的实施意见》指出“根据地方、学校实际情况，加强分类指导、稳步推进，分批分阶段推动实施，形成健康有序的学校体育场馆开放格局”[②]，为学校体育场馆向社会有序开放明确了相应职责；2019年出台的《关于印发体育强国建设纲要的通知》提出“有序促进各类体育场地设施向社会开放”；2021年颁布的《关于构建更高水平的全民健身公共服务体系的意见》中明确提出“推进健身场地全面开放共享”要求。诸多政策的颁布，为各省市做好全民健身场地设施的开放工作提供了根本遵循。2022年，青岛市体育局在解读国家政策、梳理现有全民健身场地设施开放相关法律法规和制度规定的基础上，出台了《关于进一步加强全民健身场地设施向社会开放的通知》，将全民健身场地设施主要分为公共体育场馆、政府投资建设的公益性体育健身场地设施、社会资本投资兴建的场地设施和学校、事业单位健身场地设施四大类[③]，并依据不同类型的全民健身场地设施制定了不同的场地开放要求，切实解决本市群众“健身去哪儿”的难题，也为其他省市的全民健身工作树立了标杆与典型。

---

① 黄海燕，康露，刘蔚宇，等.体育产业高质量发展的法治保障研究——基于《中华人民共和国体育法》修订的思考［J］.体育学研究，2022，36（4）.

② 教育部 国家体育总局关于推进学校体育场馆向社会开放的实施意见［EB/OL］.（2017－3－8）［2022－11－5］.

③《关于进一步加强全民健身场地设施向社会开放的通知》政策解读［EB/OL］.（2022－8－21）［2022－11－5］.

在“十四五”规划深入推进过程中，继续做好各类体育场地设施向社会开放，需要在总结上一个时期工作经验的基础上，改进与完善后续工作规划。全国体育场地资源的三分之二在学校，做好学校场地设施向社会开放是各省市工作的重点，可以鼓励学校体育场馆在正常体育教学及学校其他各项工作秩序得以满足的前提下向社会开放，规定好开放时间与开放对象（学生上学之前与放学之后、国家法定节假日与公休日等时间，向周边居民采取定时定段和预约相结合的开放形式，并实行严格的准入制度），政府通过奖励措施鼓励这类行为。如安徽省学校体育场馆运营维护的部分费用由政府补贴。杭州市的各区县政府、经济开发区政府将中小学体育场地设施向社会开放列入政府对乡镇（街道）、社区督查内容，并每年安排财政专项资金，落实学校体育场地开放的管理人员、场地维护、设施配置和更新、公众责任保险等经费。强化部分学校体育场馆向社会开放的示范效应，促进我国学校体育场馆向社会开放。①社会上体育场馆由于性质不一，在对社会开放的要求上也要有所区别。由政府投资兴建、产权在体育主管部门的公共体育场馆开放时间每周不少于35小时、每年不少于330天，全民健身日免费开放。政府投资建设、面向公众开放的公益性体育健身设施开放时间应与当地公众工作、学习时间适当错开。由社会资本投资兴建的场地设施，要强化公益属性，向社会免费、低收费开放，在政策上给予社会资本相应扶持；此外，鼓励事业单位带头开放可用于健身的空间。②有序促进各类体育场地设施向社会开放，明确场地开放中的责任主体与开发事宜，促进各类体育场地设施的使用、管理和提档升级，能够进一步盘活现有资源，推进学校体育场馆和社会公共场馆的双向开放新格局，促进全民“10分钟健身圈”的形成与发展。

四、探索发展乡村健身休闲产业和建设运动休闲特色乡村

健身休闲产业是体育产业的重要组成部分，是以体育运动为载体，以参与体验

---

① 李彩娥，许月云.基于政策工具对《关于推进学校体育场馆向社会开放的实施意见》的量化分析［J］.首都体育学院学报，2021，33（5）.

② 青岛印发通知：健身场地设施应开尽开能开尽开［EB/OL］.（2022—8—3）［2022—11—5］.

为主要形式，以促进身心健康为目的，向大众提供相关产品和服务的一系列经济活动，涵盖健身服务、设施建设、器材装备制造等业态。[①]国务院办公厅颁布的《关于加快发展健身休闲产业的指导意见》，鼓励和引导乡村旅游区等根据自身特点建设特色健身休闲设施；支持农村集体经济组织自办或以土地使用权入股、联营等方式参与健身休闲项目的建设，改善当地经济发展状况与推进当地全民健身战略落实。例如，浙江省各乡村根据地形特点与资源优势发展乡村健身休闲产业：江山市毛村山头村创建了全国首个农村攀岩墙，带动了当地攀岩产业的发展；淳安县石林镇发展水上、山地与航空运动，打造了独具特色的港湾运动小镇；以登山、森林越野、汽车穿越、铁人三项等赛事为亮点打造的灵鹫山国家森林运动小镇，为柯城经济发展作出重要贡献；丹江口最美山水公路徒步大会为沿线农家乐带去了可观的经济收益等。[②]浙江省乡村健身休闲产业与特色小镇的建设，在推动乡村体育产业发展、经济收益提升、生态环境美丽的同时，促进了乡村居民健身意识与健康水平的提高，带动了全民健身战略的落实；基于依托乡村健身休闲产业而形成的运动休闲特色乡村，也成为乡村振兴战略落实的建设典型。

乡村健身休闲产业发展与运动休闲特色乡村建设彼此联动，乡村健身休闲产业发展为后者打好产业基础，运动休闲特色乡村建设又促进前者的快速发展。因此，在探索发展乡村健身休闲产业和建设运动休闲特色乡村的过程中，一方面，各乡村要做好当地体育项目的发掘与建设工作，在推广武术、龙舟、舞狮等民族民间健身休闲项目的同时，加强对体育类非物质文化遗产的保护与传承工作，并以此为主题开展相关赛事活动，提高群众的参与度与体育活动影响力。与此同时，也要借助乡村的自然地势优势，发展登山、攀岩、蹦极、定向越野、漂流、溯溪、徒步穿越、山地自行车等高挑战项目，并予以相应政策扶持，使其成为本地区的特色产业，带动当地经济的发展。另一方面，建设运动休闲特色乡村，在借助健身休闲产业的发展优势时，需要处理好体育运动开放与生态环境的关系，遵循美丽宜居乡村的建设

---

① 国务院办公厅关于加快发展健身休闲产业的指导意见［EB/OL］.（2016—10—25）［2022—11—5］.

② 打造运动休闲特色乡村，以赛事经济助力乡村振兴！［EB/OL］.（2021—10—23）［2022—11—5］.

理念，发展绿色生态体育；重视各类人才资源，做好“体育+”特色乡村的业态模式规划与特色乡村文化底蕴的发掘工作，提升特色乡村的发展软实力；在衣食住行等方面合理化地运用数字技术与网络技术，提升特色乡村的智能化水平与群众体育运动参与的服务体验。探索发展乡村健身休闲产业和建设运动休闲特色乡村是全民健身战略落实乡村的重要举措，也是助力乡村振兴的有效手段，在当下及今后一段时期内也是体育事业的建设重点，需要体育部门与其他各管理部门携手共进，形成共建共治共享的特色乡村建设格局。

五、完善覆盖城乡的全民健身组织网络

全民健身组织是推动全民健身战略落实、提升全民健康水平的中坚力量，形成相对完整、科学合理的组织结构体系，建立架构清晰、类型多样、服务多元、覆盖城乡、便民惠民的全民健身组织网络是“十四五”时期继续推动体育事业发展的工作重点。[①]当前，城市全民健身组织网络的构建相对完善，居民健身场地设施齐全，各类大型体育场馆的建设成果惠及城市居民，体育健身指导员的配备数量与质量逐年增加和提高，各类体育单项协会、俱乐部等全民健身组织之间的联系日益密切，形成了服务城市居民体育活动的健身组织网络。然而，国家虽加大了对乡村体育的政策保障与投入力度，但受制于乡村收入水平、体育意识、消费能力等客观因素的影响，乡村体育发展依旧处于较低水平，全民健身设施、体育健身指导员、体育协会、俱乐部等全民健身组织、设备、专业人员在乡村体育中的覆盖率不高，对乡村居民的体育参与作用发挥有限，难以较好地促进乡村体育发展中全民健身战略的落地见效。因此，为进一步发挥体育强国战略与全民健身战略的政策效应、形成与乡村振兴战略的协同联动良好局面，以城市体育发展带动乡村体育建设水平的提高并缩小城乡体育发展间的差距，完善覆盖城乡的全民健身组织网络是破解乡村体育发展难题与提升乡村体育治理现代化建设的有效途径。

---

① 史小强，戴健．“十四五”时期我国全民健身发展的形势要求、现实基础与目标举措［J］．体育科学，2021，41（4）．

覆盖城乡的全民健身组织网络的完善，有助于保障城乡居民健身活动的开展。充分利用城市发展的各类体育资源优势弥补乡村体育在场地设施、健身指导人员等方面的不足，以城市体育发展中生动和谐的居民健身热潮与体育氛围带动乡村居民积极参与健身活动，培养乡村民众的运动习惯，促进乡村体育发展。一方面，省级各政府部门要充分认识城乡体育发展之间的差距，明确乡村体育发展是体育强省建设的重要推动力，在落实国家相关政策稳健发展城市体育的同时，结合乡村体育发展的实际制定精准的体育发展规划并予以适当的资金倾斜与技术保障，促进乡村全民健身组织的建设与发展。如福建省着力推动全省社会体育组织健康发展，逐步形成了以各级单项体育协会、体育俱乐部、文体站、健身活动点、健身气功站和社会体育指导员为支撑的省、市、县、乡镇（街道）、村（社区）五级全民健身组织网络体系。[①]另一方面，作为乡村体育发展的基层单位，乡村体育管理部门要将发展全民健身组织作为年度建设任务，了解全民健身组织的建设类型与实际功效，做好“以村为点”的健身组织网络的构建工作，加强村与村之间的体育联系，通过体育建设经验的交流沟通、体育活动的联合开展，形成“点点相连汇聚成线”的乡村全民健身组织网络。与此同时，加强体育健身指导人员、赛事开展组织等地区与地区之间的体育往来，借鉴其他城市体育社会组织规范管理与运作经验，激发乡村体育社会组织生机活力，提升体育社会组织服务水平。[②]城乡体育发展之间的现实差距对全民健身战略落实与全民健康水平提升有重要影响，完善覆盖城乡的全民健身组织网络既是二者追求的目标，也是城乡体育协调发展的实际指向。乡村体育要抓住政策红利，抓紧与城乡体育的发展联系，力争在“十四五”期间实现新突破、再上新阶段。

---

① 社会体育组织铺就福建省全民健身网络体系［EB/OL］.（2020—9—2）［2022—11—2］.

② 马杰华，舒为平，王佳.西部城市全民健身组织网络与效能提升研究——以陕西省西安市为例［J］.体育学刊，2021，28（1）.

第三节　广泛开展全民健身活动与推进全民健身智慧化发展

没有全民健康就没有全面小康，促进全民健身发展，是推动全体人民增强体魄、健康生活的基础和保障，更是体育强国建设和健康中国战略实施的内在要求。广泛开展全民健身活动、推进全民健身智慧化发展，是新时代实施健康中国战略对全民健身提出的新要求。具体而言，通过向人民群众普及科学健身知识和健身方法，坚持大健康理念，注重“治已病”向注重“治未病”的转变，扶持推广各类民族民间民俗传统运动项目，提升智慧化全民健身公共服务能力以及建立群众性竞赛活动体系和激励机制，深化全民健身战略实施，可为实现中华民族伟大复兴的中国梦奠定坚实的健康基石，助推体育强国建设。

一、普及科学健身知识和健身方法

全民健身，功在当代，利在千秋。人民健康是全面建成小康社会的重要组成部分，而掌握专业的健身知识和科学的健身方法，是增强人民群众身体素质、提高身心健康水平的前提条件，更是落实全民健身国家战略、助力健康中国建设的基础性支撑。肆虐全球的新冠疫情引发大众对健康的高度重视，在常态化疫情防控形势下，推动全民健身和全民健康的深度融合被提到了新的高度。《健康中国行动（2019—2030年）》将人民身体素养和健康素养作为国民健康教育的核心内容，要求广泛开展全民健身运动，普及科学健身知识与健身方法，使人民群众掌握日常锻炼身体的方法和健康生活知识。[①]但根据相关综合评测和调研发现，当前人民群众经常参与体育锻炼的比例仍然较低，且大部分人民群众缺乏相关的科学健身知识和方法，多数群众在参与健身活动时表现出较大的随意性，缺少系统科学的指导，从而导致健身效果不佳、健身质量较低。鉴于此，向人民群众普及科学健身知识、推广科学健身方法，以满足群众的人性化健身服务需求，进而逐步促进全民健身运动科学化、

① 国务院办公厅.关于印发体育强国建设纲要的通知［EB/OL］.（2019－9－2）［2022－11－3］.

规范化、标准化发展，成为当前有效落实全民健身行动的时代指向。

全面提高国民体质和健康水平是全民健身事业发展的主旨，加强不同群体体育专业健身知识和科学健身方法普及、补充其锻炼技能短板，是全面持续提升人民群众科学健身素质水平的关键。其一，全民健身计划以青少年和儿童为重点，向广大青少年普及科学健身的先进理念、基本知识和有效方法，应以其科学健身需求为导向，依据其身心发展特点，采用喜闻乐见的方式加以传播和普及。如依托校园、社区等文化体育活动场所，开展科学健身知识竞赛、科学健身讲座等活动；再如充分利用新媒体媒介，传播运动损伤预防与康复、健康饮食知识等视频教程。其二，针对老年人群科学健身知识和方法的普及，应着重指导老年人进行健身锻炼和保健养生，充分利用广播、电视、报刊、互联网等媒介，加强老年人体育舆论宣传作用，普及老年人健身知识；再如定期举办老年人科学健身知识讲座、开发适合老年人健身的基础运动项目（如五禽戏、太极拳、健身气功），进而逐步提高老年科学健身的实效性。其三，针对其他群体普及科学健身知识和方法，指导其科学健身，可利用各类全民健身公共服务平台，构建科学健身的科普载体，提供科学健身咨询；或依托广大体育服务品牌，传递科学健身的理念和方法，扩大科学知识传播的范围。通过扩大全民科学健身指导和科普的覆盖面，进而促进人民群众身体素质和体育科学素养的全面提高，落实健康中国战略实施。

二、坚持大健康理念，从注重“治已病”向注重“治未病”转变

加快推动卫生健康工作理念，引导人民群众建立正确的健康观，从注重“治已病”向注重“治未病”转变，是全方位全周期保障人民健康、推动健康中国建设的坚实基础。以疾病为中心向以健康为中心的转变，契合了广大民众健康观念与需求的转变，也为我国卫生与健康事业发展指明了前进方向。大健康之“大”，一是人民群众至大，二是涉及范畴至大，涵盖了体育锻炼、食品安全、生态环保等领域。树立大健康观念，政府部门的职责不再是仅仅为人民群众提供优质的医疗服务，更要围绕生态环境、食品药品以及群众衣食住行和健康安全进行综合治理。[①]因此，

① 江先锋．习近平关于卫生健康重要论述的三重逻辑［J］．理论导刊，2020（9）．

我国卫生与健康事业应始终坚持以人民健康为中心的发展方向，从多个层面进行深层调整，协同推进人民群众提高自身健康素养、养成健康生活方式，注重身心健康、心理健康、精神健康的全面发展，进而形成能匹配大健康的治理格局。

实现从注重"治已病"向注重"治未病"转变，推动从注重"治未病"向健康生活的转变，进而促成全民健身与全民健康的发展格局，需要政府层面和个人层面的协同合作。一方面，政府部门应树立健康优先的发展理念，加强人民群众健康制度的顶层设计，最大限度地发挥政府部门的健康潜能和职能作用，创新大健康管理体制和运行机制，营造浓厚的健康文化氛围。具体而言，一要坚持以人民为中心，加强重大疾病防控，并将国民体质监测相关指标纳入居民健康体检推荐范围，积极宣传普及防重于治的健康理念。二要抓好环境治理（如空气、土壤、水污染的防治），营造健康环境，加强食品安全监管制度，推进突发事件卫生应急能力建设，以最大程度降低公共安全事件对人民群众生命健康的危害。三要积极培育弘扬健康文化，形成大健康环境氛围。如鼓励支持各区、乡医疗卫生机构建立健康教育中心，配齐配强懂健康管理的专业人员，为群众提供健康生活方式咨询服务，定期举办健康知识讲座、健康大讲台等学习活动，利用健康宣传栏、电子屏等传播载体，普及健康知识、传授健康技能，使健康成为全社会的共识和自觉行动。另一方面，个人层面应秉持"每个人是自己健康第一责任人"的理念，将重心从"治已病"向"治未病"转变，预防"亚健康"状态，自主学习必备的核心健康知识与健康技能，学会自我健康管理，养成合理膳食、适量运动、戒烟限酒、心理平衡的健康生活习惯，形成自主自律的健康生活方式，提高生活质量，并自觉参与健康中国行动，将自我健康发展与健康中国建设融为一体。通过政府、社会和个人共同发力，将大健康理念转化为实际行动，推动全民健康素养的全面提升，进而促进全民健身事业和民族复兴伟业的高质发展。

三、扶持推广各类民族民间民俗传统运动项目

民族传统体育项目和体育文化是我国体育强国战略顺利实施的重要推动力，传承发扬民族传统体育项目与文化不仅是满足各族人民群众日益增长的体育健身需要，也是助推体育强国建设、传承弘扬中华优秀传统文化的时代诉求。《"健康中国2030"规划纲要》对民族民间民俗传统体育的发展进行了全面部署，指出要大力发展群众

喜闻乐见的运动项目，扶持推广太极拳、健身气功等民族民俗民间传统运动项目，传承中华传统体育文化。纲要的制定与实施为民族传统体育事业提供了新的发展机遇，也推动了少数民族文化的保护和传承。我国各类民族民间民俗传统运动项目在不同地域均有广泛的群众根基，且其自身强健体魄的价值功能与群众强身健体的现实需求高度吻合[①]，因此，将民族民间民俗传统运动项目与全民体育健身相结合，不仅是顺应社会发展趋势的必然选择，更是落实全民健身事业的重要通路。但在民族传统体育项目传承与发展的推进过程中也暴露出不少弊端，如不少传统体育项目在实践中面临群众认知度不足、认同感不够，学习掌握存在难度，竞技性不足、容易受外来体育项目冲击从而被边缘化等问题。基于此，如何破解各类民族民间民俗传统运动项目在融入全民健身事业发展中存在的现实困境，加强优秀民族民间民俗体育的保护、推广和创新，进而推动全民健身事业的转型升级，成为实现我国体育事业高质量发展亟待解决的问题。

发展各类民族民间民俗传统运动项目，提高人民群众对民族传统体育项目的理解与认知水平是前提，而增进广大人民群众对发展民族民间民俗传统体育的自信心是根本。通过文化交流、特色活动、教育实践等传播路径，可增强人民群众对民族民间民俗传统运动项目的认知与认同。如海南将民众喜闻乐见的黎族传统体育项目竹竿舞融入学校教育、旅游产业、群众体育中[②]，不仅实现了健身与娱乐的有机结合，更让人民群众切身体验到其中的精神与文化，继而推动了群众自觉主动参与民族民间民俗传统运动项目和中华体育文化的传承与传播。此外，加强各类民族民间民俗传统运动项目与时代发展要求相融合，是实现民族民间民俗传统运动项目创造性转化、创新性发展的重要保障。通过科学遴选适合社会大众的体育项目，结合各类民族民间民俗传统运动项目的竞赛规则和场地要求，在简化与改进规则的基础上，可使各类传统运动项目满足不同群体的需求，进而得到推广与普及。要从当前全民健身发展的实际出发，进一步挖掘各类民族民间民俗传统运动项目的文化内涵和健身价值，将推动各类民族民间民俗传统体育项目的

---

① 白晋湘.中国民族传统体育文化建设的使命与担当［J］.体育学研究，2019，2（1）.

② 周峰.民族传统体育项目与全民健身融合研究［J］.体育文化导刊，2017（2）.

传承与发展，进一步提高全民健身事业发展水平。

四、提升智慧化全民健身公共服务能力

提升智慧化全民健身公共服务能力，实现资源整合、数据共享、互联互通、加强分析应用，是体育强国建设进程中的重要战略任务。“十四五”时期是以信息化推进国家治理体系和治理能力现代化的深化巩固期。站在开启社会主义现代化强国建设新征程以及实现中华民族伟大复兴的新起点上，构建更高水平的全民健身公共服务体系，全面提升智慧化全民健身公共服务能力，是建成体育强国和健康中国的重要支撑。在新型智慧城市建设有序推进的背景下，我国全民健身公共服务智慧化建设从“互联网＋健身”“物联网＋健身”等层面赋能全民健身“六个身边”工程智慧化①，进一步提升了智慧化全民健身公共服务能力，为全民健身行动的实施提供了惠民基础及行动指向。然而，由于我国全民健身公共服务智慧化建设尚处于初步探索阶段，存在着全民健身公共服务资源配置局限、质量水平不高、结构不合理、智慧治理碎片化等现实短板②，难以满足人民群众日益增长的健身需求。基于此，探索构建更高水平的全民健身公共服务体系、提升智慧化全民健身公共服务能力，进而推动全民健身公共服务体系高效运转、稳健运行，是当前推进全民健身公共服务高质量发展、助力体育强国和健康中国建设发展的行动逻辑。

以民生需求为导向，以现代科学技术智慧化赋能为驱动，是构建更高水平的全民健身公共服务体系、提升智慧化全民健身公共服务能力的时代要求。首先，强化体育科技主体研究力量建设是提升智慧化全民健身公共服务能力的关键。通过依托高等院校、科研院所创建全民健身重点实验室群，强化复合型科研团队力量，并鼓励各类教育体系开展数字知识和技能教育，进而建立健全多层次、多类型的数字体育人才培养体系，夯实全民健身公共服务智慧化发展的基础。其次，完善服务保障

---

① 王宁宁，程文广.全民健身公共服务智慧化实践困境及行动路向［J］.体育文化导刊，2022（10）.

② 郑家鲲.“十四五”时期构建更高水平全民健身公共服务体系：机遇、挑战、任务与对策［J］.体育科学，2021，41（7）.

机制、优化供给效能是重点内容。满足人民群众品质化和多元化发展的健身需求，是提升智慧化全民健身公共服务能力的要旨之一。以数字智能技术为抓手，充分利用大数据、云计算和物联技术，实现彼此之间的融合创新，研发适合不同群体、不同场景的智慧健身器材和智慧指导系统，从而精准对接不同群体日益多样的服务需求，进而逐步完善重点区域和重点人群的体育服务供求结构，实现不同年龄人群的健康水平和生活质量的提高。最后，加强动态监管治理、创新全民健身公共服务动态监管模式是重点。借助大数据、物联网和5G等现代化技术，健全群众体育管理监测数据库、群众体育行为监测数据库等机制，进一步明确各全民健身公共服务主体的权利、义务与责任，提高公共服务智慧化供给的服务质量、完善服务内容，从而构建协同联动的全民健身公共服务动态监管格局，全面提升智慧化全民健身公共服务能力，实现全民健身公共服务的有序发展。

五、建立群众性竞赛活动体系和激励机制

进入新时代以来，中国体育取得举世瞩目的伟大成就均离不开中国共产党的坚强领导。随着全民健身战略上升为国家战略，在不断深入发展的新时代背景下，我国群众性体育赛事也得到飞速发展。马拉松跑、自行车赛事、“谁是球王”等风格各异的群众性体育赛事呈现井喷式的发展态势，在一定程度上激发了广大民众参与群众体育赛事的热情。广泛开展群众参与的体育赛事活动，一直以来是中国共产党体育工作的重点。[①]但长期以来，我国群众性体育赛事管理较为严格、审批程序复杂，致使社会组织活力得不到应有的激发和释放。[②]随着人民生活水平的提高，群众对群众体育赛事的需求逐步提高，但我国群众性体育赛事尚存在相关管理部门协同欠佳、群众体育赛事制度内容缺乏创新、赛事运行机制尚不完善等问题。[③]这些制约因素共同造成了群众性赛事开展与人民群众日益增长的多元化、多层次的体育需求相矛盾的现实困境，赛事服务供给难以满足人民日益增

① 李海乐，刘静娴.论中国共产党的体育理念［J］.体育文化导刊，2011（11）.

② 马思远.我国业余体育竞赛体系构建研究［J］.北京体育大学学报，2021，44（10）.

③ 王亚坤，武传玺，彭响.新时代我国群众体育赛事发展困境及优化路径［J］.体育文化导刊，2018（11）.

长的健身休闲需求，严重阻滞了群众性体育赛事发展。鉴于此，构建科学的群众性竞赛活动体系和激励机制，调动广大人民群众参与体育锻炼的积极性，促进群众性竞赛活动的繁荣发展，对落实全民健身、健康中国，加快体育强国建设具有重要的战略意义。

以广大人民群众的利益为中心是建立群众性竞赛活动体系和激励机制的根本原则，大力发展多层次、多样化的各类体育赛事，丰富体育赛事活动是完善群众性赛事活动体系的基本保障。一方面，通过放宽不同类别的群众性体育赛事活动准入标准，完善各级社会力量参与办赛激励机制。依托社会资源和力量，选取规范的、组织能力强的民间体育竞赛组织参与群众性竞赛活动的承办，是我国建立群众性竞赛活动体系和激励机制内容的重要组成部分，对于激活人民群众参与体育锻炼的主动性和积极性，满足人民日益增长的体育需求具有不可替代的重要作用。另一方面，开展不同民族民间各类赛事活动，充分利用不同地域得天独厚的地理和文化资源，开发适合不同年龄人群、具有地方特色的运动项目，并将其纳入群众性竞赛活动体系中。丰富群众性竞赛活动内容，是激发广大群众参与体育运动活力的关键。如新疆融入地域特色、自然环境、民族风情等元素，在少数民族传统体育运动会上开展赛骆驼、射箭等项目，备受年轻人追捧，有效激发了群众参与体育运动的热情。通过建立健全群众性竞赛活动体系和激励机制，进而营造良好的体育运动氛围，以最大限度撬动14亿中国人参与体育活动，全面提高人民群众体质健康水平，对扎实推进全民健身、健康中国国家战略实施，助推体育强国建设具有深远的价值意蕴。

第四节　促进少数民族地区全民健身活动

发展少数民族体育，增进人民健康，加强民族团结，弘扬民族文化，是中国共产党一贯坚持的民族体育方针。[①]根据2020年全国第7次人口普查的结果，我

① 饶远，徐红卫，张云钢.在民族体育政策实施中构建和谐的社会主义民族关系——略论中国共产党的民族体育发展政策［J］.云南行政学院学报，2007（5）.

国55个少数民族，人口共计12547万人，占全国总人口的8.89%。[①]我国各少数民族群众在包括体育在内的社会生活各方面，同汉族一样享有完全平等的权利，他们在参加当今世界流行的体育活动的同时，也继承与发展着具有本民族特色的传统体育项目。我国政府对少数民族体育事业的发展历来十分重视，在积极扶持少数民族地区经济社会发展的同时，对少数民族地区体育事业的发展也给予了充分关注和支持。推进少数民族地区体育事业快速、健康、有序地发展，已成为我国实行民族区域自治的重要理念。

做好少数民族地区各项工作是国家深入贯彻落实科学发展观、全面建成小康社会的迫切需要，对于维护民族团结、国家安全和社会稳定意义重大。近年来，在党中央、国务院的正确领导下和全国各族人民特别是对口体育援助省（区、市）、中央和国家机关及企事业单位的大力支援下，少数民族地区经济社会持续快速发展，自我发展能力进一步增强，各族群众生活条件显著改善，民族团结进一步加强，少数民族地区已经站在新的历史起点上，向着全面建成小康社会的目标迈进。然而，由于受自然、历史等多方面因素的影响，少数民族地区的经济社会发展目前仍面临着一些特殊困难和严峻挑战。作为一项重要的社会事业，少数民族地区体育事业的发展也面临着突出困难和诸多问题，与少数民族地区广大人民群众日益增长的体育需求和全面建成小康社会的目标不相适应。

从20世纪50年代开始，国家先后组织体育管理干部、教练员支援少数民族地区体育事业，并通过专业体育学院、综合及师范类大学体育院（系所），为少数民族地区培养与培训了大批体育干部和体育专业人才，并加大在体育场馆、设施等硬件方面的投资。国家先后启动了兴边富民行动和扶持少数民族地区体育发展的“雪炭工程”，对少数民族地区经济社会与体育事业的快速发展产生了积极重大的影响与作用。1995年，《中华人民共和国体育法》颁布，明确提出：“国家扶持少数民族地区发展体育事业、培养少数民族体育人才”，对少数民族地区体育事业发展具有重要的指导作用。2002年，中共中央、国务院发布了《关于

① 第七次全国人口普查结果公布！中国人口共141178万人［EB/OL］.（2021—05—11）［2022—11—5］.

进一步加强和改进新时期体育工作的意见》，指出“要抓住西部大开发的有利时机，积极扶持中西部地区和少数民族地区发展体育事业”。进入21世纪，国家体育总局在《2001—2010年体育改革与发展纲要》中明确提出，要率先“抓住西部大开发的有利时机，积极扶持中西部地区和民族地区发展体育”，并规定了“对西部地区和少数民族地区，在承办赛事、体育设施建设、体育人才培养等方面，给予积极支持”①。2010年，国家体育总局制定了《国家体育总局关于支持促进新疆体育事业发展的指导意见》和《国家体育总局体育援疆工作实施方案及责任分工》，明确指出，“做好体育援疆工作、发展新疆体育事业是加快建设繁荣富裕、和谐稳定的社会主义新疆的重要方面，是促进体育事业全面协调可持续发展的要求，是体育工作服务于社会主义现代化建设大局的重要体现”②。这些政策措施不仅有利于促进少数民族地区体育事业整体快速发展，而且对于促进少数民族地区经济社会整体发展具有重要而深远的政治意义和战略意义。

一、全面规划与具体部署并行

《国家体育总局关于支持促进西藏体育事业发展的指导意见》和《国家体育总局体育援疆工作指导意见和实施方案及责任分工》，是国家层面出台的最具有针对性的“体育援助政策”，之后各少数民族地区的体育援助，大多参照这两份标志性的政策。通过对少数民族地区体育事业发展的全面规划，具体部署了少数民族地区全民健身设施的援建规划和要求。明确提出要在少数民族地区建设以“雪炭工程”小型“全民健身活动中心”为主的全民健身设施，加大少数民族地区“雪炭工程”的建设数量。对少数民族地区的农（牧）民体育健身工程、全民健身路径工程提供配套资金，并积极争取将少数民族地区城乡社区全民健身设施建设纳入“十二五”全国公共体育服务设施建设的有关规划。国家体育总局计划在5年时间内，在少数民族地区援建60个“雪炭工程”小型“全民健身活动中

① 国家体育总局.2001—2010年体育改革与发展纲要［EB/OL］.（2003—8—8）［2022—11—5］.

② 国家体育总局.国家体育总局体育援疆工作指导意见和实施方案及责任分工［EB/OL］.（2011—8—11）［2022—11—6］.

心”（即以室内设施为主、室内外设施相结合的公共体育设施，建筑面积1500～2000平方米，设置5种以上体育设施），使少数民族地区尚未得到体育总局“雪炭工程”援建项目的县50%以上建有小型“全民健身活动中心”；援建少数民族地区30个小型“全民健身活动中心”、2个中型“全民健身活动中心”；援建四川少数民族地区15个小型“全民健身活动中心”；援建云南少数民族地区1个小型“全民健身活动中心”；援建甘肃少数民族地区4个小型“全民健身活动中心”；援建青海少数民族地区10个小型“全民健身活动中心”。①这些政策措施表明国家逐步加大了对少数民族地区体育设施条件改善的支持力度，形成了全国性的体育援助政策支持及实践援助格局，有力地促进了少数民族地区体育事业健康、快速及有序发展。

二、人才培养与科技支援并重

发展少数民族地区体育事业，除了正确的政策导向和相应的经济、社会、文化环境外，还必须培养一批具有能够对少数民族体育事业发展进行实际管理运营和操作的专业人才。②在国家体育援助政策背景下，除形成有利于少数民族地区体育事业发展的经济、社会、文化环境外，还必须加大少数民族地区体育人才培养力度，积极探索与改革体育人才培养及培训模式。国家体育总局在体育援助的进程中，对少数民族地区各级各类体育工作人员进行了有计划、有规模的短期或中长期的在职教育培训，开展了一系列具有针对性的研修活动；对少数民族地区全民健身科学化水平的提高、国民体质监测工作的科学开展、体育工作人员专业素养的提升等领域展开了对口帮扶指导，将少数民族地区运动员、教练员以及各级各类体育教师和社会体育指导工作者纳入重点培养与培训范围，着力帮助少数民族地区打造一支专业化、规模化的体育人才队伍。

在体育事业发展中，必须坚持“科教兴体、人才强体”，牢固树立人才资源

---

① 国家体育总局.国家体育总局体育援藏工作指导意见和实施方案及责任分工［EB/OL］.（2011−8−11）［2022−11−7］.

② 饶远，张云钢.发展少数民族体育产业的政策与社会环境分析［J］.北京体育大学学报，2003（4）.

是第一资源、科技是第一生产力的观念，重视发挥教育、科技、人才在体育事业发展中的关键作用，坚持体育事业发展要依靠科学技术进步、科学技术必须发挥先导作用的思路。[①]要使国家体育援助政策发挥其整体效应，就需要为少数民族地区体育科技事业的发展提供政策保障、建立科研体系，帮助少数民族地区体育事业探索适合自身特点的科技发展之路。在“十三五”期间，国家体育总局科教司及相关单位的体育科技体育援助项目主要涉及：对不同海拔、地域、人群的体质、健康状况进行监测并研究适居人群可开展的健身项目；选派科研人员赴藏，指导和建立体育科研体系，对少数民族地区急需的体育科技项目进行研究；尽快开展少数民族地区高原训练站（林芝点）的建设可行性论证，建立国家高原体育训练研究基地；帮助少数民族地区培养体育人才；加强对高山救援的研究；大力支持少数民族地区开展民族传统体育研究；对专业人才指标、运动康复方面进行研究等。[②]对于少数民族地区自治区政府来说，按照援助政策的要求，拟定工作方案，培养专业队伍，提高科研水平是体育科技受援工作顺利开展的基础。

三、竞体发展与产业培育并举

改革开放以来，少数民族地区竞技体育和传统体育的发展均取得了很大成绩，但由于少数民族地区大多地处边疆，尤其是在占少数民族地区总人口80%以上的农牧区，经济发展水平低，竞技体育发展相对其余地区来说相对滞后。[③]国家体育总局根据少数民族地区的实际和全国竞技体育的发展规划，对于促进少数民族地区竞技体育事业发展的具体援助事项进行了部署。要求在国际大型赛事参赛组团方面给予少数民族运动员优先考虑，通过联合培养、带训与在训等形式，支持少数民族地区发展登山、田径、马术等项目，组织体育专业人员开展竞技体育事业培育与发展方面的专项指导与服务。

---

① 蒋志学.促进体育科技创新，推动体育强国建设——在第九届全国体育科学大会上的主题报告［J］.体育科学，2012，32（1）.

② 国家体育总局.体育科技援藏工作座谈会［EB/OL］.（2011—12—21）［2022—11—7］.

③ 丁玲辉，边巴次仁.试论西藏小康社会全民健身体系建设与藏族传统体育的发展［J］.西藏民族学院学报（哲学社会科学版），2005（3）.

国家体育总局在协调各对口体育援助省市给予少数民族地区竞技体育领域各个方面重点支持的同时，积极组织力量对体育援助进程中的重点项目建设和产业发展规划等领域展开研究，协助少数民族地区政府规划自治区体育产业发展远景，结合少数民族地区区位、资源等方面的特点和优势，积极培育少数民族地区特色体育产业，例如对少数民族地区特色体育赛事的举办、体育旅游产品的开发、体育彩票业的发展等方面进行产业培育，使少数民族地区竞技体育发展与体育产业培育并举，有力地提升了体育援助政策的针对性和实效性。

四、体育援助政策要与少数民族地区体育事业发展实际相结合

少数民族地区地域广大，自治区内各民族所处的自然与社会环境、风俗习惯及所持有的体育资源均有差异。因此，在国家体育援助政策的推进与实施过程中，要将援助政策与少数民族地区体育事业发展实际相结合，做到分类指导、突出实效，使少数民族地区能根据本地的自然环境、社会环境和传统体育资源的分布情况自主接受援助项目。在体育援助政策的实施过程中，援助单位应结合少数民族地区经济社会发展的实际，加大公共体育设施援助力度，尤其要推进农牧村体育设施的建设与更新。要通过和当地体育管理部门合作，加大体育锻炼宣传力度，让更多的群众参与体会体育活动的乐趣，增进彼此友谊，丰富少数民族地区群众的文化生活，增进群众健康，从而提高群众的锻炼意识，全面发挥体育事业的社会服务功能。

五、借助体育援助项目优化少数民族地区全民健身体系

在《全民健身计划（2021—2025年）》开展与实施的背景下，体育援助项目选择的空间更为广阔，同时也为内容丰富、群众基础扎实的传统体育项目的发展带来了机遇。因此，体育援助项目要考虑到当地实际，积极探索全方位、多层次的少数民族地区全民健身活动的内容，将现代流行体育项目与传统体育项目相结合，削弱竞技性，以便于开展。使广大少数民族地区群众不断提高体育参与意识，充分利用各类体育资源，享受各类体育活动带来的生活乐趣。通过体育援助项目的带动，改进与发挥传统体育项目在健身、娱乐、教育等方面的功能，充分发挥传统体育项目的优势，优化少数民族地区全民健身体系，使众多的体育项目

更好地融入到少数民族地区全民健身运动中，从而优化少数民族地区群众健身方式，增强少数民族地区群众体质。

六、在援助进程中要继承与发展传统体育项目

传统体育源远流长，文化内涵厚重，然而随着社会的变迁及现代流行体育模式的影响，传统体育也受到冲击，现代竞技体育的一些体育理念和体育模式为传统体育带来了挑战，也带来了机遇。[①]国家实施体育援助政策，旨在增强少数民族地区群众体质，提高少数民族地区群众健康水平。传统体育在少数民族地区全民健身活动中可以广泛开展，具有深厚的群众基础，在某些方面是现代竞技体育无可比拟的。但传统体育同时也是群众传统生活方式的一种载体，随着少数民族地区经济社会的发展，一些过时的、健身价值不大及不便开展的传统体育项目可能被抛弃。在对少数民族地区体育发展的援助进程中，既要继承与发展优秀的传统体育项目，同时也要积极推动部分项目的变革与改造，可以将那些动作幅度大、力度强、健身价值高的项目与现代体育相结合，取其精华，弃其糟粕，使其更好地融入少数民族地区全民健身活动。在推动体育援助进程的同时，要尊重群众的民族情感与风俗习惯，结合现代体育项目休闲娱乐的特征，使传统体育项目既能保持民族特色，又能通过变革而更加贴近现代社会的需求。

七、学校体育领域应成为援助重点

学校体育是社会体育事业保持可持续发展的基础和根本。[②]要使体育援助政策的社会效应持续与长久，必须对少数民族地区学校体育开展针对性的重点援助。学校体育是培养少数民族地区体育事业人才的摇篮，也是少数民族地区未来体育发展的希望，学校体育的质量直接影响到少数民族地区社会体育事业的整体发展。以体育援助政策为切入点，对少数民族地区学校体育领域进行针对性的重点援助，做好少数民族地区学生的体育教育工作，使其树立正确的终身体育意

---

① 陈生琛.三江源移民区藏族体育文化可持续发展研究［J］.体育文化导刊，2008（5）.

② 赵富学.体育教学问题研究［M］.长春：吉林大学出版社，2014.

识、掌握体育锻炼技能与知识，对少数民族地区整个社会体育事业的发展至关重要。要利用体育援助的政策机遇，依托少数民族地区高校，培养双语体育师资，加大少数民族地区校本体育课程开发力度，改编具有时尚元素的现代体育项目，改造传统体育项目作为学校体育教学的拓展内容，这既能帮助克服少数民族地区部分学校体育教师不足、场地匮乏、资金短缺等困难，又能实现少数民族地区全民健身体系构建目标，并能有力推动全民健身运动和传统体育在校域内的有效融合。

八、少数民族地区社会体育指导员队伍亟待建设

国家体育援助政策的稳步推进，除了政府体育管理部门的积极协调与努力外，也需要建立一支专业的社会体育指导员队伍，使体育援助政策的各项措施最终能顺利“着陆”，发挥其预设效应。这就需要在援助过程中，探索建立少数民族地区社会体育指导员队伍体系和机制。通过加强制度建设，结合全民健身体系构建的有利时机，依托民族院校与体育院系，建立少数民族地区社会体育指导员培养体系，积极开展少数民族地区全民健身志愿服务。为弥补社会体育指导员数量不足的现状，可调动少数民族地区在职体育教师、退休体育爱好者等人员，开展对其的社会体育指导员业务培训，提高社会体育指导员的从业能力，进而增强体育援助政策的社会效应，为少数民族地区全民健身运动的健康发展提供持续动力。

做好体育援助工作、发展少数民族地区体育事业是促进我国体育事业全面协调可持续发展的重要内容，也是体育工作服务于社会主义现代化建设大局的重要体现。作为体育研究工作者，要深刻认识到体育在增强少数民族地区人民体质、丰富少数民族地区人民精神文化生活、促进少数民族地区社会团结和谐及文明进步等方面的独特作用。要认真研究国家的体育援助政策、方针与措施，为推动少数民族地区跨越式发展和社会长治久安作出贡献。

↘ 本章小结

健康是生命之本,人民健康是立国之基。全民健身国家战略、健康中国发展战略以及体育强国建设是一个有机整体,明确全民健身国家战略的维度体系,深层解析全民健身国家战略发展的规律和要求,对强健人民群众体魄、提高全民健康素养,进而助力健康中国建设、推进体育强国建设具有重要意义。全民健身国家战略助力健康中国建设的实施要以增强人民体质、提高健康水平为根本目标,以满足人民群众日益增长的多元化体育健身需求为出发点和落脚点。具体而言,主要包括四个方面的要求,分别是完善全民健身公共服务体系、统筹建设全民健身场地设施、广泛开展全民健身活动与推进全民健身智慧化发展,以及促进少数民族地区全民健身活动。健康中国建设是一项系统工程,涉及多个部门和领域,推动全民健身与全民健康深度融合、促进全民健身国家战略助力健康中国建设,需要政府、社会力量以及广大人民群众的共同参与,通过汇聚各方力量,促进体育运动的普及与群众参与体育活动水平的提高,形成人人参与、人人快乐、人人健康、人人幸福的良好格局,从而使全民健身国家战略成为健康中国建设的有力支撑和全面建成小康社会的国家名片,助推健康中国建设,为进一步加快推进体育强国建设、实现中华民族伟大复兴中国梦奠定坚实根基。

第五章

提升竞技体育综合实力与增强为国争光能力

我国竞技体育事业从建党初期的积贫积弱到新中国成立早期的奋起直追再到如今的全面繁荣，可谓取得了突飞猛进的发展。在达成全面建成小康社会、开启全面建设社会主义现代化国家新的历史征程中，体育强国建设成为助推中华民族伟大复兴的重要力量及可靠保障。竞技体育是体育强国建设之魂，是一个国家体育发展水平和综合竞争力的有力展现，是体育之筋骨，体育之脊梁。[①]提升竞技体育综合实力，增强为国争光能力是我国体育强国建设之要义，而竞技体育综合实力的概念和内涵是多维度的。

全面完善举国体制与市场机制相结合的竞技体育发展模式是提升竞技体育综合实力的前提。创新竞技体育管理体制，形成国家办与社会办相结合的竞技体育运行机制，发挥好两者协同治理作用。改革优秀运动员培养与优秀运动队组建模式，培养出一批潜力大、实力强的运动员及运动队，为竞技体育持续向好发展提供源头活水。建立向全社会开放的国家队运动员选拔制度，使那些真正具备竞技参赛实力、饱含为国争光情怀、富有竞争力的优秀运动员能够在公平、公正、公开、透明的环境下被选拔出来为国出征。综合评估竞技体育项目发展潜力和价值，建立竞技体育公共投入的效益评估体系，结合竞技体育的项目发展特点，科学研判并有效兼顾主体与附加、显性与隐性、短期与长期效益。构建符合科学发

① 邵凯，董传升．回应与行动：面向新型全球化我国体育强国建设的文化发展路径［J］．上海体育学院学报，2022，46（10）．

展要求的训练体系，强化科技支持和医疗保障，形成“训、科、医、教、服”一体化训练模式。建立中国特色现代化竞赛体系，同世界接轨，向社会开放，推动青少年竞赛体系和学校竞赛体系有机融合。积极探索中国特色“三大球”发展道路，构建“政府主导＋部门协同＋社会力量积极参与”的“三大球”人才培养体系，不断提高我国“三大球”的竞技参赛能力。在新的时代要求和社会背景下，政府及社会各方力量勠力同心，奋楫争先，致力于提高我国竞技体育综合实力，聚焦于增强运动员为国争光能力，不断引导我国竞技体育事业发展，在体育强国建设和中华民族伟大复兴进程中迈出更坚实、更有力、更波澜壮阔的一步。

第一节　完善举国体制与市场机制相结合的竞技体育发展模式

举国体制作为我国竞技体育事业取得迅猛发展的重要法宝，不仅是我国竞技体育发展经验的凝缩，同时也是我国制度优势的彰显。[①]尽管传统的举国体制随着经济社会的快速发展逐渐暴露出诸如财政资源浪费、管理效能低下、发展活力不足等问题，但客观来说，其仍旧是推动我国竞技体育不断取得突破、助力我国攀登竞技体育高峰的有力措施，因而不应该激进地讨论举国体制的存废问题，而应立足于新形势、新背景、新阶段，着眼于新理念、新思路、新方法，对举国体制进行创造性改革和结构化调整，适时适需适度纳入市场机制，利用市场机制提高公共资源配置效率，激发竞技体育蕴藏的市场活力。通过举国体制和市场机制的有机结合，在发挥政府宏观调控作用的前提下，统筹全国体育系统的力量，充分整合市场、社会和家庭的力量，发挥竞技体育发展合力，形成和完善举国体制与市场机制相结合的竞技体育发展模式，实现竞技体育发展新的腾跃。

一、形成国家办与社会办相结合的竞技体育管理体制和运行机制

优良的竞技体育管理体制及运行机制是竞技体育事业高质量发展、高效化发

① 王向军.新型举国体制的核心优势与时代意义［J］.人民论坛，2021（27）.

展、可持续发展的基础和保障。传统举国体制下，国家针对竞技体育发展采用政府治理手段，事无巨细，大包大揽，强制性突出，呈现出明显的“国家办”竞技体育特点。在社会主义市场经济大背景及体育强国建设新要求下，传统举国体制暴露出许多问题，已经与当前形势发展不相宜。在新的竞技体育发展大环境下，政府需要积极转变角色和思维，探索将部分竞技体育管理职能权责让渡和转移给社会，让社会拥有一定的自主发展权，以此充分释放产业活力，更好激发发展动能，形成国家办与社会办相结合的竞技体育管理体制和运行机制。

国家办与社会办相结合意味着要充分发挥好政府和市场的双重作用及协同作用。政府放权不意味着失权，而是要加强宏观调控能力，针对竞技体育发展过程中暴露的根本性问题、普遍性问题、重要性问题做到精准施策，发挥好政策引领、资源集中、法律保障、强制监管等优势，夯基础、开道路、补短板、强弱势，集中手段办要事，集中力量办大事。市场要充分发挥自组织作用，提升竞技体育资源开发和配置的效率，利用经济杠杆及利益天平来激发竞技体育发展活力，保障竞技体育管理体制和运行机制流畅运转，不断提高竞技体育社会主体、市场主体的自主发展、主动发展能力，让竞技体育管理体制和运行机制能够融得进市场阵地，经得住市场考验。另外，国家办与社会办相结合不能将其割裂成两种竞技体育管理体制和运行机制，两者不只是单纯的各司其职，更不是绝对的各自为政，而是形成一种相互交融、相互配合、彼此协同的综合化竞技体育管理体制和运行机制。在明确好两者角色职责和治理边界的基础上，由单边治理向双边治理转变，由单轮驱动向双轮驱动转变，由一手把控向双管齐下转变，切实增强竞技体育管理效率，强化竞技体育运行机制，形成有为政府、有效市场、有机社会相结合的竞技体育管理和发展新体制、新格局。国家办与社会办相结合的竞技体育管理体制和运行机制应向质量效益型发展模式转变，发挥好竞技体育系统与教育系统、社会系统、产业系统之间的协同作用，促进竞技体育资源的有效流动与有机集聚，加快繁荣竞技体育产业市场经济，实现竞技体育发展速度与发展质量、系统规模与综合效益的统一。①

---

① 赵吉峰，邵桂华.我国竞技体育高质量发展的系统动力学模型与模拟仿真［J］.上海体育学院学报，2022，46（3）.

二、创新优秀运动员培养和优秀运动队组建模式

体育强国建设离不开竞技体育的蓬勃发展，而竞技体育的蓬勃发展则离不开一批批优秀运动员的培养和一支支优秀运动队的组建。举国体制下为提高运动员成才效率，国家采取了集中训练、统一管理的培养方式，运动员通过“业余体校—体育运动学校—优秀运动队”三级培养和逐级输送，发挥了自己的运动天赋，这也被称为三级训练网模式。随着各级各类体育运动学校的建立和扩充，三级训练网模式逐步网罗了运动苗子和尖子。在历届国际重大赛事备战过程中，三级训练网模式在运动员选拔和培养中发挥了关键作用。尽管我国竞技体育依靠该模式取得了长足进步，但不可否认的是，其也有耗费资源量大、运动员淘汰率高和运动员受教育程度低等弊端。随着市场经济的不断深入和竞技体育的职业化发展，三级训练网模式暴露出的缺陷与体育可持续发展趋势、人的全面发展理念之间的冲突逐渐激化，诸如学训矛盾、体校招生难和退役运动员安置等问题日益突出。在此背景下，我国急需创新优秀运动员培养模式。

竞技体育优秀运动员及后备人才培养模式改革应从青少年体育发展的整体出发，夯实和强化学校体育基础，调整和优化原有三级训练网络，引导和支持社会力量参与竞技体育后备人才培养工作，走多元参与、协同发展的道路。学校体育应从全面提升青少年身体素养出发，从根本上破除竞技体育与群众体育的壁垒，扎实做好体育课、课外体育活动、校内和校际体育竞赛活动等各项工作；制定实施青少年运动技能等级评定标准，并将其纳入学生综合素质评价体系；大力推进“一校一品”建设，鼓励各级各类学校组织开展多种形式的业余训练，形成小学、初中、高中一条龙的竞技体育后备人才培养模式，为竞技体育优秀运动员的不断涌现提供宽厚的基础。[①]加强和巩固体校在优秀运动员培养中的核心地位，推进各类体校建设发展和转型，优化体校项目布局，重点发展奥运优势项目和田径游泳基础大项，切实加强体教融合，破除体校发展瓶颈，增强体校发展特色和

① 毛振明，查萍，洪浩，等.从“体教分离”到“体教融合”再到“体回归教”的中国逻辑［J］.体育学研究，2021，35（4）.

活力。引导和支持社会力量参与竞技体育优秀运动员培养工作，加大政府向社会购买竞技体育优秀运动员服务的力度，鼓励兴办多种形式的青少年体育训练机构，拓宽社会资源进入青少年体育领域的途径。①发挥竞赛杠杆拉动优秀运动员培养工作的作用，打造全国“U系列”青少年比赛，建立打破注册限制、面向所有适龄青少年、不同年龄阶段相互衔接、覆盖大多数奥运项目和部分非奥运项目的竞赛体系，形成“县级—省级—区域—全国”层层选拔后备人才的机制。提高后备人才的选才育才水平和教练员执教水平，将青少年训练提高到国际先进水平。在优秀运动员培养过程中注意尊重人、理解人、关心人，保护运动员的受教育、再就业、收益分配和社会保障等权利。

另外，要积极推动优秀运动队组建模式改革。传统运动队组建往往将视角和精力囿于各级体校，造成竞技体育优秀运动队伍组建类型单一、实力不均、流动性差、活力不足，不利于形成良性竞争及带动运动员整体提升的有利局面，影响和制约了我国竞技体育实力的发挥。在此基础上，应拓宽优秀运动队组建来源，畅通优秀运动队组建渠道，支持和鼓励体育协会及组织、社会俱乐部、企事业单位、各级各类学校按照各自的性质特点和资源条件组建运动队，扩大参与竞技体育比赛的队伍规模，并强化队伍保障，以赛代练，练赛结合，在全社会形成一种队伍集聚效应，塑造常态化参与竞技体育比赛的良好风气，为我国竞技体育事业发展积累优势，积淀力量。

三、建立向全社会开放的国家队运动员选拔制度

竞技体育国家队是一个国家最高竞技水平的代表和象征，是该运动项目的一面旗帜，具有龙头效应和示范作用。国家队运动员选拔制度就是要通过系统化、科学化、公平化的方法手段将那些真正具备卓越竞技能力想要为国出征、真正饱含一腔热血想要为国争光的运动员选拔出来，招入国家队，通过高质量、高标准的国家队训练不断提升其竞技比赛水平和为国征战能力。

---

① 王文龙，崔佳琦，米靖，等.我国竞技体育后备人才培养制度的演进逻辑与展望——基于历史制度主义分析范式［J］.体育学刊，2021，28（6）.

2020年9月，习近平总书记在教育文化卫生体育领域专家代表座谈会上的讲话中提出“要创新竞技体育人才培养、选拔、激励保障机制和国家队管理体制”，为竞技体育国家队的选拔和组建提出了根本遵循和建设方向。[①]因此，要创新国家队运动员选拔模式，建立面向全社会的开放、公平、公正、公开、透明的国家队运动员选拔制度，激发全社会参与竞技体育的活力。[②]

首先，应向全社会征求选拔意见。针对过往国家队运动员选拔制度存在的问题，向社会组织、俱乐部、企事业单位等机构，以及高校教授、体育资深爱好者等专家广泛征求意见，听取民声，反映民意，畅通意见反馈渠道，积极吸收和采纳社会智慧及方案。其次，应向全社会公示选拔条件。选拔条件的设置应合情合理、符合实际，不唯硬杠杠、不设潜规则，有利于扩大国家队高水平运动员的来源渠道，充分激发社会人才潜力。社会各方既要倾力于将一批符合选拔条件的运动员输送到国家队中，又要瞄准选拔条件，致力于培养一批又一批符合条件的高水平运动员，从而为国家队建设输送源源不断的新鲜血液和新生力量。再次，应向全社会公开选拔过程。保证选拔过程公开透明，公允无误，坚决杜绝徇私舞弊，杜绝各种形式的内定、占坑、关系户，同时要为社会各方力量参与国家队选拔提供条件支持、政策引导和配套服务，使更多的人员和力量投入到国家队选拔过程中来。最后，应向全社会公示选拔结果。选拔结果应是在前述各个过程流畅运转、严谨落实的基础上得到的，因而选拔结果要勇于公示、及时公示、敞开公示，对于有疑问的要积极进行回应，对于有错误的要及时进行修正，接受政府和全社会的监督。通过以上措施，将国家队运动员选拔工作放在阳光底下进行，不给封闭化的暗箱操作行为一点机会，使那些真正有竞技水平、有综合实力、有坚强意志、有报国之心的运动员在受规章制度保护的正当途径下得以被选拔出来，为国出征，以此为我国竞技体育实力彰显和水平发挥提供稳固的保障。

---

① 王晓微.成就·经验·反思·构建：中国体育学若干重要议题探骊——黄汉升教授学术访谈［J］.北京体育大学学报，2021，44（12）.

② 曹卫东，李崟，徐雁冰，等.“建党百年与中国特色社会主义体育发展道路”笔谈［J］.上海体育学院学报，2021，45（6）.

四、综合评估竞技体育项目发展潜力和价值

对竞技体育项目进行发展潜力及价值评估是研判和拟定竞技体育工作重点的前提，是确保竞技体育发展处在正确航道的保障。[①]在进行项目评估时，要将影响竞技体育项目发展潜力和价值发挥的因素悉数纳入，做到统筹考虑、综合评估，对于那些发展潜力好、发展价值高的竞技体育项目，要优先规划、优先发展、优先保障。

其一，要评估项目的群众基础。群众基础一般与竞技体育项目的发展潜力直接挂钩，庞大的群众基数必然也蕴含着强大的发展动能，像篮球、足球、排球这些群众基础好、大众喜闻乐见的项目，发展过程中往往会得到更多人的拥护和支持，只有群众广泛参与，项目才会具备发展力量、保持发展活力、拥有不断发展的可能性。其二，要评估项目的场地设施。一定的基础设施条件是发展竞技体育项目的必要前提，场地设施有限和陈旧将会直接影响到竞技体育项目普及和推广的进程。其三，要评估项目的人才储备。竞技体育项目发展需要运动员、裁判员、教练员等专业人才的支持，充足的优秀运动员储备，专业的裁判员队伍，高水平、高质量的教练团队是接续竞技体育项目发展潜力的关键性因素。其四，要评估项目的战略价值。战略价值评估是判断竞技体育项目发展有无重大意义、有无重要价值的过程。如“三大球”项目的发展将直接关系到我国竞技体育领域的国际地位，直接影响到国家形象确立和体育强国建设进程；乒乓球、羽毛球等优势项目的发展将直接关系到我国整体竞技体育成绩的维持和突破；长跑、马拉松等项目的推广和发展关系到“全民健身”和“健康中国”进程，这些项目的发展都具有特殊的战略意义，体现着强烈的战略价值。其五，要评估项目的发展前景。竞技体育项目发展不是一蹴而就也不会是一帆风顺的，要综合考量项目长期发展的优势条件，分析项目可能面临的发展困境和问题，以此判断项目是否具备长效可持续发展的潜力及可能性。

另外，在评估方法上，要做到点（重点评估）、线（线上评估）、面（面上评

---

① 李崟.体育强国建设背景下体育体制机制改革的中国逻辑与路径［J］.上海体育学院学报，2022，46（1）.

估）结合，前（前期调研）、中（中期考核）、后（后期查验）结合。既要对竞技体育项目发展的重点领域、重点环节进行针对性评测，以突出项目发展的显性价值和主体价值，又要将其置于项目发展链条和项目发展集群的视野中进行线上评估和面上评估，助力其更好地发挥协同联动和集聚融合作用，催生更多的隐性价值和附加价值。

做好竞技体育项目发展的前期调研工作。综合分析政策、财政、资源、人力、环境等客观基础条件，蓄势而发，制定富有针对性的发展规划。做好竞技体育项目发展的中期考核工作。综合判断项目发展过程中存在的问题，查缺补漏、扬长避短，进行积极的调整和改进。做好竞技体育项目发展的后期查验工作。综合考察项目阶段性发展结束之后的社会影响及整体效益，与项目预期进行比照，做好成果储备和经验总结，并不断将其反馈到新一轮的项目发展过程中，促进竞技体育项目实现良性循环式发展。

五、建立竞技体育公共投入的效益评估体系

竞技体育事业持续向好发展需要稳定而深厚的公共投入支持，为了避免产生财政亏损和资源浪费，十分有必要对公共投入效益进行准确而系统的评估。建立合理有效的效益评估体系，是实现竞技体育领域资源均衡配置、保障竞技体育整体协调长效发展的关键之举。①

首先，要遵循综合效益原则。受竞技体育发展牵连要素杂、竞技体育比赛周期短、竞技体育比赛分项多等因素的影响，竞技体育公共投入往往具有体量巨大、时效较短、覆盖面窄的特点，因而很容易引发公共投入资源损耗的问题。要把眼光聚焦于综合效益，既要重视主体效益，又要重视附加效益；既要重视显性效益，又要重视隐性效益；既要重视短期效益，又要重视长期效益。建立竞技体育公共投入的效益评估体系，形成直接资助运动员和向运动项目协会购买服务相结合的公共投入方式，切实发挥公共投资对竞技体育的引导、调节作用，提高竞技体育资源配置的

① 刘小静，钟秉枢，蒋宏宇.协同治理视角下我国竞技体育与全民健身发展中的问题与思考［J］.北京体育大学学报，2022，45（2）.

整体效益。要结合成本谈效益，结合投入谈价值，而非脱离支出只躺在功劳簿上谈成果。要加强效益评估体系的横向拓展性和纵向延伸性，将更为全面、更加具体的要素系数纳入评估体系当中，力求做到真实客观，突出现实参考性和实践指导性，使每一分公共投入都能收获和彰显实实在在的综合效益。

其次，要遵循时空协调原则。竞技体育公共投入不仅要系统研判各地区的发展实际，包括经济条件、群众基础、社会风气、文化习俗等，同时要综合考量各类竞技体育项目的发展时期、发展阶段、发展状态，在空间层面做好统筹规划和系统布局，在时间层面做好因时制宜和针对部署，使竞技体育公共投入在保持合理的时空错落和逻辑序列基础之上收获叠加效益，促进其系统有序发展。

最后，要遵循可持续性原则。竞技体育公共投入受战略目标、投资策略、项目工期或资金流转等因素影响，往往着重追求短期效应，缺乏严谨科学的前期调研和系统规划，使得许多财政投入项目最终流于形式，运行效率和实际效益都比较差，急功近利问题比较突出。因此要基于可持续发展原则，着眼于打造竞技体育公共投入的长期效应，使其发展效益稳定化、持续化、长久化。对那些市场无动力、社会无能力介入，但受益面广、综合效益高的竞技体育项目，要打破政府垄断，引入竞争机制，通过授权委托等形式提高财政投资效率，促进其可持续发展。

第二节　构建符合科学发展要求的训练体系

现代竞技体育是非常复杂又极具综合性的项目，科研、训练、竞赛、医疗、教育相互嵌套，相互支撑。构建科学训练体系是将各环节、各要素紧密联系，协同发力，提升运动员竞技实力的重要因素，也是我国竞技体育综合实力的重要保障。构建符合科学发展要求的训练体系离不开优秀运动队复合型训练团队的支撑，离不开体育科技协同创新平台的辅助，离不开科研攻关、科技服务和医疗保障的支持，更离不开一体化训练基地的建设。

一、加强优秀运动队复合型训练团队建设

复合型训练团队建设是对传统教练员团队、管训科医团队等训练团队组构模

式的创新，与传统训练团队组构模式相比，复合型训练团队强调不同专业类型人才的通力合作，共同为运动员的运动训练、机能康复提供专业层面的指导。复合型训练团队成员包括运动队教练组成员、领导组成员、运动员、体育科研人员、医务组人员以及后勤保障组人员，此外还包括一些提供间接训练帮助的工作人员，例如负责训练队对外宣传以及筹集训练资金的工作人员，团队成员的多样性及涵盖职业的全面性是复合型训练团队的重要特色，工作人员的配合及协同程度是复合型训练团队顺利运作的关键。优秀运动队复合型训练团队建设要注意以下几点。

首先，要在明确各团队成员职责的基础上，建立健全团队的运作机制。发挥科研团队的先导性作用，以运动员实际训练中存在的问题为导向，以提升运动队整体竞技实力为目标，通过科研探索与创新为训练队提供先进训练理论和训练手段支持；围绕运动员学训赛这一核心，统筹协调各环节、各要素，例如领导队伍要围绕运动员训练制定合理决策，科研团队以运动员实际训练为研究对象，医疗团队围绕运动员健康状况制定合理治疗方案；以高水平教练员团队为主体，帮助运动员达成专项训练与技能提升的目标，并为团队参赛提供专业战术指导；以高水平医疗和保健服务团队为保障，借助大数据信息分析技术和动态技能检测技术，为运动员技战术训练提供科学指导。其次，形成完善的团队内部信息共享机制。成员之间的信息共享，如科研人员与教练员、运动员之间的信息共享是保证运动队训练成效提升的重要因素，如果科研人员未能在教练员和运动员配合下，及时将创新成果在运动队中普及应用，必然影响到运动员技术水平的提升及团队技战术的更新，最终也会影响团队的比赛结果。因此构建完善的信息共享机制，形成多层次信息反馈体系是充分实现复合型训练团队成员之间信息高效利用，保持各环节同步进行的关键。最后，要构建以党员为主体的优秀领导团队，秉持“目标一致、和谐民主、求知务实、追求卓越”的工作原则，妥善处理好各成员主体之间的关系，加强各环节的沟通协作，确保运动队高效运作，运动员、教练员及各类工作人员团结协作，共同致力于为国争光的比赛目标。同时，要加强对团队成员的培养、考核和激励制度建设，注重建立优秀人才更替机制，积极引进高水平体育训练工作者，优化团队人员工作考核和奖励机制，注重借助考核激发团队成员工作积极性和创造性。

二、构建跨学科、跨地域、跨行业、跨部门的体育科技协同创新平台

科技是中国竞技体育事业取得制胜的重要因素，在建设体育强国，实现中华民族伟大复兴中扮演着重要角色。习近平总书记在视察冬奥会备奥工作时指出，建设体育强国，必须实现高水平的体育科技自立自强。竞赛备战必须汇聚多学科、多部门、多领域、多专业的科技力量，构建跨学科、跨地域、跨行业、跨部门的体育科技协同创新平台，为竞技体育运动健儿提供先进的科技支撑。汇聚多学科、多部门、多领域、多专业的体育科技协同创新平台是突破国家训练队科研团队单兵作战、独自探索的重要举措。自2018年备战冬奥以来，跨领域、跨专业的体育科技便始终伴随着中国运动队前行。借助体育科技协同创新平台，大批装备类、机械类工程师、科研人员共研共享智能化训练设施，帮助运动员开展科学训练，动态监测运动员体能特征，为运动员规范技术动作、提升技能水平、不断冲破自我训练极限提供巨大助力。跨界训练手段也是体育科技协同创新平台共享共用的主要内容，例如医疗器材研发跨界升级而来的“人—机—环”训练模式在监测运动员体能特征、更新训练设备以及模拟赛场环境等方面发挥着巨大作用。结合多领域智慧建设的智能化训练场馆也是我国竞技体育事业发展的一大突破，例如应用于F1方程式赛车的风洞实验室成为国家跳台滑雪队的训练神器，为运动员开展竞赛训练提供多种场景模拟支持。

体育科技协同创新平台在运动员训练竞赛中发挥着巨大的技术优势，构建跨学科、跨地域、跨行业、跨部门的体育科技协同创新平台统筹协调各合作机构和单位，形成科学高效的合作机制。体育科技协同创新平台建设应以国家体育总局体育科学研究所和各省（区、市）体育科学研究所为龙头，以各专业院校体育科研团队为主体，汇聚多学科、多地域、多专业体育科研力量，同时整合社会散存体育科研队伍，推动多学科领域交叉创新，以竞技体育实践应用为主攻方向，深度探索大数据、物联网、机械动力学、运动人体科学等在竞技体育中的跨领域交叉融合，发挥多主体谋划解决应用性难题，以群策群力推动竞技体育科技创新发展。坚持大体育工作理念，跳出“体育人搞体育”的思维局限，引导高校力量、科研院所力量及社会力量参与体育科技研究，探索体育科技协同创新发展新模

式。加强体育科技协同创新平台团队建设，组建多领域、多学科、多元化的人才梯队，加强跨领域人才引荐，吸纳社会领域科研组织加入，引进国际先进体育科技专家和学者，不断充实、壮大体育科技专家智库，提升体育科研团队质量。加强平台创新能力建设，提升我国竞技体育科技创新水平，通过平台研究人员、资源、技术的共通共享，推动体育科技研究更新换代，不断探索国际顶尖水平的科学训练模式和训练方法。最后，增强体育科技协同创新平台对运动队的科技助力作用，在实际训练中对新科技成果进行检验，通过运动员数据收集对体育科技进行反馈，不断发现问题、解决问题，在实践检验中取得新的创新，最终实现科技助推我国竞技体育创新发展、可持续发展的建设目标。

三、加强科研攻关、科技服务和医疗保障

科研攻关、科技服务和医疗保障是我国竞技体育水平提升的重要条件，竞技体育科研是我国运动员、教练员、训练队实现技术突破、取得战术创新的重要支撑，科技服务是助推我国竞技体育实现高质量发展，不断取得新成就、新突破的重要助力，竞技体育医疗保健服务在运动员伤病预防、营养搭配、心理恢复、伤后治疗以及康复训练方面发挥着重要的保障性作用。

科研攻关层面，首先，科研工作者要摒弃为论文而科研的动机，强化科研成果对我国竞技体育高质量发展的推动性作用，坚持从“实践中来，到实践中去”的科研理念，以运动员的技战术提升状况、负荷变化程度、体能增减水平等为研究数据，为运动员运动训练和竞赛提供科学、专业的理论和数据支撑。其次，加大经费投入力度，为竞技体育科研攻关提供财政保障。政府在加大科研经费投入的同时，出台相应的财政支持政策，鼓励更多社会主体参与体育科研投资；对部分重大、创新和突破性科研项目设立专项研究资金。加强科研人才培养体系建设，为竞技体育科研攻关提供源源不断的人才力量。青年人才是中国体育科研发展的重要助推力，青年体育科研人才的培养需要立足于中华民族伟大复兴的时代背景，建立于体育强国建设实践之中，检验于竞技体育为国争光的奋斗之中。

科技服务层面，科学训练体系的构建离不开智能化训练设施、先进训练手段以及智能化训练场馆等的支持。加强以智能化、科技化为特征的训练条件服务，首先，需要加强中国共产党对科技创新的引领性作用，让科技创新成果更好地服

务于国家竞技体育事业，更好地为运动员技战术水平提升和先进训练手段应用提供助力。其次，需要紧跟发达国家竞技体育发展步伐，引入、借鉴他们先进的训练经验和训练设备，组织专家学者和优秀教练员出国交流学习，学习例如美国奥林匹克训练中心中多种训练设备对运动员运动训练、技术诊断等的应用方式及不同设备间的配合模式。最后，加强训练设备、手段、场馆设施的更新与创新，不断探索新型科技在运动员训练中的应用，强化科技对运动员技战术提升的支撑作用。

医疗保障发挥着运动员健康训练、安全竞赛的重要护航任务，构建符合科学发展要求的训练体系离不开完善的医疗保障，需要构建先进、完善的运动员练、训、赛医疗保障体系。首先需要加强专家组的领导指挥作用，为运动员整体医疗保障提供科学、合理、专业的医疗保障建议，为医疗保障服务开展提供建设性意见，同时配备多领域、多学科的成员组，用国际最为先进的运动训练理念、疾病治疗手段和康复措施，为运动员提供康复、骨科、心理、妇科等方面的医疗防护与后勤医疗保障支持。

四、加强对训练基地科研、医疗、文化教育的支持

训练基地是我国竞技体育运动员开展训练、竞赛的重要场域，自《2001—2010年奥运争光计划纲要》出台以来，大批综合性、专项性训练基地拔地而起，成为我国竞技体育运动员备战奥运会等大型国际国内体育竞赛的根据地。综合性训练基地的建设，先进科研技术、训练设施和方法的应用，先进训练理论的普及以及运动医疗团队的保驾护航成为我国竞技体育劈波斩浪、勇创佳绩的重要助力。国家体育总局在《国家体育训练基地管理办法》中指出，国家体育训练基地必须配有相关体育科技工作人员为运动队提供科技保障，配备医疗防护工作小组和运动损伤救治设备。目前，我国体育训练基地或融入体育专业院校，或依托各省（区、市）体育局独立建设，政府对训练基地大力支持，专门派遣高水平教练员前往任教，配足配齐训练师资，但这些训练基地在先进训练手段指导、智能训练设施更新、高水平医疗防护及文化教育等方面也存在一些不足。因此，要加强对训练基地的科研、医疗和文化教育支持的有效整合，统筹国内优质资源，支持

训练基地基础设施和训练环境建设，改善训练条件，提升训练基地科研、医疗和文化教育保障水平。

加强对训练基地科研、医疗、文化教育的支持需要依托高等院校和省级科研院所建立科研服务中心，以科技助力为导向，大力研发、创新、引进和运用先进训练设备，全面提升训练基地信息化和智慧化训练水平。依托大数据、互联网技术构建各单项运动项目训练数据库，搜集运动员的身体机能变化数据、负荷变化数据等日常训练数据，通过数据分析，了解运动员的训练变化指标，为优化训练手段、提升训练质量提供数据反馈。加强运动竞赛中信息获取和大数据分析技术应用，通过信息比对为运动员比赛规则运用、最新技战术应用、对手技能分析以及应对措施采取提供情报支持。以医疗防护为保障，成立高水平医疗机构合作小组，对运动员伤病情况实行动态监控，借助大数据获取的运动员身体机能变化情况，对运动员训练状态进行分析与评估，同时建立集运动员训练调整、机能恢复、心理诊疗、日常膳食、疾病防护及运动诊断等多功能为一体的智能化医疗服务平台，实现运动员训练竞赛、医疗康复为一体的专业保障平台。加强运动员文化课教师队伍建设，配齐配足文化课教师，保障运动员接受教育的权利；通过同高校共建、联办等方式，引入文化课教师，为运动员开展日常文化教育，提升运动员文化素质水平；丰富教学手段和教学内容，制定合理的教学计划，外出集训期间可采用线上教学和补课等方式，保证运动员基本的文化课学习时间，全面提升运动员文化素养。

五、建设“训、科、医、教、服”一体化训练基地

“训、科、医、教、服”一体化训练基地建设是我国竞技体育事业转向纵深发展的重要体现，是实现体育强国建设工程的必然要求。建设一体化训练基地已成为世界体育强国发展竞技体育、实现竞技体育现代化发展的新常态，例如意大利罗马汇集训练、科研、教育的综合性训练基地，西班牙马德里综合医疗、药检、生物力学研究、教练员培训等的高校训练中心，集运动医学与营养、理疗与按摩、运动生物力学、运动生理学和运动心理学五大科研中心于一体的澳大利亚体育学院训练基地，训练与科研一体化的日本国立体育科学研究中心，汇集生物力学、营养学、生理学、训练学、计算机等多领域研究专家建设的融综合运动医学中心、智能设备开

发中心、科研创新中心以及培训中心于一体的美国奥林匹克训练中心，都为本国竞技体育向好向优发展提供了不可忽视的助力。“训、科、医、教、服”一体化训练基地建设中难题共克、政策共研、训练共督、防护共做的工作模式，在实现运动员高科技训练、高效率参赛、高水平文化素养培养等方面发挥着重要作用。

“训、科、医、教、服”一体化训练基地建设应以训练基地建设为主体，形成以运动员为核心、以教练员为主导、以科研创新为引领、以医疗防护为保障的一体化建设格局。在具体运作中，使运动员训练、智能化设施开发及应用、医疗防护、文化教育各环节相互支持、相互推动，从整体上提升运动员训练质量。“训、科、医、教、服”一体化训练基地建设应坚持政府统筹，多主体参与建设。通过政府规划、领导与治理，充分发挥各主体人力、物力、财力等优质资源的作用，实现资源的高效利用。坚持依托体育专业院校和科研院所，整合利用科研智力资源，构建体育科研人才智库，共同服务于一体化训练基地科研创新。通过联动高校和科研院所科研人员，深入运动员日常训练，从训练实际出发开展科研工作。坚持寻求多种融资渠道，在政府财政资助的基础上，因地制宜建设企业主导、政府支持的金融资助体系，积极鼓励社会资本参与一体化训练基地建设，为训练基地带来更多资本扶持，解决训练基地建设资金不足问题。

第三节　建立中国特色现代化竞赛体系

党的十九大以来，全国体育战线坚持以习近平新时代中国特色社会主义思想为指导，坚持以发展理念推动竞技体育实现高质量发展。国务院办公厅于2019年9月2日印发的《体育强国战略建设纲要》表明，建立中国特色现代化竞赛体系是我国实现体育强国的战略任务，其不仅是撬动竞技体育发展的杠杆，更是实现体育强国战略目标的重要推手。[①]立足新发展阶段，中国竞技体育在锐意改革创新的伟大实践中收获累累硕果，成功开创了竞技体育发展新局面，但距离实现

① 夏静，李赞，谭洋洋.我国竞技体育竞赛体制改革的发展历程、模式优化及前瞻思考［J］.天津体育学院学报，2022，37（1）.

《体育强国建设纲要》提出的竞技体育战略、构建科学合理的训练体系和中国特色现代化竞赛体系等目标仍然有很大距离。基于此，应尽快通过推进竞赛体制改革，建立符合现代体育运动规律、与国际接轨的体育竞赛制度，构建多部门合作、多主体参与的体育竞赛体系，畅通分级分类有序参赛通道，推动青少年竞赛体系和学校竞赛体系有机融合，鼓励社会力量举办形式多样的体育赛事活动，以形成系统完备、科学规范、运行有效的竞技体育治理体系，打造具有中国特色的现代化竞赛体系。

一、建设符合现代体育运动规律及与国际接轨的体育竞赛制度

体育竞赛制度是指国家为方便有效地协调好各类体育竞赛，提高竞赛管理的规范化和制度化而制定的相关组织竞赛的法律法规与准则。体育竞赛制度是体育强国建设的重要构成部分，是体育强国建设各项工作开展的关键，更是反映体育强国建设质量的显著特征。现阶段，在体育竞赛制度的有力保障下，我国在以奥运会为主的国际大赛上，不断实现竞技实力突破，取得优异成绩，积累丰富成功经验。但不可忽视的是，我国体育竞赛制度仍然存在发展理念和功能定位模糊、竞技体育国际话语权受限等问题。[①]基于此，应坚持党的全面领导，明确竞技体育的发展理念与功能定位，精心构建国内国外新发展格局，培育和提升中国体育的国际影响力，使我国体育竞赛制度更加现代化、规范化和国际化。

建设符合现代体育运动规律及与国际接轨的体育竞赛制度。一方面，坚持党对竞技体育事业的全面领导，明确以人为本的发展理念。新时代下，要做好体育工作、建设体育强国、发展竞技体育，必须坚持中国共产党对体育事业的全面领导，深入贯彻习近平总书记关于竞技体育的重要论述，坚持以人为本的新发展理念。因此，体育竞赛制度要根据党不同时期的使命任务，以人民的利益作为发展的价值追求，明确以人为本的发展理念的现实诉求，以实现体育竞赛制度的可持续和高质量发展。另一方面，构建新发展格局，加快培育和提升中国体育的国际影响力。随着我国体

---

① 彭国强，高庆勇．新阶段竞技体育助力社会主义现代化强国建设的时代机遇与战略路径［J］．天津体育学院学报，2022，37（5）．

育事业不断走向国际世界舞台，竞技体育的发展程度已然成为我国综合国力和国家软实力的重要体现。提高我国竞技体育在国际的影响力和话语权，促进体育外交开创中国特色外交新格局，与国际体育接轨是我国竞技体育制度健全完善所要解决的重点。通过提升内部实力、塑造外部形象，增强世界影响力和文化辐射力；打造对外交流窗口，加强体育外事交流，向世界展示中国魅力；积极开展“赛事外交”，承办与参加各项国际赛事；主动融入世界，讲述中国故事，分享中国经验，以自身发展带动世界体育格局优化，在世界竞技体育发展中展示中国道路，提高我国在世界竞技体育组织中的制度性话语权。

二、构建多部门合作和多主体参与的体育竞赛体系

一直以来，我国体育竞赛体系受制于国家行政管理惯性影响，绝大部分体育资源都被体育行政部门掌握，体育行政部门通过行政指令的方式从上至下对竞技体育发展进行全面控制。这导致出现社会和市场组织自身发展不太成熟，发展驱动主体单一，各部门协同度偏低，单项体育协会改革步履维艰，“强政府、小社会”治理格局等一系列问题。但随着新时代体育事业发展目标的确定和体育强国建设战略任务的推进，政府自上而下对体育赛事、体育科技服务、体育人才培养等进行全面管理的体育竞赛体系已不太适应时代发展要求。[①]基于此，我国竞技体育要以体育整体发展为依据，按照体育强国建设的战略要求，不断健全体育竞赛体系，加强各部门之间的协同联动配合。同时，要凝聚主体，着力构建政府、社会组织与市场组织多元主体共治体制，以实现体育竞赛体系由单维度的举国体制管理向新型举国体制与市场机制相结合的治理模式、由单一主体管理向多元主体治理的转变。

充分发挥体育竞赛体系的多种功能和多元价值，完成自身高质量的建设和发展，全面服务体育强国建设。一是健全机制，加强各部门机构之间的协同联动配合。促进竞技体育的全面发展，加快建设体育强国，绝非体育行政部门能够照单

① 崔李明，杨桃.新发展阶段下我国竞技体育治理体系改革的推进路径［J］.西安体育学院学报，2022，39（5）.

全收的，各部门要主动更新竞技体育问题由体育行政部门自身解决的观念，杜绝政出多门、责任不明、推诿扯皮等情况发生。基于此，要建立健全体育、教育、文化等行政部门的协同机制，从管理、执行、辅助、保障等层面厘清各部门在体育竞赛体系管理上的相关权责，实现各部门之间横向的相互联系与合作，协调各部门间的内部矛盾，以此构建复合又高效的部门联动体系，形成系统全面、衔接紧密、配套完善、科学可行的体育竞赛体系。二是凝聚主体，着力构建政府、社会组织与市场组织多元主体共治体制。过去，我国体育相关事务由政府进行管理，但随着国家政策制度的改革，政府向服务化、保障化的转型，后备人才要求提高等各种因素的影响，竞技体育的发展愈发离不开社会力量的帮助和市场主体的驱动。因此，政府、社会与市场三者之间必须相互合作，建立互动互通、多元主体管理体育事务的共治体系。政府通过同社会力量、市场部门协同进行体育竞赛体系管理，有利于激发社会和市场的发展活力，发挥社会和市场的有效潜力，更有利于制定和建设合理的竞技体育人才培养体系，进而推动竞技体育竞赛带动群众体育发展。

三、畅通分级分类有序参赛通道

党的十九届五中全会提出，到2035年建成体育强国、健康中国。针对体育赛事各级各类协调发展关键问题精准施策，既是贯彻落实《体育强国建设纲要》的需要，也是我国体育赛事可持续发展的需要。在此背景下，我国体育赛事体系不断进行改革与创新，群众体育赛事、竞技体育赛事、青少年体育赛事、职业体育赛事等各级各类体育赛事持续发展，体育赛事的分类层级正在逐步得到完善。但目前，我国各层级体育赛事还存在赛事资源供给不均、赛事类别缺乏定位、赛事开展缺乏联系、赛事管理缺乏统筹等一系列问题。[①]基于此，要加强对赛事资源的评估，对现有赛事类别进行定位改革，打破层级壁垒，促进各层级赛事间的相互联系，规范与统筹体育赛事管理体系，打造畅通有序的竞赛体系，从而保障体育竞赛资源的有效利用，推动各部门、各赛事类别的有机结合和协调发展，整

① 李崟.体育强国建设背景下体育体制机制改革的中国逻辑与路径［J］.上海体育学院学报，2022，46（1）.

体提升体育竞赛体系的管理质量。

首先，做好对体育赛事资源的有效整合与评估。在竞技体育多样化需求大背景下，体育赛事资源的过度消耗、不平衡、不充足是引发各层级体育赛事冲突、无法畅通工作的主要原因。因此，要加强对各类各级赛事资源的整合与评估，尽可能缓和各级各类赛事之间资源的紧张，保障赛事部门的应有权益，实现体育赛事各层级间的畅通有序和紧密联系。其次，打破各类别体育赛事与体育赛事之间的层级壁垒。政府要简政放权，减少各级各类体育赛事的举办流程和环节，做到赛事多样，项目丰富，以提高各单位举办体育赛事的积极性，增强赛事之间的关联性与体育赛事布局的多样性，促进体育赛事之间的协调发展，最终形成多梯度、多级别、多层级的体育赛事有序格局。最后，推进“管办统筹”，完善体育赛事管理。考虑到各地区赛事布局季节性和赛事数量差异性，应合理统筹管理各层级体育赛事的时间、空间布局，对已有赛事进行分类改革，以发挥竞赛的综合价值，坚持精简、节俭办赛，完善办赛方式和组织管理办法，促进各层级体育竞赛有序开展。

四、推动青少年竞赛体系和学校竞赛体系有机融合

《关于深化体教融合促进青少年健康发展的意见》（以下简称《意见》）指出：深化体教融合促进青少年健康发展，要树立健康第一的教育理念，推动青少年文化学习和体育锻炼协调发展，加强学校体育工作，完善青少年体育赛事体系，帮助学生在体育锻炼中享受乐趣、增强体质、健全人格、锤炼意志，培养德智体美劳全面发展的社会主义建设者和接班人。但现阶段，我国学校体育仍存在金牌体育和应试教育传统竞赛理念、赛事体系不完善等问题。[①]基于此，需要加强落实体教融合，更新学校体育理念，深化人才培养机制改革，以此推动青少年竞赛体系和学校竞赛体系有机融合，为我国竞技体育发展奠定坚实的青少年人才基础。

---

① 杨蒙蒙，吴贻刚.体教融合背景下学校体育竞赛体系价值、困境与完善路径［J］.体育文化导刊，2021（10）.

为形成一个良好的体育竞赛系统循环体系，推动青少年竞赛体系和学校竞赛体系有机融合，从根本上为我国竞技体育后备人才培养提供保障，有以下几点做法。首先，响应政策，贯彻落实体教融合。体育竞赛作为体教融合的核心节点，在体教融合过程中扮演着重要作用，主要体现在体育竞赛要承担起促进青少年健康成长和培养竞技体育人才的双重任务。《意见》将“完善青少年体育赛事体系”作为深化体教融合改革的关键手段，并对学校体育竞赛体系的建设工作作出全面部署，这就要求学校体育竞赛体系要将促进学生健康成长作为出发点，协调和处理好体质健康促进和后备人才培养的相互关系，以发挥学校体育竞赛综合价值，促进学生健康成长，培养身心协调发展的人，有效落实体教融合的战略部署。其次，立足学生，转变竞赛体育理念。青少年体育建设是体育强国建设中的基础环、根源环和未来环。因此，学校应转变普通青少年偏文轻体、精英运动员偏体轻文的传统思想，注重学生健康、协调发展，以推动青少年健康发展为共同目标，科学规划学校体育竞赛体系和实施准则，切实减轻违背教育教学规律、有损学生身心健康的过重学业负担和压力，从而保障体育强国建设在校园中的创新力、持久力和生命力。最后，深化改革，健全人才培养机制。深化体教融合改革的目的之一就是将竞技体育后备人才培养置于国民教育体系中，从而培养更多高质量的优秀竞技体育人才。应加大学校体育人才培养机制改革力度，健全学校竞赛体系，充分发挥学校竞技体育的多元化功能，以此推动青少年竞赛体系和学校竞赛体系有机融合，培养更多优秀体育人才，夯实竞技体育发展基础，不断提升我国体育竞争实力，使我国体育事业发展的质量和发展效率得到提高。

五、鼓励社会力量举办形式多样的体育赛事活动

随着中国特色社会主义市场经济的发展壮大，民众生活方式、消费观念和社会需求的转变，日益增长的多元化、多层级、多样性体育需求供给不足以及政府单一主体的群众体育赛事供给无法满足人民多样化体育需求的矛盾较为突出。同时，我国社会力量举办的体育赛事活动经常出现现场混乱、质量不高、监管不当

等问题。[①]在此背景下，要通过坚持开放办体育，形成国家办与社会办相结合的竞技体育管理体制和运行机制；要鼓励和发展社会力量参与到举办形式多样的体育赛事活动中；要打造适合社会大众需求的运动项目赛事活动，以不断推动体育竞技项目和赛事的大众化转型，推动竞技体育的高效发展。

鼓励社会力量举办形式多样的体育赛事活动是建立中国特色社会主义现代化竞赛体系创新的应有之义。第一，坚持开放办体育，形成国家办与社会办相结合的竞技体育管理体制和运行机制。通过出台社会力量参与发展竞技体育的相关政策文件，加大支持力度；通过深化体育领域“放管服”改革，发挥市场机制作用，调动社会力量积极性；通过推进“全国社会力量办体育改革试点”，探索有益经验与做法，推动竞技体育的高效发展。第二，鼓励和发展社会力量参与到举办形式多样的体育赛事活动中。社会力量具有创新性、发展活力，社会力量办赛能发挥其宣传性、经济性手段吸引和带动更多群众参与和观赏体育活动和赛事。在竞技体育发展进程中，社会力量能够在组织赛事、举办赛事等方面发挥积极作用，如吸引社会力量举办各类体育赛事，能够提供不同层次体育赛事供给；吸引社会力量参与体育锻炼中，能够提升大众终身体育意识；吸引社会力量承接政府体育服务职能，能够精准对接体育市场需求变化，提供适合市场需求的有效供给。第三，打造符合社会大众需求的运动项目赛事活动，推动竞技项目的大众化转型。相关部门要结合不同运动项目的市场化情况，协同构建适合不同人群的运动项目普及计划，探索不同项目的大众推广模式，丰富传统竞技项目的健身功能，使其转化为社会大众的健康促进方式，更好地引导各类项目回归社会，让更多民众享受竞技运动的乐趣。

第四节　探索具有中国特色的“三大球”建设路径

2019年，国务院办公厅印发《体育强国建设纲要》（以下简称《纲要》），

---

① 唐佳懿，卢文云.我国社区体育赛事发展的现实困境与优化路径［J］.天津体育学院学报，2022，37（5）.

提出到2050年，全面建成社会主义现代化的体育强国。《纲要》指出，我国要探索一条中国特色“三大球”建设之路，建立政府主导、部门协同、社会力量积极参与的“三大球”训练、竞赛和后备人才培养体系。加强国际交流与合作，强化科技助力，提高“三大球”训练、竞赛的科学化水平。由此可见，“三大球”建设是国家体育事业的重要组成部分，也是建设体育强国的一个重要组成部分，对推动我国体育事业持续健康发展具有重大意义。

近年来，“三大球”项目一直备受关注和重视，“三大球”发展现状成为我国体育事业蓬勃发展的一个缩影。①2019年9月，中国女排在世界杯上以十一连胜的全胜战绩成功卫冕；2022年，中国女篮在世界杯上获得亚军，大大鼓舞着国人的爱国热情，振奋了民族精神。但是客观地说，“三大球”的发展仍陷于困境之中，面临着后备人才明显缩水、缺乏系统性顶层设计、竞技实力同我国社会经济水平不相匹配、职业联赛和国家队的水平尚未形成互相促进的良性关系等问题。这严重制约着我国“三大球”的可持续发展。中国“三大球”整体实力的增强，关键在于走中国特色发展之路。需要对“三大球”的人才培养体系、国际交流与合作、训练与竞赛的科学化水平、项目文化、职业联赛体制机制建设等进行深入的研究和分析。要坚持科学发展观，加快推进“三大球”全面协调可持续发展，结合“三大球”复兴的具体实施方案，探索出一条具有中国特色的“三大球”建设之路，清楚“三大球”建设工作的方向与措施，明确“三大球”建设的分工与落实进度，强化监督检查，完善制度保障，深化“放管服”，加强组织领导，完善制度规范，明确政府、市场与社会之间的界限，探索出一条具有中国特色的“三大球”建设之路。

一、构建“政府主导+部门协同+社会力量积极参与”的“三大球”人才培养体系

2020年8月31日，国家体育总局与教育部联合印发了《关于深化体教融合促进青少年健康发展的意见》，其中提出体育要和教育深度融合发展，这对“三大球”人才培养体系建设提供了重要支持。“三大球”作为国家体育运动项目，

---

① 蒋启飞.习近平新时代体育思想的哲学意蕴［J］.吉林体育学院学报，2020，36（3）.

在培养竞技体育后备人才、推动学校体育训练改革等方面都作出了积极贡献。2019年全国体育局长会议在北京召开，国家体育总局局长在题为《坚定不移走中国特色社会主义体育发展道路 不断推进体育治理体系和治理能力现代化》的工作报告中指出，必须形成促进“三大球”复兴的强大合力，较好地突出“三大球”对体育人才培养的全过程促进作用。其中，“要把促进青少年身体素质提升和竞技体育后备人才培养作为主要目标”。

应充分发挥高水平运动员对青少年及学生群体的体教融合优秀示范典型作用，进一步培养青少年学生成为既有国际视野、又有外交韬略，胆识过人、全面发展的高层次体育人才。近几年，国内男篮俱乐部、女篮俱乐部、女排俱乐部等纷纷建立，其他类别的职业体育俱乐部也迅速崛起，是“三大球”运动项目社会化、市场化的象征。结合目前培养“三大球”人才的要求，不难发现，学训矛盾尖锐、青少年人才储备不充分、专业人才缺乏等是制约“三大球”发展的主要原因。促进“三大球”的复兴与发展，关键是要建立政府主导、部门协同、社会力量主动参与的机制。政府应首先发挥综合主导作用。强化政策支持和引导，建立系统全面的“三大球”项目发展长效机制。一是强化顶层设计，分项目制定“三大球”振兴发展实施方案。体育总局要会同有关社团，梳理“三大球”发展“卡脖子”的体制性障碍，研究提出具体工作方案。其次，健全体制机制，将举国体制和市场机制结合起来，调动各方积极性。各部门要加强国际交流合作，促进我国高水平运动训练水平不断提高。共同培养高水平竞技体育后备人才，促进全球体育人才一体化。还应对体育总局及各单项协会的责任进行梳理，使其各自发挥自身优势，为市场主体提供更加丰富的资源与更广阔的发挥空间。此外，还必须充分调动各省市区各地开展“三大球”活动的积极性。加大宣传力度，让人们认识到“三大球”在我国体育事业中的重要地位。各部门要在全国范围内进行“三大联赛”的试点和推广，为其他省市提供示范带动作用。目前，许多省（区、市）提出了建设“体育强省”“运动城市”的奋斗目标，可以鼓励这些省（区、市）加强协作，发挥人口基数大、政策灵活等优势优点，将部分政策措施进一步深化，探索改革发展的经验。加强国家队建设，造就能征善战的“三大球”项目人才，造就作风过硬的“三大球”国家队。要完善训练体制机制，促进男女队之间的平衡与和谐，加快培养高水平女子足球运动员。目前，女队在各个方面的外部条件上都和男队有一定的距离，但比赛成绩比男队更好。要在政策上进一步支持男女运动员平等参加比赛。应增加女队投资，持续加强培训和服务保障。同时还要注重运动员综合素质的全面提高。重视本土教练员培训。重视后备人才的储备。教练不仅是塑造稳定技战术风格的必需，更是“三大球”开发和振兴的重中之重、最为关键的依托。最后是把具有培养潜力的高校运动队教练员和管理员、科研人员和成绩优异者作为访问学者，促进其与运动工程、运动仿真、运动基因及其他方面的科研人才互相交流。以国际知名高校特别是“一带一路”国家知名高校体育科研团队及骨干力量为核心合作对象，进行深度交流，使“科研加竞技，竞技加教育”资源得到有效转化。以“三大球”为主线，全面推进体育强国发展战略。搞好运动队的训练、管理及思想政治工作。在训练中提升运动员的综合实力，努力把运动员培养成为行政管理与技术技能并重的专业顶尖型与知识复合型的人才。

二、加强“三大球”的国际交流与合作

《中国足球中长期发展规划（2016—2050年）》在2021年进入中期目标阶段，其指出，到2030年要实现“职业联赛组织和竞赛水平达到亚洲一流，国家男足跻身亚洲前列，女足重返世界一流强队行列，体育大国形象得到进一步提升”[①]，这一目标的实现可以说是任重而道远。

强化“三大球”的国际交流与合作，首先要确定“三大球”运动队国际交流与合作的目标。建立完善的交流机制和管理体系，为运动员提供全方位服务。提出“三大球”与国际接轨的执行方针，设立“一带一路”运动队外交特设机构，建立“三大球”运动队国际交流制度。加强“三大球”运动队对外交流合作协调机制构建。成立下属统筹规划协会，吸纳地方体育局及民间相关监督管理委员会，督导运动队的外交建设。构建“三大球”运动队交流与合作组织架构。下设具体工作部门，执行运动队在国际交流与合作中的具体任务事项。“三大球”运

① 国家体育总局.关于印发中国足球中长期发展规划（2016—2050年）的通知［EB/OL］.(2016-4-11)［2022-11-5］.

动外交要想获得长远健康发展，必须明确自身定位，并以此为基础构建起一套完善的运行机制。唯有以特定外交政策为导向与主导，才足以形成具有中国特色的“三大球”国际交流与合作。具体来说可有以下几种做法。高校作为人才培养基地之一，应承担起普及足球运动的重任。高校可以在政府的领导下组织足球的交流与合作项目，为我国培养国际高水平足球人才、宣传中国传统体育文化、树立体育大国形象打好人才基础，为国内“三大球”高水平运动队的国际交流积累经验。其次要组织好国际高水平体育友谊赛事。要加强教练员队伍建设，提升训练水平。2019年11月国际大体联三对三篮球世界杯在华侨大学厦门校区开幕，来自全球五大洲20个国家和地区的32支篮球强队参加了比赛，促进了我国乃至全球三人篮球运动的推广，推动了全球范围内的篮球项目运动交流与合作。在组织高规格国际体育友谊赛事中，应以“三大球”为主，规划办赛周期和分类，避免同奥运会、亚运会及其他大型赛事发生冲突，综合竞赛周期可以设定为4年一届，友谊交流赛的周期定为2年，在此期间，可以定时举办高水平运动队“三大球”国际文化交流峰会，推动各国参赛队之间的经验交流，保持办赛的弹性。参加比赛的运动员必须符合国际体育基本规则及兴奋剂服用规定。办赛期间，加强同“一带一路”国家远程网络合作，共享办赛经验、信息技术、图像资料场地设施等，深化交流与合作。

三、提高“三大球”训练与竞赛的科学化水平

习近平总书记指出，提高现代竞技体育水平，既要靠气力，也要靠技力；要综合多学科、跨学科的力量，统筹推进技术研发和科学转化，为我国竞技体育实现更大突破提供有力支撑。[①]当前，西方发达国家“三大球”运动科研实力较强，为其人才梯队建设向高端化发展奠定了科学基础。在我国竞技体育中也同样有一支强大的科技人才队伍，但由于缺乏系统的理论和实践经验指导，目前我国“三大球”训练与竞赛的科学化水平还处于落后状态。提高运动训练和竞赛的科学化水平，是竞技体育实践中永不停息的追求，在科学不断发展和进步的今天，不讲

① 陈刚，郭子瑜.体育促进“双循环”新发展格局构建的理论路径研究——基于习近平总书记关于体育工作重要论述的研读［J］.武汉体育学院学报，2022，56（9）.

究科学方法而一成不变地进行训练和竞赛，是不现实的。我国传统的“三大球”训练与竞赛方式虽然存在着一些问题，但可以通过训练和竞赛的科学化模式的确立，提高“三大球”集训和比赛的科学化水平。[①]

一是要积极创设科学化训练的良好环境。既要纵览总体、筹划全局战略部署，也要在各个环节中有针对性地实施科学化训练对策。通过建立科学选材与诊断的高效运行机制、理想训练目标及目标模型等，科学制定训练计划，科学安排比赛，培养信息化、高效能康复与营养系统，对训练活动进行有效的安排和控制。二是加强教练员对科学化训练和比赛的理解。建立科学有效的激励机制，在实践训练与比赛中，既要引进高水平外籍教练员队伍，也要引进先进训练竞赛理念，以及国际通行的球员跟踪定位技术、比赛分析软件等，通过社交网络模型以及其他技术手段和分析模型，提高“三大球”的训练水平、竞赛的科学化水平。建立完善的科学考核体系，促进我国“三大球”运动员竞技能力全面发展。加强国际交流合作，积极开展双边和多边、超多边国际体育科学论坛联会和合作项目，建立“三大球”运动国际科研与交流的新机制，提升“三大球”的竞赛科学化水平。三是必须把体育科研作为重点，使“三大球”的训练和比赛达到科学化。以改革创新为主线，推进“三大球”的职业化进程。拿足球的训练和比赛来说，就训练而言，除引进高水平外籍教练员队伍、优化训练竞赛理念外，以全国“双一流”建设高校为代表，发挥高等院校学科与科研优势，以建立科学化选材、训练、管理和竞赛的长效机制，形成俱乐部、高校、体校多层次、多渠道、多样化的培养后备人才的格局和形式，增加“三大球”竞技人才储备，实现“三大球”训练与竞赛的可持续发展。

四、挖掘“三大球”项目文化

“三大球”的项目文化，是指关于篮球、足球、排球的精神文明，也是一种观念文化，它是“三大球”运动开展过程中人类所创造的全部物质文明和精神文

---

① 杨国庆．中国竞技体育的发展困囿与纾解方略［J］．上海体育学院学报，2022，46（1）．

明之和。习近平总书记指出，“三大球”的复兴，是建设体育强国的一个重要指标。[①]要实现这一目标，必须重视“三大球”的历史传承和当代文化。发掘“三大球”项目文化，是提升“三大球”文化影响力的根本。中国体育“三大球”文化是中华民族健身经验和理念的浓缩，是体现中华民族体育成长历程的“活态文化遗产”。当前，“三大球”已成为我国体育事业的主要内容之一，也逐渐成为独特的民族体育项目群。《“十四五”体育发展规划》指出，在“十四五”期间，应继续深入开展运动项目文化建设，创建重点运动项目的文化建设的示范项目等，发挥明星运动员对运动项目文化建设的良好社会形象与榜样作用。

挖掘体育文化必须贯穿于具体的运动项目文化之中。在我国传统体育项目中，篮球运动是其中具代表性的一个类别。在传统文化教育中引入篮球项目文化元素，可以实现对我国篮球运动发展的推动作用。利用NBA、CBA联赛文化，篮球明星文化，营造具有篮球文化的教学场景，使固化和形式化的教材知识变成生动的篮球教学知识。利用现代网络技术对篮球比赛进行直播，让学生通过观看视频了解精彩激烈的比赛过程，然后引领学生继承中国篮球历史中的奋斗精神。发掘排球项目文化时，地方政府教育部门应配合大中小学，推动当地排球文化资源进入校园，进入课堂。高校体育应注重对排球运动价值内涵的发掘和提炼。职业俱乐部应注重对区域内青少年人才进行发掘、培育与利用，注重对健康向上的球迷文化的引导。另外，通过丰富多彩的赛事，召开“线上线下”国际运动讨论交流座谈会，进行现场交流和网络传播，以女排故事为媒介、利用网络为载体，拉开我国运动队的主场外交序幕，传递新时代的女排精神。同时对我国竞技体育发展中存在的问题展开研究。在“三大球”项目水平集体下滑的情况下，对于男女足、男女篮来说，挖掘女排项目文化值得借鉴。教育部相关部门负责人在参加北京市校园足球文化节的活动时表示，发展校园足球，不应仅仅着眼于比赛层面，要深挖足球文化内涵。[②]我国足球具有丰富的文化底蕴和独特的艺术魅力，

---

① 鲍明晓，赵轶龙，赵承磊．“十四五”我国“三大球”振兴发展战略［J］．北京体育大学学报，2020，43（6）．

② 郝文鑫，方千华，蔡向阳，等．我国新校园足球竞赛体系的运行现状考察与治理路径研究［J］．武汉体育学院学报，2020，54（7）．

可以通过各种形式来传播其中所蕴含的文化元素，使其得到进一步推广与发展。发掘足球项目文化时，其竞技精神应该被深挖，利用多元的足球相关活动，培养学生在踢球过程中彼此尊重、互帮互助、团队合作等精神，从而启迪他们对人生的感悟。

深度挖掘“三大球”项目文化，讲好中国体育故事，为建设体育强国、实现中华民族伟大复兴中国梦贡献“三大球”文化力量。“三大球”具有深厚的历史文化底蕴，其蕴含的核心价值理念与当代社会主义核心价值观高度契合，对增强人民体质、培育国民性格具有重要作用。挖掘“三大球”项目文化，是我国体育精神在新时期的主要任务，更是中国“三大球”精神立于世界体育之林之根本。从历史传承与现实需求来看，“三大球”运动具有深厚的历史渊源和广泛的群众基础，但目前其影响力远未达到预期目标。应深度挖掘，充分总结，结合中国体育制度优势，走出一条适合我国国情的振兴“三大球”发展道路。

五、完善“三大球”职业联赛体制机制

习近平总书记曾经指出，要从娃娃抓起，扎扎实实提高竞技体育水平，持之以恒开展群众体育，不断由体育大国向体育强国迈进。[①]“三大球”职业联赛起着连接国家队与青少年的作用，是为国家队培养人才的重要渠道。进一步建设体育强国要重点关注职业体育。职业联赛的价值与作用是多元的，它不仅是满足人们精神文化生活的一个重要部分，也是发展体育产业的重要依托，是展现我国运动员竞技水平的重要舞台。

当前我国“三大球”职业联赛存在着管理体制不健全、竞赛制度不合理、后备人才培养不足等问题，制约了职业运动的进一步发展。大力发展“三大球”职业体育，关键在于做好联赛工作，走产业化之路。最近几年，开展职业联赛的足球俱乐部已有十几家，可见，职业联赛要建立健康、可持续的发展机制，推进联赛改革，在国家队和职业联赛之间形成良性互动，应利用市场机制，使市场发挥其应有的作用。目前职业联赛存在俱乐部产权结构不明晰、股东利益与职业体育

① 杜尚泽，雷达.中国朝着体育强国的目标迈进［N］.人民日报，2014−2−8（1）.

特征相冲突等问题，导致俱乐部运营风险增加。职业联赛的命名非企业化、俱乐部股权的多元化，对于促进职业联赛的健康、持续发展具有重要的意义。与单一企业股权相比，股权结构的多元化更利于俱乐部避免母公司企业经营风险。“三大球”俱乐部应以自身利益为核心，积极稳妥地实现产权多元化，促进职业联赛健康快速发展。

健全“三大球”职业联赛的体制机制，首先，可以采取股权多元化的方式，构建市场化法人治理结构。同时，要积极引入职业经理人制度，使其与“三大球”职业化改革相适应，从而保证职业联赛良性运营。其次，“三大球”职业联赛需要平衡自身财务状况，长期的高投入低收益将极大地降低投资的积极性。因此，“三大球”职业联盟应采用混合所有制模式运营，即由上市公司控股或参股，实现利益共享、风险共担，并对各球队实行公司制管理，形成公司与团队一体化经营格局。最后是“三大球”职业联赛运作过程，要汇聚更多社会资源，以企业为主，协同发力，共同促进“三大球”职业联赛发展。在职业体育中引入民间资本参与，是我国体育事业改革与发展的必然趋势，也是国家经济结构调整和产业结构升级的需要，与中国特色的社会主义市场经济制度相契合。政府可以采取相应的办法，用有关资源参股职业联赛，对职业联赛进行合理定位，使其符合现代市场经济体制下商业运作的要求。通过职业联赛俱乐部股权多元化发展，优化个人投资成员治理结构，让粉丝们的意愿体现在职业联赛决策层面中，培养长期忠诚球迷，从而建立以国家为主导，行业协会组织、企事业单位和民间资本等多种主体参与的多元化投入机制。要从“三层面”上协同推进，努力创造“三大球”职业联赛在全国协调发展。加强青少年运动队伍和教练员队伍的培养，提高我国运动员的综合素质，为国家输送高素质后备人才。促进全国“三大球”职业联赛南来北往、齐头并进的良好局面。“三大球”有关部门要积极发挥龙头和纽带作用，发挥服务与行业自律的角色，承接篮球、足球、排球项目的世界级赛事和其他高水平赛事组织，承接专业人才培训、促进产业发展的诸多工作，同国际协会紧密合作。同时，要加强对我国体育联赛职业化进程中的问题及对策研究，并以此为基础健全赛事体系，精耕赛事市场，提高赛事造血能力。

↘ 本章小结

提升竞技体育综合实力，增强为国争光能力。《体育强国建设纲要》明确指出了中国竞技体育的发展目标和改革方向。为国争光是矢志不渝的目标，改革创新、有效转变发展方式是发展的必由之路。举国体制与市场机制相结合的竞技体育发展模式为提升竞技体育综合实力与增强为国争光能力奠定了坚实基础，独具匠心的“中国制造”将中国体育健儿一次次送上了世界竞技场的最高领奖台。竞技体育的较量也是科技手段的角力，符合科学发展要求的训练体系使得中国竞技体育有了与世界“掰手腕”的底气。多学科的科学融合、多领域的思想碰撞，让“冠军模型”、风洞实验、“3D+AI”技术等各类高科技走进运动队的日常备战训练。在传承发扬“三从一大”优良传统的同时，中国特色现代化竞赛体系不断推进训练创新，通过符合现代体育运动规律及与国际接轨的体育竞赛制度、多部门合作和多主体参与的体育竞赛体系、分级分类的有序参赛通道、青少年竞赛体系和学校竞赛体系有机融合、多样的体育赛事活动，锤炼了运动员的意志品质，打造出了体能充沛、技术精湛，能征善战、作风优良的国家队。中国特色“三大球”的发展在习近平新时代中国特色社会主义思想的指引下，通过构建“三大球”人才培养体系，加深“三大球”的国际交流与合作，提升了训练与竞赛的科学化水平。展望未来，要在弘扬项目文化的基础上，不断完善“三大球”职业联赛体制机制，坚守初心，坚持以人为本，全面深化改革，承担振兴和发展体育事业的历史使命，助力建设体育强国。

第六章

加快发展体育产业与培育经济发展新动能

党的二十大报告提出了“加快建设体育强国”的战略指示与要求，加快发展体育产业、培育经济发展新动能，是推进中国式现代化体育产业助推社会主义现代化经济强国建设的必由之路。新时代加快体育产业发展既是体育建设助推中华民族伟大复兴事业发展在经济领域的具体体现，又是使体育产业发展效益为民惠民的重要内容，体育产业在国民经济发展和经济强国建设中的作用和价值越来越凸显。当前，我国体育产业发展整体规模仍然较小，体育健身休闲、竞赛表演、制造及服务产业投入国民经济产业结构调整、服务小康社会建设、乡村振兴、全民健身与全民健康深度融合的整体经济动能不足。国务院办公厅颁发的《体育强国建设纲要》明确指出打造现代产业体系、激发市场主体活力、扩大体育消费及加强体育市场监管，是加快发展体育产业、培养经济发展新动能的维度要求①，因此，探索建成“更大、更活、更优”的体育产业发展体系与格局，培育纵向衔接、横向协同的体育产业市场主体，打造服务群众、科技赋能、具有国际竞争力与影响力的优势体育品牌，完善体育市场机制、形成规范运营的统一市场，对壮大体育产业发展规模、又好又快完成体育强国建设的产业领域目标及助力社会主义现代化经济强国建设具有重要意义。

---

① 国务院办公厅.关于印发体育强国建设纲要的通知［EB/OL］.（2022－9－2）［2022－11－8］.

第一节　打造现代体育产业体系

现阶段，我国国民经济正从高速发展向高质量发展转型，作为国民经济产业体系重要组成部分的体育产业，面临着转变发展方式、优化产业结构及转换增长动力的现实要求。体育产业是兼具社会、经济与生态效益的朝阳产业与新兴产业，打造现代化的体育产业体系是促进国民经济结构转型、满足群众对美好生活的期待与向往、充分发挥体育在社会资源配置中的重要作用的关键举措。通过完善体育全产业链条、促进体育与相关行业融合发展、推动区域体育产业协同发展及加快推动互联网、大数据、人工智能与体育实体经济深度融合，对打造现代化体育产业体系具有重要意义。

一、完善体育全产业链条

推进全产业链建设是各行业进行市场规范化发展与运营的核心构成要素，也是评估某行业或社会实体产业发展的重要指标，一定程度上反映出某行业或社会实体的整体市场规模、产业结构及市场影响力等。“十三五”时期，我国体育产业发展趋势整体向好，体育产业规模持续扩大。国家体育总局统计数据显示，2019年我国体育产业总规模为29483亿元，约比2015年增长1.62倍，增值达11248亿元，2015—2020年体育产业总值实现了占国民经济生产总值0.79%～1.32%的重大突破。以体育服务业为产业龙头，体育用品制造业和体育场地设施建设产业结构持续优化，体育产业参与市场建设的投入领域更广，推动区域经济协调发展的动能更强。“十四五”时期，推动体育产业高质量发展已成为推进中国式现代化体育强国建设的关键之举。当前，囿于体育全产业链条建设不完善，我国体育产业存在供给侧与需求侧不太协调的两难问题；服务青少年体育、群众体育、竞技体育及特殊群体体育事业发展的能力不足，依旧暴露出产业整体规模偏小、产业结构急需优化、产业布局区域不均、产业主体影响较小、产业环境仍需优化等主要问题。

体育全产业链条建设需紧紧扭住供给侧与需求侧改革实践，通过激发体育产业全链条建设的需求动力、供给动力、协同动力及竞争动力，以解决产品供给单一、产业链环节结构欠缺合理性、产业链分工状态不充分、产业链各环节联结较为分散以及产业链尚未实现开放“自循环”的可持续状态等现实问题。首先，在体育全产业链建设的终端需求满足方面，需依据不同市场群体的体育需求进行科学系统的市场调查与探索，为不同群体提供一体化的体育服务与公共服务产品，如为青少年群体提供适应其身心发展的体育培训课程，为工作群体提供便捷的健身服务，为老年群体提供体育健康管理与康复服务等，通过全民健身体育惠民工程，提供科学的群众体育锻炼指导服务并投入老龄化治理领域，精准定位市场需求，明确消费需求导向，做好体育全产业链条的需求端建设。其次，在体育全产业链建设的要素供给方面，应进一步明晰政府与市场的参与边界，政府通过制定能够保障体育产业发展的政策来达成对市场的政策要素供给目的，同时采用政府与社会多元主体合作的形式，加快体育基础设施建设、市场主体培育及复合型人才培养等全产业链要素供给。再者，在体育全产业链建设的产业协同方面，应积极推进体育产业链协同合作示范区建设，推动体育用品制造、体育竞赛表演及体育场地设施等产业在供应、制造、零售、宣传及消费等环节的有效联结，发挥体育产业的集聚和增值效应，实现体育全产业链建设的整体协同。最后，在体育全产业链建设的市场竞争方面，要着力突破区域布局限制，通过打造体育产业战略联盟，鼓励企业进行体育市场融资，依托高校和部分科研机构的研究优势，加快推进体育产业新技术、新产品、新业态的研发，持续优化体育全产业链建设的风险共担机制，防止部分企业在体育产业公共投入过程中的“搭便车”行为，维护体育产业链的整体利益。完善体育全产业链建设，既是打造现代化体育产业体系的基础工程，又是满足群众多元化、多层次的体育服务需求，拉动体育消费大循环及激活国民经济发展新动能的必要之举，对助力我国体育强国长远建设具有深远意义。

二、促进体育与相关行业融合发展

2014 年，国务院颁发了《关于加快发展体育产业促进体育消费的若干意见》，明确指出通过创新体制机制，培育多元市场主体，优化产业布局和结构，促进体育与旅游、传媒、会展等业态融合发展，丰富市场供给，营造健身氛围等，推动体育产业成为经济转型升级的重要力量，促进群众体育与竞技体育全面发展，加快体育强国建设，不断满足人民群众日益增长的体育需求。“十三五”

时期，我国体育产业取得长足发展；“十四五”时期，加快体育与其他相关行业的融合发展成为推动体育产业由低端供给向高端供给转型、实现体育产业高质量发展的关键举措，有利于解决体育产业发展规模、结构、区域及影响力等整体发展环境亟待协调、优化的现实问题。厘清促进体育与相关行业领域融合的政策要素，明晰促进行业融合的主体因素，整合行业融合的市场因素，完善促进体育与相关行业融合发展的系统机制，拓展体育的社会服务领域，将从根本上推动体育产业参与社会治理能力的现代化转型进程，加快现代化体育产业体系建设。

从目前体育与旅游、文化、农业、医疗、养老等相关行业融合发展的社会环境看，宏观层面，囿于缺乏相关政策的高位引领，体育与其他相关行业的融合发展在社会推行实践过程中存在无序、失范等不足，如在体医、体养、体护及体卫融合的过程中，国家体育总局及各地体育主管部门，并未就体医、体养等行业的融合标准进行研制规定，“医不懂体”“体不懂医”等实践弊端成为阻滞行业融合的壁垒。因此，政府部门应通过体育与多行业部门融合发展的相关政策，推动形成“体育＋领域”的政策制定联席制度，如通过联合体育与民政管理部门（养老服务司等）共同做好体养融合发展的宏观政策规划，同时联合高等院校、科研机构及社会资深企业等多元社会力量制定行业融合发展的政策框架与行业标准。中观层面，在宏观政策的高位引领下，推动体育投入金融、地产、建筑、交通、制造、信息、食品药品等市场经济建设各领域的同时，需要在遵循市场准入规律的前提下，形成多元主体协同的行业发展机制，而受制于传统政府主导型治理模式的影响，体育与其他行业融合发展的社会主导型环境仍未形成，体育行业的市场竞争力尚显乏力与不足。推动我国体育社会治理模式由政府主导向社会主导转型，是促进我国体育与其他行业融合发展的基础条件，各省（区、市）应进一步深化“放管服”改革，通过政府让权于社会、放权于企业，赋能社会多元主体投入体育领域建设的自觉动力，聚合来自教育培育、卫生医疗、健康养老、休闲娱乐、用品制造、数字技术等方面的资源优势，以多领域社会协同提升体育与其他行业融合发展的模式、业态创新能力，拓展体育融合发展的社会推展面。微观层面，体育行业融入社会各领域建设的发展基础较为薄弱。基层体育组织与市场体育实体面临发展资金不足、市场融资困难等外部环境，造成基层体育组织推动体育行业发展动力不足、各小微型体育行业在业务拓展、业态创新的市场竞争过程中面临着其他领域的行业兼并等发展困境。因此，各地区政府财政部门应设立体育与其他行业融合发展的专项资金，积极扶持基层体育社会组织参与体育市场化发展的治理行为，通过建立“第四方”体育资源交易平台，优化体育社会实体进行市场融资与优化消费环境，提升体育行业对社会资本的吸引力，夯实体育与其他行业融合发展的社会基础。宏观政策供给、中观机制搭建及微观主体建设等三维一体化的体育行业融合的治理实践，将不断优化体育与其他行业融合发展的外部环境，这是打造现代化体育产业体系的关键一步。

三、推动区域体育产业协同发展

着力推进区域性体育产业协同发展是“十四五”时期实现体育高质量发展的重要内容，也是体育市场经济参与我国市场经济建设的内在要求，对促进国民经济产业结构调整、打造现代化的体育产业体系具有重要意义。推动体育产业区域性协同发展，其着力点在于推进体育产业在空间布局层面进行整体设计、调整及优化，即通过整合空间协同要素，实现体育产业市场资源跨区域合理配置，进而促进区域经济协同发展。当前，我国体育产业区域协同发展主要依靠体育行政主管部门进行区域性产业规划设计并制定相应区域协同政策的方式，存在区域协同性差、布局规划单一等问题。各区域体育产业发展特色不突出，产业品牌与结构发展趋同，同质化严重；针对政府颁发的鼓励性政策执行不彻底，对于选树的区域性重点示范项目建设推进的持续性较差；区域内多种体育要素资源缺乏有效互动与配置，仍存在竞争问题。

针对体育产业区域协同发展的系列问题，区域协同发展战略为区域体育产业一体化发展提供了时代机遇，促进跨域性体育产业一体化发展，既是我国区域协同发展战略的重要内容，也是促进区域协同发展的重要路径与动力。一是充分发挥体育赛事的发展引导作用，积极推进体育产业发展融入区域协同发展进程，依据国家区域发展战略，将体育赛事融入区域性教育、文化、商业、娱乐及服务各领域，如积极推进体育产业发展融入京津冀协同发展、长三角一体化发展、长江经济带发展及粤港澳大湾区建设等，努力打造体育产业区域协同发展的增长极。二是依托区域资源禀赋，通过发挥区域资源优势，因地制宜优化我国运动产业区域布局，如我国山地户外运动、冰雪运动及武术运动等。三是聚焦国际化发展，围绕健康中国、体育强国建设、“一带一路”倡议及“人类命运共同体构建”等布局体育产业发展，通过提升体育产业发展的国际化水平，不断拓展体育产业发展的新空间。四是完善体育产业跨区域规划统筹与推进实施的新体制与新机制：建立相应的利益表达机制，让企业、社会组织、群众等各类非政府多元力量表达利益诉求；建立和健全事前分配、事后协调的利益分配机制；建立体育产业区域协同发展的保障机制，一方面从中央层面建立相应的法律制度，用相关的章程和规则来约束在跨区域体育产业一体化过程中的行为，另一方面，地方政府可根据地区实际情况制定和完善相应法律法规，让区域体育产业一体化发展有法可依、有章可循。

四、加快推动互联网、大数据、人工智能与体育实体经济深度融合

《体育强国建设纲要》指出，“加快推动互联网、大数据、人工智能与体育实体经济深度融合，创新生产方式、服务方式和商业模式，促进体育制造业转型升级、体育服务业提质增效”[①]。这表明体育实体经济与互联网、大数据以及人工智能的深度融合是我国建成体育强国的关键一步。一方面，网络经济模式能够有效增强体育产业的竞争力，为消费者提供更好的用户体验。同时，互联网、大数据和人工智能的运用能增强体育产业的数据运行和管理能力，从而实现体育实体经济的智能化。但是相比于发达国家，我国体育产业对大数据技术的运用仍不普遍。例如，在许多重大比赛中，我国对大数据技术的运用仅仅停留在记录、统计数据的最基础层面，缺乏对数据传递信息的应用和对消费者体育需求的精准把控。为了加快推动体育实体经济的创新发展，将互联网、大数据以及人工智能与其深度融合是应有之举。

互联网等信息技术在人们日常生活中已经被广泛应用，但是聚焦于体育实体经济领域，人们往往只能够联想到通过网络平台购买体育用品，这种表层次的融合很显然对于打造体育智能实体经济是远远不够的。基于此，可以从国家政策、理念宣传、科技创新三个方面探索有效途径。首先，完善国家政策，保障创新发展。针对体育经济领域，可以成立专门的发展管理部门，统筹协调发展，促进信

---

① 国务院办公厅.关于印发体育强国建设纲要的通知［EB/OL］.（2022—9—2）［2022—11—8］.

息技术与体育实体经济的深度融合。独立的体育发展管理部门，可以精准监控体育实体经济与信息技术的融合情况，及时出台相关政策作为发展保障。例如，在体育培训业中，当体育培训机构利用网络对培训成效进行虚假过度宣传时，体育发展管理部门可协同相关法律部门及时制定并出台相关的法律法规对体育市场中违法、违规行为进行监管与遏制，从而发挥网络监管体育产业的作用。其次，加强宣传力度，鼓励创新模式。体育实体产业对大数据、人工智能等技术的认识具有局限性，将相关技术运用到实体经营的理念认识有待进一步提升。鉴于这种情况，各地相关部门不仅需要及时宣传国家的新型体育经济发展策略，更要给予当地各体育企业一些实质性的帮助，进而打造出一种新型的网络经济模式。例如，政府可对信息技术与实体经济广泛融合的体育企业进行一定政策补助以及官方宣传等。最后，加强科技攻关，培养创新人才。人才是驱动发展的第一要素，更是深度融合信息技术与体育实体经济的重要枢纽。有效针对体育实体经济的具体特点去构建最适配的互联网信息技术体系是将两者深度融合的关键所在。体育企业融合信息技术远不能只体现在产品的销售与宣传上，而是应该运用于产品服务设计、制造、销售以及后续服务等全过程领域中。为了攻克这一科技难题，应加强相关技术人才的培养。一方面注重高质量人才的引进，给予其一定的政策资金扶持，避免人才流失。另一方面可以联合各大高校专门开设有关体育实体经济信息技术运用的专业课程，以达到科学培养、人尽其才的培养目的。

五、促进体育制造业转型升级与体育服务业提质增效

体育产业是我国新时代背景下“五大幸福产业”和“六大消费领域”的重要内容。《关于促进全民健身和体育消费推动体育产业高质量发展的意见》中提到，要以习近平新时代中国特色社会主义思想为指导，强化体育产业要素保障，激发市场活力和消费热情，推动体育产业成为国民经济支柱性产业，让经常参加体育锻炼成为一种生活方式。但在实际改革发展过程中，体育制造业存在诸多阻滞因素，如出口结构不合理、缺乏创新原动力、体育产品定位模糊等①，需要顺应时

① 袁红林，刘哲.全球价值链视角下我国体育用品产业升级路径及对策［J］.江西社会科学，2011，31（11）.

代发展潮流，以服务化为引领，借助高端要素资源强化产业范围经济，突破同质化的市场竞争，不断完善体育全产业链条，助推体育与相关行业的融合发展，促进体育制造产业朝着服务化的趋势转型升级，进一步推动体育服务业提质增效，实现高质量发展，将其建设为现代化体育产业结构体系。

立足体育强国战略，建设现代化体育产业体系，其关键在于推动体育制造业结构转型升级，提升体育服务业的质量效能，以全面满足社会发展的多样化需求。首先，产业转型升级是指整个产业链要素、技术、结构由低到高不断提升发展的动态变化过程。[①]随着国民收入水平和购买能力的不断提高，促使体育制造业朝着服务化的方向转型升级成为推动体育产业由高速增长阶段向高质量发展阶段迈进的重要途径。其次，以服务化为引领推动体育制造业转型升级，能推动我国体育制造业如体育用品、体育展览等由产品提供者向体育服务提供者转变，以满足社会大众的体育消费需求，不断提高体育参与者的消费感知效能，构建一个多层次、全方位发展的体育服务供给体系，从而引导我国体育制造业向着高端价值链条延伸，以不断发展体育服务业的效能。最后，推动体育产业现代化发展主要属于服务业范畴，其关键在于体育服务各环节的要素配置与体育服务产业链条的不断优化。由此来看，促使体育制造业向着服务化的发展方向转型升级，是推动体育服务业实现提质增效的重要内容，两者相辅相成，对新时代打造现代体育产业体系具有重要意义。推动体育服务型制造业转型升级，有助于体育制造企业将发展目光聚焦体育产品消费者而非体育产品制造权上，以服务顾客为导向，推动体育制造业向着与顾客建立长期、稳定、良好的互动关系而转型发展，在优化体育制造业结构中稳步提升体育服务业的实际效能，加速建设现代化体育产业体系的发展进程。

---

① 朱卫平，陈林.产业升级的内涵与模式研究——以广东产业升级为例［J］.经济学家，2011（2）.

第二节 激发体育市场主体活力

支柱性产业具有较强的市场主体活跃程度。[①]当前，我国体育市场主体活力不强主要体现在体育市场主体数量不多、体育市场化水平不高等方面，不利于培育经济发展新动能。因此，需要通过引导企业加大自主研发和科技成果转化力度，提升体育用品供给能力，支持优势企业、优势品牌和优势项目“走出去”，鼓励大型体育赛事进行市场开发，鼓励大型健身俱乐部跨区域连锁经营等措施，持续激发体育市场主体的活跃程度。

一、引导企业加大自主研发和科技成果转化力度

企业是加快科技成果转化，刺激居民体育消费的重要媒介。体育企业在体育市场主体中占据重要地位，是加快我国体育产业发展和培育经济发展新动能的重要力量。然而受新冠疫情的影响，原本蓄势待发的体育产业经历了“停滞期”，多元化的体育市场主体受到短暂性与阶段性的冲击。因此，为了重新激活我国体育市场主体活力，持续推动国民经济发展和体育产业领域的增值，急需大力引导各级各类体育企业强化自主研发和科技成果转化的力度。从国际化体育企业和体育品牌的人力投入与专利产出来看，国外体育品牌生产企业在专利研发中的平均参研人次、平均第一发明人的数量、专利平均申请量，分别是中国企业的10.17倍、12.29倍、12.39倍。[②]可以看出，国际知名体育企业在自主研发上投入的资金与成本要远远高于我国，其所带来的经济效益和社会效应是不可估量的，在提升企业竞争力、扩充人才资源的同时，较大程度上刺激了企业内部要素和结构的整合与链接。对于一些主要依靠引进与消化外部技术的企业来说，引导其加大自主研发和科技成果转化的力度，无疑是帮助构建体育企业特色品牌、提高体育企

① 任波，黄海燕.体育强国建设背景下我国体育产业现实问题与发展策略［J］.体育文化导刊，2022（4）.

② 明宇，司虎克.国外体育品牌生产企业技术创新的竞争情报分析［J］.西安体育学院学报，2015，32（4）.

业品牌技术含金量、提升企业市场竞争力以及形成内生动力实现可持续性发展的重要举措。

引导企业加大自主研发和科技成果转化力度，需要行政管理部门、不同类型的科学家以及各级各类的体育企业之间相互配合与支持，只有以长期发展目标看待企业的自主研发和技术创新，才能完整地将创意转化为知识、将知识转化为技术、将技术转化为产品、将产品转化为商品，进而满足居民的体育消费需求，以需求激发体育市场主体活力。已有专家学者对企业科技成果转化的模式进行了分析总结，认为有两种基本模式：一是创新驱动的科技成果转化模式；二是需求拉动的科技成果转化模式。①因此，各级各类企业需要基于自身的产业资本、结构要素、技术专家等现实情况，联合上级管理部门对当前体育产业市场环境进行调查与分析，进而选择符合企业自身发展规律的科技成果转化模式。同时，企业的自主研发和科技成果转化离不开政府部门的主导作用，相关行政单位需以破解体育企业发展不平衡、不充分为核心目标，通过增加劳动力、资本、自然资源、制度和创新等生产要素的投入与供给，为企业的自主研发和科技成果转化保驾护航。

二、显著提升体育用品供给能力

体育用品制造业是体育产业中最具活力和竞争力的支柱产业，高端体育用品的制造质量和经济效益直接体现出体育市场整体的成熟度与科技含量。目前，我国拥有全球近70%的体育用品生产份额，但与欧美发达国家和地区在产品销售额、国际市场额、国内市场额和净利润方面仍存在较大差异，尤其在国内市场份额和净利润两个指标上相差悬殊。②造成这一现象的主要原因在于供给结构与市场需求脱节造成的体育用品“供给侧结构性失衡”。③体育用品供给能力不仅影响体育用品制造业的供给质量，供给能力强也能充分刺激居民的体育消费能力，拉

① 霍国庆.科技成果转化的两种基本模式［J］.智库理论与实践，2022，7（5）.

② 江亮.国内外体育用品品牌广告设计能力及其市场效应的比较研究［J］.中国体育科技，2016，52（2）.

③ 范尧.供给侧改革背景下体育用品供需困境与调和［J］.体育科学，2017，37（11）.

动市场经济的快速增长。从目前我国体育用品供给侧结构性改革的现状来看，主要存在两个问题：一是高品质、强势品牌的供给不足，体育用品无法适应市场的需求，与消费者的购买欲望相背离，导致大量的体育用品消费外流；二是低品质、弱势品牌的供给过剩，大量的廉价资本和资源涌入体育用品制造业，生产出大规模的低品质体育用品，导致低端体育用品的产能过剩，从而出现“库存积压”的现象，进一步造成了体育用品制造业供需错位的局面。因此，为了解决我国体育用品制造业供给侧结构性改革失衡的困境，急需以供需平衡为政策主张，适当采用有效的管理工具，显著提升体育用品的供给能力，激发体育市场主体活力。

体育用品供给能力的提升离不开需求侧的支撑，只有供给与需求之间达到最佳平衡点时，供给能力才能达到顶峰和最大值。当前，供大于求或求大于供，均阻碍了体育用品供给能力的提升，而造成这一现象的原因，则是由于供给侧与需求侧两者之间的信息不对称性，信息传递机制的不顺畅加速了两者之间的失衡，因此，需要借助“互联网＋”的变革改变体育用品、体育用户以及体育消费等主体之间的信息传递方式，使得多方信息能够及时、准确地传输到企业、技术专家、消费者等多元主体，全面掌握真实的市场需求，完成市场供需两端的信息匹配，为体育用品的制造与创新提供科学有效的数据保障。其次，需要大力鼓励各级各类体育用品企业进行技术创新，加大优质资源和资本的投入力度，打破国外对高新技术和尖端技术的垄断，创造出符合我国体育市场需求的高端体育用品。除此之外，管理创新与制度创新也是体育用品企业实现技术转型与成果转化的关键，通过学习先进的管理理论和方法，强化管理创新意识以及建立相应的科技人员科研成果转化奖励激励制度，能提升体育用品创新效率。体育用品供给能力的提升，需要以政府部门为主导，以体育用品企业为主体，吸引多方社会力量的积极参与，只有形成多元化的体育用品制造格局，才能从真正意义上提升我国体育用品的供给能力，进而激发体育市场主体活力。

三、支持优势企业、优势品牌和优势项目“走出去”

优势体育企业、品牌和项目的数量与质量体现出一个国家体育产业和经济发展的整体水平。近年来，在体育强国建设、全民健身计划、健康中国战略、北京冬奥等诸多重大体育发展政策的优势布局下，我国体育用品制造业、体育品牌打造等项目迸发出强大的生机与活力，传统的体育产业优秀企业持续迈向更高的台阶，同时，也涌现出一大批具有代表性、有特色的优势企业和优势品牌。大力支持我国优势企业、优势品牌和优势项目走出国门、走向国际，具有双重效应：对内，能够进一步推动我国体育产品制造业产业链的升级和扩张，激发国内各类企业对体育用品制造的积极态度，刺激居民的体育消费欲望，形成独特的国内体育产业文化和产业生态；对外，则能打破国际品牌对体育产品制造业的垄断，推动中国体育品牌走向国际化，提升我国优势体育品牌和企业的国际竞争力，进一步提升我国体育产业、体育市场的国际地位和影响力。因此，大力支持我国优势体育企业、体育品牌和项目实现海外推广，既能锚定中国体育产业和体育市场海外推广的整体方向，又能够从根本上分析目前国内各类体育品牌、体育企业海外推广存在的不足与缺憾，进而提出适合新时代中国特色体育企业、体育品牌实现海外推广的发展路径。

大力支持中国优势企业、优势品牌和优势项目顺利实现“走出去”，需要满足三个必要条件：一是中国特色，打造和推广的优势项目或品牌，一定要能够突出中国文化属性、体现中华民族的本质特点，必然是我国专属的而其他国家所没有的；二是方法手段，需要有适合我国基本国情和政策方针的传播途径，使各国与我国之间能够秉持开放包容、和平合作的友好交流理念；三是官方支持，集中发挥中国特色社会主义制度优势发展体育企业和打造体育品牌，为优势企业、优势品牌和优势项目的“走出去”提供有力的制度保障。为此，在具有中国特色的优势品牌的打造上，可以借助北京冬奥会、冬残奥会顺利举办的契机，联合国内优势企业，聚焦冰雪运动产业，围绕滑雪、滑冰等优势项目，打造一批高质量、性能强、功能全的冰雪运动服饰或装备等，塑造新时代的中国冰雪运动产业格局。在推广途径上，可以借助“一带一路”倡议，与中亚、非洲、欧洲等国家建立开放包容、和平合作、互惠互利的经济协同合作关系，向部分体育产业尚未发展、品牌资源稀缺的国家宣传我国优势赛事内容、推广优势运动文化等，进一步形成中国体育产业海外集聚优势与文化输出地位。最后，在官方支持方面，可凭借《体育强国建设纲要》《全民健身计划纲要》等政策文件的颁布与实施，积极吸引社会力量参与，形成外部支持动力。

四、鼓励大型体育赛事进行市场开发

市场开发作为综合性体育赛事组织承办的重要方式，主要是指体育赛事运作管理机构立足于赛事所拥有的各种资源，通过市场交换行为，尽一切可能增加赛事收入的过程。[①]2014年我国在《关于加快发展体育产业促进体育消费的若干意见》中突出强调，要“大力发展多层次、多样化的各类体育赛事”，“鼓励大型体育赛事充分进行市场开发”[②]。在《体育强国建设纲要》中，我国进一步将鼓励大型体育赛事市场开发视为激发体育产业市场活力的重要手段，试图借助电视转播权、赞助权、特许经营权、纪念币和纪念邮票、门票、火炬传递等进行商业化的营销运作来获取资金、物资、技术和服务支持。相关数据显示，我国2016—2019年的体育竞赛表演活动规模不断扩大，经核算，2021年全国体育产业总规模（总产出）为31175亿元，增加值为12245亿元。

立足我国体育产业由高速向高质量迈进的历史背景，推动大型体育赛事进行市场开发逐渐成为了评价体育赛事活动组织水平与工作效率的重要指标。[③]第十九届杭州亚运会秉承“绿色、智能、节俭、文明”的办赛理念，借助赞助、特许经营、公益捐赠等重点业务，将市场开发扩大到长三角，有效激发了浙江体育产业的发展活力，使更多企业共享亚运红利，推动培育“浙江名品”。立足加速体育强国建设的迈进步伐，鼓励大型体育赛事进行市场开发，必须有效结合各地社会经济发展水平，形成体育赛事产业经济链条，探索行之有效的体育产业推进机制，共同将体育打造为推动社会经济发展的支柱性产业。首先，以推动当地体育产业发展为契机，科学谋划高品质的体育赛事，打造具有强大影响力的体育品牌活动，能更好地推动我国体育事业的集约发展。其次，与各地体育局、体育场馆等建立长期的合作关系，携手开发体育赛事基地市场。如贵州省借助坝凌河大桥

---

① 刘清早.体育赛事运作管理［M］.北京：人民出版社，2006.

② 国务院.关于加快发展体育产业促进体育消费的若干意见［EB/OL］.（2014—10—2）［2022—11—3］.

③ 鄢慧丽.体育赛事与举办地城市发展的耦合时序演化及影响因素研究［J］.中国体育科技，2019，55（3）.

的独特地理位置，通过开发国际低空跳伞赛事商业模式，形成体育产业经济链条，引导当地开展大型特色体育赛事活动，以此来带动体育消费，推动激发市场的主体活力。最后，鼓励大型体育赛事进行市场开发，还要推动其实现社会化。这要求各地政府要重视顶层设计，协同推进。要按照各地体育赛事市场开发的需求，探索体育赛事专业化、商业化的运营模式，借助体育赛事冠名、赛事招商的手段，最大限度地吸引社会力量参与，拓宽财政扶持来源，激发多主体参与活力，以稳步推动体育产业的高质量发展。

五、鼓励大型健身俱乐部跨区域连锁经营

健身休闲是以满足广大人民群众对美好生活追求而不断发展的体育产业，是新时代全面推进和实现健康中国战略的重要突破口和切入点。[①]但抚今追昔，我国体育健身行业发展并非一帆风顺，竞争力曾一度遭到大幅削弱，仅仅北京和上海两地在2018年就有441家健身俱乐部倒闭，这表明我国体育健身行业急需革新经营模式，激发市场新动力。2019年《体育强国建设纲要》的出台鼓励大型健身俱乐部开展跨区域连锁经营，这极大地激发体育健身行业的市场活力，为我国体育健身产业的深化发展绘制了美好蓝图。《2021中国健身行业数据报告》显示，2021年全国商业健身俱乐部数量相比2020年下滑5.39%，但整体发展向好，仍需稳扎稳打，改革经营模式。

所谓“跨区域连锁经营”，指新时代背景下，企业运用无形资产进行资本运营，在分工和商圈保护的基础上实施集中化管理，把独立的经营活动组合成整体的规模经营，从而实现规模效益。[②]这是大型体育健身俱乐部实现低风险资本扩张和规模经营的主要运营手段，也是现阶段体育健身行业得以迅速发展的原因所在。为此，进一步推动大型体育健身俱乐部实现跨区域连锁经营，首先，需要完善全国健身行业章程体系，从保障消费者权益的视角出发，建立健全健身消费合

① 尹作亮，戴俊．健康中国战略下我国健身休闲产业政策供给研究［J］．南京体育学院学报，2019，2（2）．

② 楠乡．连锁企业这样管［J］．光彩，2018（1）．

同制度、消费者维权法律法规、健身俱乐部规范运营保障体系，促使大型体育健身俱乐部在市场开发实现跨区域连锁经营的过程中实现稳步健康发展。其次，大型体育健身俱乐部进行连锁经营还必须以服务化引领转型发展。这要求大型体育健身俱乐部立足消费者发展需求，提供全方位、多层次的健身运动指导、健康饮食管理、休闲娱乐活动等，满足俱乐部受众群体需求，增加经营利润。同时，从体育产业链发展的角度，采用标准化的运营模式，不断扩大体育健身俱乐部的门店数量与商业规模，逐步实现线上与线下全覆盖、城市与社区相协同，强化体育健身行业的影响力，激发体育产业发展新动能。①最后，大型体育俱乐部还应善于从相关产业链中打造创新价值，激发连锁经营活力。这要求我国大型体育俱乐部要全方位审视相关行业、不同战略群体及体育产业链条在改革发展中的不利因素，通过对不利因素的有效消除或降低来打造适合自身产业链条发展的强大动能，从而进行价值创新，以此来助推大型体育健身俱乐部更好地服务于体育强国与健康中国建设。

第三节　扩大体育消费

体育消费作为体育产业发展的基石，具有发展迅速、潜力巨大的特点。近年来，国家不断出台激励政策为促进体育产业发展、扩大体育消费保驾护航。2014年10月，国务院出台的《关于加快发展体育产业促进体育消费的若干意见》（以下简称《意见》）提出：到2025年，体育产品和服务更加丰富，消费需求愈加旺盛，对其他产业带动作用明显提升，体育产业总规模超过5万亿元。2019年，国务院办公厅颁发的《体育强国建设纲要》（以下简称《纲要》）明确指出，要“扩大体育消费”。凸显体育消费在体育产业发展中的重要地位，扩大体育消费是应有之义，应以增强体育消费黏性、丰富节假日体育赛事供给、拓展体育消费新空间、创新体育消费支付产品、支持各地创新体育消费引导机制为出发点，全面

① 张钊瑞，侯昀昀，肖淑红.健身产业价值创新战略案例分析与主要启示——以精品健身房为例［J］.北京体育大学学报，2020，43（2）.

扩大体育消费，为促进体育产业发展贡献力量。

一、增强体育消费黏性

所谓“消费黏性”，是指消费效用在时间上的关联性或曰习惯形成。通俗来讲，指人们对某个产品或品牌的忠诚、信任与良性体验等结合起来形成的依赖感和再消费期望值。依赖感愈强，消费黏性愈高；再消费期望值愈强，消费黏性愈高。由此可知，体育消费黏性可理解为随着人民体育锻炼意识的不断增强，其体育消费意愿也大大增强，进而转化为体育需求及消费行为，国家通过良好的管理使人们与体育保持长期黏性以形成固定的消费群体，并吸引更多人们参与其中，实现体育产业效益最大化。人们的体育消费水平越高、参与体育消费的人越多则体育消费黏性越强，反之，体育消费黏性越弱。不断增强体育消费黏性，有助于增强人们与体育之间的联系，帮助人们越来越理解体育的作用、意义，改变对体育的刻板印象，养成终身锻炼的习惯。同时，体育消费黏性的不断增强，对促进体育产业的进一步发展大有裨益，有利于体育强国建设。

增强体育消费黏性离不开体育消费主体的主观性思维，其影响着消费主体的消费行为，因此关注体育消费主体的消费需求应是重点内容。一方面，随着人们生活水平的提升，人们有时间享受生活，强身健体的意愿增强，体育消费需求自然呈上升趋势。另一方面，体育场地设施的逐渐健全满足了人们的体育运动需求，可进一步激发人们的体育消费。在此基础上，为满足各类人群的消费需求，需以举办各类体育赛事、体育培训、节假日体育观光等内容为重要抓手，以社区体育活动、家庭体育活动、乡镇体育活动等为重点渠道，不断创造多层次、多元化的体育活动，满足不同人群的不同体育消费需求。[①]同时，在各类赛事活动举办过程中，可利用互联网、大数据等现代技术手段，创建体育消费信息资源库，对体育产品进行明码标价，并在保障体育产业主体盈利的前提下降低体育产品价格，一定程度上刺激体育消费行为的发生，进而增强体育消费黏性。另外，无论

① 陈丛刊，陈宁．论我国体育社会组织发展新的历史方位［J］．体育科学，2018，38（9）．

是举办各类体育赛事活动，还是各类实体店体育产品的销售等，运营者均不可忽视消费心理，不定期举办满减、满赠等优惠活动是吸引人们眼球的重要手段，在运用得当的情况下，将极大增强体育消费黏性，进而为体育产业各门类的发展提供有利条件，促进体育产业的发展。

二、丰富节假日体育赛事供给

2014年10月，国务院印发的《意见》指出要丰富体育赛事活动，以竞赛表演业为重点，大力发展多层次、多样化的各类体育赛事。要推动专业赛事发展，打造一批有吸引力的国际性、区域性品牌赛事，引导、支持体育社会组织等社会力量举办群众性体育赛事活动，积极引进国际精品赛事。在此基础上，各类体育赛事开始如火如荼地举行，满足人们多样的观赛、参赛需求。但随着体育市场环境的不断变化与发展，人们参与体育赛事的需求高涨，现有的体育赛事规模已不能满足人们的体育需求，广大人民群众日益增长的体育需求与赛事供给数量不足之间的矛盾逐渐显现。因此，不断丰富体育赛事供给是必然选择。考虑到以往部分赛事的举办时间不合理、体育赛事与节假日结合度不高等问题，丰富节假日体育赛事供给，满足更多人们的参赛、观赛需求才是最佳选择。一方面，赛事主办方的时间充裕，能利用当地资源，举办多元化、多样化的体育赛事，吸引更多人参与其中，帮助人们愉悦身心、释放压力，尽情体验体育带来的快乐；另一方面，可以带动当地住宿、餐饮、交通等行业的发展，为当地民众提供就业岗位，对当地经济和社会发展起着深远的推动和促进作用。

节假日体育赛事供给是全方位、多元化的，不仅限于专业赛事，还包含多种多样的群众性体育赛事活动。在各地各部门、企事业单位等的大力支持下，可结合春节、清明、端午、重阳等传统节日习俗，在因地制宜的基础上，充分发挥各地资源禀赋的优势，举办舞龙舞狮、武术、棋牌、重阳登高等影响较大的群众性体育赛事和特色体育赛事活动。[①]同时，结合劳动节、国庆节等旅游旺季，各地

① 李崟，李刚，黄海燕.全球体育城市视域下上海体育赛事体系构建战略［J］.上海体育学院学报，2020，44（3）.

可引入极具观赏性、参与度极高的品牌体育赛事，增强民众的体验感，激发浓烈的城市自信，带动相关产业发展。另外，利用好寒暑假，鼓励各地积极举办多梯队、多级别、多层次的青少年体育赛事等，为国家的未来培育高质量竞技体育人才。例如，天津各区经常在节假日举办体育赛事，静海区曾在2019年初开展“大美静海，健身大拜年活动”，实现了“体育＋”的放大效应，带动了全区的经济发展；宝坻区更是推出一系列龙舟赛活动，在传承中华优秀传统文化的同时还丰富了人们的文化体育生活。由此可知，节假日体育赛事供给是体育市场发展过程中重要组成部分，不可忽视其为社会带来的经济效应和为人们带来的快乐。应不断丰富节假日体育赛事，促进节假日体育赛事多层次、多样化发展，有效保障赛事供给，进而满足人们的体育需求。

三、拓展体育消费新空间

2019年，国务院办公厅印发的《纲要》提出要拓展体育健身、体育观赛、体育培训、体育旅游等消费新空间。这些要求的一一落实既是体育消费的基础条件，也是加快发展体育产业的重要载体，更是加快体育强国和健康中国建设的根本保障。[1]拓展体育消费新空间是我国体育产业持续发展的发动机，其对优化体育产业板块、激活体育产业发展的动能具有重要作用，是促进体育产业发展的必然抉择。目前，随着大数据、云计算、虚拟仿真技术等智慧化现代信息技术的不断升级，人们的智慧化需求也与日俱增，传统的信息技术已然不能满足人们需求。为此，拓展体育消费新空间需在时代步伐下，与现代信息技术有机结合，深掘体育健身、体育旅游等体育消费的新模式、新空间，传播体育消费文化，营造体育消费氛围，打造与众不同的体育消费新空间，进而激发体育产业的消费活力，提升体育产业的运行效率，提升体育消费者的消费体验和满足消费需求，从而发挥出体育消费新空间的独特优势，形成新的体育消费经济空间，推动体育产业的多元化发展。

拓展体育消费新空间对于将消费需求转化为消费行为、精准服务体育消费重点

---

① 王雪莉，付群，郑成雯.2010—2019年中国体育消费政策落实：问题与对策［J］.体育科学，2019，39（10）.

人群而言有着重要作用。[①]体育消费新空间的拓展主要从以下三点入手。第一，高度关注重点人群的体育需求，做到精细化供给。围绕青少年、女性、老年人等潜在体育消费群体，结合青少年培训、“她”经济、银发经济等新型经济特征，实现体育服务和产品的精准化配送。如针对女性运动需求，不断研发各类适宜女性的运动护肤品、小型运动器械等产品，优化健身课程与新模式，为女性运动创造优良条件，吸引女性参与到运动当中。第二，重视先进技术的运用，升级改造体育基础设施。须在相关企业单位的大力支持下，充分发挥市场主体的作用，开展智慧场馆、智慧跑道等体育新空间的数字化建设，并增设体育消费项目，为群众提供高质量运动场地、良好体育赛事观看体验的同时，还能为体育消费者提供智能化运动场景和精细化服务。第三，注重体育消费新形式的建设。通力打造一批体育特色显著、服务功能齐全、经济发展良好的体育服务综合体，探寻“体育＋文化”“体育＋旅游”“体育＋教育”等多元化的运营方式，形成各功能间互相依存、相互支持的多功能、多业态、多效益的体育消费集聚区，从而加快体育产业的持续发展。

四、创新体育消费支付产品

建设经济强国是中国特色社会主义新时代的重要任务，是社会主义现代化强国和中华民族伟大复兴中国梦在经济建设领域的具体化。[②]作为迅速崛起的体育产业，其在国民经济发展和经济强国建设中的作用和价值十分突出。特别是在扩大体育消费、引导群众健康生活、促进社会和谐等方面，不断衍生新模式、产生新需求。体育消费是与经济社会转型发展、居民健康素质提升紧密相关的新兴消费领域，是体育产业发展的基石。没有体育消费的支撑，体育产业就像无本之木、无源之水，难以持续发展。因此，为进一步扩大体育消费，满足广大人民群众的新需求、新想法，需将创新体育消费支付产品提上日程。基于目前现代信息技术蓬勃发展的大环境，创新体育消费支付产品需要利用新技术、新模式对体育

---

① 黄海燕．新阶段、新形势：我国体育产业发展战略前瞻［J］．上海体育学院学报，2022，46（1）．

② 黄海燕．新时代体育产业助推经济强国建设的作用与策略［J］．上海体育学院学报，2018，42（1）．

产业进行改造升级，促进体育产业逐步向智慧化、网络化方向发展，并鼓励体育产业运用物联网、大数据等技术助推业态创新、管理创新和服务创新，为创新体育消费支付产品提供有利条件，在此基础上实现创新发展。

在我国体育消费快速增长、政府大力推动体育产业升级的背景下，要加强与金融企业的通力合作，创新体育消费支付产品，推动体育消费的数字化，促使民众的体育消费愈发精准、便利。2018年，国务院办公厅在《关于加快发展体育竞赛表演产业的指导意见》中便指出，要支持金融机构创新体育竞赛表演消费支付产品，推动消费便利化；推动银行业金融机构结合体育竞赛表演产业特点，研发体育竞赛表演类消费信贷新产品。基于此，体育产业其他领域也应创新体育消费支付产品。一方面，鼓励金融企业积极推行以拓展全民健身公共积分通付性功能的“数字化营销货币”等体育金融科技创新产品为代表的体育消费便利化工具。同时，重视体育消费场景的创建，并在其中设置恰当的奖励机制，从而提高线上线下消费空间的连通性，激发体育消费者的分享欲，提升体育消费者的活跃度。另一方面，及时把握特殊时期“宅经济”的发展机遇，鼓励民众积极参与“云健身”“居家健身”等新兴健身方式，构建内容专业化、服务个性化的云健身平台、智慧体育App等，为民众的健身需求提供多样化选择，并实施相关购买优惠政策，促进体育消费需求向消费行为的转化。如2020年以来，中国银行在“运动平台、体育政府”等领域积极创新多元化的体育消费模式，分别在手机银行App、“中国银行信用卡”微信公众号等平台推出运动打卡、健身专区，以及体育场馆预定、运动商品积分兑换等功能，进而提升民众参与积极性，为体育消费行为埋下伏笔。通过做好体育消费服务，满足广大民众的体育消费需求，推动体育产业的高质量发展。

五、支持各地创新体育消费引导机制

《体育强国建设纲要》提出：“加快发展体育产业，培育经济发展新动能”，要扩大体育消费，激发市场主体活力。[①]在一系列福利政策支持与引导下，刺激

① 国务院办公厅.关于印发体育强国建设纲要的通知［EB/OL］.（2019－9－2）［2022－11－3］.

体育消费，推动我国体育产业快速发展，力争使体育产业成为国民经济支柱性产业，预计到2035年占GDP比重达4%。[①]体育消费增长是推动体育产业快速发展的重要驱动力量，但是近两年来体育产业发展速度变缓，出现体育消费低迷等现象。一方面，新冠疫情暴发使体育市场环境面临着前所未有的挑战。如2019年，国家统计局与国家体育总局公布的一份公告显示，全国体育产业总规模为29483亿元，增加值为11248亿元[②]，体育产业发展环境整体向好。但在2020年，全国体育产业总规模为27372亿元，增加值为10735亿元。与2019年相比，总产出下降7.2%（未扣除价格因素，下同），增加值下降4.6%。[③]通过对比2019年和2020年国家统计局与国家体育总局公布的两份公告发现，全国体育产业总产出增长速度变缓，呈下降趋势。另一方面，随着生活水平的提高，人们对美好生活的质量提出更高要求，相比之下，体育产业的形式单一，并不能满足人们多元化的体育需求。例如在体育用品方面，人们从开始的基础性体育用品消费，现在更倾向于显示高级感的专业装备；在体育服务方面，受数字技术发展的影响，人们倾向于智能服务，更加在意服务质量，如智能场馆、智能取票、智能培训等。

为满足人们多元化的体育消费需求，各地应充分考虑区域差异，结合地方实际，创新体育消费引导策略，刺激当地体育消费，促进体育产业发展。首先，政府应发挥在创新体育消费引导机制中的主导作用，结合各类体育产业特点，针对体育消费过程中存在的问题，积极出台专项扶持政策，有效提高当地居民体育消费的积极性。如上海市静安区体育局开展“体育公益配送”服务项目，通过向生活、工作、学习在静安的市民提供公益配送券，使市民能在区内各类体育场馆享

---

① 国务院.体育产业力争成为国民经济支柱性产业［EB/OL］.（2021—5—20）［2022—11—3］.

② 国家统计局，国家体育总局.2019年全国体育产业总规模与增加值数据公告［EB/OL］.（2020—12—31）［2022—11—3］.

③ 国家统计局，国家体育总局.2020年全国体育产业总规模与增加值数据公告［EB/OL］.（2021—12—30）［2022—11—3］.

受价格优惠的健身服务。[①]其次，随着数字技术在体育领域的广泛应用，各类体育产业要深刻认识到数字技术与体育融合发展的独特优势。体育“智能化”趋势是势不可挡的，《“十四五”体育发展规划》也指出，“推动全民健身智慧化发展”，依托互联网技术进行产品设计与研发，开展线上培训、智能教学和服务，为居民的体育消费提供便利。最后，体育消费作为较高层次的国民消费，消费者意愿主导着体育消费的经济表现[②]，因此体育企业要不断与消费者互动交流，充分了解消费者需求，不断根据消费者实际消费状况制定全新策略，提高体育产品的质量，以此来促进居民的体育消费。

第四节　强化体育市场监管

加强体育市场监管是体育强国建设的战略任务之一。规范体育市场，完善市场监管，推进市场监管现代化，是建立统一开放竞争有序的现代市场体系的客观需要，是完善社会主义市场经济体制的内在要求。[③]体育市场监管是指针对体育产业的运营规范进行监督，其主要目的是推动体育市场健康有序发展。强化体育市场监管是加快发展体育产业与培育经济发展新动能的基本保障，可以从以下几个方面来开展：由政府主导，联合各体育市场相关部门，完善体育市场监管体制；制定相关政策，监督和引导体育市场自我约束与诚信经营；以政府监管为主导，以依法治体为原则，构建体育行业信用体系；完善体育企业信息公示制度，促使企业信息公开化透明化；严厉打击失信体育企业，健全信用约束和失信联合惩戒机制，为消费者的合法权益提供有力保障。

---

① 柴王军，刘哲辰，李国．“双减”政策背景下青少年体育培训业高质量发展的实践模式与推进策略［J］．武汉体育学院学报，2022，56（6）．

② 刘冬磊，崔丽丽，孙晋海，等．产业生态覆盖与消费场景变革：物联网时代下体育消费升级的探索与思考［J］．体育科学，2022，42（4）．

③ 国务院．关于印发“十四五”市场监管现代化规划的通知［EB/OL］．(2021－12－14)［2022－11－3］．

一、完善体育市场监管体制

推进体育市场监管体系现代化是确保新时期我国体育行业蓬勃发展的客观要求，也是加快体育行业形成新发展格局、促进高质量发展的重要保障。[①]伴随我国经济的快速发展，国内形成了庞大的市场规模，体育市场同样日趋繁荣，体育服务和体育产品不断丰富。但由于体育监管体制无法与快速发展的体育市场相匹配，各种市场问题开始逐步浮现，对体育市场健康有序发展提出巨大挑战，系统、科学、全方位的体育市场监管已成为体育产业高质量发展的诉求[②]。从《体育强国建设纲要》强调加强体育市场监管、完善体育市场监管体制，再到《关于进一步加强和规范体育领域事中事后监管的若干意见》对体育市场监管的任务分工作出更加详细的说明，都聚焦体育市场存在的问题与市场监管之间的矛盾，强调加强和完善体育市场监管体制工作必须加快落实。体育市场普遍的问题，主要包括以下几点。首先，随着数字技术在体育领域的应用（如体育竞赛数字化、体育产业数字化、全民健身数字化和以数字平台为核心建立的智慧体育场馆等）以及体育市场的数字化转型，体育监管部门领导及工作人员对数字技术片面的认知已无法有效使用数字技术提高对体育市场监管的效率。其次，相关零散制度已无法适应当前体育市场的发展，导致市场监管不到位，出现一系列问题。最后，各体育监管部门缺乏既懂体育又懂数字技术应用的复合型人才。

为应对体育市场监管存在的问题、促进体育市场健康有序发展，可以从三个方面完善体育市场监管机制。一是保证国家颁布的市场监管政策文件的落实，如《关于进一步加强和规范体育领域事中事后监管的若干意见》《关于进一步加强体育赛事活动安全监管服务的意见》等，防止在实施过程中出现“重形式”“走过场”等现象。明晰现行体育规章制度的要点，对其中不合理部分进行修正或废除，并不断完善数字监管政策方面的不足，为实现体育市场监管体系现代

① 徐磊，王庆军，孟文涛.大数据时代学校体育场馆服务全民健身智慧治理的内在诉求与路径选择［J］.山东体育学院学报.2021，37（5）.

② 黄海燕，刘蔚宇.论体育市场监管工具创新——基于深度访谈的质性研究［J］.体育文化导刊，2020（5）.

化进一步奠定基础。二是创新体育市场监管方式，适应新型数字技术在体育市场的应用，加强对体育市场监管部门工作人员相关方面的培训，使工作人员明晰数字技术对体育市场监管的关键作用，并且能够熟练将数字技术与传统市场监管方式相结合，提高工作效率。三是加强对体育监管部门人才的培养和后备人才的引进。鼓励人才通过智能设备、互联网等在日常生活学习、提高自身数字技术知识储备和应用能力。人才引进方面，可以从高等院校、科研院所及其他专业领域引进，推动体育市场监管体系人才的现代化，为完善体育市场监管体制提供助力。

二、促进体育市场主体自我约束与诚信经营

近年来，我国体育产业迅猛发展，在一系列利好政策的支持与引导下，我国体育市场主体不断增加，为体育市场发展注入强大动力，体育产业迈上了新台阶。据统计，2018年末，体育产业法人单位为28.3万个，其中体育服务领域占体育产业的59.0%。[①]体育市场主体数量的快速增加同样也给体育市场监管带来巨大压力，如大量新增市场主体缺乏经验和正确引导，出现发布虚假广告、售卖劣质产品、欺骗消费者、违法收集消费者信息等各种问题，遭到大量消费者的投诉，严重影响了消费者的合法权益，最终导致体育市场秩序紊乱。因此，体育市场监管部门在加强市场监管的同时，也应对市场主体制定有效引导策略，促进体育市场主体自我约束和诚信经营，达到推动体育市场健康有序发展的目的。

《体育强国建设纲要》指出要“加强体育市场监管”，并强调充分发挥法律法规的规范作用、行业协会的自律作用、市场的配置作用、公众和舆论的监督作用，促进体育市场主体自我约束、诚信经营。结合《体育强国建设纲要》的要求及当前体育市场的复杂性，首先，体育市场监管部门要坚持“依法治体”，运用法治方式解决体育市场出现的各类问题，提高体育市场监管部门依法行政能力。对于近年新兴的体育市场主体，在对其进行依法监管的同时，尤其要重视对市场

---

① 国家统计局.我国体育产业蓬勃发展前景广阔——第四次全国经济普查系列报告之十五［EB/OL］.（2020－1－20）［2022－11－4］.

主体制定有针对性的引导策略，普及体育法相关知识，引导体育市场主体依法经营，提高自我约束力。适当将温和自由式监管与依法监管方式相结合，避免造成“一管就死”现象，对体育产业发展带来不利影响。其次，通过数字技术加强体育部门与市场监管部门的信息共享，加强各部门的合作。协同开展工作可以快速发现监管工作中存在的盲区，有效提升市场监管的科学性和有效性。对于那些存在失信情况的体育市场主体，体育市场监管部门可以建立失信名单，充分利用信用工具对体育市场进行监管。通过对违法失信单位施加严厉惩戒，促进体育市场诚信经营秩序和经营环境的形成。最后，不能忽视消费者在体育市场监管工作中的重要作用，对体育市场进行监管的起点是为保护体育消费者的合法权益、解决消费者与体育市场主体的矛盾，应充分发挥公众舆论的监督作用。因此，要考虑消费者诉求，为消费者提供有效的投诉路径和反馈平台，提高市场主体不良经营信息的收集效率，对所涉体育市场主体进行重点监管和惩戒，以此规范体育市场秩序，营造体育市场诚信经营的良好氛围。

三、推进体育行业信用体系建设

社会信用在社会发展中处于根基性地位，每个领域的有效运转都是以社会信用为前提。[①]目前，体育行业虽然还是一个新兴行业，但随着国家经济实力的日益提升以及人民对生活水平质量与精神文明要求的日益提高，大众化的体育行业也逐渐走入了人们的日常生活。大力发展体育产业必然会为中国经济带来飞跃式增长，同时也能优化并调节中国当前的经济结构。正是基于此，积极推动全国体育产业诚信体系建立，加强体育运动市场监管工作，是进一步推进体育产业发展并把体育运动建设作为中华民族伟大复兴标志性事业的应有之举。

体育行业有其独特的市场规律及特点。在各种体育市场环境中，体育市场主体、交易客体、交易行为、竞争行为与过去有了很大不同，尤其是在体育市场生产要素市场中，体育市场客体和市场行为的多样性、复杂性已远远超出了人们的

---

① 翟学伟.诚信、信任与信用：概念的澄清与历史的演进［J］.江海学刊，2011（5）.

想象。[①]这就对体育市场监管工作提出了“专业化、技术化、全面化”的新要求。党的二十大报告中指出，完善社会治理体系，健全共建共治共享的社会治理制度，提升社会治理效能。这是党中央在经济高速发展和社会转型关键时期提出的重大改革思路，也为新时代社会体育行业信用建设指明了前进方向。首先，以政府监管为主导，共建体育行业信用体系。所谓共建，就是以政府为主导地位，将各体育产业相关责任人、体育消费者、社会组织等多元主体吸纳到建设框架中，形成多元主体共建的体育行业信用体系。传统的体育市场监管是在政府单一力量下推动的，社会组织以及大众群体更多时候是被动地参与治理。面对如今体育行业错综复杂的发展局势，需要联合多元主体共建体育行业信用体系，共同对体育市场监管工作进行顶层设计以及制度安排。例如，针对体育培训行业的监管，一方面可由政府管辖的市场监管等部门通过对体育培训机构的办学资质、收费价格等方面进行严格把控，从而制定出合情合理的体育行业信用标准。另一方面，可采纳体育培训机构负责人、体育培训机构的消费者、体育俱乐部成员等其他主体的观点和意见，对政府预先制定的体育行业信用标准进行适当调整或补充。其次，坚持以依法治体为原则，共创体育行业信用体系。体育立法是治理体育行业信用体系的关键环节。针对体育行业管理问题，国家法律有关机关可针对性地制定若干涉及体育行业管理问题的法律规定，并推动“党、政、社、公、法”等多方机构跨部门协调配合，以法治手段促进对体育行业的统一管理。例如，在体育竞赛表演业领域，面对体育竞技活动发展活性不足、竞赛运动人员素质低下等现象，可专门发布一对一的法律条文，以协调其他各部门进行联合管理。最后，以人民为中心，共享体育行业信用体系。自改革开放以来，由于坚持以人民为中心的发展理念，我国经济社会发展已经完成了从高速向高质量发展的基本过渡。这也就意味着体育行业信用体系也要始终深入贯彻以人民为中心的发展思想，强调公共利益至上的建设原则，能够让所有参与者与建设者共享体育行业信用体系的建设成果，更有获得感、幸福感和安全感，从而激发体育市场监管活力，共同营造诚信友善的社会环境。

---

① 赵文胜.我国体育市场监督管理体制探讨［J］.体育与科学，2005，26（5）.

四、完善体育企业信息公示制度

2014年7月23日国务院第57次常务会议通过了《企业信息公示暂行条例》，工商部门、企业、其他政府部门作为信息公示主体，承担信息公示义务，政府部门作为市场监管主体，监督企业在企业信用信息网站上公示反映企业营业状况的信息。[①]随着经济的快速发展，经济主体之间的交易越来越多，但交易双方的信息隔离导致社会上出现了信任危机。随着2008年北京奥运会的成功举办以及2022年北京冬奥会的圆满闭幕，人们对体育运动的热情不断上涨。近年来，我国体育产业发展迅速，市场规模不断扩大，但与建立布局合理、功能完善、门类齐全的体育产业体系，推动经济社会持续发展的目标尚有较大差距。[②]因此，完善体育企业信息公示制度，是推进体育行业信用建设的重要举措，也是强化体育市场监管的迫切需要，更是推动体育高质量发展的关键一环。

体育企业信息公示制度包含了体育企业信息公开、体育信用约束以及体育信用监管三部分。三者之间相互协同、缺一不可。基于此，为了更好地完善体育企业信息公示制度，可以从“公开、约束、监管”三个角度采用以下途径。首先，创建奖惩制度，提高失信成本。一方面，政府体育市场监管职能部门可每年挑选出一批信用极好的体育企业信息公之于众，用官方力量打造其值得信任的企业形象，从而在社会大众中取得“引流”的效果，同时也对具有优秀信用的体育企业起到了“奖励”的成效。另一方面，政府各职能部门通过统一的体育信息公示平台对体育失信企业进行联合管治、共同惩戒，达到“一处违法，处处受限”的惩罚力度。其次，提倡群众举报，树立诚信意识。“阳光是最好的防腐剂”，集合社会大众的力量，将体育企业信息置于公众目光之下，以确保企业公示的信息真实、完整、及时、合法。在体育市场监管布局中，群众是主动的监管者而非被动的执行者，这无疑有利于社会大众树立诚信意识。最后，开发手机App，通过云

① 李佳阔.企业信用信息公示制度的确立与完善［J］.法制与经济，2016（7）.

② 赵金国.体育企业信用评价指标体系研究［J］.齐鲁工业大学学报（自然科学版），2017，31（2）.

端链接。开发手机App，使体育企业可以与客户、银行、工商、税务等通过手机客户端进行链接。一方面，可以方便客户随时随地通过手机App对所要交易的企业信息进行数据浏览，从而有利于交易相对人自主选择是否与该企业展开业务联系，从而及时调整自己的投资方向。另一方面，银行、工商、税务等部门可以通过云端系统对体育企业进行实时市场动态跟踪，共同构筑信息立交桥，有效更新体育企业信用状态。与此同时，手机APP上的最新体育企业信息动态，也为政府相关部门依法治企提供了有力及时的证据，进而提高了执法的透明度、规范度和公信度。

五、健全信用约束和失信联合惩戒机制

我国体育产业正处于高质量发展时期，体育市场要素不断创新、主体不断壮大，体育产品和服务供给不断扩大，体育消费潜力不断被深挖，以期打造现代体育产业体系。《“十四五”体育发展规划》中强调要加强体育市场监管，完善体育市场监管体制，细化监管举措。[①]这表明加强我国体育市场监管是体育事业迈向社会主义现代化体育强国新征程的关键一招。基于强化体育市场监管的建设目标，健全信用约束和失信联合惩戒机制是我国体育企业建设的重要环节。

第一，健全信用约束机制。从发达市场经济国家和地区的经验来看，一个完整的信用约束机制至少包括五种制度，即企业信用预警制度、企业失信惩戒制度、企业守信激励制度、企业严重失信淘汰制度和企业信用恢复制度。根据《企业信息公示暂行条例》的规定，我国的信用约束机制并没有企业信用警告制度、企业信用恢复制度等重要机制。[②]因此，应明确具体内容，建立体育企业信用警告机制。所谓体育企业信用警告机制，就是相关执法机关可以重点审查一些具有轻微失信行为的体育企业，事先给予一定的行政告诫，防止轻微失信行为转变为严重失信行为，以达到防微杜渐的目的。另外，注重信用修复，建立

---

① 国家体育总局.“十四五”体育发展规划［EB/OL］.（2021—10—25）［2022—11—6］.

② 管晓峰.企业信用与可持续发展［J］.人民法治，2016（9）.

体育企业信用恢复制度。为了帮助体育失信企业拥有重建良好信用的机会，可以成立专业化的体育信用修复机构以帮助其更快地恢复良好信用。另外，相关法律部门也可以颁发与信用修复相关的专门法律法规，确保体育企业信用修复机构的运行正当合理。第二，健全失信联合惩戒机制。我国在全国范围内还没有形成统一有效的联合惩戒机制。[①]联合惩戒机制，顾名思义就是需要联合多个行政机关共同去对体育失信企业进行惩处。但是基于我国行政体制的特点，不同部门各司其职，责任主体划分明确，职权范围受到限制，这也就意味着多个行政机关很难做到协调统一，加大了彼此联合的难度。在此国情下，为了更高效及时地惩办体育失信企业，可以成立一家专门应对“失信惩戒”的联合中介机构。联合中介机构主要工作内容是针对失信体育企业的具体情况，分析企业失信程度，根据统一的惩戒标准向各行政机关下达不同的惩戒命令，以完成跨部门协同共建共治共享的信用建设基本目标。第三，健全信用约束和失信联合惩戒方式的多元化。对于信用约束和失信惩戒，人们往往会想到的是法律手段。但一个国家的体育信用建设，光靠外在的强制力是远远不够的。建立国家体育信用文化自信，是体育市场监管创造良好、有序环境的核心内驱力。利用道德、舆论等意识形态领域的非法律手段也同样能在信用约束和失信惩戒上取得一定的效果。相比法律手段，非法律手段更加贴近人们的日常生活，它所带来的影响更加广泛、效果更加凸显。

↘ 本章小结

党的二十大报告提出了“加快建设体育强国”的战略指示与要求，加快发展体育产业、培育经济发展新动能，是推进中国式现代化体育产业助力社会主义现代化经济强国建设的必由之路。新时代加快体育产业发展既是将体育建设为中华民族

① 王伟，侯江山，郭福伟.企业信用建设的重中之重：信用约束和联合惩戒［J］.人民法治，2016（9）.

伟大复兴标志性事业在经济领域的具体体现，又是将体育产业发展效益为民惠民的重要内容。打造现代化体育产业体系是完善体育全产业链条、促进体育与相关行业融合发展、推动区域体育产业协同发展及加快推动互联网、大数据、人工智能与体育实体经济深度融合的关键举措。通过引导企业加大自主研发和科技成果转化力度，提升体育用品供给能力，支持优势企业、优势品牌和优势项目"走出去"，鼓励大型体育赛事进行市场开发，鼓励大型健身俱乐部跨区域连锁经营等措施，持续激发体育市场主体的活跃程度。体育消费作为体育产业发展的基石，具有发展迅速、潜力巨大的特点。凸显体育消费在体育产业发展中的重要地位，是扩大体育消费的应有之义，以增强体育消费黏性、丰富节假日体育赛事供给、拓展体育消费新空间、创新体育消费支付产品、支持各地创新体育消费引导机制为出发点，全方位扩大体育消费，为促进体育产业发展贡献力量。加强体育市场监管是体育强国建设的任务之一。通过完善体育市场监管体制、促进体育市场主体自我约束与诚信经营、推进体育行业信用体系建设、完善体育企业信息公示制度及健全信用约束和失信联合惩戒机制，保障消费者的合法权益。

第七章

促进体育文化繁荣发展与中华民族伟大复兴

党的十九大报告指出，文化兴国运兴，文化强民族强。没有高度的文化自信，没有文化的繁荣兴盛，就没有中华民族伟大复兴。[①]作为提高人民健康水平的重要途径、促进人民全面发展的重要手段，挖掘并发展具有深厚底蕴的体育文化[②]，是推动体育成为中华民族伟大复兴标志性事业的必然要求。在新时代背景下，体育事业与民族复兴共生互进的发展关系，赋予了中国体育鲜明的文化品性，形成了独特的文化标识，凸显了磅礴的文化力量，其在发展有序、传承有道的中华体育文化体系中相互作用、相互交融，向世界展现了新时代中国文化的软实力与凝聚力。然而，体育文化如何传播与引领中国特色社会主义先进文化、如何激发全国各族人民的爱国情怀和民族精神、如何保障与助推体育强国建设，是新时代体育成为中华民族伟大复兴标志性事业所要面对与解决的挑战和难题。在习近平新时代中国特色社会主义思想的引领下，在中华民族实现伟大复兴的历史必然和推进轨迹的引导下，系统阐释体育成为中华民族伟大复兴标志性事业的文化内蕴、科学设计体育成为中华民族伟大复兴标志性事业的支撑力量，对于把握体育事业发展客观规律、解决民族复兴进程中的各类体育问题和矛盾，具有重要的指导价值和现实意义。

---

① 习近平.决胜全面建成小康社会　夺取新时代中国特色社会主义伟大胜利——在中国共产党第十九次全国代表大会上的报告［M］.北京：人民出版社，2018.

② 吴文峰.中国体育文化近代变迁的重新审视［J］.天津体育学院学报，2022，37（2）.

第一节　体育成为中华民族伟大复兴标志性事业的文化品性

品性、标识、力量是体育文化内蕴的核心组成要素。文化品性是精神支柱，是体育成为中华民族伟大复兴标志性事业的内在价值体现；文化标识是客观载体，是精神内核的外化表现；文化力量则是对体育在民族复兴进程中文化作用的凸显。围绕着品性赋魂、标识赋体、力量赋能的逻辑主线，阐明各要素之间的内在联系和价值功能，对体育成为中华民族伟大复兴标志性事业具有重要作用。

一、浓郁的民族性

民族是一个有共同语言、共同地域、共同经济生活以及表现于共同文化之上的具有精神共同性的稳定共同体①，浓郁的民族性则是实现中华民族伟大复兴的思想基础。民族特性的传承与弘扬是一个践行时代精神与体育精神的具体实践行为，不仅体现了我国人民群众的身体素质、健康水平和整体精神面貌，更加凸显了弘扬民族精神、增强民族凝聚力对实现中华民族伟大复兴的重要作用。新阶段，在民族复兴的历史进程中，需要加强和彰显体育文化的民族性本质，传递中华体育文化的价值认同与情感互融，将优秀文化基因与民族精神品质嵌入体育强国事业、融入民族复兴伟业，为中国特色社会主义事业发展注入新能量。从推动实现中华民族伟大复兴的逻辑来看，浓郁的民族性是支撑我国在激烈的世界文化竞争中站稳立场，向世界人民展示中华民族精气神和奋斗力的宝贵财富，其蕴含的历久弥新的独特价值，更是体育成为中华民族伟大复兴标志性事业的精神旗帜。

① 徐博.试论体育文化的民族性——关于我国当代体育文化研究根据的思考［J］.人民论坛，2013（20）.

二、完整的传承性

发展体育文化，首先要传承发展中华传统体育文化[①]，传承性是中华传统体育文化得以延续与弘扬的必要条件。完整的传承性区别于一般的或纯粹的文化继承，不仅要求其对中华武术、太极、舞龙舞狮等众多传统体育运动进行继承，更要实现对中华传统体育文化所蕴含的文化精髓与思想精神的传承与弘扬，彰显中华民族所独有的“知行合一、天下大同”的精神认同和价值取向，为解读体育成为中华民族伟大复兴标志性事业的内涵提供重要依据和内容。在新时代背景下，面对国际上不同文化形式的冲击，需要持续扎稳我国独特的文化根基，以完整的文化传承性推动体育事业发展，强化具有中国特色的体育文化价值观念和理想信念，凝聚国人力量，孕育道德情怀，彰显民族精神，将对中华优秀传统文化的完整传承融入体育构筑民族复兴的整体框架。

三、持续的创新性

文化创新是社会主体根据社会实践发展和人民群众需求，运用一定的手段形成的创新性实践。[②]体育文化创新立足于文化民族性和传承性，从人民群众对文化生活的精神期待与实践需求出发，进行创造性转化和创新性发展。新时代，将体育打造成为中华民族伟大复兴标志性事业的一个根本主旨，就是立足于人民，一切发展成果服务于人民。我国体育文化的创新性发展以增强国民体质、增进国民健康为时代主题，通过将体育文化的传统内涵与现代内涵相结合，将传统体育价值观与现代运动观相融合，展现出前所未有的包容状态和精神实质，为中华民族伟大复兴创造有利的文化环境。在习近平新时代中国特色社会主义思想的指引下，我国体育文化创新性建设的基础和条件更加坚实和优越，其以新颖的时代话语阐述时代内涵，将文化创新元素与爱国精神和民族精神有效融合，极大地提升

① 张家伟.中华传统体育文化传承发展的立法保障探究［J］.体育文化导刊，2022（4）.

② 马振川，张道鑫，支川，等.传统武术文化自信的生成机制与提升策略［J］.体育文化导刊，2021（9）.

了国家文化软实力和竞争力，使中国体育事业的未来发展格局愈加完善。

第二节　体育成为中华民族伟大复兴标志性事业的文化标识

一、文化基色：体现不同时代体育文化的思想基础

体育文化是具有自身规律性的一种特殊社会现象，是一定时代精神的客观反映，它服务于各阶段的社会需求与教育理念。[①]不同时代的体育文化基色有所不同。在新中国成立初期，面对国内“一穷二白、百废待兴”的局面，体育被赋予“民族振兴”的文化基色；改革开放初期，稳定的社会政治经济局面，期待体育彰显“民族富强”的文化基色；进入中国特色社会主义新时代，体育事业将以“民族复兴”的文化基色，实现中华民族伟大复兴的中国梦。新时代，我国体育文化建设力度不断加大，建设质量不断提高，为中华民族伟大复兴提供了坚实的思想基础和鲜明的时代基色。在体育助推中华民族伟大复兴进程中，体育文化的时代内涵更加丰富，形式更加多元，其借助民族崛起、民族富强、民族复兴的时代文化基色，丰富了体育强国建设的文化内涵，为体育成为中华民族伟大复兴标志性事业增添了新鲜活力和生命力，进而将体育事业打造成为推动实现中华民族伟大复兴蓝图中的一块重要拼图。

二、文化差异：包容不同民族体育文化的基本理念

体育文化的差异性指不同民族、不同国家有着不同的体育文化，且各自的体育文化都有着不同于其他民族的内在特征。这些差异性既体现在体育文化的传播与组织形式上，也存在在体育文化观念与价值标准上，而包容不同民族和国家的体育文化差异，既是我国体育事业交往的原则，也是体育成为中华民族伟大复兴标志性事业的基本理念。在世界多元文化朝着多样性发展的今天，面对各民族、国家、地域主体之间的体育文化差异，我国应传承丝绸之路的文化交流脉络，凭

---

① 崔乐泉，张红霞．中华优秀传统体育文化的缘起与特征［J］．武汉体育学院学报，2020，54（7）．

借“一带一路”倡议加快体育文化包容性发展的步伐①，在文化交流过程中实现文化自信与文化认同。中华民族伟大复兴是在时代潮流中、世界发展大格局中进行与完成的，必然离不开与世界各国的文化交流与对话。打破文化壁垒，包容文化差异，需要我国秉持海纳百川、天下大同的大国胸怀，以积极的文化姿态和话语权，加强与世界各国的体育交流合作，实现有品质的体育深度交流，将中国体育大国的形象更有力地展现在世界面前。

三、文化底蕴：展示体育文化的独特魅力

体育不仅是一项运动，而且是一门国际“语言”②，能够在国际上进行高质量、深层次的文化交流。虽然世界各国的体育文化千姿百态、异彩纷呈，但最终追求的还是“和平友好、求同存异”的体育精神与道德魅力。历史久远、底蕴深厚的中华体育精神以精湛技艺为载体，以强身健体为主旨，其内部的核心思想是以和为贵、团结友爱的价值观念与道德情操，是对中华民族崇尚和谐、爱好和平的基本理念的继承与弘扬。文化是中华体育精神得以延续的重要载体，中华民族伟大复兴中国梦的实现需要凝聚中国精神、汇聚中国力量、彰显中国文化魅力。体育文化已成为倡导时代精神的典型代表③、展示民族魅力的独特方式，不但可以扩展中国特色社会主义先进文化的建设内容，而且通过体育文化自身携带的浓厚民族底蕴和精神内涵，能够为中国体育文化软实力的提升凝心聚力，进而为实现中华民族伟大复兴提供源源不断的文化动力。

① 陈刚.一带一路与我国体育文化国际传播策略研究［J］.体育文化导刊，2016（7）.

② 白蓝.“一带一路”背景下中国体育文化对外交流研究［J］.体育学刊，2020，27（2）.

③ 黄莉.体育软实力的概念、实力要素与核心探究［J］.体育文化导刊，2017（2）.

第三节　体育成为中华民族伟大复兴标志性事业的文化力量

一、为助力体育强国建设提供文化保障

在体育强国建设进程中，体育文化建设是我国体育事业发展的原动力[①]，要实现体育事业的可持续健康发展离不开体育文化的重要支撑。面对“世界百年未有之大变局”，中华民族伟大复兴的前行进程并非一帆风顺，各种威胁与冲击充斥其中，世界各国体育竞争激烈、文化矛盾激荡，冲突与对抗时有发生，而体育强国建设则是为国家富强、民族复兴保驾护航的重要基石。新时代，我国正处于实现中华民族伟大复兴的关键期，如何确保国家体育事业安全、健康、稳定是强国建设的当务之急，也是民族复兴的应有之义。在世界体育激烈竞争和文化冲突日益加剧的今天，坚定中华体育文化发展道路，融合多元体育文化内涵，厘清体育文化助力强国建设的内生机制，阐释清楚体育文化在体育事业中的整体布局与价值引领，是增强民族自信心、凝聚民族精神力量的重要内容，更是推进体育强国建设、实现中华民族伟大复兴的重要保障。

二、为弘扬中华体育精神提供生机活力

中华体育精神历来被视为我国体育发展的中坚力量，是社会主义思想道德体系的重要组成部分，在社会主义精神文明建设中扮演着不可缺少的重要角色。[②]中华体育文化是历史文明发展和优秀文化积淀的成果，已经形成了鲜明的民族性与传承性，涵盖了无数优质的中华文明精神，对弘扬中华体育精神发挥重要的引领作用，其文化存在的深度与广度，为中华体育精神的继承与传播提供无限生机与活力，为实现中华民族伟大复兴提供思想支撑与精神动力。习近平总书记指

① 孙楚，谢慧松，厉素霞，等.体育强国建设背景下体育文化自信的生成逻辑与实践路径［J］.体育文化导刊，2021（5）.

② 王凯.体育强国建设背景下体育产业强省建设的思考［J］.体育学研究，2019，2（6）.

出，加快建设体育强国，就要弘扬中华体育精神。[1]新时代中华体育精神是对民族文化自信与认同的生动诠释，具有强化国家情感、提振精神面貌的重要作用。中华体育精神的更新与延续汇聚了中华体育文化的磅礴伟力，将中华民族的精气神、体育文化的向心力，有力地注入时代精神和爱国精神的有序良性发展中，为社会主义精神文明建设提供了价值遵循，进一步激发了中华民族伟大复兴的精神力量和民族气派。

三、为形成体育文化自信提供价值遵循

文化自信是国家文化软实力的重要内在机理之一，而文化软实力以社会共同认可的核心观念为价值导向，以思想理论体系和国家意识形态为中流砥柱。[2]文化自信是中华民族砥砺奋进、自强不息的亮丽底色，是新时代体育强国建设、实现民族复兴的话语底气。长久以来，中华体育文化焕发着文化自信的强大生命力，其注重娱乐教化和调节身心功能，强调集强身、防病、礼仪于一体的价值理念，为文化自信的形成提供了精神源泉，体现了中华优秀体育文化的道德品格与思想精髓。进入新时代，体育文化自信依然是我国群众体育、竞技体育、体育产业、体育外交等事业蓬勃发展的必备要素，在文化思考与实践探索中，我国体育事业发展方向越来越坚定，文化自信的学理问题更加明晰，为中华民族伟大复兴提供了坚实的理论基础。体育文化自信是我国社会主义先进文化自信的重要体现，彰显了我国综合实力和文化软实力，是助推体育成为中华民族伟大复兴标志性事业的重要文化力量。

---

① 习近平在会见全国先进体育单位和先进个人代表等时强调　开创我国体育事业新局面　加快把我国建设成为体育强国［N］.人民日报，2017－8－28（1）.

② 黄莉.中华体育精神与体育强国梦［M］.北京：北京出版社，2021.

第四节　体育成为中华民族伟大复兴标志性事业的支撑

一、加强群众体育文化建设，实现奠基作用

群众体育作为具有普遍意义的运动方式，随着《全民健身计划纲要》的颁布和实施，激励广大民众参与其中，在一定程度上反映出国家社会政治、经济、文化的良好发展态势。随之形成的群众体育文化集物质财富和精神财富于一体，不仅有助于国民养成正确健康的生活方式，掌握基本的社交技能，增进彼此的友谊，更以文化为交流媒介，有助于国民形成健康的世界观、人生观和价值观，进而有利于个体融入社会，在民族或文化上求同存异。①群众体育文化是国家文化建设和社会文明发展的奠基石，对推动体育强国建设和实现中华民族伟大复兴具有重要的现实意义，产生的效应和作用为我国树立了良好的国际形象，体现了新时代中国特色社会主义群众体育事业发展的重要成果。然而，目前我国全民健身公共服务体系仍不完善，群众体育多元治理格局尚不成熟，需要进一步加大群众体育文化的长效机制建设力度。

新时代，群众体育文化拥有诸多丰富多彩的表达形式，如娱乐健身的广场舞、身心合一的传统武术、动静结合的太极招式以及属于各民族的独特体育运动等。群众体育文化在助推国民实现强身健体、“身心并完”的同时，也能促进群众体育与全民健身、全民健康深度融合发展。因此，我国应持续加强群众体育文化体系建设，为广大民众参与体育活动提供相对开放的空间，营造良好的运动氛围，进而培育国民的文化素养，向民众普及具有体育文化内涵的思想、精神和价值观念。另外，加大对群众体育文化成果的宣传与应用，激发国民参与体育运动的兴趣，促使人民群众全面深入地了解体育文化的内涵，让广大民众拥有强健体质、卓越精神的同时，彰显我国体育文化强调健康、文明、积极、理性的人文特点。加强群众体育文化建设是落实全民健身与全民健康战略的必然要求，作为一种以国民身体素质和文化素养为主体的重要文化形式，对增强民族凝聚力与国民

① 黄静.多元文化背景下毛里求斯大众体育发展研究［D］.重庆：重庆大学，2017.

向心力具有突出优势，是实现体育成为中华民族伟大复兴标志性事业这一目标的重要方式。

二、抓好竞技体育文化建设，实现引领作用

竞技体育是体育强国建设的显性指标，在体育强国建设中有着突出的引领作用，重视竞技体育发展是应然，也是实然，其承载了为国争光的历史重任，也承担着几代中华儿女实现中国梦的特殊使命。如在改革开放初期，经济基础薄弱，国际话语权缺失，国家提出优先发展竞技体育运动的战略，扭转了“弱国无外交”的局面，向世界展示了自信、自立、自强的国家形象，提高了国际地位，增强了国际竞争力。[①]但现代竞技体育越来越强调竞技性、商业化，使竞技日益功利化，金牌、成绩成为唯一的目标。[②]竞技体育文化的逐渐迷失，要求我国竞技体育发展亟须回归本质，重构竞技体育管理体制，大力弘扬竞技体育人文精神，充分发挥竞技体育引领体育事业全面发展的功能和魅力，为我国在国际社会中的交流发展构建一个和谐美好、友好互助的文化环境。

2008年北京奥运会与2022年北京冬奥会的成功举办，标志着我国体育事业发展进入一个崭新的阶段，竞技体育文化建设迎来新机遇与新态势。因此，我国应抓住发展契机，着力打造举国体制与市场体制相结合、为国争光与以人为本相结合的竞技体育文化建设格局。发掘竞技体育文化历史根源，关注竞技体育文化发展焦点，找准竞技体育文化价值指向。通过竞技体育比赛、电视直播回放、社会体育活动以及学校思政课堂等渠道，大力弘扬竞技体育人文精神，强调体育以人为本的教育理念，让体育回归本质，让教育回归自然。另外，加强竞技体育制度文化建设，通过标准、严格的系列准则和制度，约束运动员、管理人员、保障人员等相关人员的行为规范和道德观念，将制度文化融入社会制度，将个人价值与社会价值相联系，充分彰显竞技体育文化的时代价值和战略地位。新时代，我

---

① 李润．“一带一路”格局下我国体育产业发展的理论构想［J］．广州体育学院学报，2017，37（4）．

② 蒋新国．我国竞技体育文化迷失现象的分析［J］．体育学刊，2010，17（7）．

国应继续发挥竞技体育文化在国民素质培育、社会文化建设、民族复兴进程中的引领作用，以竞技体育文化引领群众体育、体育产业的蓬勃发展，彰显体育大国和体育强国形象，助推体育成为中华民族伟大复兴标志性事业。

三、创新校园体育文化建设，实现滋养作用

校园体育文化是现代教育与现代体育融合的结晶，是以学生为主体、以体育活动为主要内容、以校园为主要空间的一种体育文化。[①]校园体育文化是校园文化与体育文化的有机结合，其依托多样的组织形式，向学生传授体育知识、技艺和技能，通过大量的体育实践活动培育学生的综合素养、塑造学生的道德品格。其本质是按照体育文化和体育教育的基本规律及原则要求，创造性地进行设计和优化组合的不同体育形态的复合群体文化[②]，能实现学生对社会主义先进文化和中华体育精神的汲取与内化。随着社会科技发展、外来信息和文化的侵入，我国校园体育文化建设受到较大冲击，如何建设好具有中国特色的校园体育文化，保持校园体育的生机活力，为体育强国建设增添鲜活力量，关系到中华民族伟大复兴中国梦的实现。

新时代，校园体育文化建设应牢牢把握“立德树人”根本任务和“健康第一”教育理念，认真贯彻落实习近平总书记关于“守好一段渠、种好责任田”的重要论述，着重培养学生的奋发进取精神和坚强意志品质，对接马克思主义关于人的全面发展的思想，为培育德智体美劳全面发展的社会主义建设者和接班人打下坚实基础。一是思想行动先导。我国校园体育文化建设需要将“立德树人”根本任务落实其中，将校园体育文化自带的体育文化氛围以及丰富的精神内涵融入思想教育中，促使学生在参与过程中形成正确的三观，激发学生的爱国热情和民族自豪感，为造就新时代中国特色逐梦人提供思想指向。二是坚持树立“健康第一”的教育理念。拥有健康体魄和良好的健康习惯才是成为高质量人才的基本前

---

① 顾春先，何文涛，胡波.我国普通高校校园体育文化建设现状及对策［J］.成都体育学院学报，2010，36（8）.

② 任莲香.体育文化与高校体育［M］.兰州：甘肃人民出版社，2005.

提。通过开展学生群体喜闻乐见的体育文化活动，利用校园体育文化具有的娱乐性特质，引导学生参与体育实践，丰富体育健康相关知识，为学校体育事业的发展保驾护航。校园体育为体育强国建设提供了大量后备人才，培育好校园体育文化能够保证社会主义建设者和接班人自觉投身于伟大祖国建设，在一代代青年的接力奋斗中实现中华民族伟大复兴的中国梦。

四、拓展奥林匹克文化建设，实现助推作用

奥林匹克文化是体育运动与文化、教育相融合的产物，是具有多元的世界先进文化特点的文化体系。[①]奥林匹克文化最早起源于古希腊的奥运会，作为西方文明的产物，其具有崇尚个人主义、重视自由竞技的特点。随着现代竞技体育的发展，多元化的文化内涵逐渐融入奥林匹克文化，形成了一套系统的、先进的、多元的文化体系，旨在鼓励人们拼搏进取、奋发向上，维护人格尊严，推动社会和平发展。具有中国特色的奥林匹克文化体系体现的是中华民族亲仁善邻、团结友爱的文化特质，重视集体主义与和谐发展的精神。新时代，将传统体育文化渗透进奥林匹克文化，是中华体育精神得以继承与弘扬的现实之需，也是突破世界多元文化壁垒、调和奥林匹克文化差异的应然之举，更是让世界感受中国力量、体会中国精神，助力实现中华民族伟大复兴的重要途径。

奥林匹克文化是人类共同的文化和精神财富，拓展奥林匹克文化建设，实现其对中华民族伟大复兴的助推作用，既需要继承好，也需要传播好。继承好就是要继承与再造奥运文化遗产，2008年北京奥运会的成功举办，向世界展示了中国人民不畏艰难、勇攀高峰的体育精神，极大地鼓舞了民族自信心和自豪感。北京奥运“绿色、科技、人文”的时代主题以及活字印刷术、丝绸之路、清明上河图等元素生动诠释了中华民族传统文化的博大精深和人文主义哲学。在此背景下，需要充分利用奥运遗产带来的附加价值，打造后奥运时代文化建设体系，创新奥运文化系列品牌，在原有文化遗产基础上，与现代文化元素相结合，如将北京奥运会与北京冬奥会的文化理念、体系、内涵相融合，扩大文化影响力，提升

---

① 崔乐泉.奥林匹克文化论［J］.体育文化导刊，2009（9）.

奥林匹克文化整体利益价值等。传播好就是要有效运用新闻媒体、电视转播、互联网、大数据等新兴信息技术，丰富奥林匹克文化传播的叙事方式，跨越奥林匹克文化传播的认同边界，将奥林匹克运动从精英文化认同转向大众文化认同[①]，不断推动具有中国特色的奥林匹克文化体系建立，着力构建中国特色社会主义奥林匹克话语体系，将奥林匹克文化“传播好、引导好、建设好”，进而赢得国家层面的文化认同，为中华民族伟大复兴提供奥林匹克智慧与方案。

第五节　体育文化软实力对中华民族伟大复兴的助推

根据世界经济论坛2018年10月发布的《2018年全球竞争力报告》，中国在全部140个经济体中排名第28位，再次成为全球新兴经济体中极具竞争力的经济体。[②]我国新兴经济体的崛起不仅让数亿人摆脱了贫困状态，国家内部和社会发生了积极变化，也使我国开始在全球事务中承担起更多责任。经合组织前秘书长安赫尔·古里亚曾说，预计未来中国经济将以更具可持续性的增速继续向前发展。

一、新兴经济体的迅速发展

新兴经济体的发展尽管也面临许多困境，但新兴的经济力量在世界的崛起导致全球经济中心开始向亚洲和太平洋地区转移，这为中国的未来发展带来了新的机遇，也为中国体育和体育软实力的发展带来了比以往更加扎实的经济基础。“软实力之父”约瑟夫·奈认为，“强劲的经济实力除了用来实施制裁和对外支付，还能成为吸引力的来源”[③]。近些年，中国经济稳坐在世界第二大经济体的位置，有助于增加中国体育的吸引力。

---

① 冯雅男，孙葆丽，毕天杨.新媒介对奥林匹克文化传播的影响［J］.体育学刊，2018，25（6）.

② 世界经济论坛发布《2018年全球竞争力报告》 中国排名28位［EB/OL］.（2018—10—18）［2022—11—7］.

③〔美〕约瑟夫·奈.软实力［M］.马娟娟，译.北京：中信出版社，2013.

二、国际秩序与经济全球化的影响

当今，世界正处于大调整、大变革之中。美国外交家和政治家基辛格博士认为，“当前国际形势的动荡绝非有利的现状一时被搅乱，而是意味着国际秩序不可避免地变革，变革的动力来自许多大国内部结构的变化、政治民主化的进程、经济全球化和通信信息化”①。国际局势的动荡和新兴经济体的快速成长，会促使国际秩序为适应这些变化而作出相应的调整和改变。2008年世界金融危机爆发之后，西方世界进入经济衰退期，世界经济的发展重心与发展格局发生了变动，开始向亚洲和太平洋地区倾斜，整个国际政治力量和国际秩序也相应进行着调整和变革，总体朝着有利于新兴经济体和新兴力量的方向发展。在调整和变革的过程中，尽管会受到发达国家和发达经济体的有意阻扰、抗拒和打压，但是世界经济发展的潮流难以阻挡。基辛格博士在美国对华战略关系上，提出“问题不在于应给美中关系加上什么标签，而在于能给予它什么样的内涵。两国发展合作关系不是一方施予另一方的恩惠，而是符合双方的共同利益……此外，还有一系列广泛的新时代问题：包括环境和文化与学者交流等。美中之间需要开展永久对话，因为它是建立一个更为稳定的世界的最佳途径”②。基辛格认为中美之间最好不要对抗，双方需要寻找更多的共同利益进行合作。的确，中美两国的携手合作是维护国际体系正常运转、发挥国际组织作用的重要影响因素。美国的态度和行为从不同的侧面说明，当下的国际秩序已处在变化与调整之中，这为中国进一步发展创造了良好机遇。来自不同领域的人文交流和交往也给中国软实力的发展包括体育软实力的发展搭建了一个重要的交流渠道和沟通平台。

随着人类社会的不断发展，全球化已成为一个普遍的社会现象。国与国之间的联系变得比以往更加紧密，各国彼此依赖和相互依存，共同生活在一个联系越发紧密的“地球村”中。经济发展的全球化推动着世界各国谋求更适合的发展战略，力求借助全球化加快各自的经济发展。自从2001年中国加入世界贸易组织

---

①②〔美〕亨利·基辛格.美国的全球战略［M］.胡利平，凌建平，译.海口：海南出版社，2012.

（WTO）后，中国经济对外打开大门，进入经济全球化的进程，并在全球化的过程中实现了世界瞩目的高速发展。“经济全球化在本质上是一个通过把更多的经济体组合到一个一体化的经济体系中、达到深化国际分工之目的的经济增长过程。”[①]经济全球化带来新的国际分工和贸易机会。这些年来，中国“世界工厂”的称号也就是在经济全球化的过程中获得的，这反映出科技较为落后的发展中国家处在国际分工链的低端，主要是依靠廉价的劳动力和来料加工而获利，而发达的西方国家主要通过资本投资和技术转移获得更高利润，处在国际分工链的高端。对发展中国家与发达国家进行比较可以看到，尽管发展中国家处在国际分工链的不利位置，但是经济全球化给广大的发展中国家带来的发展机会也不容忽视与小觑。经济全球化不仅给发达国家带来收入的增加和产业的升级，而且给发展中国家带来一个迅速发展的机遇和经济崛起的可能性。加入WTO之后，金砖国家的崛起和新兴经济体的出现就是经济全球化形势下的产物，这也是令中国欣喜和西方国家担忧的重要原因。现在，尽管世界上有的国家出于创造就业和自身利益保护的考虑开始发布一些反全球化的言论和政策，但是总体上经济全球化的发展趋势仍然没有改变，经济全球化仍将在全球持续发展。这为体育软实力的发展带来了进一步发展的大好机会。

三、体育全球化与文化经济化的影响

英国政治学教授戴维·赫尔德在考察了全球化的种种迹象之后，提出“全球化，指的是社会交往的跨洲流动和模式在规模上的扩大、在广度上的增加、在速度上的递增以及影响力的深入”[②]。赫尔德反思了全球化对国际社会的治理问题、文化问题、经济模式和全球伦理所带来的多种改变，不赞同新自由主义把全球化仅仅定位于单向度的资本经济扩张，同时也从政治学的角度回答了国际上为何会出现反全球化的思潮。而着眼于经济活动视角的国际货币基金组织提出，“全球

① 华民.经济全球化与中国的对外开放［J］.学术月刊，2007（7）.

②〔英〕戴维·赫尔德，安东尼·麦克格鲁.全球化与反全球化［M］.陈志刚，译.北京：社会科学文献出版社，2004.

化是指跨国商品与服务交易及国际资本流通规模和形式的增加以及技术的广泛迅速传播，使世界各国经济的相互依赖性加强”[①]。

全球化首先带来的是社会交往模式的扩大，资本在世界范围内的自由流动以及先进技术的全球传播促使经济全球化在世界范围内出现。另外，经济的全球化也带动了体育的全球化，互联网的兴起更是从技术和通信手段上保障了运动信息和体育符号快速、实时和完整地流动，不仅在世界各地塑造了为数众多的铁杆球迷，而且加快了西方竞技运动、国际奥林匹克运动、职业体育赛事在全世界的传播。体育的全球化使现代竞技体育发展得更为迅速，世界冠军的争夺更为激烈，这能推动体育在世界范围内获得更多关注。同时，体育与健康的生活方式联系在一起，与人们渴望的环境保护联系在一起，也使体育运动变得更有生命力、更强而有力。而作为体育运动的领导者和组织者，国际体育组织在全世界的影响力也会相应变得更大。同时，各国政府也会对体育运动更加重视，通过体育彩票、政府财政拨款、公共捐助、商业赞助、市场运作等多种手段筹措资金，推出新的体育法案或体育计划推动体育发展。体育全球化的不断发展，推动体育在社会上占有越来越重要的位置，社会影响也日渐扩大。在世界性及洲际体育组织、联合国教科文组织等国际组织以及各国政府、社会组织和个体的共同参与下，国际体育的新格局开始出现。在这个发展过程中，体育软实力能起到积极作用并得到发展壮大。体育全球化的出现，在世界范围内的不断拓展与扩张，给体育软实力的发展提供了极为有利的外在环境。

文化是一个民族的精神家园和维系纽带，也是世界不同民族之间相区别的显著标志。全球化的深入发展，不仅改变了民族国家经济发展的道路，而且对民族国家的文化生活也产生了重大影响。在频繁的交流、互动、渗透、融合的过程中，全球化对发展中国家的经济和文化都产生了程度不一的多重影响，推动这些国家的经济和文化发展朝着“一体化”的方向融合发展，出现了经济文化化、文化经济化的发展趋势。“所谓经济文化化，即在经济发展中文化因素，包括观念、知识、信息、科技乃至心理因素越来越具有重要的、主导的甚至决定性的作

① 国际货币基金组织.世界经济展望［M］.北京：中国金融出版社，1997.

用。”[①]这意味着一个国家经济发展中含有重要的文化因素。而“所谓文化经济化，指文化发展中不断融入经济因素，而且经济因素在文化发展中的决定作用日益增强。这不仅体现为文化的发展以经济发展为基础，而且还体现为文化建设要用经济手段来推动”[②]。

一个国家民族文化的发展要依赖经济发展的实力，要借助多种经济手段来加速推动。其中，文化的产业化发展就是文化经济化的突出表现形式，它反映了经济利益至上的西方文化价值取向。文化的产业化发展趋势改变了我国以往看重伦理道德、注重精神世界的文化发展方式，迫使我们的民族传统文化进行产业化的转型发展。在文化产业化转型的过程中，西方文化的传播和扩散会“潜移默化地影响着这些国家的生活方式、消费方式、生产方式以及人们的社会心理，其教化功能、消费功能、经济功能等集于一身，发挥着愈来愈大的作用”[③]。文化产业化有可能带来的这些转变既是一种文化的挑战，更是一种发展的机遇。在弘扬中华体育精神和民族传统体育的同时，提倡体育这种健康的生活方式，有利于扩大体育消费，促进体育旅游与体育文化的深度融合，对内挖掘体育非物质文化遗产，对外传播民族优秀文化。

四、体育强国的国家战略有利于体育文化软实力的提升

北京奥运会的成功举办实现了中华民族在自己的国土上举办奥运会的百年梦想。2008年国庆节前夕，在人民大会堂举行的盛大的北京奥运会残奥会总结表彰大会上，胡锦涛同志发表了重要讲话，指出“进一步推动我国由体育大国向体育强国迈进”[④]。胡锦涛同志2008年的这次重要讲话代表党中央和国务院赞扬了奥林匹克精神和中华体育精神，首次给中国体育界明确指出“体育强国”的未来发展目标，给中国体育界提出了后奥运时代中国体育前进的方向和战略目标，令中国体育界兴奋和激动。国家领导人对奥林匹克精神、中华体育精神的重视和倡

①② 王水嫩.论经济与文化的一体化趋势［J］.经济论坛，2003（11）.

③ 丰子义.全球化与民族文化的发展［J］.哲学研究，2001（3）.

④ 胡锦涛.在北京奥运会、残奥会总结表彰大会上的讲话［M］.北京：人民出版社，2008.

导，在中国社会营造了一种激流勇进、昂扬向上的体育文化氛围，为重视与提升体育软实力奠定了一个良好基础。

2013年11月，中国奥委会正式致函国际奥委会，提名北京市为2022年冬奥会的申办城市。2015年7月31日，国际奥委会第128次全会在马来西亚吉隆坡举行投票。投票之前，习近平总书记向国际奥委会庄严承诺：2022年冬奥会在中国举办，将有利于推动中华文明同世界各国文明交流互鉴，带动中国13亿多人关心、热爱、参与冰雪运动，让中国人民再次有机会为奥林匹克运动发展和奥林匹克精神传播作出贡献。[①]可见，中国举办2022年北京冬奥会，看重中华文明与世界文明的交流，赞赏奥林匹克价值观，愿意传播奥林匹克精神，这些都有助于提升我国体育软实力，是我国体育软实力发展的宝贵机遇。

互联网从其诞生、发展到今天，对整个世界的影响是重大而深刻的，它对现代中国的影响也是深远的。自20世纪末互联网进入中国以来，经过30年的快速发展，互联网从国内发达城市开始进入偏僻的乡村，带来了海量用户。中国互联网络信息中心（CNNIC）第40次发布的《中国互联网络发展状况统计报告》显示，截至2022年12月，中国网民总数已达10.67亿，互联网已成为推动我国经济社会发展的重要力量。[②]互联网从特质上看，“在资源上以丰裕代替稀缺；在传播行为上以互动替代单向；在传播渠道上以平台替代管道”[③]。这三种特质也使互联网社会与传统社会相比，能更有效做到资源的有效配置与共享。因互联网的“低门槛”，人人都可以在网上自由进出与双向交流，人人都可以贡献与分享，这也带来互联网规模的巨大以及信息服务和产品延伸的无边界，使得电子商务在规模、平台和数据上相对于传统产业而言有不少竞争优势，成为信息时代的宠儿，市场和产业前景广阔。2015年，我国政府工作报告中明确提出“互联网＋”的行动计划，力推“互联网＋”成为中国经济可持续发展的新的经济增长点。2016

① 习近平亲录视频力挺冬奥：请各位选择北京［EB/OL］.（2015—7—31）［2022—11—7］.

② 中国互联网络信息中心.第40次中国互联网络发展状况统计报告［R/OL］.（2017—7—10）［2022—11—7］.

③ 黄升民，刘珊.“互联网思维”之思维［J］.现代传播，2015（2）

年，国务院印发了《“十三五”国家战略性新兴产业发展规划》，提出“实施网络强国战略，加快建设‘数字中国’，推动物联网、云计算和人工智能等技术向各行业全面融合渗透，构建万物互联、融合创新、智能协同、安全可控的新一代信息技术产业体系”①。可见，今后互联网、物联网与云计算、人工智能趋向全面融合渗透。

与此同时，物联网的出现也是互联网发展到一定阶段的产物，目前还处于概念和实验阶段。互联网、电信网、广播电视网是物联网实现和发展的基础，物联网是在此三网基础上的延伸和扩展。②物联网最重要的两个特质，就是“物联”与“感知”。“物联”就是实现物物互联，“感知”就是“在物联的基础上利用各类智能处理手段实现对人、对物、对物理世界和虚拟世界万事万物的感知和控制”③。物联网将广泛应用于公共服务、智能交通、环境监控、医疗护理、家居生活、体育运动与健康监控中，涵盖了社会、体育和环境的方方面面，将实现人与自然环境的深度融合。物联网也因此被称为继计算机、互联网之后世界信息产业发展的第三次浪潮。

丝绸之路是起始于古代中国，连接亚洲、非洲和欧洲的古代陆上商业贸易路线，成为东方与西方之间在经济、政治、文化等诸多方面进行交流的主要渠道。从运输方式上，丝绸之路主要分为陆上和海上两类丝绸之路。“一带一路”作为一个特定词语，是指“丝绸之路经济带”和“21世纪海上丝绸之路”。“一带一路”不是一个实体和机制，而是合作发展的理念和倡议，其充分依靠中国与有关国家既有的双多边机制，借助既有的、行之有效的区域合作平台，旨在借用古代丝绸之路的历史符号，高举和平发展的旗帜，积极主动地发展与“一带一路”共建国家的经济合作伙伴关系，共同打造政治互信、经济融合、文化包容的利益共同体、命运共同体和责任共同体。中国提出的“一带一路”构想引起了国际社会普遍关注，受到了亚洲

---

① 国务院.关于印发“十三五”国家战略性新兴产业发展规划的通知［EB/OL］.(2016－12－19)［2022－11－7］.

② 钱志鸿，王义君.物联网技术与应用研究［J］.电子学报，2012（5）.

③ 宁焕生，徐群玉.全球物联网发展及中国物联网建设若干思考［J］.电子学报，2010（11）.

国家、古丝绸之路相关国家以及国际社会、国际组织的积极回应与支持。2017年5月中旬，“一带一路”国际合作高峰论坛在北京举行，来自130多个国家、约1500名各界贵宾作为正式代表出席论坛。高峰论坛发布的成果清单主要涵盖政策沟通、设施联通、贸易畅通、资金融通、民心相通5大类，共76大项、270多项具体成果。这是各方共商、共建“一带一路”、共享互利合作成果的国际盛会，也是加强国际合作、对接彼此发展战略的重要合作平台。

“一带一路”倡议在某种程度上是中国为国际社会提供的一个公共的合作平台和公共产品，是为亚洲乃至世界各国提供的加强基础设施建设、新能源建设、疾病控制等方面的公共产品。这种开放倡议具有世界眼光，不仅提升了中国国家文化软实力，中国自身也从这个倡议中获得了更广泛的利益，而且这个倡议已上升到世界范围，成为联合国、国际组织都认可与支持的国际合作平台，有利于中国体育未来的国际化发展。

↘ 本章小结

体育文化是中华体育事业持续发展的内生动力,作为中华民族重要的文化标识,体育文化与体育强国建设存在密切的逻辑关系,对中华民族的伟大复兴具有现实而深远的意义。中国体育软实力面临很多发展机遇,发展前景良好,处在体育文化发展的战略机遇期之中。我国体育文化在悠久的历史发展进程中,具备了民族性、传承性、创新性的文化品性;形成了体现时代文化基色、包容不同文化差异、展示民族文化底蕴的文化标识;为助力体育强国建设、弘扬中华体育精神、形成体育文化自信提供了强有力支撑。坚持群众体育文化的奠基、竞技体育文化的引领、校园体育文化的滋养和奥林匹克文化的助推,对深入挖掘体育文化内涵、推进中华民族伟大复兴具有重要意义。在体育强国建设背景下,把体育文化引领国民发扬艰苦奋斗、努力拼搏精神,凝聚中国力量、展现中国精神的价值作用摆在更加突出的位置,为助推体育成为中华民族伟大复兴标志性事业提供强大的精神力量。

第八章

构建体育对外交往新格局与体育强国建设

经过改革开放40年的风雨洗礼和历史性变革，站在党的十八大以来取得的辉煌成就的历史方位上，习近平总书记在党的十九大报告中指出中国特色社会主义进入了新时代。[①]新时代标志着中国特色社会主义事业迈入新的历史发展时期，面临新的发展机遇，同时也要迎接发展进程中存在的各类新挑战。进入新时代，中国各项社会事业同国际社会的交流变得愈发紧密，互动联结的频次更加频繁。在体育事业领域，中国正由"体育大国"朝建设"体育强国"的目标奋进，"体育强则中国强，国运兴则体育兴"[②]已成为国人在实现"体育强国梦"进程中形成的普遍共识与遵循的坚定信条。近年来，中国对国际体育事业的参与度和贡献力不断加大，国际体育事业对中国体育事业的影响力和依靠度也在不断加深。习近平总书记紧紧把握中国体育事业在新的历史时期的总体方向与战略机遇，综合考量和统筹安排中国体育事业整体发展进程中的国际资源、市场及规则，创造性地运用了体育元素在外交事业中所具有的独特功能与积极作用，设计了符合中国体育事业发展规律的体育外交主题，为中国体育外交事业描绘与设计出了美好的发展愿景；通过体育拉近了中国与世界之间的距离，向世界人民展示与传达了中国要建设"体育强国"的信心和决心，表明了新时代中国体育事业愿意与世界各

---

① 习近平.决胜全面建成小康社会　夺取新时代中国特色社会主义伟大胜利——在中国共产党第十九次全国代表大会上的报告［M］.北京：人民出版社，2018.

② 钟秉枢.体育强则中国强，国运兴则体育兴［N］.人民政协报，2019－1－24（4）.

国进行密切务实合作的意愿。进入新时代，习近平总书记在延续和升华党的十八大以来中国体育外交成就的基础上，通过务实高效的体育外交实践活动，发扬了优良的中国体育外交传统，创新性地开拓了新时代中国体育外交的宏伟局面和前进道路，形成了一系列富有中国韵味和风格且兼具国际性的有关体育外交的理念与重要论述，引领着新时代中国“体育强国”建设事业稳步前行。

第一节　新时代体育对外交往的重要内涵

在习近平总书记的外交足迹中，体育经常作为一个重要元素贯穿始终，这不仅体现着他对体育的爱好与重视，更彰显了他以一个大国政治家的身份和眼界对体育事业的整体审视，通过体育这座友谊之桥，向世界人民表达“国之交，民相亲”的中国外交风格与理念，展示中国和平友善、包容友好的大国外交风范。习近平有关新时代体育外交的重要论述，继承与发展了新中国历代国家领导人体育外交理念，全面总结改革开放和党的十八大以来中国体育外交事业取得的典型经验与突出成就，体现在新的历史时期习近平总书记对体育外交事业所做的系统回顾、重要论述和顶层设计的系列外交理念与实践中，其核心内涵是同世界各国建立关联协作、交流互鉴、和谐友善和亲诚惠容的新型体育外交关系。

一、关联协作：宽领域建立体育事业的国际治理合作网络

中国传统文化非常注重事物之间的关联性，往往体现在人们合作完成某类事物的过程中。[①]法国人类学家葛兰言指出，善于将关联性的存在应用在处理事务的态度和方法中，是中国式传统思维的主要特征。[②]传统的关联协作思维，更是体现在国家领导人治国理政的方方面面。随着中国经济社会全面进入新时代，中国体育同世界的关联正发生着深刻的变化，习近平有关新时代体育外交的重要论

① 付贤会.新时代马克思主义与中华优秀传统文化的辩证发展［J］.广西社会主义学院学报，2019，30（1）.

② 安乐哲.和而不同：中西哲学的会通［M］.北京：北京大学出版社，2009.

述，正是建立在推动各国之间相互尊重、合作共赢的新型国际体育治理关系的基础之上，旨在为中国人民搭建同世界各国人民携手共创美好体育生活的桥梁。早在出访墨西哥期间，习近平就谈到自己是一个足球迷，多年来，中国足球一直很努力，但目前只有一次进入世界杯比赛的经历，带领中国队创造这次纪录的就是也担任过墨西哥国家足球队主教练的米卢；习近平还表示，在中国教练的指导下，墨西哥“跳水公主”埃斯皮诺萨和队友们包揽了2011年泛美运动会跳水项目全部8块金牌，尝到了包揽金牌的滋味，他祝愿中墨两国合作夺得更多金牌。[①]习近平深刻认识到了体育事业发展的国际关联性，我国体育强国事业的建设，不仅需要自身不断奋进与努力，更需要同体育事业发展的国际趋势相接轨，积极参与到国际体育治理体系中去，需要同国外建立关联协作的互助网络关系，相互借鉴优势，共同弥补短板，探索通力协作的方法与路径，不断提升我国体育事业国际化的关联协作水平。

随着我国体育事业国际化的发展步伐不断加快，积极参与国际体育治理已成为我国体育事业对外交流的重要方向之一，因此，宽领域建立体育事业协作发展关系显得格外重要。习近平在会见国外政要时，多次谈到体育事业的多领域协作和国际治理问题。在与英国威廉王子谈到两国体育的协作情况时，习近平表示，中国目前正在大力发展足球运动，中国足球愿意向英国等世界足球强国学习，同时，中国在足球运动领域也进行了一系列有益的尝试，2013年中超联赛已与英超联赛签署了合作意向，中英在武术、气功等项目上还将举行一系列交流和赛事，希望威廉王子今后继续为促进中英体育合作多作贡献。[②]习近平致力于扩大中国体育事业发展的“朋友圈”，以建设新时代体育强国为平台和契机，主动加强同世界各国体育领域的互助与协作，在积极参与国际体育治理的过程中，发出中国声音，表明中国姿态，将国外先进的体育经验引入中国，将中国优秀的传统体育资源分享给世界，使合作双方在参与国际体育治理的进程中都能享受到通力协作所带来的机遇与红利。在2017年访问芬兰期间，习近平同芬兰总统尼尼斯

① 习近平在墨西哥演讲：我是足球迷，中国足球很努力［EB/OL］.（2013—6—6）［2022—11—8］.

② 习近平会见英国剑桥公爵威廉王子［J］.世界知识，2015（6）.

托达成共识，将以2022年北京冬奥会为契机，推动中芬两国在冬季项目的交流和奥运筹办方面的协作，并将2019年确立为“中芬冬季运动年”。[①]此外，习近平在与沙特阿拉伯、伊朗两国签署的建立全面战略伙伴关系的联合声明中，均提到了要拓展体育领域的务实合作方式。[②]宽领域地与世界各国建立关联协作型体育事业治理合作网络，共商共建国际新型体育治理协作关系，积极参与国际体育治理事务，各国共享协作治理和共赢成果，是习近平有关新时代体育外交重要论述的内涵之一。将各国在国际体育事业治理体系中发挥的功能视为一个关联体，在竞技体育、群众体育、学校体育、体育产业、体育文化等领域实现通力务实合作，既是新时代中国体育外交秉持的主要战略理念，也是新时代中国对外体育交流中蕴含的新型国际关系的折射与反映。

二、交流互鉴：多层次构筑体育文化的交流方式

文化的多样化发展是当今世界文化格局的重要特征，体育文化一向是中国对外文化交流的重要组成部分，更是中国人民同世界各国人民互通文明的重要纽带。体育强国战略为新时代中国体育文化对外交流创造了新的机遇和条件。习近平指出，体育是社会发展和人类进步的重要标志，是综合国力和社会文明程度的重要体现。[③]“民心相通”是构建国与国之间优质外交关系的基础，文化交流和互鉴是增强世界各国人民理解与合作的重要方式。体育作为世界通用的人类文化活动，它的发展已经超越了种族、语言和国别，具有体现国家文明程度的鲜明色彩，其发展成果为整个人类所共享，为不同国家的人民进行文化交流和文明互鉴创造了条件，为国与国之间构筑了进行文化交往与理解的互通桥梁。

不同类型与层次的体育文化对外交流互鉴，有利于中国优秀传统体育文化走出国门，更好地融入世界；有助于国人更全面地认识与理解国内外优秀体育文化

---

① 季芳.2019中芬冬季运动年，为冰雪运动发展助力［N］.人民日报，2019-1-18（14）.

② 习近平对沙特、埃及、伊朗三国进行国事访问［J］.世界知识，2016（3）.

③ 习近平：人民身体健康是全面建成小康社会的重要内涵［EB/OL］.（2013-8-31）［2022-11-28］.

成果及其发展概况。习近平指出，体育不仅可以提高人民健康水平，还可以促进各国人民相互了解和友谊。[①]习近平认为不同国家、不同民族、不同文明之间，应该坚持交流互鉴、和谐共存。习近平有关新时代体育外交的重要论述，肯定了体育在不同国家、民族中所展现出的强大文化功能，重视各国人民在不同类型和层次的体育交流活动中彼此了解、加深友谊，认为通过开展体育文化的互鉴与交流，能构建起国家间实现体育文化互信、民族间实现体育文化互动、体育组织间实现文化互联的新型体育文化外交方式。体育文化肩负着传承人类体育文明成果、弘扬国家与民族时代精神的重任。新时代中国的体育文化，不仅全面反映了中国人民的体育精神面貌与生活，更是新时代中国凝聚体育力量、践行体育使命与责任的重要载体。习近平有关新时代体育外交的重要论述通过坚持中国传统体育文化的主体性，构筑了交流互鉴的多层次体育外交方式，激发着中国体育文化事业蓬勃发展的自信与活力，使具有浓郁中国特色、中国风格、中国气质的体育文化传播更广。

三、和谐友善:广范围优化体育领域的沟通机制

和谐友善是中国传统的为人之道、处世之风，这种带有浓郁传统色彩的人际交往方式在国与国的交流沟通中也照样适用。在外交活动中，体育活动向来是习近平与外国民众进行交流互动的重要方式，接见体育名人、观看体育比赛、出席记者招待会、亲身参加体育活动等方式，不仅展现了习近平谦和、友善、自信的外交风格，而且向世界人民展示与传达了中国要建设“体育强国”的愿景和主题，表明了中国愿意同世界各国建立体育界的良好合作与共赢关系。习近平主席接受印度尼西亚和马来西亚媒体联合采访时说：中华民族几千年来形成了兼爱非攻、亲仁善邻、以和为贵、和而不同的理念。新时代体育强国的建设，需要在“讲仁爱、尚和合”的和谐友善的国际环境下开展。与人相交，以善为本；与国相交，以和为贵。体育事业在各个国家的发展呈现出不同的面貌，各国的优势体

---

① 杜尚泽.习近平会见国际奥委会主席巴赫并接受奥林匹克金质勋章［N］.人民日报，2013－11－20（1）.

育项目不尽相同，传统体育文化千差万别。和谐发展的前提是尊重，习近平在体育外交活动中，尊重不同国家体育事业发展现实，秉持兼收并蓄、和而不同的体育外交理念，倡导“和善、和合”的外交观，吸收国外不同体育领域取得的优秀经验，提升合作的内涵与品质，扩展合作的领域和路径，形成了范围广阔和方式灵活的体育领域对外交流沟通机制。

体育外交向来是中国整体外交事业的重要组成部分，习近平进一步丰富和发展了体育外交的内涵，和谐友善的元素被注入到体育外交活动的方方面面。习近平指出：自然与社会的和谐，个体与群体的和谐，我们民族的理想正在于此，我们民族的凝聚力、创造力也正基于此，甚至还可以毫不夸张地说，我们中华民族传统文化的精神也正是在于这种伟大的和谐思想。[①]“和谐、合作、友善、互助”地发展体育外交事业，已成为习近平有关新时代体育外交重要论述的重要内涵。随着中国体育事业的飞速发展，世界顶级赛事领奖台上的中国运动员越来越多，新兴体育领域的中国运动员身影也屡见不鲜，由民间体育组织机构和团体打造的体育赛事与交流活动中的中国声音愈来愈强，在竞技体育、大众体育、学校体育与体育产业等领域开展的各类体育交流与合作活动更加多样与频繁，中国对全球体育事业发展贡献出的杰出力量为世界所公认，取得的斐然成就有目共睹。在这种背景下，中国没有忘记自己在国际体育事业发展领域所担任的责任与义务，始终坚持以体育大国的身份和态度，积极参与对外体育设施援建、优秀教练员与运动员互派交流、体育大型赛事指导、体育设备器材对外捐赠等国际性体育事务。习近平在出访俄罗斯、英国、法国、德国、美国及亚非国家时，在参加一次次的体育活动及对话中，从官方、民间等广范围的视角，秉承和谐友善、合作互助的外交理念，优化中国与世界各国的体育交流机制，形成了一系列理性务实、顺应时代且符合各方利益的体育外交成果，为新时代体育强国的建设营造了更加有利的国际环境。

---

① 王营.核心价值观与中国传统文化的现代复兴［N］.光明日报，2018—5—16（4）.

四、亲诚惠容：全方位展现体育大国的外交风范

“亲诚惠容”是习近平对新时代中国外交事业定制的风格与基调。[①]习近平提出，要坚持睦邻友好，守望相助；讲平等、重感情；常见面，多走动；多做得人心、暖人心的事，使周边国家对我们更友善、更亲近、更认同、更支持，增强亲和力、感召力、影响力。在当今世界体育领域，中国以体育大国的身份参与世界各类体育赛事与活动的次数越来越频繁，大国的外交风范完美地体现在各类体育外交场域之中。通过体育这一极具活力的外交元素，中国与世界各国的关系更加密切和坚实。

“亲”是习近平倡导的国家之间、民众之间进行平等交往的关系基底。[②]这种“亲”是通过地缘、文缘之间的交汇形成的亲密关系。从地缘上看，体育早已作为新兴的“国际语言”贯通于整个世界，在项目、规则和标准的国际统一要求下，体育的地缘界线逐渐变得“模糊”，地理位置已不再是阻碍国家和民众之间进行体育交流的凝滞因素。从文缘上看，体育作为全世界人民共同享有的文化形式，构筑起了国家之间借助体育文化形成的独特相处方式，如国与国之间联合举办体育赛事、开展体育文化展演、进行民间体育交流等活动。习近平在多次外交活动中，通过与他国元首、体育机构领导人、体育团体负责人及运动员的交流，表达了中国体育愿与世界各国体育进行更加深入、更加亲密的合作意愿，致力于形成“相互走动、相互支持”的“亲戚关系”。

“诚”是习近平秉持的国与国之间进行交往的道德基石。“诚”的原意为诚实、诚意和诚信。[③]在体育外交活动中，习近平多次表达了中国愿与世界高水平运动队、教练员合作的诚意，也承诺中国将会一如既往地援助其他国家体育事业发展的诚心，同时也寄托了对中国运动队、运动员在国际赛事中继续保持诚实守

---

① 吕伟.习近平新时代中国特色社会主义外交思想研究［J］.河南大学学报（社会科学版），2019，59（3）.

② 邢丽菊.从传统文化角度解析中国周边外交新理念——以“亲、诚、惠、容”为中心［J］.国际问题研究，2014（3）.

③ 蒋利龙.“亲诚惠容”周边外交新理念［J］.哈尔滨学院学报，2015，36（7）.

信优秀传统的期望。习近平在多种场合邀请各国友人来华参加2022年北京冬奥会，全面展现了中国领导人和中国人民邀约世界各国人民共享冬奥赛事的满满诚意。习近平庄重承诺：中国人民一定能在北京为世界奉献一届精彩、非凡、卓越的冬奥会！[①]这份坚定的信心，饱含着无限的诚意，既表明了中华民族向来是坚守承诺、笃行诚信的守信民族，也传达出了中国在与他国的体育交流中秉持的"诚意待人、诚信做事"的不变基调和风格。

"惠"即互惠，在外交领域，是指国与国之间在平等基础上进行互惠互利交往的基础。[②]"惠"代表的是国家之间交往过程中产生的物质利益与非物质利益的综合表现。习近平延续了中国共产党领导人向来秉持的"义利兼顾，以义为先"的外交理念，倡导在互惠互利的基础上，国与国之间要实现互惠互利的外交诉求。2019年3月，习近平受邀出访欧洲三国，在意大利，著名足球教练里皮受邀参与欢迎宴会，里皮高度赞赏了习近平对中国足球事业的精彩领导以及对世界足球事业的大力支持；在摩纳哥，习近平同摩纳哥总统从保护野生动物谈到2022年的北京冬奥会，表达了中国愿与摩纳哥开展包括体育在内的各领域的互惠合作意愿；在法国，习近平与法国总统马克龙共同见证了包括文化体育在内的14份双边合作文件的交换。[③]"合作、互惠、共赢"是中国构建新型国际关系的基本准则，也是习近平有关新时代体育外交重要论述中"义利观"的集中体现，"合作"传递的是中国体育对外交流的态度与方式，"互惠"表明的是中国体育对外交流的指向与目标，"共赢"展现的是中国体育对外交流的愿景与诉求，"合作的态度＋互惠的追求＋共赢的愿景"，使中国的体育外交事业建立在稳固而坚实的基石之上。

"海纳百川，有容乃大。""容"是中国处理国家之间外交关系时所持有的人

---

① 北京冬奥会开幕倒计时三周年，习近平这样谈冬奥［EB/OL］.（2019－2－3）［2022－11－9］.

② 卢光盛，许利平.周边外交"亲诚惠容"新理念及其实践［J］.国际关系研究，2015（4）.

③ 霍小光.行久以致远——习近平主席2019年首访赴欧洲三国纪实［N］.人民日报，2019－3－28（1）.

文载体和基因。[①]“容”是对不同民族与文化、风俗与习惯、政体与国体的尊重和包容，倡导国家之间求同存异的交流，兼容并蓄的互鉴。由于体育是一项纷繁复杂的社会事业，受历史、地理、经济、民族、观念等不同因素的影响，各个国家在不同体育领域、不同体育项目、不同体育群体等方面的发展差异较大，就算是当今的体育强国，也必定存在项目发展方面的短板和不足，也可能会出现项目数量方面的缺陷和问题。习近平在对外体育交流中，既能直言中国在某些体育项目领域存在的不足，也能积极谦虚地吸收国外先进体育经验与理念，且对中国优势项目对外交流工作给予了充分的支持。在出访期间，习近平经常将学习国外先进足球经验和支持他国乒乓球事业的发展作为外交话题，既拉近了国家交往过程中的人文距离，又彰显了中国体育愿与世界各国体育进行取长补短、交汇互鉴的新型合作方式和包容态度。

第二节　体育对外交往助推体育强国建设的价值意蕴

进入新时代，中国体育事业整体迈上了一个崭新的台阶，体育外交在体育事业发展进程中承担的责任越来越重要，习近平有关新时代体育外交的重要论述也成为习近平新时代中国特色社会主义思想的重要组成部分，指导着中国体育走向世界的步伐更加稳健、道路更加宽阔。习近平有关新时代体育外交的重要论述内含着中国体育外交立场、方向、风格、气度和愿景等方面的丰富价值意蕴，推动新时代中国体育外交事业稳步前行。

一、体现“义利相兼”的中国体育外交立场

中国立场贯穿于习近平有关新时代体育外交重要论述的践行全程，中国的体育外交立场，是向世界传达中国人民对体育所持有的价值观和文化观，能够体现出中华民族的创造性在体育领域中所产生的丰富成果。在世界体育事业飞速发展的进程中，中国体育贡献出了“多格”和“多极”的杰出力量。在习近平的出访

① 羊绍武.“亲诚惠容”周边外交理念的内在联系及其实践［J］.学理论，2017（12）.

活动中，体育已经成为他与各国政要进行交流的主要话题，既展现出体育在外交活动中所具备的天然“润滑”作用，又能够表达出新时代中国领导人对于体育这一世界性公共议题所持的积极态度、观点和立场。

“义利相兼，以义为先”是习近平为新时代中国整体外交所定制和设计的基本立场。[①]“义利相兼”是在世界体育关系网络中，中国和他国进行体育交流与合作时需要同时恪守的指向和要求，“互利”是双方都要“得利”且尽量实现利益的均衡化，“相兼”是双方在体育交往中都能赢取各自既定的目标和成果，实现互利共赢。2019年1月31日，习近平在与卡塔尔埃米尔塔米姆举行会谈时强调，要进一步密切人文交流，推动旅游、文化、体育和媒体合作，特别是相互支持、共同办好2022年分别在中国和卡塔尔举行的冬奥会和世界杯足球赛这两大体育盛会。[②]习近平在系统总结改革开放和党的十八大以来我国形成的稳固的“义利相兼”体育外交立场的基础上，用实际行动诠释和注解了“义利相兼”在新时代体育外交场域中蕴含的新价值。随着“一带一路”建设进程的不断加快，体育交流也成为“一带一路”倡议的亮点和特色。习近平在与“一带一路”共建国家领导人交流过程中，经常提及关于体育方面的合作议题；党的十九大以来，习近平与马来西亚、越南、卡塔尔、希腊、俄罗斯、印度尼西亚等“一带一路”共建国家领导人均达成了体育事业方面的合作意向，签署了合作文件和备忘录。“义利相兼”成为这些合作意向顺利达成的轴心，也是中国与各方开展体育交流与合作时达成的共同期望，在运行过程中得到了国际体育组织与合作国家的普遍认同与赞赏，同时也成为习近平构建大国体育外交方略的基础，完整体现了中国在体育外交中所持有的鲜明态度和立场。

二、展现“建设体育强国”的中国体育外交方向

体育外交具有与体育一样的跨地域、跨民族、跨文化的特性，作为全世界的“共同语言”被各国作为特殊的外交手段所应用。在体育外交过程中，通过相互

① 陈须隆.习近平外交思想的指导意义和国际影响［J］.国际观察，2018（6）.

② 习近平同卡塔尔埃米尔塔米姆举行会谈［J］.世界知识，2019（5）.

交流国家之间的体育事业发展理念、构想和实践，可以增进国家之间与民众之间的友好关系。在体育外交活动中，国家的体育立场所蕴含的价值理性与特色内涵可以被相互沟通与认同。“体育强则国强”是中国发展体育事业所形成的重要认识和立场，习近平深谙体育事业发展与国家健康发展之间的关系，在多种外交场合表达了中国要建设“体育强国”的方向和愿景。早在索契冬奥会期间，习近平与国际奥委会主席巴赫在谈及中国体育事业发展时，指出中国体育事业虽然近年来有了长足的发展，但仍有许多短板需要补齐，中国体育将从娃娃抓起，不断提高竞技体育水平，全面促进群众体育的发展，使中国从“体育大国”朝着“体育强国”迈进。巴赫对中国在体育事业方面取得的各类成就进行了高度评价，他相信中国一定可以实现“体育强国”的目标。

建设体育强国的中国体育事业奋斗方向在体育外交领域有着丰富的内涵与外延，通过体育外交，习近平向国际社会完美阐释了中国建设“体育强国”的决心和信心，其蕴含的多重复合功效逐一展现在体育外交舞台之上。“国家强，体育兴；体育强，国家盛”，进入新时代，中国体育事业呈现出突飞猛进的发展势头，中国发展体育事业的力度和成就被世界各国人民普遍认可，但中国人民仍在朝着建设体育强国的宏大目标前行和奋进。建设体育强国的中国体育外交方向也一路伴随习近平的外交之旅。在访问国际奥委会总部时，习近平介绍了中国奥运事业的发展理念和建设体育强国的结合方式[①]；在会见国际足联主席因凡蒂诺时，习近平指出足球事业发展是中国建设体育强国的重要内容，建设体育大国和体育强国，是中国人民实现“两个一百年”奋斗目标的重要组成部分[②]；在会见芬兰总统尼尼斯托时，习近平指出，新中国第一次走上奥运赛场就是参加1952年芬兰赫尔辛基奥运会，五星红旗第一次在奥林匹克体育场上升起，中芬冬季运动发展契合度高、互补性强，合作潜力巨大，相信“2019中芬冬季运动年”将推动两国体育合作迈上新台阶，共同为中芬人文交流注入新活力，不断推动中芬面向未来的新型合作伙伴关系迈上新台阶[③]。建设体育强国的中国体育外交立场向世界

---

① 习近平会见国际奥委会主席巴赫［EB/OL］.（2022—1—25）［2022—11—9］.

② 习近平会见国际足联主席因凡蒂诺［EB/OL］.（2017—6—14）［2022—11—9］.

③ 杜一菲.习近平同芬兰总统尼尼斯托举行会谈［N］.人民日报，2019—1—15（1）.

展现了习近平带领中国人民致力于“健康中国，全民健康”的愿景和行动，为体育强国的建设奠定了基础、指明了方向，更向世界传达了中国在建设体育强国过程中将与世界各国共同协作和努力的态度及诚意。

三、映现“百花齐放春满园”的中国体育外交风格

外交风格不仅是国家外交政策的集中展示，更是国家领导人外交智慧的完美体现。中国体育外交向来注重与其他国家的合作，既积极向其他国家提供体育援助，也谦虚学习其他国家的体育经验，尊重他国体育传统和现状，以实现经验互补、共同前行的愿景。习近平指出，各国应该坚持包容普惠，推动各国共同发展。“一花独放不是春，百花齐放春满园。”在体育外交领域，习近平更是深刻演绎了“百花齐放”的价值与意义。习近平在总结中国体育优势与不足的基础上，指出中国体育的发展离不开国际体育发展的大环境，世界体育事业的繁荣也需要中国作出积极的贡献。体育作为世界通用语言，每个国家在体育事业方面取得的经验与成绩，不应只是该国人民享有，而是整个人类在突破自我、追寻身体意义方面的共同财富。

“百花齐放”是各国人民对人类体育事业所做贡献的多样化反映。在竞技体育领域，每个国家都有自己的优势项目和独特经验；在群众体育领域，各国所秉承的群众体育理念和发展方式不尽相同；在学校体育领域，各国制定的学校体育政策和推行模式各有千秋；在体育产业领域，不同国家采用的体育产业组织方式与发展路径也形式多样。这种“百花齐放”式的体育事业发展样态，映现出国家间的体育外交场域也需要运用“百花齐放”式的风格来调和。从习近平的体育外交历程可以看出，他深刻理解国家之间开展有效体育合作的重要性，通过国际体育合作，达到优势互补、互通有无的目的，有利于各国体育事业朝着有高度、有纵深的方向发展。在习近平的体育外交历程中，积极推动乒乓球、羽毛球、体操等中国优势体育项目训练和推广等，同时积极吸收国外足球、篮球等项目发展过程所积累的优秀经验，重视各个国家青少年体育团体之间的交流和学习，不断寻求各个国家体育事业发展的利益交汇点。习近平秉持的“百花齐放”的中国体育外交风格，旨在创造更多的国与国之间的体育合作机会，提升国家间体育事业的

合作水平与高度，使体育发展的成果能够更好惠及世界各国人民，促进人类体育事业朝着更加多元和开放的方向发展。

四、显现“饮其流怀其源”的中国体育外交气度

“落其实思其树，饮其流怀其源”是习近平倡导的各国之间“各念其好，亲仁善邻”的重要外交理念[①]，显现了习近平外交思想中蕴含的宏大中国外交气度。中国体育事业取得的一系列成就，既离不开中国人民自身的努力与奋斗，也与世界各国的大力支持与帮助密不可分。习近平指出，中国体育事业的发展得益于国际社会的支持，中国也为全球体育事业的发展作出了积极的贡献。2018年11月，习近平在与太平洋岛国领导人会晤及出访巴布亚新几内亚、文莱和菲律宾时，他特别感谢巴布亚新几内亚、文莱、菲律宾等国家对中国体育卫生、文化旅游等领域的长期关注和支持，指出中国愿意借助“一带一路”倡议，在上述领域与各国展开深入合作，为增进人民之间的友好往来、深化国家之间的传统友谊搭建稳固的平台。习近平在与俄罗斯、德国、波兰、芬兰等冰雪运动强国的领导人谈及冰雪运动领域的合作时，对他们在冰雪运动项目取得的瞩目成绩表示敬佩和青睐，对他们长期以来给予中国冰雪运动项目发展的帮助、对中国申办2022年北京冬奥会的支持表示感谢，并且希望他们一如既往地关注与支持中国的冰雪运动项目，中国将会和他们并肩前行，不断取得人类冰雪运动的新突破。

习近平在会见国际奥委会主席巴赫、国际奥委会成员、国际单项体育组织负责人时表示，中国体育事业近年来取得的成就，离不开国际体育组织和友好人士的鼓励、支持与理解，中国人民将会永远铭记这些来之不易的凝结在体育中的深厚情谊，为世界体育事业的发展贡献中国智慧与力量。习近平在外交活动中经常谈到中国的足球事业，他的出访行程中也经常安排和足球有关的活动，在参观英国曼彻斯特城市足球学院、德国柏林奥林匹亚足球训练中心时，赞赏了两国足球训练机构为加强同中国足球交流方面作出的努力与贡献。在出访西班牙、阿根

① 苏格.平易近人：习近平的语言力量（外交卷）［M］.上海：上海交通大学出版社，2018.

廷、葡萄牙等足球强国时，不仅谈到了合作，更感谢了他们给予中国足球事业发展的帮助和所起的标杆作用。在与墨西哥、意大利国家领导人谈及足球时，他专门感谢了为推动中国足球事业发展作出杰出贡献的米卢教练和里皮教练，深得国际足球界的赞赏。习近平将“饮其流怀其源”这种古朴的中国为人处世的思想延伸到体育外交领域，显现出其特有的体育外交情怀和气度，这种酌水知源、不忘故旧的体育外交理念，更是推动中国体育外交事业稳步前行的坚实力量。

五、呈现构建人类命运共同体的中国体育外交愿景

构建人类命运共同体是引领新时代中国体育外交事业前行的愿景。世界各地人民创造的丰富多彩、繁荣兴盛的灿烂文明通过人类命运共同体交织在一起，实现共享和交流。体育文明是人类文明的重要组成部分，为世界各国人民架起了互通交往的桥梁。体育作为外交领域中的活跃因素，为构建人类命运共同体注入了多元的活力和动力。在构建人类命运共同体的愿景中，世界各国体育事业的发展相互借鉴、互通有无。中国体育事业与世界他国体育事业的发展道路并行不悖，中国体育事业取得的辉煌成绩，既源于自身的努力，也依靠于国际体育事业整体发展所取得的成果。世界体育事业的发展共同体，需要融入中国体育事业绘制出的特有板块，中国体育在世界体育事业共同体中贡献出的智慧与力量，不仅是推动中国“和平崛起”发展道路的强大引擎，更是助力构建人类命运共同体的坚定元素。目前，我国秉持的体育外交理念，即通过正确审视各国之间在体育事业认识与发展方面存在的鸿沟，依据我国体育事业的发展现实，用“和而不同，求同存异”理念去处理与应对体育外交路径中存在的各类问题。进入新时代，习近平进一步更新和阐释了构建人类命运共同体的外交战略愿景与要求，并创新性地运用于外交实践活动中。体育外交事业在构建人类命运共同体外交愿景的引领下，坚守中国体育事业发展之“道”，尊重他国体育事业发展之“径”，完整体现在习近平有关新时代体育外交的重要论述中。

在构建人类命运共同体外交愿景的引领下，习近平以体育为纽带，积极推进中国与世界各国体育交流的力度与频次。这些国家中既有世界体育强国，也包括体育大国与体育事业起步和发展中的国家。习近平充分尊重不同国家的体育发展路径与现实，既能审视中国体育事业领域的不足，谦虚地向体育发达国家学习先进体育经

验，又能对体育欠发达国家提供无偿的体育援助与支持。在出访美国、英国、德国、俄罗斯等“三大球”发展强国时，通过交流“三大球”的发展经验，习近平指出应加强中国“三大球”的发展，勉励中国运动队和运动员应积极学习国外“三大球”的训练经验与方法，结合实际探寻中国“三大球”的发展路径。在出访非洲、南美洲等国家时，习近平多次勉励中国援外乒乓球教练，要认真施教、科学训练，为世界乒乓球事业的整体发展多作贡献。通过体育事业的交流来加强国与国之间的密切交往与合作，通过构建人类命运共同体的愿景指导中国体育对外交流路径的拓展，其旨归是尊重各国体育事业发展的多极化和不平衡的现状，在体育事业发展进程中实现优势集中、强弱互补的良好态势，共同促进世界体育事业的整体发展，展示了中国领导人在体育事业外交领域中所拥有的国际智慧与格局。

第三节　体育对外交流推进体育强国建设的实践特质

习近平有关新时代体育外交的重要论述是在延续新中国成立以来历代国家领导人体育外交理念与实践的基础上，通过对改革开放和党的十八大以来中国体育外交领域所取得的各类经验与成绩进行总结和提升之后形成的，不仅有着深厚的理论内涵，更体现出浓郁的实践特质。

一、全面审视了中国体育外交事业面临的机遇与挑战

体育外交历来是各国外交事业格局中的重要一极，是展现国家综合国力和国民整体素质的主要外交手段之一。习近平将新时代中国体育事业的发展定位于向“体育强国”迈进的历史方位上，为新时代体育强国建设事业明确了方向。“体育强国”的建设既需要国内良好经济与社会环境作为坚实的基础，也需要国外体育组织团体和力量的协助与支持，这其中隐藏着难得的机遇，也有突出的挑战存在。习近平有关新时代体育外交的重要论述，以共同推进、互利合作为基础，展现出亲诚惠容、友好交流的中国体育外交风格，深得各国认同。在面对体育事业发展的难得国际机遇时，习近平审时度势，毫不避讳中国体育事业发展的短板，指出中国体育要抓住机遇，向世界体育强国和体育项目优势国家学习，“走出去”和“请进来”结合起来，以提升中国体育事业的发展水平和层次。习近平出访过

程中访问国外体育组织或训练机构时，经常勉励中国参训队员要珍惜机遇，把握机会，练好本领，回报祖国和人民。

中国建设“体育强国”、实现“体育强国梦”的进程，势必要汇集来自国内外体育界的智慧力量与理解支持。新时代中国体育事业发展的成绩和势头已经多方位地展现在国际体育领域，体育外交已成为新时代中国体育事业全面发展的强大助力。机遇向来与挑战并存，目前国际体育事业已出现多极化发展趋势，各国的优势体育领域和项目各具特色、各有千秋，许多项目正朝着高精尖的方向发展，想要保持某一项目的长期优势地位已变得越来越难，来自各方面的挑战与中国体育事业的发展机遇相互交织。习近平有关新时代体育外交的重要论述，从中国体育发展的现实起步，既向世界展示了中国非常珍惜诸如举办2022年北京冬奥会等国际大赛的机遇，也直面了中国体育强国建设事业遇到的诸如“三大球”“群众体育”等领域发展不平衡的现实困难与挑战。在积极寻求国际体育交流、开展体育领域务实合作等方面，中国将与国际社会并肩同行，脚踏实地，一路攻坚克难、闯关夺隘，共同推动全球体育事业健康且有序的发展和前行。

二、系统设计了中国体育外交事业的整体理念与方向

“体育强国梦”的实现需要强有力的内外部环境作为基础和保障，体育外交承担着展示国家体育事业发展成就和吸收国外先进体育经验的重任，体育外交事业的高度与层次决定了实现“体育强国梦”的外部平台是否坚实、体育对外交流的道路是否平顺、对接是否畅通等问题。目前，体育强国的建设与健康中国的建成需要强有力的体育外交事业做保障，以便争取更加有利的外部环境的支持与理解。习近平在会见国际体育组织负责人和参加多种体育外交活动时，经常系统介绍中国建设体育强国的整体理念和方略。2013年11月19日，习近平主席在会见国际奥委会主席巴赫时指出，体育不仅可以提高人民健康水平，还可以促进各国人民相互了解和友谊。团结、友谊、和平的奥林匹克精神在中国深入人心。

习近平在外交领域传达出中国建设体育强国和建成健康中国的决心和信心，同时针对竞技体育、群众体育等不同领域的发展现状和要求，宽领域地设计了中国体育外交事业的整体理念与方向，即体育外交事业的发展将助力体育强国梦的实现和健康中国的建成。在竞技体育对外交流中，习近平以举办大型国际体育赛

事为平台，诚挚邀约各国运动员来中国进行比赛交流、互鉴学习；在群众体育对外交流领域，习近平多次向国外政要与体育机构负责人表达了群众体育事业的发展不仅可以提升人民健康水平，而且可以促进全民健身事业的国际交流，有利于各国人民相互之间增加了解和加深友谊的思考。习近平通过对中国体育外交各领域事业的系统设计，使中国体育外交紧紧围绕建设“体育强国”和建成“健康中国”的主题，整合了体育外交资源，向世界传递出了由竞技体育带动群众体育、由群众体育推动全民健身、由全民健身提升全民健康、由全民健康保障全民建设小康社会的中国智慧和成就。

三、充分体现了新时代体育外交是国家整体外交事业的重要组成力量

在习近平的外交历程中，开展体育领域的合作交流被视为促进中国与各国人民之间进行互通互惠、互信互利的重要路径，充分体现了新时代体育外交是国家整体外交事业的重要组成力量。习近平创新性地拓展了中国体育事业对外发展的领域、路径和方式，不断扩大中国体育对外交流的影响力和凝聚力。在对美国、俄罗斯、爱尔兰、印度尼西亚、荷兰、阿根廷、芬兰等国家进行访问期间，习近平分别考察了受访国竞技体育、青少年体育、体育产业等不同领域体育事业的发展状况，并就中国相应体育事业领域的发展做了比对和思考。目前，体育事业对外交流已经突破体育领域，与科技、人文、教育、文化等领域结合在一起，共同构筑起了中国外交事业的新格局和大版图。

“一带一路”倡议不仅是中国政府展示给世界各国人民的通过国家之间交流合作实现“共赢、双赢、多赢”共同目标的美好画卷，更为全球各领域的治理方式与机制提供了中国方案和路径。体育作为全球重要的公共事业，是“一带一路”建设进程中的重要合作领域，也是中国与“一带一路”共建国家开展的一系列外交活动的重要组成部分。习近平致力于推动“一带一路”共建国家在体育领域展开广泛合作，在2019年发布的《共建“一带一路”倡议：进展、贡献与展望》报告内容中，将中国与“一带一路”共建国家在体育领域的合作明确列入到“展望”部分的“文

明之路”中。[①]该报告清晰地注解了习近平在新时代中国体育事业对外交流发展领域秉持的思想与理念，是新时代中国体育对外合作交流方针制定与顶层设计的新参考和新指南。在“一带一路”倡议中，非洲国家是我国各领域的重要合作伙伴，我国也用实际行动诠释了在“一带一路”建设进程中和非洲国家的紧密合作。我国对非洲国家进行大规模体育援助时，体育基础设施建设项目赫然在列：中国注资1.85亿美元为非洲杯的举办援建3座标准球场，修建了加蓬国家体育场、奥耶姆体育场和让蒂尔港体育场……这是习近平体育外交理念在“一带一路”建设进程中的具体践行成果。一系列的体育外交成绩表明，新时代体育外交在我国外交版图中占有的位置越来越重要，发挥的功能越来越突出。在习近平有关新时代体育外交重要论述的引领下，作为中国外交事业的重要组成力量，中国体育外交事业的发展亮点愈加明显，中国体育事业与国际体育事业之间展开的有效与务实合作路径越来越宽，取得的成果更加丰硕，交流领域之间的交叉点愈加明显，拓展的合作路径和创新的合作方式更能体现互惠共赢的国家利益，交流的成果已惠及国际体育事业发展的诸多领域之中。

四、集中展示了中国体育事业对外合作的形象与态度

积极参与和承办国际体育赛事，既能全面反映中国体育事业发展的水平和实力，又能集中展示中国体育事业对外合作的形象与态度。随着中国体育事业综合发展水平的不断提升，中国朝着体育强国迈进的步伐不断加快，在世界体育事业发展全局和全球体育事务处理中发挥着越来越重要的作用。习近平在关于体育对外交流的系列重要论述中，以举办国际大型体育赛事为突破口，积极贡献中国方案，提供中国智慧，承担中国责任，得到了国际社会和体育组织的一致认可。2019年1月31日，习近平会见国际奥委会主席巴赫时指出：全民健身运动的普及和参与国际体育合作的程度，也是一个国家现代化程度的重要标志。巴赫高度赞赏了习近平对于体育可以促进一个国家全面发展的论断，并赞扬中国的冬奥筹

① 共建“一带一路”倡议：进展、贡献与展望［EB/OL］.（2019−4−22）［2022−11−20］.

备工作务实高效，令人满意。[①]2019年3月，国际篮联篮球世界杯抽签仪式在中国举行，国际篮联主席霍奥拉西奥·穆拉托感谢中国领导人和中国人民为世界篮球事业的发展作出的杰出贡献。[②]第七届世界军人运动会和杭州亚运会等国际大型赛事的官方负责人均对中国领导人和中国政府务实高效的办赛态度与行动予以高度评价。

本着“关联协作、交流互鉴、义利相兼”的体育外交风格与态度，习近平体育外交理念的实践不仅展示了中国体育事业对外交流的格局和高度，而且加深了国际社会对于中国体育事业发展形象的认可。中国在朝着体育强国迈进的进程中，不仅注重内涵建设，而且热诚地向体育欠发达国家提供不附带任何条件的体育援和支持。2018年，援马达加斯加体育教练技术援助项目启动；2018年，援汤加体育技术项目启动；2019年3月，援萨摩亚2019年太平洋运动会体育技术项目启动；2019年4月25日，习近平与白俄罗斯总统卢卡申科共同见证了中方援白体育场、游泳馆项目模型揭幕；2021年12月18日，中国援建柬埔寨国家体育场正式启动仪式在金边举行……这一系列掷地有声且实心实意的对外体育援助，获得了国际社会、国际体育组织和受援国家的普遍赞誉与好评。习近平新时代体育外交理念，紧扣从国内与国际出发的两个大局，对内强内涵、促发展，对外树形象、提品质。“美人之美，美美与共”，这种亲和且务实的体育外交态度，使与中国体育领域合作的各个国家和体育组织都能聚同化异，使不同类别的人类体育文明交相辉映，朝着更加多姿多彩的方向演进和发展。

五、整体提升了中国体育事业对外交流的品质与层次

习近平作为国家领导人，多次在外交活动中就体育领域的话题与各国政要、体育组织领导人进行了深入的磋商和交流，并且形成了独特的体育外交理念，这在国际外交领域中是不多见的。这不仅是源于习近平自身热爱体育的特有情怀，

---

① 北京冬奥会开幕倒计时3周年，习近平这样谈冬奥［EB/OL］.（2019—2—3）［2022—11—9］.

② 2019年国际篮联篮球世界杯抽签仪式举行［EB/OL］.（2019—3—17）［2022—11—9］.

更是因为习近平通晓体育事业的发展规律和特点，熟知中国体育事业发展与其他各国进行密切合作的重要性和关键性。习近平多次向外国政要和体育组织负责人介绍中国的“体育强国梦”，并将其与构建人类命运共同体紧密联系起来，致力于加强人类体育事业对于建设“持久和平、普遍安全、共同繁荣、开放包容、清洁美丽的世界”所贡献出的独特力量。

党的十八大以来，习近平多次在外交领域谈及与体育有关的外交话题，多次在外交中亲自参与体育活动，对于大国领导人来说，如此高频次、高层次地参与各类体育外交活动，不仅展示了习近平对体育事业增进各国人民之间相互理解和丰富人类文明成果的独特价值的深刻认识，更体现出习近平深谙体育交流对于人类幸福生活方式的拓展和人类社会发展进程的推进作用。人类发展的历史证明，人类拥有的强大体育精神和辉煌体育文明，能够促进人类社会持久和平；在体育规则意识的驱动下，能够促进持不同意识形态的人民建立普遍安全的社会秩序；在体育文化多元发展的驱动下，能够促进不同国家、民族的体育文化实现共同繁荣；在体育精神感召的驱动下，能够促进各国人民以开放包容的心态进行体育沟通和交流，进而构建形态多元、色彩斑斓的美丽体育世界。体育外交事业能够联结不同发展水平国家朝着共同目标前行的独有价值和特征，进一步印证了习近平提出的构建人类命运共同体的深刻内涵和时代价值，是国内体育事业发展愿景在国际体育领域的反映。这种对体育事业的高层次和高品质的论断与认识，为促进新时代中国体育外交事业的全面发展奠定了坚实的理论根基和实践基础。

第四节　我国体育对外交流的转型与升级

我国目前正处于建设体育强国的奋进阶段，体育外交是建设体育强国的重要组成，总结体育外交战略与实践中的优质经验，对我国开创新时代中国特色体育外交新局面具有一定的现实价值和启示意义。

一、整合体育外交资源，对外讲好中国体育故事

体育外交向来是我国外交活动不可或缺的重要组成，也是我国外交战略计划中的重要支撑。新中国成立以来，体育外交为我国整体外交事业的发展积累了丰

富的经验，贡献了优秀的实践案例，在中国由“体育大国”朝着“体育强国”迈进的进程中，体育外交资源的合理组织与利用决定着体育外交的质量和朝向。中国体育外交事业的发展在取得丰硕奖项成果的同时也获得了丰富的体育外交资源，既包含政治资源、经济资源、文化资源等基础资源，也包括人际资源、业务资源、科技资源、智慧资源等战略资源。应有效地将这些资源统整起来，既要谋求在国际大赛中有更加优异的表现，也要结合中国体育发展实际和中国对世界体育事业作出的贡献，讲好中国自己的体育故事，积极在国际体育外交事务中发出中国强音，全面把握中国体育在世界体育事业中的位置与影响，精准理解体育外交在整体外交中的战略意蕴和价值导向，展示中国作为体育大国应该肩负的国际担当和责任，树立良好的国际体育标识与国家形象。

二、积极参与国际体育治理，构建多样化的体育治理实践体系

良好的国际体育治理秩序构建需要全球各个国家的行动参与和智慧贡献，积极参与国际体育治理也是中国体育外交的重要战略议题。目前，国际体育组织团体、赛事运营、商业联盟等实体在具体的治理目标和措施方面千差万别，导致国际体育治理决策架构和实践内容复杂多变，实现卓有成效的沟通和协调难度较大，我国在参与国际体育治理事务时也同样面临着这些问题。各国在强调构建多样化的国际体育治理实践体系时，主张求同存异，使每个国家在多级的治理实践体系中都可以谋求自己的一席之地。澳大利亚与多个国家建立了体育谅解备忘录，优化了国家之间的体育合作协议，使其在国际体育治理领域有了更多的主动权和选择权，并且借此强化了与伙伴国之间开展创新型体育治理的合作关系。中国在赛事主办、运动训练、群众体育、体育市场开发、体育文化建设等方面拥有丰富的治理经验，同时也借鉴了他国优秀经验。在进行国际体育合作时，借助体育外交平台，扬长避短，充分发挥中国优秀的体育治理经验，将其融入多样化的国际体育治理实践体系中去，为全球体育事业的发展贡献中国智慧和力量。

三、加强国内平台支持与国际市场介入的对接力度，拓展体育产业对外合作空间

体育产业在国际体育外交领域占据的位置越来越重要，纵观各国的体育外交路

线，体育产业甚至决定着体育外交的结构和手段。近年来，我国体育产业迅猛发展，国家的政策支持配套力度也在不断加大。2015年以来，我国连续发布了《体育产业发展“十三五”规划》《关于加快发展健身休闲产业的指导意见》《水上运动产业发展规划》《航空运动产业发展规划》《山地户外运动产业发展规划》《关于加快发展体育竞赛表演产业的指导意见》等针对体育产业发展的专门政策与文件，对体育产业的国际化发展指向进行了规划和设计。2019年9月，国务院办公厅印发了《关于促进全民健身和体育消费推动体育产业高质量发展的意见》，更是具体指出体育产业要组建国际体育产业联盟，提升中国体育产业发展的国际化水平。这一目标的实现，需要打造高质量的国际化体育产业发展集群，通过积极推动国内高质量的体育产业资源朝国际市场流动，不断探寻对接国际需求的路径。丰富对外体育产业合作领域和资源，使体育产业能在全球竞争中保持强势的后劲。我国在体育用品及相关产品制造、体育服务行业、体育休闲旅游、体育贸易代理与出租、体育媒体版权销售等领域有强大的国内平台支持，但仍需要利用外交手段，加大介入国际市场的力度，使配套的世界级体育产业资源在与国际对接的速度和质量方面能够有大幅度的提升，扩展体育产业对外合作的领域与空间，进而快速推动我国体育产业的国际化进程。

四、构建具有国际视野和创新思维的体育人才梯队

体育人才的含义非常广泛，在体育外交领域，高水平运动员、教练员、裁判员、管理人员、科技人员等都属于体育对外交流过程中的人才。中国对优秀运动员、教练员、管理人员开展高质量国际培训提出了支持规划，为运动营养、康复训练、健康促进、科学训练等领域的体育科技人员之间的国际互访搭建了平台，致力于促进科研成果的国际共享和交流。体育人才战略构建在具有动态性和发展性的国际视野之中。近年来，中国体育外交事务中的高水平体育人才交流力度越来越大，竞技体育、学校体育、群众体育、体育产业等领域经常举行各个层次的人才交流项目和活动，截至2019年9月，我国共有287人在66个国际体育组织中担任439个职务。我国在现有体育人才对外交流互派的基础上，需要进一步增强在青少年体育发展促进、国家体育训练体系构建、体育产业升级、体育文化建设、体育志愿服务、体育社会组织建设等领域的人才培养厚度和国际交流力度，构建具有国际视野和创新思维的

体育人才梯队，使我国的体育人才储备深度和对外交流广度进一步提升。

五、优化对外体育援助模式，延伸对外体育援助空间

对外开展体育援助是体育大国和体育强国应该肩负的国际担当与责任。受体育事业发展水平的影响，不同国家的对外体育援助模式均有差异，但基本上都是围绕自己的优势领域开展援助。目前的对外体育援助由社会力量作为政府的重要补充来实施援助活动，其援助的领域涉及高水平运动员训练、体育基础设施建设、志愿者服务、大型体育赛事举办和社区体育等方面，援助的项目比较多样，援助过程中展现了丰富的人文精神和国际道义。中国近年来积极参与国际体育援助和赞助活动，作为体育外交活动的重要抓手，中国对外体育援助模式可以实现进一步优化。在确保常规援助项目优势的同时，可以继续延伸对外体育人力资源培训、体育基础设施援建和器材设施援助、赞助体育赛事等方面的内容，切实做到按需援助。事实上，我国对外体育援助除由政府统一组织之外，来自体育企业和体育组织的对外体育援助力度也非常大，一些体育企业和组织在非洲、太平洋岛国等区域广泛开展援助活动，援助领域涉及赛事、训练、体彩和群众体育等，这些援助活动赢得了良好的国际反响和声誉，展示出了中国在对外体育交流中的国际担当和感召力，展现了中国体育所肩负的国际道义和人文精神，加深了中国与受援国家之间的国家友谊和民族感情。

六、持续推进与伙伴国家的区域体育合作进程

中国向来强调对世界体育事业发展所承担的使命和责任，从促进体育中的性别平等到扶持贫困国家的社区体育事业，从给发展中国家提供精英团队训练指导到为非洲及中东地区国家开展定向体育援助等，我国凭借自己的体育优势领域和项目，对发展中国家和贫困地区进行了大量的体育资源支持，在体育外交中赢得了良好的国际声誉。党的十九大以来，随着我国“体育强国”建设的步伐迈得更加深入，中国体育外交更是从全局意识和长远发展的视角审视体育在人类命运共同体中承担的使命与责任。体育外交要服从国家体育事业发展的国家战略，将体育事业融入人类命运共同体中，增强“四个意识”、坚定“四个自信”是新时代中国体育外交秉持的战略思维。在与“一带一路”共建国家和金砖国家合作的进

程中，体育向来是合作的主要议题。通过深入开展区域体育交流与合作，对外举办一系列高级别的体育人文互动与交流活动，凸显具有中国特色的大国体育外交在中国对外关系中所承担的新型链接中介作用，持续推进了中国与伙伴国家的区域体育合作进程，对外诠释了开放、文明、富强的中国在人类体育事业发展中应该承担的新使命。

七、面向全球倡导健康生活方式，推广健康中国建设经验

推动健康生活方式的形成也是澳大利亚体育外交战略转型过程所秉持的重要理念。通过体育的手段获得健康生活方式，打造健康社区，使不同社会群体都能聚集在一起共同解决健康这一重大议题。澳大利亚未来的体育外交战略，将会积极致力于面向全球倡导健康的生活方式。中国于2019年出台了《健康中国行动（2019—2030年）》，提出了一系列亮眼的硬性健康指标。由政府规划引导与全民积极参与相结合的科学健身指导和措施，被称为健康中国建设的具体“施工图”，使“以人民健康为中心”的理念更加深入人心。“独乐乐不如众乐乐”，中国作为负责任的体育大国，健康生活不仅是中国人民的追求，同时也是中国向全世界贡献健康中国建设经验的具体指向。在体育外交过程中，中国的健康“国标”也为伙伴国所推崇，玻利维亚、克罗地亚、柬埔寨、加纳、摩洛哥、巴布亚新几内亚等国家在“健康中国”的启示下，制定了各自国家的公民健康促进计划。中国在对外合作打造健康社区方面作出了更多的贡献，尤其是与发展中国家共同合作，探索对健康弱势群体的体育干预路径，不断增加健康主题在体育外交中的分量，在助推“国之交、民相亲”的过程中不断扩展健康合作的领域和议题，提升健康合作的质量与水平。

↘ 本章小结

体育在国家外交领域有着独特的亲和力和无隔阂性，在整合国家外交资源、服务国家外交战略方面有着积极的意义。习近平新时代体育外交重要论述，不仅拓展了中国与各国之间在体育领域的合作路径，更展示出体育大国领导人对发展人类体育事业的独特理解和热爱。国外许多著名媒体评论“习式体育外交”是世界外交领域的

一大创新和亮点。呈现在习近平外交历程中的体育主题和花絮,向全世界展现了新时代中国领导人的独特体育情怀,展示出新时代中国领导人真诚友好的人格魅力,使一个友善的中国、富有亲和力的中国、富于合作性的中国跃然于世界舞台。习近平新时代体育外交理念与实践,植根于中国开放包容、文明进步的新型国家形象中,生长于建设“一带一路”和构建人类命运共同体美好时代中,为中国的体育事业发展构筑了和谐稳健的外部环境,同时也为国际体育外交理念与实践提供了丰富的素材,使体育元素在外交活动中发挥新内涵、新价值和新功能,使体育元素在国际外交场域中变得更加活跃,有力地推动着中国“体育强国梦”的实现进程。

第九章

中国式现代化体育道路与中华民族伟大复兴

习近平总书记在党的二十大报告中指出："中国共产党的中心任务就是团结带领全国各族人民全面建成社会主义现代化强国、实现第二个百年奋斗目标，以中国式现代化全面推进中华民族伟大复兴。"①体育事业作为现代化强国建设和党的第二个百年奋斗目标的重要组成，是推进中华民族伟大复兴进程中不可或缺的内容。中国式现代化是实现中华民族伟大复兴的根本之路，是中华民族的富强路，在中国式现代化视域下探索体育强国建设，是体育事业助推中华民族伟大复兴的必由之路。体育不仅承载着国家富强和民族振兴的梦想，而且已经成为推动社会发展和人类进步的重要标志。站在新的历史起点上，通过聚焦中国式现代化进程，整体审视体育在助推中华民族伟大复兴中展现出的独特优势，系统探索在中国式现代化视域下，体育事业架构出怎样的支点和铺展出怎样的路径，才能更好展示出体育在实现中华民族伟大复兴进程中的标志性作用，对于这些问题的解析和回答，是新的历史时期推进体育强国建设和将体育建设成为中华民族伟大复兴标志性事业的重要依据。

第一节　中国式现代化视域下体育助推中华民族伟大复兴的整体审视

中国式现代化，具有浓郁的"中国"特质和"现代"元素，它是立于中国发

① 习近平.高举中国特色社会主义伟大旗帜 为全面建设社会主义现代化国家而团结奋斗——在中国共产党第二十次全国代表大会上的报告［M］.北京：人民出版社，2022.

展现实基础和优势之上的现代化。[①]目前，中国正在由体育大国朝体育强国迈进，体育已成为中华民族伟大复兴的标志性事业，在中国式现代化视域下，通过系统审视体育在助推中华民族伟大复兴进程中具备的多维特质，有助于更稳固地架构体育助推中华民族伟大复兴的支点并探寻对应的路径。

一、完善的制度保证不断推进体育重点领域和关键环节改革创新

中国特色社会主义制度展示出的强大优势，是保障我国各项事业顺利推进的重要保障。[②]中国式现代化，其本质是基于社会主义制度基础上的现代化，具有完善的体制支持和制度保证。在中国式现代化视域下推进体育事业的整体发展，需要全面审视引领和指导体育事业发展的制度优势，定位好体育助推中华民族伟大复兴进程中的动力点和活力源。符合社会发展趋势的制度完善本身就是一个创新与发展的动态过程。[③]我国体育制度的不断完善，既适应了我国体育事业的发展需要，又体现了社会主义制度的高效和优越。随着中国现代化进程的不断加快，我国体育体制和机制的改革与创新进入了新阶段，体育行政部门和事业单位的职能正在随着现代化的要求进行积极转变，体育社会组织行业管理和服务能力也随之提升，尤其是在全民健身、竞技体育、体育产业、体育科技等重点领域和行业的关键环节，我国社会主义制度善于精准调适的优势，使这些关键环节的改革与创新步伐迈得更大更稳健。群众体育蓬勃发展、竞技体育成绩辉煌、体育产业提质增效、青少年体育生机勃勃、北京成为史上首座“双奥之城”……这一系列耀眼的成就，展示了完善的制度能够激发和动员体育领域集中优势办大事的能力。2021年，十三届全国人大四次会议通过的《中华人民共和国国民经济和社会发展第十四个五年规划和2035年远景目标纲要》明确提出，到2035年要建成

---

① 李爱霞.充分认识“中国式现代化”的五个重要特征［N］.经济日报，2022－2－10（4）.

② 曹普.新时代更好坚持和发展中国特色社会主义的战略指引［J］.科学社会主义，2022（5）.

③ 李军军，李建平.中国特色社会主义共同富裕：科学内涵、制度保障和分配改革［J］.当代经济研究，2022（10）.

体育强国、健康中国。围绕体育强国与健康中国建设推行的一系列制度保障，推进了我国体育制度体系建设的不断更新和完善。近年来，在中国特色社会主义制度体系的引领下，体育领域坚持以制度驱动法治，以法治保障制度，不断推进体育治理体系和治理能力现代化，激发了体育事业发展制度的活力和内生动力，为体育助推中华民族伟大复兴提供了稳固且高效的制度保障。

二、坚实的物质基础推动我国体育朝着更加全面协调的发展路向推进

中国式现代化道路是具有伟大创造力的现代化道路，它创造和发展了社会主义市场经济，为我国社会主义各项事业的有序推进提供了坚实的物质基础。①体育事业的发展同样建立在我国社会主义市场经济提供的坚实物质基础之上，以体育产业发展为带动，寻求在区域、项目等方面的全面协调发展。目前，我国正在积极打造京津冀、长三角、粤港澳大湾区、海南等重点体育产业发展区域，目的在于推出一批具有示范性和影响力的体育城市，为全国体育城市、健康城市的建设提供典型样板。国家同时支持体育科研院所、高科技企业到各城市开展体育类科技研发、产业化生产等，为区域体育事业高质量发展奠定科技基础。我国幅员辽阔，各地拥有的各类体育资源差异较大，各地以自身的资源禀赋为依托，自行布局运动项目发展架构。国家鼓励各地根据经济发展基础和水平，分项目制定体育基础设施建设规划和项目发展规划，例如支持东北三省等地区大力发展寒地冰雪经济，鼓励有群众基础和资源条件的城市开发以攀岩、皮划艇、滑雪、滑翔伞、汽车越野等为代表的户外运动项目。同时，我国积极发挥政府资金的引导带动作用，推动各地体育组织与体育企业开展合作，鼓励知名体育企业打造自主体育品牌，使运行良好的地方中小体育企业能够有资格申报国家中小企业公共服务示范平台，并且在全国体育科技创新大赛中积极吸纳地方体育企业和科研机构参与。站在国家战略层面，通过聚焦"一带一路"共建国家的体育发展重点，积极拓展国际体育领域的合作事务，利用我国体育事业发展基础和运动项目优势，瞄

---

① 高波，吕有金.中国式现代化道路：理论逻辑、现实特征与推进路径［J］.河北学刊，2022，42（6）.

准国内外体育市场，与“一带一路”共建国家联合举办马拉松、自行车、帆船、汽车拉力赛等高水平国际系列赛事，并取得良好的国际影响力。坚实的物质基础使我国体育事业不仅能够适应区域发展和项目发展的需求，而且有底气敢于开拓和勇于创新，使体育在助推中华民族伟大复兴进程中能够始终保持全面协调的发展方向。

三、主动的精神力量为体育事业发展注入源源不断的强劲动能

“人无精神则不立，国无精神则不强。”党的二十大报告提出要“增强实现中华民族伟大复兴的精神力量”。一个国家和民族拥有强大的精神力量，可以确保这个国家和民族在历史的洪流中屹立不倒、勇立潮头。精神上站得住和站得稳，是中国式现代化不断推进的重要动力保障。习近平总书记提出的推动中国发展的“五个战略性有利条件”中，“有自信自强的精神力量”就是其中重要的一条。党的十八大以来，我国体育事业取得了一系列重要成就和变革，中华体育精神作为推动体育事业整体发展的强劲动能，为实现中华民族伟大复兴注入了更为主动的精神力量。以“为国争光、无私奉献、科学求实、遵纪守法、团结协作、顽强拼搏”为主要内容的中华体育精神，以“胸怀大局、自信开放、迎难而上、追求卓越、共创未来”为重要内容的北京冬奥精神，以及弥足珍贵的“女排精神”“登山精神”“乒乓精神”等，共同构成了中华体育精神谱系，成为整个中华民族在体育强国建设进程中的宝贵精神资源和财富。中华体育精神已经成为推进中国体育事业发展的精髓和灵魂，已经全面地融入社会主义核心价值观的践行体系之中，成为中华民族精神的重要组构内容。[①]中国数千年来形成的优秀传统文化，以及由此生成的中华民族自信心、自尊心、自豪感和强国强民的目标追求，重新注解了中华体育精神谱系中的爱国主义、集体主义、团结拼搏、不惧困难、勇往直前的鲜明精神特质，丰富了中华体育精神的结构和内涵，中华体育精神已经成为社会的共同财富。作为推进体育强国、健康中国建设的重要动力，昂扬积极的

① 白刚.真理·道义·文明：中国式现代化的三大制高点［J］.吉林大学社会科学学报，2022，62（6）.

中华体育精神为中国式现代化新道路注入体育领域的特有活力，助推中国体育在“最好的时代”步入佳境，为实现中华民族伟大复兴提供了团结奋斗、凝心聚力的主动精神力量。

四、宽广的创新视野助推体育事业步入更高质量和更有效率的发展轨道

具备宽广的创新视野，是推动经济社会各项事业实现高质量发展的前提条件。[①]党的二十大报告指出“要坚持以推动高质量发展为主题”，为体育事业步入高质量和高效率的发展轨道坚定了指向。我国体育事业取得的一系列历史成就，不仅诠释了社会主义制度能够集中力量办大事的优越性，而且为体育事业实现高质量发展奠定了坚实基础。实现高质量发展同时也是中国式现代化的本质要求，改革开放以来，特别是党的十八大以来，我国群众体育、竞技体育、体育产业等领域发展成果显著。构建高质量和高水平的全民健身公共服务体系，是群众体育满足人民高品质生活期待的重要通路，更是加快体育强国建设的基石。《关于促进全民健身和体育消费推动体育产业高质量发展的意见》《关于构建更高水平的全民健身公共服务体系的意见》等政策文件的陆续出台，使我国全民健身体系不断趋于完善。目前，我国经常参与体育锻炼的人数已超4亿，城乡居民达到国民体质测定标准“合格”以上的人数比例达90%以上，显示了人民群众身体素质和健康水平持续增强。北京奥运会、北京冬奥会、世界军运会等一系列重大且影响深远的国际赛事在我国的成功举办，表明中国体育具备足够的条件实现由“体育大国”向“体育强国”迈进。宽广的创新视野，为中国体育高质量发展积累了丰富的经验。日渐兴盛的体育产业，是推动体育事业高质量和高效率发展的重要引擎，按照《“十四五”体育发展规划》，到2025年，我国体育产业总规模要达到5万亿元，增加值占国内生产总值比重达2%，居民体育消费总规模超过2.8万亿元，从业人员超过800万人。从2015年北京冬奥会申办成功至2021年10月，我国已实现“带动三亿人参与冰雪运动”目标，全国冰雪运动参与人数达到3.46

① 林伯海，李潘．正确把握中国式现代化新道路中的若干辩证统一关系［J］．思想理论教育导刊，2021（11）．

亿人。[①]目前，中国体育产业主动创新发展思维，探索新技术，打造新业态，已经步入了高质量发展的轨道。我国体育事业的创新性发展仍在持续推进，不仅助力了体育与经济社会协同发展，而且为体育成为中华民族伟大复兴标志性事业提供了高质量的答卷。

第二节　中国式现代化视域下体育助推中华民族伟大复兴的内在逻辑

中国式现代化道路是以实现中华民族伟大复兴为主题，坚持中国共产党的领导，坚持独立自主、全面发展的中国特色社会主义现代化新道路。[②]在党的领导下，我国综合国力和社会文明程度不断提升，竞技体育与群众体育一体推进，人民身体素质和健康水平不断提高，爱国主义与中华体育精神大力弘扬，为在中国式现代化视域下更好地阐释体育助推中华民族伟大复兴的内在逻辑提供了坚实依据。

一、综合国力与社会文明程度的持续提升，创造了体育大国朝着体育强国迈进的优越条件

党的十八大以来，我国综合国力和国际影响力持续增强，社会文明程度不断提升，为我国体育事业的高质量发展奠定了坚实基础，创造了我国由体育大国朝着体育强国迈进的优越条件。体育作为国家强盛的表现，是否筹办和举办过奥运会更是衡量一个国家综合国力和体育事业发展水平的重要标尺。[③]中国成功举办了2008年北京奥运会、2022年北京冬奥会，展现了中国已经不再是奥运会的陪跑者和追随

---

① 参与人数3.46亿人！冬奥会申办成功至2021年10月实现带动三亿人参与冰雪运动目标［EB/OL］.（2022—1—19）［2022—11—8］.

② 廖小明.中国式现代化历史演进中制度公正的发展进程与多维审视［J］.贵州师范大学学报（社会科学版），2022（11）.

③ 赵富学.体育成为中华民族伟大复兴标志性事业的要义指向、释析理路与推进方略［J］.中国体育科技，2022，58（1）.

者，而已经是名副其实的引领者，向全世界展示了中国以富强、文明、开放、进步的形象积极融入世界的大国姿态。在中国式现代化视域下，实现由体育大国向体育强国的迈进，在按照体育强国建设标准布局体育事业发展格局的同时，又突出了中国体育发展的现实和特色。《体育强国建设纲要》的颁布，更是从战略任务的层面，将人民作为发展体育事业的主体，将推动群众体育、竞技体育、体育产业协调发展作为体育强国建设的核心架构，将体育强国梦作为实现中华民族伟大复兴中国梦的重要载体。形成与基本实现与现代化相适应的体育发展新格局，推进体育治理体系和治理能力现代化，是在中国式现代化进程中建设体育强国的方向和目标。综合国力和社会文明程度的持续提升，赋予了体育强国建设更高层次和更有力度的支持，使我国由体育大国向体育强国迈进的进程中，能够始终坚持举国体制与市场机制相结合，不断加快体育改革创新的步伐，以全民健身促进全民健康，推动竞技体育走上更好更快更高更强的发展道路，带动了三亿人参加冰雪运动，使弘扬中华体育精神同坚定文化自信紧密结合起来，能够高标准高质量地完成各项国际大赛的筹办任务，创新了体育人文对外交流的形态和层次，保障了体育能够按照中国式现代化的建设要求，顺利有序完成党和国家赋予的各项时代使命和根本任务，助推实现中华民族伟大复兴的进程。

二、体育事业为国增光与为民增利的双重特性，强化了竞技体育与群众体育一体推进的现实依据

中国共产党从关乎国家前途命运、实现中华民族伟大复兴的高度重视体育事业的发展。[①]竞技体育与群众体育是助推我国体育事业稳步前行的有力两翼，竞技体育为国增光与群众体育为民增利的特性，是竞技体育与群众体育一体推进举措制定的现实依据。尽管我国竞技体育事业是在基础差、底子薄、水平低的条件下开始起步的，而且周围存在复杂国际环境的持续干扰，但竞技体育在发展中坚持攻坚克难，多点突破，仍然探索出了符合我国国情的竞技体育发展模式和体

---

① 刘敏，郭学松，曹莉.中国共产党体育理念的历史演进与创新发展［J］.北京体育大学学报，2021，44（11）.

制，不仅保证了竞技体育能够朝着制高点连续发起冲击，而且将竞技体育为国增光的特性发挥到了极致。有体坛“常青树”之称的中国乒乓球队、豪夺“五连冠”的中国女子排球队、不惧艰险勇攀高峰的中国登山队、有“梦之队”之誉的中国跳水队等一大批优秀竞技体育队伍，为祖国赢得了多项荣誉。竞技体育在凝聚和形成中华体育精神的过程中，首要就是“为国争光”，而且在实践中转化成了中华民族凝心聚气的强大精神力量。

群众体育是我国发展体育事业的坚实基础，从新中国成立至今，这一基础的性质没有发生变化。随着群众体育的发展水平和质量不断提高，人民群众的健身意识地不断增强。目前我国经常参加体育锻炼的人数已经超过4亿，集娱乐性、休闲性、健身性于一体的群众性体育赛事丰富多样，对全民健身的资金投入、场地建设、组织推动、科学指导等方面的力度不断加大，全民健身同时上升为国家战略，群众体育为民增利的特性进一步显现。竞技体育与群众体育一体化推进，是党的二十大报告中提出的“促进群众体育和竞技体育全面发展”的具体践行形式，更是体育领域对中国式现代化不断满足人民群众日益增长的物质和精神文化需求给出的最优方案，能够推动体育事业为国增光与为民增利的双重特性进一步拓展和增强。

三、人民身体素质和健康水平的不断提高，提供了推进体育强国与健康中国全面建设的时代注解

人民群众身体素质与健康水平的不断提高，是中国特色社会主义体育事业发展的基础和主线，也是体育强国、健康中国建设的聚焦点和关键点。中国式现代化新道路要求从满足人民群众对幸福美好生活的向往出发开展群众工作。[①]如何增强人民群众体质和增进人民群众健康，是关乎我国以人民为中心的体育发展指向的核心问题，也是体育事业满足人民群众幸福美好生活向往进程中必须直面回

---

① 李爱群，吕万刚，王志强，等.中国式现代化视域下体育强国建设助推中华民族伟大复兴的道路探索——“贯彻落实二十大精神，探索中国式现代化体育新道路”论坛述评［J］.武汉体育学院学报，2022，56（8）.

答的问题。党的十八大以来，人民群众最关心的“健身去哪儿”“健身组织在哪”“如何健好身”等问题陆续得到解决，群众体育事业发展中存在的不平衡、不充分的问题以及短板与弱项等得到了极大的改善，“大群体”的发展理念和工作格局逐渐形成。《2020年全民健身活动状况调查公报》显示：2020年7岁以上居民经常参加体育锻炼的人数比例达到了37.2%；91%的儿童青少年、87.2%的成年人和53.6%的老年人认为体育健身对身体健康、心理健康、情绪和社交等方面有积极的促进作用。[①]随着《中华人民共和国体育法》《全民健身条例》等法律法规的修订和落实，与社会体育指导员、国民体质监测、国家体育锻炼标准、全民健身活动调查等相关的基本工作制度也陆续完善，推动着全民健身活动朝着科学化、规范化、生活化和便利化的趋势发展，和人民群众体质健康关联的各类体育问题正在得到逐步解决。今后，通过不断提升公共体育场馆设施面向大众的开放水平，持续完善群众身边体育场地设施的配套建设，积极开展面向不同人群的健身活动，搭建“金字塔”式的群众体育赛事活动体系，凝练并推广“带动三亿人参与冰雪运动”的优质经验，为群众“会健身”“健好身”提供科学指导，使体育强国、健康中国建设进程中事关人民群众体质健康的内容和要求能够贯穿于全民健身活动的始终，进而更好地展现全民健身在强国建设中的独特功能与价值。

四、“少年强、青年强则中国强”的强国逻辑，明晰了培养体魄健康与人格健全的青少年一代的价值指向

增强青少年体质、提升青少年健康水平是体育强国建设的重要内容。党和政府历来高度重视青少年的体质健康问题，青少年体育也一直处于我国体育事业发展的高级段位。党的二十大报告明确指出要“加强青少年体育工作”，之所以要“加强”，表明青少年体育工作还有很大的空间可以拓展，在内容、任务、方式和程序上还需要强化。中国青少年研究中心发布的一组数据显示：目前我国儿童平均每天室外活动时间为0.86小时，远低于3.41小时的全球平均水平，“00后”的

① 国家国民体质监测中心.2020年全民健身活动状况调查公报［EB/OL］.（2022—6—7）［2022—11—8］.

小学生和初中生休息日做家庭作业的时间超标比例分别达到81.1%和87.1%，身体运动的缺失导致青少年体质持续下降。[①]另外受新冠疫情影响，青少年的体育锻炼和体质健康问题更加突出。在这样的背景下，如何对青少年体育工作进行针对性改进和创新，使其能够适应各类环境和条件变化带来的不利影响，是当前乃至今后一段时期青少年体育工作者需要直面的任务和难题。《中华人民共和国体育法》提出了要优先发展青少年和学校体育，实行青少年和学校体育活动促进计划，要求学校必须按规定开齐开足体育课，确保体育课时不被占用，保障学生在校期间每天参加不少于一小时的体育锻炼，学校应当每学年至少举办一次全校性的体育运动会，从立法的角度确保了青少年体育的地位和任务，为未来青少年体育工作提质增效提供了法律保障。在以中国式现代化全面推进中华民族伟大复兴的新征程上，青少年是未来，是希望。[②]"少年强、青年强则中国强"的强国逻辑，同样是体育强国建设的基本逻辑，也是体育能够助推中华民族伟大复兴的接续逻辑。通过加强体教融合、强化青少年优秀体育人才培养、深化体校改革、培育青少年体育社会组织、完善青少年体育竞赛活动体系等一系列举措，培养社会主义现代化建设所需的体魄健康与人格健全的一代青少年，筑牢体育强国建设的根基，是在中国式现代化道路中发展青少年体育事业核心方向和逻辑。

五、中华体育精神的大力弘扬，展示了增强中华民族的凝聚力、向心力、自信心的体育力量

中国式现代化不仅需要强大的物质力量作为保证，更需要强大的精神力量作为指引。[③]中华体育精神是我国体育领域长期以来形成、凝练和总结出的具有代表性和引领性的创新型优秀文化，是以伟大创造精神、伟大奋斗精神、伟大团结精神、伟大梦想精神为主要内容的中国精神的典型代表，更是中国体育的灵魂和

---

① 全面推进体教融合，提升学生身体素质［EB/OL］.（2021—3—11）［2021—11—9］.

② 喻芒清.从"主动融入"到"聚焦特色"：中国式现代化的战略选择［J］.学校党建与思想教育，2022（22）.

③ 张文显.面向中国式现代化的自主性现代化理论［J］.公共管理与政策评论，2022，11（6）.

精髓，为中国体育事业的发展提供了强大的精神支撑。体育不仅仅是身体运动，它已经完全融入了国民生活教育之中，成为国家经济社会发展的精神载体，是培育体魄强健、人格健全、全面发展的人的重要途径。体育从来都不单单是以胜负成败的形象出现在人们面前的，其中展示的自强不息、挑战自我、昂扬向上的奋斗姿态，蕴含的为国争光、无私奉献、科学求实、遵纪守法、团结协作、顽强拼搏的精神内核，为增强中华民族的凝聚力、向心力、自信心贡献出了体育力量，已经成为全社会的共同精神财富。随着我国体育事业的不断发展，“唯金牌”“唯第一”“唯成绩”的论调逐渐变弱，人们更加看重蕴含在成绩和金牌背后的精神层面的内容，“争金牌而不唯金牌，争名次而不唯名次”，逐渐成为人们看待体育事业发展的态度和共识。新修订的《中华人民共和国体育法》在总则第一条就明确提出了“弘扬中华体育精神，培育中华体育文化”。中华体育精神成为体育领域践行社会主义核心价值观的集中体现，它反映出了我国体育强国建设进程中国家的价值目标、社会的价值取向、公民的价值准则，在提升民众文明素养、价值观念、道德情操等方面有着独特的功能和作用，是激励各族人民团结协作、努力奋斗、追求卓越、突破自我的重要精神动能，能够焕发出和凝聚起助推中华民族伟大复兴的强大精神力量。

第三节　中国式现代化视域下体育助推中华民族伟大复兴的独特优势

中国式现代化坚持独立自主、创新创造，是推动实现社会全面进步的现代化。[①]中国体育的发展始终坚持党的领导，秉持人民至上的理念，凝心聚力、自立自强，展现出了体育在助推中华民族伟大复兴进程中的中国式特质和现代化优势。

---

① 刘文勇.中国式现代化的遵循与创新［J］.天津社会科学，2022（6）.

一、党的坚强领导是体育助推中华民族伟大复兴的坚实基础

中国式现代化道路是中国共产党领导的现代化。[①]中国共产党是中国特色社会主义事业的领导核心，处在总揽全局、协调各方的领导地位。我们党向来重视体育工作，从新中国体育事业的艰难起步，到改革开放体育事业迎来新的发展时期，再到党的十八大以来体育改革发展迈上新的台阶，表明了加强和改善党的领导，是推动我国体育事业全面发展和建设体育强国的坚实保障。习近平总书记指出，中华人民共和国建立70年来，中国人民的健康素质有了很大提高。中国从过去未能参加奥运会，到现在已成为许多奥运项目中的佼佼者，这是中国国运国力发展的重要体现。[②]将体育作为实现中华民族伟大复兴的标志性事业，表明体育在中华民族伟大复兴进程中有着不可或缺的地位和作用。我国体育事业取得的一系列优异成绩和发展成果，离不开党的坚强领导。中国共产党领导中国人民从站起来、富起来到强起来的进程，成功拓展和推进了中国式现代化，使体育助推中华民族伟大复兴有了更加坚实的物质基础、制度保障、精神引领和理论指向。在党的领导下，体育被纳入精神文明建设和社会主义先进文化建设体系，为国家经济社会事业的改革与发展提供了强大的精神力量。事实证明，只有在党的坚强领导下，中国体育事业的发展才能确保正确的前行方向，2050年全面建成社会主义现代化体育强国的目标才能实现，体育助推中华民族伟大复兴的基础才能更加坚实有力。

二、人民至上的理念是体育助推中华民族伟大复兴的核心动力

中国式现代化道路坚持人民至上，围绕人的需要，实现人的现代化、推动人的全面发展，是我们党全心全意为人民服务根本宗旨的生动体现。[③]体育是人民创造、人民实践、人民推动、人民享有的事业，是关系人民健康和幸福的事

---

① 张杰，张晨曦，林钰.中国式现代化进程的重大经济风险及应对［J］.天津社会科学，2022（6）.

② 习近平会见国际奥委会主席巴赫［N］.人民日报，2019-2-1（1）.

③ 郭熙保.实现中国式现代化：推进质与量高度统一的发展［J］.经济评论，2022（6）.

业。[①]从新中国成立初期开始，以人民为中心的理念始终贯穿于我国体育事业发展进程。党的十八大以来，事关人民美好生活的全民健身，已经上升到国家战略层面，老百姓身边的体育公园越建越多，健身路径的智能化水平不断提升，群众健身赛事的内容越来越丰富，围绕人民群众健身需求组织的科学健身指导不断增强，从而推动全民健身公共服务体系构建层次和水平能够更好地满足人民群众的健身需要，更好动员和组织了体育强国和健康中国建设的群众力量。人民至上成为中国体育事业发展的根本遵循，是体育助推中华民族伟大复兴的核心动力，体育通过自身范畴和价值的不断拓展和深化，与文化、旅游、健康、教育、休闲等领域的结合力越来越强，为人民群众追求幸福美好生活提供了更为丰富的“体育菜单”。从1995年开始推行的《全民健身计划纲要》，到党的十八大以来陆续颁布的《体育强国建设纲要》《“健康中国2030”规划纲要》《关于全面加强和改进新时代学校体育工作的意见》《全民健身计划（2021—2025年）》等文件，以人民为中心的全民健身工作被党和国家高度重视，并且取得了一系列重要成就。数据表明，2020年7岁以上居民经常参加体育锻炼人数比例达37.2%；《第五次国民体质监测公报》显示，2020年全国达到《国民体质测定标准》“合格”等级以上的人数比例为90.4%。[②]《2021年全国体育场地统计调查数据》显示，截至2021年12月31日，全国共有体育场地397.14万个，体育场地面积34.11亿平方米，人均体育场地面积2.41平方米。[③]“15分钟健身圈”“10分钟健身圈”“5分钟健身圈”越来越多地与居民的生活融合，实现了体育的改革发展成果真正惠及全体人民。

---

① 国家体育总局编写组.深入学习习近平关于体育的重要论述［M］.北京：人民出版社，2022.

② 国家国民体质监测中心.第五次国民体质监测公报［EB/OL］.（2022—6—7）［2022—11—9］.

③ 国家体育总局.2021年全国体育场地统计调查数据［EB/OL］.（2022—4—29）［2022—11—9］.

三、国家强盛是体育助推中华民族伟大复兴的有力保障

“国运兴则体育兴。”从1908年的“奥运三问”，到1984洛杉矶奥运会金牌“零”的突破，到2008北京夏季奥运会的“无与伦比”，再到2022年北京冬奥会的华丽呈现，百年大国的沧桑巨变，见证了中国从体育弱国朝着体育大国、体育强国迈进的自强步履。建成富强民主文明和谐美丽的社会主义现代化强国，是实现中华民族伟大复兴的核心内容。[①]体育事业的兴盛发展，需要国家富强的有力保障。中国体育事业取得的一系列优异成绩，无不与中国国力的不断强盛紧密关联。全民健身、竞技体育、体育产业、体育文化、体育科技等领域的跨越式发展，均需要建立在国家富强和民族复兴的基础之上。体育连着国运，没有国家富强，就不会有我们的“双奥荣光”；没有民族复兴，体育振兴便无从谈起。在世界百年未有之大变局叠加新冠疫情背景下成功举办的北京冬奥会，不仅是对我国政府应对风险挑战能力的综合检验，更让全世界人民亲眼见证了我国综合国力。艰难方显勇毅，磨砺始得玉成。“迎难而上”“追求卓越”的体育精神，使我们在异常艰难的情况下能够以“一刻也不能停，一步也不能错，一天也误不起”的态度筹办冬奥，向全世界兑现中国的承诺。为了攻克适用于不同地区的冰状雪赛道制作技术，体育科技人员研制成功了一整套具有完全自主产权的、能实现赛道无损、定量检测的仪器设备，追平了与西方国家在这一领域的科技差距，阐释了“追求卓越”的深刻意涵。体育强盛作为国家强盛的一种表现，能够为富强民主文明和谐美丽的社会主义现代化强国建设增添动力和凝聚力量，而国家的经济建设为体育产业成长为国民经济支柱性产业提供了基础性环境、政治建设推动了体育成为促进社会和谐的重要力量、文化建设引领中华体育精神成为社会主义核心价值观的重要组成部分、社会建设让体育成为增强人民群众获得感和幸福感的重要手段、生态文明建设使体育成为积极倡导文明生活方式的示范者。

---

① 沈文玮，李昱.中国式现代化、数字经济和共同富裕的内在逻辑［J］.经济纵横，2022（11）.

四、凝心聚力是体育助推中华民族伟大复兴的宝贵精神密码

中国式现代化道路，融合了人与人、人与社会、人与自然、国家与国家之间各方利益的“最大公约数”，凝聚起了推动中华民族伟大复兴的最大范围的磅礴力量。① 我国由体育大国向体育强国迈进的征程中，不仅需要来自体育领域的团结一致和开拓进取，更需要来自全国各族人民凝心聚力的推动和支持。在中国式现代化视域下，凝心聚力办体育，需要对国内外形势有清晰的识别和判断。中国体育在2016年里约奥运会、2020年东京奥运会中取得的成绩表明，我国优势项目的国际竞争力已经出现断层分布，弱势项目的突破路向和前景尚不明晰。2022年北京冬奥会取得了9金，刷新了1980年征战冬奥会以来的纪录，但人才断档问题需要得到重视。全民健身的覆盖面拓展和公共服务水平提升仍然需要努力推动，体育产业结构的先天劣势和产业集群的虚热现象也必须警惕。中国体育在这样的发展阶段要闯关夺隘，就需要在统一认识和提升专注度的基础上，凝心聚力、奋勇前行，发挥出体育在助推中华民族伟大复兴进程中的应有价值和作用。凝心聚力作为体育助推中华民族伟大复兴的宝贵精神密码，蕴含着坚守与传承、开拓和创新。对内激励民众、对外树立形象的中华体育精神，需要在发展体育事业的进程中得到进一步巩固与强化；全地域覆盖、全周期服务、全社会参与、全球化合作、全人类共享的“大体育”发展理念，需要凝聚起全社会的共识而进行整体推进。不断增强人民群众对体育发展成果的获得感和幸福感，理应成为体育发展思想凝聚和行动统一的压舱石和领航器，进而推动体育以卓越的能力和实力为中华民族伟大复兴提供凝心聚气的强大精神力量。

五、自立自强是体育助推中华民族伟大复兴的鲜明特质

中国式现代化道路的根本意义在于，它是实现中华民族伟大复兴的正确道路，能助力实现中华民族的自立自强。②中国式现代化的历程，其实也是中国体育事业

① 郑有贵.中国式现代化演进中破解不平衡不充分发展问题的路径［J］.中南财经政法大学学报，2022（6）.

② 汪青松，王辰璇.中国式现代化的历史演进与新时代高度［J］.理论学刊，2022（6）.

自立自强的发展历程。从甩掉“东亚病夫”的帽子到建设体育强国，中国体育沿着自立自强的发展轨迹，不仅促进了人民群众身体素质和生活品质的极大改善，而且改变了中国人民的整体精神面貌，使人民群众的获得感和幸福感得到极大提升。新中国成立之初，受到国内外各种复杂环境和敌对势力的影响，体育事业的发展出现多次波折，尤其是一些国际体育组织反华势力的干扰和顽固派所持的反华立场，对新中国体育事业的发展产生了重大冲击，导致在1958年我国被迫与国际奥委会等国际体育组织中断了联系；在“文革”时，我国体育事业也遭受到了严重的阻滞与破坏。但是即便在这样艰难的环境和条件下，中国人民仍然不屈不挠，克服重重困难和挫折，以顽强拼搏的斗志和自立自强的信念，努力开展体育工作，使体育事业实现了在曲折中求发展。改革开放以后，随着中国重新回归各类国际体育组织，中国体育事业迎来了重要的历史发展机遇期。由于中国体育与国际体育领域长时期缺乏交流，中国体育事业发展面临各类不适、困难和挑战。党和国家积极推进体育领域开展一系列自主创新和独立改革，使中国体育事业能够敢于直面问题和解决问题，在全面审视中国体育发展实际的基础上，着力解决行政、事业、社团、企业四位一体的弊端，努力构建“小政府、强社团、大社会”式的体育发展新格局。党的十八大以来，随着体育强国建设步伐的不断加快，体育领域秉持开拓进取、自立自强的发展态度，推动我国在群众体育、竞技体育、体育产业、体育文化等领域均取得了举世瞩目的发展成就，使中国智慧、中国方案、中国力量在世界体育领域不断涌现，走出了一条充满自信的中国式现代化体育新道路。

第四节　中国式现代化视域下体育助推中华民族伟大复兴的支点架构

中国式现代化既有各国现代化的共同特征，更有基于国情的中国底色。[①]在中国式现代化视域下发展体育事业，不仅需要站在实现中华民族伟大复兴的战略高度进行布局，更需要架构起稳固的战略支点。

① 于磊．中国式现代化的发展脉络、科学内涵及世界意义［J/OL］．学术探索，2022（11）．

一、明晰助推过程的普遍性和特殊性

体育助推中华民族伟大复兴的过程，其实质是对体育在实现中华民族伟大复兴中的标志性功能与作用进行凝练的过程，在中国式现代化视域中对这一过程进行审视，明晰其存在的普遍性和特殊性，是架构体育助推中华民族伟大复兴支点的基础之基础。中国体育发展道路既遵循人类体育事业发展的普遍规律、借鉴世界优秀体育事业的发展经验，又立足于中国体育事业发展的现实状况，在继承中华民族传统体育文化的基础上，形成了符合中国国情的体育事业发展格局。促进体育成为中华民族伟大复兴的标志性事业，带有鲜明的中国特性和时代特质。中国式现代化道路对于中华民族伟大复兴具有根本意义。①将体育事业发展置于中国式现代化道路中进行考量，有助于更加明晰体育助推中华民族伟大复兴过程的普遍性、特殊性及其之间的逻辑关系。从普遍性来看，我国由体育大国朝着体育强国迈进，既有显著的竞技成绩，又有日益壮大的体育产业；既有公共体育服务体系的不断完善，又有全民健身的蓬勃发展，这些都是符合体育强国建设普遍规律的。从特殊性来看，我国体育强国建设具有鲜明的人民性，我国建设体育强国的终极指向是为了满足人民群众多元化、多层次的体育需求，提升人民群众的获得感和幸福感，这种独特的指向是其他国家体育制度不具备的。因此，在中国式现代化视域下架构体育助推中华民族伟大复兴的支点，不仅需要厘清体育事业发展的普遍规律，更需要明晰中国体育事业发展的特殊规律，将二者统一起来进行整体审视，梳理和凝练出符合中国式现代化要求的中国体育事业标志性发展路径。

二、坚持助推设计的自主性和开放性

中国式现代化是基于我国国情自主探索发展的现代化，但也能为其他发展中

① 廖小明.中国式现代化历史演进中制度公正的发展进程与多维审视［J］.贵州师范大学学报（社会科学版），2022（11）.

国家提供可供借鉴的经验。[①]中国式现代化视域下的体育事业，在助推中华民族伟大复兴进程中需要依据中国体育事业的发展历史和规律，自主设计具有体育发展特色的中国式现代化道路。体育事业作为社会主义现代化建设的重要内容，在由体育大国向体育强国迈进的历程中，充分展现了中国式现代化的自主建设特征。在革命与建设时期，自主的体育事业发展设计为中华民族实现伟大复兴提供了强大的内驱，聚合了体育走自主式的中国式现代化道路的起步动力。在改革开放时期，独立自主的体育发展道路，使中国竞技体育、群众体育面貌一新，体育文化和产业以日新月异的发展速度跟进，取得了体育史上的跨越式发展成就，使体育成为探索中国式现代化道路的排头兵。进入新时代，体育强国建设的自主设计，全程跟进中国式现代化的内容，力求全面实现体育现代化，在中国式现代化道路中展示出了体育的独特价值和特点。体育助推中华民族伟大复兴的支点架构，同样展现出了强有力的开放性。体育作为国际文明交流和互通的“无障碍”通路，容易被各国人民认可和接受。中国式现代化视域下的中国体育事业，正在与世界体育积极互动，中国在全球体育治理领域不仅具有重要的地位，而且秉持“共商共建共享”的开放性体育发展理念，使全球体育事业中融入了更多的中国智慧和方案，凸显了中国作为体育大国的自信，使体育强国梦与中华民族伟大复兴中国梦紧密联系在一起。

三、保持助推程式的延续性和创新性

体育强国建设是体育助推中华民族伟大复兴的重要程式，也是中国式现代化进程中发展体育事业的重要标志。体育强国建设不仅要延续中国在群众体育、竞技体育、体育产业、体育文化等领域积累的优质经验，而且要站在提升全民族健康素质、助推中华民族伟大复兴的战略高度进行实质性创新。在中国式现代化视域下，以推动实现人的全面发展和社会全面进步的现代化体育道路为指引，创新实施全民健身国家战略、强化体育公共服务水平、大力发展冰雪运动，使人民身

① 韩庆祥，张健.论五个“重大原则”——从“五个坚持”看推进中国式现代化的实践要求［J］.浙江社会科学，2022（11）.

体素质和健康水平得到不断提升，人民精神文化生活得到保障，助推经济社会全面进步和发展。具备坚实的体育强国建设实力，是加快体育助推中华民族伟大复兴进程的基础储备。[①]体育强国建设实力有硬实力和软实力之分，硬实力体现在我国体育基础设施建设、竞技体育发展、群众体育规模、体育产业总量等方面取得的一系列优异成绩；软实力则重点体现在体育人文领域的创造性转化和创新性发展成果方面。强化体育强国建设的软硬实力，就是要聚焦体育强国建设的重点领域和关键环节，把体育运动同人民健康联结起来，把弘扬中华体育精神同坚定文化自信结合起来，把举国体制和市场机制相结合起来，积累体育强国建设的优质经验，创新体育强国建设的未来程式，为实现中华民族伟大复兴树立好体育领域的稳固支点。

四、提升助推任务的聚焦性与拓展性

在中国式现代化视域下架构体育助推中华民族伟大复兴的核心支点，需要建立在体育强国建设的关键目标和任务之上。首先，需要聚焦体育强国到底要强在哪里。我国将于2050年全面建成社会主义现代化体育强国，在此期间，我国已经建成了与全面建成小康社会相适应的体育发展新机制，目前正在朝着预设的到2035年形成“政府主导有力、社会规范有序、市场充满活力、人民积极参与、社会组织健康发展、公共服务完善、与基本实现现代化相适应的体育发展新格局”奋进。同时，体育事业发展也聚焦于体育治理体系和治理能力现代化，为到2050年完成“人民身体素养和健康水平、体育综合实力和国际影响力居于世界前列”的任务打好基础。其次，需要拓展完成体育强国任务的方式。对标体育强国建设目标，在落实全民健身国家战略、构建中国特色现代化竞赛体系、培养体育经济转型新动能、繁荣体育文化与弘扬中华体育精神、构建体育对外交往新格局等核心任务的进程中，拓展体育事业融入国家“五位一体”总体布局和“四个

---

① 李爱群，吕万刚，王志强，等.中国式现代化视域下体育强国建设助推中华民族伟大复兴的道路探索——“贯彻落实二十大精神，探索中国式现代化体育新道路”论坛述评［J］.武汉体育学院学报，2022，56（8）.

全面”战略布局的任务完成方式，使体育强国建设既能立于中国式现代化新道路的任务序列之内，也能落实在人民群众的生活细节之中，强化体育助推中华民族伟大复兴的聚焦力和拓展度。

第五节　中国式现代化视域下体育助推中华民族伟大复兴的实践路径

中国式现代化道路是走向中华民族伟大复兴的现代化道路。[①]在中国式现代化视域下，体育作为中华民族伟大复兴的标志性事业，在助推中华民族伟大复兴的进程中需要遵循中国体育发展的现实需求，积极探寻具有显著中国特色和标识的体育事业发展新路径。

一、立足国情：遵循中国体育发展的现实需求，在适应社会发展新趋势的基础上加快调整结构和转变体育发展方式

促进群众体育与竞技体育的全面发展，加快建设体育强国，是党的二十大报告对体育事业发展提出的整体要求。推动群众体育与竞技体育协调、持续和高质量发展进程，为体育强国建设提供动力和蓄积能量，是中国体育发展的现实需求。中国式现代化是推动社会全面进步的现代化。[②]体育事业的发展程度是社会文明和进步的重要标志，体育事业正在全方位融入国家发展大格局。中国式现代化，是人口规模巨大的现代化。[③]中国推行的全民健身战略，建立在14亿人口基础上，这是中国体育事业发展的最大现实，是其他任何国家都不能相比的。满足14亿人民群众日益增长的对健康美好体育生活的需求，是中国体育事业发展的基点，也是在中国式现代化视域下推进体育强国建设的落脚点。目前，全民健身事业在区域、人群、布局等方面存在的不平衡、不充分问题依然比较突出，人民

① 李冉.以中国式现代化全面推进中华民族伟大复兴［J］.红旗文稿，2022（20）.

② 刘宗涛.推进中国式现代化的价值遵循与现实依托［J］.科学社会主义，2022（5）.

③ 杨志勇.中国式现代化的目标、动力与实现机制［J］.财贸经济，2022，43（10）.

群众多元化、多层次的体育需求仍需要得到进一步的满足，群众体育与竞技体育实现协调发展的路径仍然需要持续优化。加快调整体育事业的自身结构和发展方式，明确中国式现代化的发展方向，坚持“没有全民健康就没有全面小康”的真道理，使全民健身、大众健康、国民体质始终作为体育事业发展的核心主题，在此基础上推动体育事业的全面协调发展，为将体育建设成为中华民族伟大复兴标志性事业筑基固本。

二、独立自主：运用中国智慧和方案，积极探寻具有显著中国特色和标识的体育事业发展新路径

独立自主是中华民族精神之魂，中国式现代化是在坚持和发展中国特色社会主义、走中国特色社会主义道路中形成和发展的，前提是“中国式”，独立自主是中国式现代化道路的生动标识。[①]中国体育事业有自己独特的历史起点和发展规律，亦有中国特色社会主义制度的导向和支持。体育作为中华民族伟大复兴的标志性事业，是中国人民运用中国智慧和方案，在独立自主、开拓进取中探索和建设起来的事业，具有鲜明的中国特色和标识。在新冠疫情的挑战下，中国从实际出发，成功举办了一届精彩、非凡和卓越的北京冬奥盛会，便是依靠制度优势独立自主发展体育事业的中国模式和路径的集中展示。在特殊环境下，通过自主力量，北京冬奥会兑现了中国对国际社会的庄严承诺，在整个赛程中都按照高质量、高标准完成了办赛的各项任务，形成了贯穿整个冬奥的“坚定信心、奋发有为、精益求精、战胜困难”的中国式办赛精神；展示了“绿色办奥、共享办奥、开放办奥、廉洁办奥”的中国式办奥理念；体现了“简约、安全、精彩”的中国式办赛要求；彰显了具有“时代感、科技感、功能性”的中国体育科技；打造出了具有“中国风格”“中国气派”“中国元素”的现代化体育设施和场馆；实现了北京冬奥会“精彩、非凡、卓越”的办奥目标。在中国式现代化视域下，独立自主地探索体育强国梦助推中华民族伟大复兴中国梦的新路径，推动体育事业成为全社会共同的事业，将继续是体育事业发展的主基调，也是中国体育事业整体发

① 任保平，任欣怡.中国式现代化民族性与世界性的统一［J］.人文杂志，2022（10）.

展的必然选择。

三、不懈探索：凝练和总结中国体育强国建设的内在规律，不断完善全社会共同参与体育发展的新格局

中国式现代化道路是中国在不断探索现代化发展规律的基础上提出来的。① 中国的体育强国建设，既把握了现有国家建设体育强国的普遍规律，又把握了发展中国家建设体育强国的一般规律，更重要的是凝练和总结了中国式现代化体育强国建设的内在规律，为体育强国建设需要分为“三步走”提供了理论支持，也为全社会共同参与体育发展新格局的不断完善提供了现实依据。我国体育事业发展仍然面临区域差异、项目差异、产业体量差异、公共服务差异等的现状，决定了体育强国建设必须坚持问题导向，不断总结建设规律，正视与补齐体育强国建设进程中的各类短板。在全民健身领域，需要持续落实国家全民健身战略，增强运动员全民体育与健康素养；在竞技体育领域，要不断提升综合实力，促进项目科学布局，增强运动员为国争光能力；在体育产业领域，需要积极强化要素创新驱动，培育体育产业发展新动能；在体育文化领域，需要大力弘扬中华体育精神，推动各级各类运动项目文化建设；在对外交流合作领域，需要积极参与国际体育治理，提升中国体育国际影响力。在动员全社会共同参与体育发展的进程中，要始终凸显体育对人的全面发展和社会全面进步的贡献度和影响力，使体育强国建设的内在规律能够更好地指导中国式现代化的体育发展路径，为实现中华民族伟大复兴中国梦提供坚实的体育支持。

四、开拓创新：推动现代体育管理体制机制与体育高质量发展要求相适应，持续优化体育治理体系和治理能力

强大的社会主义制度优势和国家治理体系，为国家各项事业的开拓创新奠定

---

① 张占斌，王学凯.中国式现代化：特征、优势、难点及对策［J］.新疆师范大学学报（哲学社会科学版），2022（11）.

了坚实基础，支撑起了中国式现代化。[①]中国体育强国建设坚持理念创新与实践创新共同推进，以创新、协调、绿色、开放、共享的新发展理念，推动体育事业高质量发展，持续优化体育治理体系和提升体育治理能力。创新现代体育管理体制机制的核心就是做简政放权的“减法”和加强监管的“加法”，优化服务，鼓励和引导社会力量参与体育改革发展，最大限度凝聚各方力量和资源。[②]近年来，中国陆续实施了一系列与体育管理体制机制创新相匹配的改革措施，最大限度激发了全社会的活力和动力，形成与推动了与体育高质量发展要求相适应的新格局。通过积极推进群众体育组织管理改革，重点探索公共体育资源与群众体育锻炼之间的矛盾节点及解决方法，激活了群众性体育活动的组织形式，创新了现有体育场地设施的建设结构。在竞技体育管理体制机制深化改革进程中，通过构建“政府＋社会＋市场＋个人”四位一体的竞技体育运行机制，使更多的社会资源、市场资源能够参与到竞技体育体系之中；通过体教融合，使教育、体育和社会力量能够有序参与到新型竞技体育后备人才的培育过程，从而形成社会多元主体参与高水平赛事备战的新局面。

五、自信自强：坚定体育文化自信度和扩展力，架构起同世界各国文明交流互鉴的体育桥梁

文化自信自强是实现中国式现代化的题中之义，是以中国式现代化走向民族复兴之路的必然要求。[③]习近平总书记指出，中华民族伟大复兴需要以中华文化发展繁荣为条件，要努力实现传统文化的创造性转化、创新性发展。[④]体育文化是国际通用的文化符号，对于凝聚民族力量和增强民族文化自信，具有强大的促

① 代玉启.中国式现代化道路的文化逻辑——学习党的十九届六中全会精神［J］.浙江社会科学，2022（1）.

② 李爱群，吕万刚，漆昌柱，等.中华体育精神助力中华民族伟大复兴的时代特质与价值——“中华体育精神与中华民族伟大复兴”研讨会述评［J］.武汉体育学院学报，2022，56（8）.

③ 王公龙，付星博.世界历史视野下的中国式现代化道路［J］.思想理论教育，2022（1）.

④ 编写组.习近平新时代中国特色社会主义思想三十讲［M］.北京：学习出版社，2018.

进作用。中国具有悠久的体育文化及其历史传统，身心兼修、强身健体的独特体育文化观底蕴深厚。体育文化是中国对外文化交流的重要内容，随着中华传统体育文化的创造性转化和创新性发展进程不断加快，中华体育文化的自信度和扩展力也随之增强。近年来，中国体育人文交流更加活跃，中华体育文化话语表达的创新方式越来越丰富。太极拳、围棋、武术等传统项目的国际影响力及文化扩展力越来越强，使中华体育文化的魅力和底蕴逐步被世界各国人民所了解。建立在国外的“中国之家”，更是搭建了中国与其他国家开展体育文化交流互鉴的桥梁，“中国之家”不仅展示了中华体育的多彩魅力和中华体育文化的深厚底蕴，而且在建构合作共赢的新型国际关系方面也发挥了体育文化的特有功能，形成了全球化时代人类交往的新通路，在世界格局调整加快和变革加深之时开辟了各方沟通交流的新通道，助力中国不断优化对外体育交流方案，为实现中华民族伟大复兴中国梦注入了体育文化的特殊力量。

↘ 本章小结

在中国式现代化视域下探寻体育助推中华民族伟大复兴的支点与路径，是一项整体性和系统性的任务，需要坚持全局统筹、精准布局和有序推进。在全面和准确理解中国式现代化新道路的发展历程、内涵特质和根本要求的基础上，结合体育事业发展的内生动力和改革推力，通过主动思考和深入分析，使体育助推中华民族伟大复兴的支点架构能够与中国式现代化新道路的建设要求完整适配，探索体育助推中华民族伟大复兴的实践路径如何能够与中国式现代化的整体推进完美兼容，使体育强国建设能够在中国式现代化新道路的指引下，为实现第二个百年奋斗目标和中华民族伟大复兴中国梦作出更大的贡献。

第十章

中华体育精神为中华民族伟大复兴提供不竭动力

2013年8月31日，在会见全国群众体育先进单位、先进个人代表和全国体育系统先进集体、先进工作者代表时，习近平总书记强调，广大体育工作者在长期实践中总结出的以“为国争光、无私奉献、科学求实、遵纪守法、团结协作、顽强拼搏”为主要内容的中华体育精神来之不易，弥足珍贵，要继承创新、发扬光大。希望全国体育工作者保持优良传统，在新的起点上实现体育事业新发展新进步，在推动我国由体育大国向体育强国迈进的征程中再创佳绩、再立新功。[①]习近平总书记关于体育的重要论述为中华体育精神的研究提供了根本遵循和行动指南。党的十八大以来，习近平总书记以深远的战略眼光和高度的文化自信，在不同场合多次指示要弘扬中华体育精神：2014年索契冬奥会期间，“希望大家发扬光大奥林匹克精神和中华体育精神”[②]；2016年会见第三十一届奥运会中国体育代表团，“希望同志们继续弘扬奥林匹克精神和中华体育精神，进一步提升我国竞技体育综合实力”[③]；2021年在中央广播电视总台央视奥林匹克频道及其数字平台开播上线之际，习近平总书记发来贺信，提出“奥林匹克频道要通过奥林

---

① 习近平会见全国体育先进单位和先进个人代表等时强调　发展体育运动增强人民体质　促进群众体育和竞技体育全面发展［N］.人民日报，2013—9—1（1）.

② 习近平.在看望索契冬奥会中国体育代表团时的讲话［N］.人民日报，2014—2—8（1）.

③ 习近平.在会见第三十一届奥运会中国体育代表团时的讲话［N］.人民日报，2016—8—26（1）.

匹克运动和文化传播，讲述中国体育故事、弘扬中华体育精神，加强国际体育交流合作，推动我国同世界各国文明互鉴、民心相通”[①]。

2021年11月，《中共中央关于党的百年奋斗重大成就和历史经验的决议》，明确提出要“加快体育强国建设，广泛开展全民健身活动，大力弘扬中华体育精神”[②]。这次决议将中华体育精神的重要性提升到一个前所未有的新高度。2022年在北京冬奥会冬残奥会总结表彰大会上，习近平总书记赞美道：我国广大运动员、教练员以实际行动落实拿道德金牌、风格金牌、干净金牌的要求，诠释了奥林匹克精神和中华体育精神，实现了运动成绩和精神文明双丰收，为党和人民赢得了荣誉！[③]党的十八大以来，中华体育精神受到了以习近平同志为核心的党中央前所未有的高度重视，值得学界深入研究。

第一节　中华体育精神助推中华民族伟大复兴的动力之基

漫长岁月的流逝和沉淀，使中华体育精神在我国古代就以中华传统文化为基础，逐渐孕育与萌芽。近现代以来，在东西方体育文化的加速交流与相互碰撞中，在红色革命文化的兴起与浸染中，在当代中国体育人知耻而后勇的奋力追赶中，中华体育精神逐渐形成。从形成过程来看，它并非一帆风顺。在我国社会不断发展进步的过程中，为了适应社会需要，中华体育精神的内涵也有所变化，会与时俱进地增添新内容。在调整的同时，中华体育精神也有一定的稳定性。例如，爱国主义、集体主义、英雄主义精神就比较稳定。这些有利于民族发展、被社会所推崇的精神就逐渐保留下来，成为中华民族的文化特色，一代又一代地传承下去。

---

① 习近平致信祝贺中央广播电视总台央视奥林匹克频道及其数字平台开播上线强调 全面展示北京冬奥会冬残奥会精彩非凡卓越的奥林匹克新篇章 为推进中华体育强国建设作出贡献［N］．人民日报，2021—10—26（1）．

② 习近平．中共中央关于党的百年奋斗重大成就和历史经验的决议［N］．人民日报，2021—11—17（1）．

③ 习近平．在北京冬奥会、冬残奥会总结表彰大会上的讲话［N］．人民日报，2022—4—9（1）．

一、中华体育精神扎根在民族传统文化的土壤之中

中国传统文化作为中华体育精神孕育和萌芽的土壤，对中华体育精神的形成起着重要的奠基作用。中国传统文化对中华体育精神的思维方式、行为模式、精神气质、审美偏好、体育伦理的形成都产生了不可磨灭的重要影响。

中华体育精神扎根在中华传统文化的土壤之中，是中华民族传统体育文化的精粹。在形成与发展的过程中，中华民族创造了灿烂而独特的传统体育文化，比如在太极拳中，就蕴含着中国人对阴阳五行的动态认知，对“天人合一”的哲学思考，对“知行合一”行为方式的推崇。中华体育精神就是借助太极拳、气功、武术等传统体育项目，传播了中华民族的传统体育文化。传统体育文化属于中国传统文化的范畴，是中国传统文化的一种特有表达方式。

借助我国丰富多样的传统体育活动，中华体育精神在中华文明的历史长河中，逐渐萌芽与发展起来。即便在当今社会，依然能够在体育活动中感受到体育精神带给我们的力量。

二、中华体育精神锤炼于解放区的红色体育实践

中华体育精神作为中国体育的灵魂与精髓，来源于中国传统文化，而革命战争时期的红色文化对中华体育精神的淬炼和形成产生了重要影响。

翻开史册可以看到，贺龙一直都热心体育，抗日战争时期，他任师长的八路军120师“战斗篮球队”，曾名扬全解放区，受到毛主席、朱总司令的表扬和接见。在解放区进行的体育活动，不仅丰富了部队指战员的业余体育文化生活，并且培养了指战员勇敢顽强、机智灵活、服从指挥、遵守纪律的优良作风。[①]1952年，贺龙出任国家体育运动委员会主任，他从部队中挑选了一批优秀干部管理体育。此后，这种带有红色基因的优良作风和传统就很自然地被带到国家体委，带到运动训练中。1964年，体育界开始大规模学习推广“郭兴福教学法”，同一阶

---

① 荣高棠.社会主义体育事业的开拓者（代序）［C］//谢武申，王鼎华.共和国体育元勋.北京：人民体育出版社，1989.

段提出了“三从一大”的训练原则。“从难、从严、从实战出发”的“三从”训练原则就是向解放军看齐的结果。我国运动队管理中强调纪律和严格的半军事化管理，都与红色体育实践和部队作风有着紧密联系。像军人那样强调组织性和纪律性，严格管理成为我国竞技体育的独有特色。

三、中华体育精神积淀着我国体育界数十年来的经验积累

新中国成立之前，在“重文轻武”传统的影响下，体育在我国是冷门专业。中国人参与奥运会等重要体育竞赛时，时常“吃鸭蛋”，被外界讥笑为“东亚病夫”。新中国成立初期，我国体育人奋发图强，想要改变这种落后状态，谋求“体育要打翻身仗”，为国争光，以雪国耻。

新中国成立初期，在运动训练中，体育人总结出的经验有：训练“不怕苦、不怕累，要坚持”，做到“勤学苦练，积极钻研”；只有“训练多出汗”，才能“赛时少吃苦”，体育比赛要表现“猛、稳、准、狠”的作风，“要有解放军的战斗作风，要有天不怕、地不怕的气魄，这样才能战胜对方”；“赢球又赢人，输球不输人”，要“胜不骄，败不馁”“要胜利就要有过硬本领”“要敢打敢拼”“打出风格，打出水平”“从思想上树立必胜信念”。[①]1959年，乒乓球运动员容国团发出“人生能有几次搏！此时不搏，更待何时”的豪言壮语，并在第二十五届世乒赛中夺得了新中国体育史上首个乒乓球世界冠军。这树立了中国体育自信自强、敢打敢拼的勇敢者形象，使中华体育精神具有了英勇无畏、不被困难所吓倒的英雄气质。

20世纪60年代到70年代，中国登山队在1960年登顶珠峰成功，验证了“世上无难事，只要肯攀登”。中国乒乓球队结合训练提炼了一些警句，比如“领先不放松，落后不泄气，相持不紧张，关键不手软”“遇弱不懈、遇强愈勇”“敢于胜利，善于斗争”“胜利在望，不等于胜利在握”“赛出风格、赛出水平”“战略上藐视对手，战术上重视对手”“国内练兵，一致对外”“胜了从零开始，败了打翻身仗”“既要有攀登世界体育高峰的雄心壮志，又勤学苦练掌握过硬本领”“胸

---

① 谢武申，王鼎华.共和国体育元勋［M］.北京：人民体育出版社，1989.

怀祖国、放眼世界”。[①]中国体育人总结出的这些获胜经验充实和丰富了中华体育精神。

从20世纪80年代开始，中国竞技体育快速发展，提出了“身在球场，胸怀祖国，放眼世界”“冲出亚洲，走向世界”的奋斗口号；1981年中国男排比赛获胜后，北大学生喊出了“团结起来，振兴中华”时代最强音。同时，1981年到1986年中国女排取得“五连冠”的殊荣，女排精神极大鼓舞了中国民众。中国女排的经验是“只有付出超人的代价，才能取得超人的成绩”[②]以及“走下领奖台，一切从零开始”。

诸如此类，中国体育一路走来，从多年体育实践中积累的获胜经验和失败教训，构成了中华体育精神的内容和特质，展现了体育人在不断反省自身得失的同时，具有不惧强手、走向世界的国际视野。这种长年积累的体育经验、世界眼光和勇敢精神来之不易，值得珍惜。

四、中华体育精神长期受到党和国家领导人的肯定与褒扬

我国多位国家领导人主动参与体育活动，关注体育积极作用，他们的体育实践和体育思想为中华体育精神的形成奠定了基调。

毛泽东作为新中国缔造者，对中国和中国体育的影响巨大。毛泽东在年轻时撰写了《体育之研究》，提出“欲文明其精神，先自野蛮其体魄”。1964年6月，在十三陵水库游泳时，毛泽东对同行者说：游泳是同大自然作斗争的一种运动，你们应该到大江大海去锻炼。1965年1月，毛泽东在徐寅生《关于如何打乒乓球》上批示：讲话全文充满了辩证唯物论，处处反对唯心主义和任何一种形而上学。多年以来，没有看到过这样好的作品。[③]毛泽东对体育中唯物辩证法和辩证思维的肯定，提示着中华体育精神具有辩证思维的特点。

注重对外交往的周恩来，在1952年7月19日我国收到国际奥委会邀请我国

---

① 李玲修，周铭共.体育之子荣高棠［M］.北京：新华出版社，2002.

② 袁伟民.我的执教之道［M］.北京：人民出版社，1988.

③ 毛泽东.毛主席关于体育工作的部分指示［N］.体育报，1977－1－17（1）.

运动员参加第十五届赫尔辛基奥运会时，周恩来说："一定要去!"他告诉中华全国体育总会，我国代表团到了赫尔辛基，即使正式比赛参加不上，运动员也可以和其他国家的运动员进行友谊比赛，同时可以宣传新中国。

1980年，邓小平提出我们要建设的社会主义国家，不但要有高度的物质文明，而且要有高度的精神文明。邓小平多次指示加强体育工作："体育运动搞得好不好，影响太大了，是一个国家经济、文明的表现。它鼓舞了这么多人，吸引了这么多观众、听众，要把体育搞起来。"他要求把体育运动普及到广大人民群众中去。

1996年8月，江泽民会见从亚特兰大奥运会上凯旋的中国体育代表团，赞美我国体育健儿完全拼搏的精神和良好的风貌，展现了中华民族自强不息、奋发进取的优秀传统和中国人民建设祖国、振兴中华的坚定意志。体育健儿"不愧为中国人民的好儿女"。江泽民号召"全国各条战线都要向奥运会上为国争光的体育健儿学习，发扬爱国奉献、艰苦创业精神，把我们国家建设得更好"[①]。

2008年9月，胡锦涛在北京奥运会残奥会总结表彰大会上指出："成功举办北京奥运会、残奥会，我们得到了鲜花、奖牌、赞誉，更收获了一笔丰厚的物质精神财富，特别是收获的精神财富弥足珍贵，我们一定要倍加珍惜、大力发扬。""体育是不懈追求、永无止境的事业。要发扬以顽强拼搏、为国争光为核心的中华体育精神"，要"进一步推动我国从体育大国向体育强国迈进"。[②]

2014年8月，习近平总书记看望南京青奥会中国体育代表团并指出："希望你们发扬奥林匹克精神和中华体育精神，摆平心态、放下包袱，胜不骄、败不馁，尽情享受青奥会期间比赛、学习、交流的每一个过程。"[③]2016年8月，习近平总书记表示："我国体育健儿在里约奥运会上的出色表现，生动诠释了奥林匹克精神和中华体育精神，为祖国争了光，为民族争了气，为奥运增了辉，为人生添了彩，激发了全国人民的爱国热情和全世界中华儿女的民族自豪感，增强了中

---

① 张振亭.中华体育精神［M］.北京：北京体育大学出版社，1997.

② 胡锦涛.在北京奥运会残奥会总结表彰大会上的讲话［M］.北京：人民出版社，2008.

③ 习近平.习近平看望南京青奥会中国体育代表团［N］.人民日报，2014－8－16（1）.

华民族的凝聚力、向心力、自信心，是中国精神的一个重要体现。”[①]

由上可知，新中国成立后，中华体育精神受到历届国家领导人的肯定和褒扬，获得了多位党和国家领导人的重视，这很不容易。

第二节　中华体育精神助推中华民族伟大复兴的关键动力

2000年悉尼奥运会中，中国体育代表团取得了金牌和奖牌总数名列世界第三的好成绩，中央领导在接见中国体育代表团时提出：中华体育精神作为宝贵的精神财富，值得中华民族珍惜。[②]

中华体育精神不仅是我国体育界值得珍惜的精神财富，而且超越体育界，成为整个中华民族的宝贵精神财富，永不褪色，因而尤为珍贵。

一、中华体育精神是多元文化相互碰撞、交融的结果

从中华体育精神的形成过程来看，它不是某种单一文化的产物，相反，它是由不同特质的多元文化相互交汇、碰撞、冲突、融合、积淀的结果。

中华体育精神来源于中华民族的传统文化，这种传统文化不仅体现在中国传统的哲学、伦理学、语言学、美学、文学、艺术学、宗教学之中，也体现在中国传统的建筑、雕塑、书法、音乐、绘画、体育、舞蹈之中。中华民族的民族传统体育及其体育文化，有着上千年的发展历史，这就是中华体育精神孕育和萌芽的土壤。

近代以来，随着1840年鸦片战争爆发，中国从一个自给自足的封建社会沦落为一个落后的半殖民地半封建社会。从19世纪60年代起，洋务派以“自强”为旗号，聘请外国人来华传授兵操、体操，以谋求“师夷长技以制夷”。此外，教会学校和基督教青年会开始在中国传播西方运动项目，在国内组织体育比赛和

---

① 本报评论员．习近平在会见第31届奥运会中国体育代表团时表示中国队加油！中国加油！［N］．人民日报，2016－8－26（1）．

② 国家体育总局宣传司．情系祖国——中国奥运健儿报告集［G］．北京：人民体育出版社，2001.

举办运动会，加上那些生活在领事馆的外国人以及留学回国的中国留学生，他们共同把西方体育带到了中国。这样，西方体育在中国得到了传播，并逐渐被中国人所接受。奥林匹克运动和奥林匹克精神随着西方体育在中国的传播也就自然而然地进入中国。

抗战时期，毛泽东提出“锻炼体魄”的号召，贺龙积极响应，大力发展体育运动。1938年，贺龙创建和领导的120师“战斗篮球队”成立。战斗篮球队一边战斗，一边积极开展多项体育运动，其队员被朱德总司令称为“球场健儿，沙场勇士”。经过这种革命斗争锤炼过的体育运动，很自然地带有革命性和群众性，对中华体育精神的形成产生了重要影响。

新中国成立后，处于社会主义阵营的中国，由于当时体育运动技术水平落后，多次邀请苏联专家来中国进行体育理论讲学、讲解竞赛规则、传授技战术要领等等，同时也选派一些青年到苏联去学习体育。在苏联的帮助下，中国体育人开阔了视野，学习了一些新的运动项目，引入了运动生理、运动解剖、运动生化等学科知识，这对新中国体育的发展产生了引领作用，也对科学求实的中华体育精神产生了重要影响。

现在，中国不仅每届奥运会都能派数百名运动员组成的代表团参加，而且国家也有能力和实力举办奥运会和残奥会。对民众而言，参与运动、观看奥运会比赛、遵守奥林匹克精神已经成为一种健康的生活方式。这不仅意味着中国社会接纳了西方体育，而且意味着中华体育精神吸收和融合了西方体育文化。

中国传统文化和红色革命文化的影响，美国、英国等西方国家体育文化的传播，苏联专家、日本教练的帮助，都使得中华体育精神成为一个多元文化相互碰撞、冲突、融合、借鉴、吸收并逐渐积淀的文化产物，成为一种集百家体育文化之长的文化精粹。

二、中华体育精神体现出我国体育战线的不忘初心、牢记使命

回望过去，新中国成立后，1949年10月26—27日，就在北京召开了第一次“全国体育工作者代表大会”，商议新中国体育发展事宜，提出“为人民的健康、新民主主义的建设和人民的国防而发展体育”的工作方针。这表明，新中国体育的初心不是单纯为了体育而体育，新体育是围绕建设新中国的现实需要，为推动

新中国的国防建设、经济建设、文化建设而展开。

到了1950年，新体育的目标变得更加明确，“要发展生产、建设祖国、巩固国防，必须使我们的人民有健康坚强的体魄。需要我们以体育来锻炼大家的体格，以体育来发扬人体劳动的能力，培养敏锐的智慧、高度的创造性、坚韧的意志和勇敢坚强的革命品质。使我们的人民个个都是身体强壮、精力充沛、不怕困难、勇往直前、具有大无畏精神，这样才能更好地担负起建设祖国和捍卫祖国的任务”[①]。由此可见，新体育提出并明确了对体育参与者精神素养和道德品质的要求，引导了中华体育精神的发展方向，新体育的使命是建设好祖国和保卫国家安全。

2020年，习近平总书记在“不忘初心、牢记使命”主题教育总结大会上强调，“不忘初心、牢记使命，必须作为加强党的建设的永恒课题和全体党员、干部的终身课题常抓不懈。一个人也好，一个政党也好，最难得的就是历经沧桑而初心不改、饱经风霜而本色依旧”[②]。

新中国成立70余年后，对中国体育而言，“发展体育运动，增强人民体质”，使“人民有健康坚强的体魄”，仍是我国群众体育工作的核心任务；竞技体育中，提高竞技运动水平，引领群众体育发展，完成“为国争光”的任务，仍是我国体育人不可推卸的重要使命。发展体育产业，为国家经济建设服务；繁荣体育文化，为国家文化建设增添中华体育精神；在军队中进行日常体能训练，使体育为国防建设服务。所有这些都反映出70余年来中国体育及中华体育精神，仍在坚守初心，牢记使命。我国一代代体育人不辞劳苦、艰苦奋斗，为了人民健康和生活幸福，为了国家强大和中华民族复兴，在为民造福、为国担当。

三、中华体育精神展示了体育人不放弃理想、信念的坚守与奋斗

“理想指引人生方向，信念决定事业成败。”“没有理想信念，就会导致精神

① 伍绍祖.中华人民共和国体育史（1949—1998）（综合卷）[M].北京：中国书籍出版社，1999.

② 习近平.在“不忘初心、牢记使命”主题教育总结大会上的讲话[N].人民日报，2021—1—9（2）.

上‘缺钙’。”[①]一个民族、一个国家如果缺失理想信念，就会像一盘散沙，没有凝聚力和战斗力。那些有理想信念的国家和民族，就能凝心聚力，经得起大风大浪的考验。这正如习近平总书记所言，“中华民族具有5000多年连绵不断的文明历史，创造了博大精深的中华文化，为人类文明进步作出了不可磨灭的贡献。经过几千年的沧桑岁月，把我国56个民族、13亿多人紧紧凝聚在一起的，是我们共同经历的非凡奋斗，是我们共同创造的美好家园，是我们共同培育的民族精神，而贯穿其中的、更重要的是我们共同坚守的理想信念”[②]。

理想信念存在于体育人的头脑中，体现在中华体育精神中，指引着中国体育人用一生的奋斗去坚守信念、追求理想，在世界体育舞台上实现中华民族梦想，捍卫国家荣誉。这种坚守与奋斗在中国体育优势项目中体现得更加突出与醒目。

2019年国庆前夕，在接见中国女排时，习近平总书记赞美女排：“平凡孕育着伟大。你们天天坚持训练，咬牙克服伤病，默默承受挫折，特别在低谷时仍有一批人默默工作、不计回报。正是因为有这么一批人，才有了中国女排今天的成绩。”[③]女排项目是这样，我国其他运动项目亦如此。多年来，我国有那么一大批体育人，面对运动项目竞赛成绩不佳时并不气馁，在运动队陷于困境和低谷时，没有放弃自己的理想与信念，仍在用尽全力坚守训练场，用每天的踏实努力换取运动队一点点的进步，在平凡中孕育伟大，在坚守中等待时机，重返高峰。

四、中华体育精神表达了体育人对体育事业的忠诚、执着和朴实

新中国成立后，体育人才不断涌现。在新旧交替中，观察一代代体育人所走过的人生道路，可以发现体育人对我国体育事业的忠诚、执着和朴实的爱。

2018年12月，从全国各条战线评选出改革开放40周年一百名“杰出贡献人员”中，许海峰、郎平和姚明作为体育界的3名优秀代表入选，这表明体育人的贡献获得了社会认可。许海峰、郎平和姚明都是长期从事体育、忠于体育，用多

① 习近平.在同各界优秀青年代表座谈时的讲话［N］.人民日报，2013—5—5（2）.

② 习近平.在第十二届全国人民代表大会第一次会议上的讲话［N］.人民日报，2013—3—18（1）.

③ 习近平.习近平会见中国女排代表［N］.人民日报，2019—10—1（1）.

年的努力去推广体育的体育人，创造了耀眼的突出业绩。

2019年9月，根据中央统一部署，为隆重庆祝中华人民共和国成立70周年，广泛开展先进模范学习宣传活动，中央宣传部等组织开展“最美奋斗者”学习宣传活动，其中建议人选276人，体育类有3人入选，他们分别是国际羽联终身成就奖得主王文教、中国首位奥运冠军许海峰、中国首位世界冠军容国团，中国女排五连冠群体也入选“最美奋斗者”集体。这些功勋卓越的杰出人士是体育人学习的榜样。他们在体育岗位上忘我工作，为国尽忠，为体尽力，为人朴实，做事踏实，一辈子执着于干好体育这一件事。这些体育最美奋斗者和人民楷模表达了体育人对体育事业的忠诚、执着和朴实的爱。

五、中华体育精神能在逆境中闪耀璀璨光芒

新中国成立后，体育发展并不是一帆风顺，而是走了一条曲折的发展道路。中国体育先是全面学习苏联，与以美国为首的资本主义阵营相抗衡，后又与苏联关系破裂，走上了独立自主、自力更生的发展道路。

1960年，在失去苏联的物质帮助和技术支持的情况下，中国登山队尝试独立攀登珠峰。1960年5月25日，登山健儿不顾天寒地冻，高山缺氧，几经挫折，不畏艰险，最终把五星红旗插上了世界最高的珠穆朗玛峰，给处在艰难环境中的中国民众放了一根令人震撼的“定海神针”。正是被登山英雄这种不服输的拼搏精神甚至是不惜生命的拼命精神所激励，在三年困难时期中，民众咬牙坚持，勇敢面对大饥荒，想出各种办法战胜饥饿和艰难困苦。中华体育精神在那些艰难岁月中，不仅没有偃旗息鼓、影响式微，反而在逆境中受到激发，迸射出震撼人心的强大力量，产生了广泛的社会影响力。

第三节　中华体育精神助推中华民族伟大复兴的优势动力

中华体育精神有自己的特质和独特的优势。运用其独特优势，能够更好地使其在中华民族伟大复兴中贡献一份自己的力量。

一、公平竞争精神是中华体育精神的重要内容

中华体育精神包含着公平竞争精神，体育竞赛的公平、公正、公开是体育的一大特色，这使得公平竞争在体育领域能够得到最大限度的执行，这也是体育竞赛富有魅力的主要原因所在。

参赛者站在同一条起跑线上，很多摄像头现场直播体育赛事，在众目睽睽之下选手们展开同场竞技，选手的兴奋剂检测，这些行为都在尽最大可能保证体育竞赛的公平、公开与公正。网球比赛时，对裁判员执裁有不同看法的运动员教练员可以“挑战鹰眼”，大家共同观看瞬间镜头回放。在尊重客观事实的基础上，裁判可改判或维持原判，保证比赛公正。当然，比赛期间，竞赛双方可挑战“鹰眼”的次数是相同的，这也体现了体育的公平原则。比赛结束后，对竞赛结果有异议的运动员教练员可以回避现场执裁的裁判和裁判长，向更高层级的仲裁委员会申诉，申请重新裁决比赛的输赢结果。在几天之内，仲裁委员会在重新调查后再次裁决，给申诉方一个明确答复。这是一个运动员的个人权利和裁判员的权力接受众人监督的过程，体现了体育一直在严格遵守和极力维护的公平竞赛原则。

中国体育吸收了外来西方体育文化，接受了奥林匹克运动的办赛模式，公平竞争精神是中华体育精神的重要内容。

二、中华体育精神包含着对竞赛程序的重视和竞赛规则的强调

对程序的设计，体现了一种管理思路和管理方式。经过组织者的思考、设计、调整和评价，程序一旦确定之后，能形成一个完整的流程，保证事情发展的先后次序顺畅、完整和无遗漏。规范的程序能产生高效的管理。体育竞赛中，对竞赛程序的重视是通过严格执行竞赛规程来实现的。

竞赛规程是由竞赛组委会或筹备组所制定的制度和章程，是组织运动竞赛的依据，具有高度的权威性和指导性。即体育组织方和参与方在竞赛前有约在先，竞赛时大家需要共同遵守约定好的内容。竞赛规程包含报名方式、参赛项目、竞赛规则、竞赛办法、录取名次、裁判员和仲裁委员会等等，是各方必须共同遵守的行为准则，是运动竞赛得以顺利进行的重要保证。在我国举办的体育竞赛，对竞赛程序的重视和竞赛规则的强调，说到底都是力图维护体育的公平。中华体育

精神在重视程序、强调规则、规范有序这方面有着独特优势。

三、中华体育精神展现了中华民族的生命活力

从艺术创作来看，作家依靠手中的笔进行文学创作，画家凭借画笔描绘风景，音乐家依靠乐器演奏出动人的旋律，歌唱家凭借歌喉发出美妙的歌声，而运动员则是依靠身体动作，通过世界范围内的激烈竞争和公开对抗，来创作体育作品，书写充满生命活力的“青春之歌”。习近平总书记在北大师生座谈会上指出：“青春理想，青春活力，青春奋斗，是中国精神和中国力量的生命力所在。”①通过体育运动，可以展现中国力量和中国精神。

竞技体育中，技艺高超的中华体育健儿在世界体坛上奏响了中华民族的青春之歌，洋溢着我们民族的蓬勃朝气和旺盛生命力。学校体育中，青少年们奔跑在操场、篮球场和足球场上，展示了不甘落后、你追我赶、积极拼抢的青春活力。全民健身活动中，不管是跳广场舞，还是打太极拳，都展现了老年人良好的生命状态，表现了社会大众对健康的自觉追求。整体来看，在体育运动中呈现的中华体育精神展现了中华民族的生命活力。一个民族的生命活力，通过体育活动和体育精神可以得到更完美的呈现，这也是一个独特优势。

四、中华体育精神中挑战的指向

在体育运动中，存在一种勇于奉献、挑战高难、敢于冒险的英雄主义精神。枪林弹雨中志愿军英勇冲锋，不怕牺牲，就体现了抗美援朝精神中的英雄主义。医生、护士面对突发公共卫生事件，舍生忘死，战斗在一线，同样体现了英雄主义。英雄主义中，“挑战”和“征服”是关键词。

同样是英雄主义，其他行业的挑战主要指向外界，比如挑战自然界，挑战外在的困难，比如病毒、子弹、炮弹、悬崖、激流等等，不向死亡低头。其征服也是对外界的征服。例如，战争中冒死架桥，涉险过河，克服很多困难占领了敌方军事要地，或是研制出的疫苗成功减少了死亡病例等等，都是如此。而体育中的

---

① 习近平.在北京大学师生座谈会上的讲话［N］.人民日报，2018—5—3（2）.

英雄主义，其挑战主要指向内部，即人自身。比如，一场关键比赛会挑战运动员意志力和心理承受能力，运动员在比赛中能否战胜自我、超越自我都指向了人自身，而不是外界。体育中的征服是由内而外的。那些德艺双馨的奥运冠军，在战胜和超越了自我之后，不仅征服了对手，同时也征服了裁判和观众，成为令人敬佩的国际体育明星。中华体育精神中，战胜自我、超越自我的这种精神品质，这种不畏一切困难、勇敢向前的英雄主义精神是很独特的。

五、中华体育精神的团结与开放

中国传统体育文化、红色革命文化、其他国家优秀体育文化以及奥林匹克文化都对中华体育精神的形成和内涵产生了影响。2022年北京冬奥会“一起向未来”主题口号的提出就体现了团结、开放和包容意识。这说明中华体育精神能容纳百川，包容性很强。

开放是相对于封闭而言的。从范围来看，体育的开放范围十分广阔。体育面向所有的国家、地区、宗教、种族、肤色、阶层、群体、性别、职业开放，而且在《奥林匹克宪章》中明确提出，反对种族、肤色、性别等一切歧视。从程度来看，体育的开放是深度开放。体育允许人们自主选择自己感兴趣的运动项目，对大众而言，体育锻炼是开放且自由的。锻炼时间、锻炼内容、锻炼场地、锻炼频率、锻炼强度都是参与者可以自己决定的，不存在强制。从人的一生来看，体育锻炼覆盖了人生的完整阶段，从青少年到老年人都可以有选择性地参与体育锻炼。从这个角度来说，中华体育精神可以贯穿人的一生，表现为一种世界范围内的深度开放。

中华体育精神中的团结协作，除了群体内部之间的协作之外，还特别强调面向外部世界。“冲出亚洲，走向世界”的体坛名言就反映了中国体育立足亚洲、面向世界的开放眼光。2022年北京冬奥会上的“一起向未来”的口号也是一个印证。中国体育的这种团结协作是面向不同国家之间的协作，是中国与其他国家奥委会、与国际单项体育联合会、与国际奥委会之间的协作，是面向奥林匹克大家庭、建设人类命运共同体的合作。奥林匹克新格言中，除了“更快更高更强”之外，在新冠疫情背景之下增加的“更团结”，证明了秉持开放态度，在世界范围内的相互携手与团结合作，对世界体育的发展至关重要。融汇多种文化的中华体育精神在包容与开放上的优势十分明显。

↘ 本章小结

中华体育精神扎根于民族文化土壤之中，经受了革命战争的锤炼，吸纳了外来多元文化，是中国体育人几十年来的经验积累，展示了体育人不放弃理想、信念的坚守与奋斗，表达了体育人对体育事业的忠诚、执着和朴实。中华体育精神早已超越我国体育界，成为整个中华民族宝贵的精神财富，来之不易且弥足珍贵。中华体育精神竞赛规程的严格执行，公平竞争的努力实现，世界范围的团结协作，超越自我的内在追求，生命活力的完美展现，面向未来的开放与包容，都展现了中华体育精神的独特优势和特殊价值，值得深入挖掘与发扬光大。

第十一章

弘扬北京冬奥精神助推中华民族伟大复兴

2022年2月24日，习近平总书记给中国单板滑雪运动员苏翊鸣回信，向他和中国冰雪健儿在北京冬奥赛场中取得的优异成绩表示祝贺，肯定了中国冰雪健儿在冬奥赛场奋勇拼搏、超越自我的精神品质和取得的优异成绩，勉励中国冰雪健儿在奋斗中创造精彩人生，为祖国和人民贡献青春和力量。2022年4月8日，北京冬奥会冬残奥会总结表彰大会隆重召开，习近平总书记发表重要讲话，向全世界阐释了“胸怀大局、自信开放、迎难而上、追求卓越、共创未来”的北京冬奥精神。[①]中国冰雪健儿作为诠释北京冬奥精神的主力军，代表了推动中国冰雪体育运动快速发展的中坚力量。在冬奥赛场中全力拼搏的中国冰雪健儿，用自己的不懈奋斗铸就成功的梦想，通过在赛事中呈现的精彩纷呈和激动人心的表现，向世界展现了中国的冰雪精神、冰雪经验、冰雪实力和冰雪自信。北京冬奥精神用实际行动回应了习近平总书记对中国冰雪健儿提出的殷切希望。站在“两个一百年”的历史交汇点上，中国冰雪健儿作为新时代中国青年的优秀代表，是中国在北京冬奥会中发出“一起向未来”时代强音的有力唱响者，也肩负着实现中华民族伟大复兴的历史重任。中国冰雪健儿用实际行动生动诠释了北京冬奥精神，回应了党和国家对广大青年在实现中华民族伟大复兴的道路上创造精彩人生的期许。中国冰雪健儿在赛场上展现的北京冬奥精神，能够使中国青年深刻认识到万

① 北京冬奥会冬残奥会总结表彰大会隆重举行［EB/OL］.（2022—4—8）［2022—11—6］.

众一心所蕴含的巨大能量，使实现中华民族伟大复兴的时代使命更深入地融入广大青年的人生奋斗历程中，提供连绵不断的精神养料和前行动力。站在中华民族伟大复兴的历史视角，对北京冬奥精神的时代性进行系统研究，有助于更加清晰和深刻地诠释北京冬奥精神助力中华民族伟大复兴进程中透射出的时代指向、担当、责任和使命。

第一节　实现中华民族伟大复兴梦想：弘扬北京冬奥精神的时代指向

北京冬奥精神的形成，为体育助力实现中华民族伟大复兴梦想注入了强有力的动能。北京冬奥精神蕴含的时代梦想和时代力量、呈现的时代形象和时代蓝图，是体育助力实现中华民族伟大复兴中国梦这一时代指向的具体展现。

一、指向中国冰雪运动全面崛起的时代梦想

人们形象地将“带动三亿人参与冰雪运动”称为2022年北京冬奥会的“第一枚金牌”。[①]北京冬奥会不仅点燃了国人参与冰雪运动的激情，而且见证了中国冰雪运动的全面崛起。北京冬奥精神更是展现了中国冰雪健儿奋勇争先、为国争光的梦想和力量。我国176名运动员完成了7个大项、15个分项的“全项目参赛”任务，通过全力备战和比赛，获得了9金4银2铜共计15枚奖牌，在冬残奥会获得18枚金牌、共计61枚奖牌，取得了我国冬奥参赛史上的最好成绩。中国冰雪健儿在比赛中呈现出的顽强拼搏、报效祖国的坚定信念，激励着他们在冬奥赛场上不断挑战极限、超越自我，向全世界展现了中华冰雪健儿创造优异比赛成绩的底气、勇气和志气，中国冰雪运动员的精神风貌、竞技水平、顽强斗志成功通过了时代的检验。同时，北京冬奥精神也延伸到了赛场之外，中国用一流的场馆场地和比赛设施，周到出色的赛场和赛后服务，向世界呈现了一届简约、安

① 王灿．“带动三亿人参与冰雪运动”摘得冬奥“首金”［N］．中国体育报，2022—2—18（1）．

全、精彩的冬奥会，奥运工作和服务团队背后付出的巨大努力，展现出的热情服务态度和精湛服务水平，得到了各参赛国家和队伍的认可与肯定。中国用实际行动兑现了对国际社会的庄严承诺，“胸怀大局、自信开放、迎难而上、追求卓越、共创未来”的北京冬奥精神，彰显了中国冰雪运动全面崛起的时代梦想，向全世界展示了中华民族伟大复兴中国梦在体育领域的生动实践。

二、指向中国冰雪健儿追逐梦想的时代力量

北京冬奥精神与中国冰雪健儿奋勇拼搏、全力以赴、追逐梦想、为国争光的意志品质一脉相承，与中华民族伟大复兴的体育强国梦、中国梦紧密相连。冬奥梦交汇中国梦，体育强则中国强。[①]冬奥赛场上，中国冰雪健儿一个个呈现出追逐梦想的昂扬姿态，书写了不断挑战极限、战胜自我、超越自我的精彩篇章。“胸怀大局、自信开放、迎难而上、追求卓越、共创未来”的北京冬奥精神，凝聚起了中国冰雪健儿追逐梦想的时代力量。隋文静、韩聪携手拼搏，以不负热爱、不负祖国的坚定信念，完美演绎了胸怀大局的双人滑冠军之梦；谷爱凌在赛场上完美完成了“向左偏轴”1620动作，为滑雪梦想浇筑了自信开放之花；四战冬奥的徐梦桃，一身伤病与困难都没能浇灭她对梦想的执着，凭借着不屈不挠、艰苦卓绝的精神实现了迎难而上的冬奥梦想；不断调高动作难度的齐广璞，决赛场上飞天一跃，成为了风暴中的王者；武大靖与任子威的完美配合，夺下了一金一银的优异成绩，展现了中国队的集体荣誉感和团魂。精彩的人生因梦想被赋予意义，中国冰雪健儿用实际行动彰显了追逐梦想的时代力量，身体力行地发扬北京冬奥精神，将所有的困境与磨难都转化为追逐梦想的动力，不断克服冬奥旅程中遇到的各种艰难险阻，向着实现中华民族伟大复兴中国梦的目标奋勇前进。

三、指向展示中国冰雪运动自信的时代形象

在奥林匹克的发展轴上，北京冬奥注定举世瞩目且影响深远。北京冬奥的成

---

① 吴浩.奥林匹克文化与中华文明的和合共生——北京冬奥会赋予历史、当下与未来的精神遗产［J］.北京体育大学学报，2022，45（5）.

功举办，既向世界展示了中国冰雪运动自信的时代形象，又向世界展现了新时代中华民族伟大复兴的时代伟力。北京冬奥会上，中国体育代表团获得104个小项、190多个席位的参赛资格，成为国内史上规模最大、项目最全的冬奥军团，充分彰显了中国人民对发展冰雪运动的强大决心与自信；通过不懈拼搏，中国冰雪健儿屡创佳绩，既有苏翊鸣、谷爱凌、高亭宇为代表的新生代选手捷报频传，又有武大靖、徐梦桃、齐广璞等一众老将勇夺桂冠，北京冬奥成为运动健儿拼搏圆梦的人生舞台。中国冰雪健儿心系祖国，在奋斗中创造精彩人生的拼搏姿态和奋斗气质成为中国冰雪运动自信形象的时代标识。有了文化，体育才能更快更高更强更团结；有了体育，文化才能更丰富多彩。①北京冬奥会将中国传统文化与冰雪运动有机相融，全要素、创新性地向世界展示了中华文化的博大与魅力，如喜庆祥和的中国红与神圣纯洁的冰雪白、开幕式的二十四节气、赛场之上的千里江山图等，使“中国风”托起“冬奥范”，释放出厚重的文化自信，成为展示中国冰雪运动自信形象的时代基色。北京冬奥是一项系统工程，北京冬奥筹办过程中累计3000多项工程项目由十几个省（区、市）承担完成，600多个行业领域的协同攻关，成就了美轮美奂的冬奥场馆、独具匠心的冬奥村，如流光溢彩的国家速滑馆“冰丝带”、蜿蜒盘旋的国家雪车雪橇中心“雪游龙”、长袖若舞的首钢滑雪大跳台“雪飞天”等，向各国参赛人员提供了一流的比赛体验、一流的比赛环境，使中国成为弘扬奥林匹克精神、坚定奥林匹克理想的追求者与行动派，冬奥场馆的打造成为展示中国冰雪运动自信形象的时代行动。“胸怀大局、自信开放、迎难而上、追求卓越、共创未来”的北京冬奥精神成为构筑中国冰雪运动自信形象的精神之源，展示了中国冰雪运动自信的时代形象，为中华民族伟大复兴汇集了强大的体育力量。

四、指向重塑世界冰雪运动格局的时代蓝图

国际奥委会主席巴赫在北京冬奥会闭幕式上对本届北京冬奥会作出高度评价，

① 黄莉．中华体育精神的弥足珍贵与独特优势探究［J］．武汉体育学院学报，2022，56（9）．

指出其真正“无与伦比”[①]。让冬奥办于中国而惠及世界，这是新时代中国彰显的大国格局，北京冬奥从“带动三亿人参与冰雪运动”到“实现冬奥筹办与区域协同发展”，这是中国人民对世界冰雪运动事业作出的创新性探索和贡献，既推动了中国冰雪运动的跨越式发展，又开启了世界冰雪运动的新格局。在北京冬奥精神的感召下，中国为世界留下了丰富且瑰丽的冬奥遗产：作为世界人口大国，带动3亿人参与冰雪运动，极大地提升了全球参与冰雪运动人口基数，为世界冰雪事业发展储备了丰富的人才资源；在基础设施建设层面，中国目前已拥有超过2000块能够承办国际国内大赛的冰场，冬奥举办过后更多国家级冰雪运动场馆开始服务全民健身和健康中国建设战略，在刺激体育消费、建设统一体育大市场及带动区域经济发展层面效果显著。在冬奥治理创新层面，北京冬奥取得的卓越成就，不仅来源于简约、低碳的发展理念和科技支持，更得益于国家对冬奥筹办、举办的创新治理：北京冬奥首创了“冬奥会可持续性管理体系”，是首个把“大型活动可持续性管理体系、环境管理体系、社会责任指南”3个国际标准整合为一体的可持续性管理体系。全方位保障北京冬奥举办过程中的疫情防控、赛事组织、媒体转播及志愿服务各项工作的有序开展，使北京冬奥成为一届安全、有序、精彩的盛会。北京冬奥精神生成于广大冬奥参与者申奥、筹奥及办奥的实践过程，“胸怀大局、自信开放、迎难而上、追求卓越、共创未来”的北京冬奥精神既是新时代中国勇担国际奥林匹克之责的精神标识，又是指导世界冰雪运动发展的时代蓝图，蕴含着北京冬奥精神的中国冰雪事业正在重塑世界冰雪运动的格局。弘扬北京冬奥精神成为持续推进中国冰雪运动发展的实践之需，能玉成重塑世界冰雪运动格局的时代蓝图，为体育成为中华民族伟大复兴标志性事业作出冰雪运动的特有注解。

第二节　勇挑中华民族伟大复兴重任：诠释北京冬奥精神的时代意蕴

北京冬奥精神是北京冬奥成功举办的精神基础，它引领中国人民克服种种困难

① 国际奥委会主席巴赫宣布北京冬奥会闭幕，评价北京冬奥会真正无与伦比［EB/OL］.(2022－2－20)［2022－11－6］.

挑战，同世界各国人民一起共创了这场举世瞩目的奥运盛会。北京冬奥精神中的时代意蕴，诠释了中国冰雪健儿勇挑中华民族伟大复兴历史重任的责任与担当。

一、凝心聚力：承继起中华民族的自信与荣光

北京冬奥会的成功举办，凝聚了中国人民七年的艰辛和努力。七年间，在中国共产党的领导下，中国人民团结一致，凝心聚力，全力投入到北京冬奥会的筹办和举办之中。中国政府与国际奥委会、国际残奥委会等通力合作，克服了一系列严峻困难和挑战，使彰显着中华民族自信和荣光的北京冬奥盛会如期、安全和精彩举行，在全社会汇聚起了实现中华民族伟大复兴中国梦的强大力量。在一场场精彩纷呈的冬奥赛事中，中国冰雪健儿的爱国情怀得到了充分的彰显，“三亿人参与冰雪运动”印证了冰雪项目在中国的受欢迎程度。作为最宝贵的冬奥遗产之一，北京冬奥精神在赛场内外不断延伸，在不同的场域体现和展示。[①]在团结各参赛队伍和国家的过程中，中国采用精准稳健的疫情防控策略，凝心聚力，与各国团结合作、共克时艰，不仅展示了中华民族在面对困难挑战时的坚定信心，而且也为动荡不安的国际局势注入了信心和希望。“一起向未来”时代强音的发出，凸显了冬奥会参与者们强烈的责任感和使命感，使奥运盛会的精神和奥林匹克的荣光得以承继。中国人民与各国人民在奥运大家庭中紧密携手、协同联动，让“更团结”为中国的“朋友圈”和“伙伴群”作出了更有力的呼应。通过凝心聚力，印证了中国人民在遭遇各种挑战的形势下，依然能够保持十足的自信去追求和平、团结和进步，为北京冬奥精神作出了最优质的注解。

二、攻坚克难：完成国家赋予的急难险重任务

敢于斗争、敢于拼搏、敢于胜利不仅是流淌在炎黄子孙血液里的天然基因，烙印在中华儿女骨子里的自然本性，更是镌刻在党和国家抗争丰碑上的秘语金诀，助推中华民族实现伟大复兴的不竭动力。作为一项举世瞩目、万众期待的世

---

① 闫纪红，吴文平，代新语.冬奥背景下我国冰雪运动员就业保障权的实现困境与消解策略［J］.沈阳体育学院学报，2022，41（5）.

界性重大赛事，北京冬奥会自筹划申办伊始到最终胜利举办，一路上可以说是艰难险阻、困难重重。首先是申办难。冬季奥运会对举办城市的气候和环境要求极为苛刻，温度不能太高，也不能太低，并且要求具备一定的降雪厚度和山地地形条件，因此过往二十余届冬奥会大多在北纬40°至50°的城市举办。①北京纬度相对较低，降雪不够充沛，先天自然条件不算优异，但是申奥团队及工作人员迎难而上，总结新思路，探索新模式，最终凭借先进的理念优势、突出的场馆优势、巨大的影响优势和丰富的经验优势，在日日夜夜的攻关和一轮一轮的陈述中，推翻质疑，排除万难，将第二十四届冬奥会和冬残奥会的举办权收入囊中，使北京成为奥运史上第一个“双奥之城”。其次是筹办难。先天不足需要后天补齐，场馆建设和技术攻关成为关系到北京冬奥会能否如期如愿举办的关键。面对冰雪运动基础设施建设尚显薄弱和国外对于制冰制雪等关键性技术进行封锁等困境，中国工程建造人员和技术人员顶着工期紧张、经费有限、赛期逼近的压力，夜以继日搞建设，夙兴夜寐赶进度，废寝忘食攻科研，凭借辛劳的工作和不懈的努力，最终使得一座座现代化冰雪场馆平地而起，一批批综合性场地得到专业化改造，一项项技术性难题得到革命性攻克，为北京冬奥会的成功举办提供了有利的环境，奠定了坚实的基础。最后是举办难。北京冬奥会的举办恰逢全球疫情肆虐，国内疫情反复的关键时期。面对风险和考验，党和国家立足于“健康第一”的理念对疫情防控进行统筹部署，万千志愿者胸怀忧患意识全力为赛事把好关，在“外防输入、内防反弹”和“精密防护、精准管控”要求下，实现了闭环内新冠阳性比例仅为0.45%和城市防控动态清零，将疫情风险降到了最低，圆满履践了办一届“安全”冬奥的庄严承诺。在北京冬奥会的整个申办、筹办、举办过程中，全国各行各业人民在党和国家的领导下，勠力同心，攻坚克难，凭借着“咬定青山不放松”的韧劲和“不破楼兰终不还”的决心，按时按点、保质保量地圆满完成了国家交予的各项急难险重任务。

① 李严，张健.象征转化·仪式展演·互动景观：数字时代冬奥会开幕式的媒介仪式建构[J].中国电视，2022（9）.

三、争创佳绩：具备全力以赴追求胜利的斗志

“争先、争优、争强、争胜”不仅是中华民族绵延赓续、历代笃行的优良传统，而且是奥林匹克运动催人奋进、引人共鸣的精神要义，更是本届冬奥会中国冰雪健儿们在赛场上全力以赴、奋勇争先的真实写照。本届冬奥会，中国不仅是这场体育与文化交流盛会的东道主，更是这项国际体育竞赛的排头兵。中国冬奥运动员创造了我国参加冬奥会、冬残奥会以来的历史最好成绩，为我国竞技冰雪运动的发展书写了浓墨重彩的一笔。中国短道速滑队员于混合接力比赛中以昂扬的精神和顽强的意志在不断的追逐、卡位、拼抢中守住身位，更守住了中国短道速滑队的荣光，为中国代表团夺得赛事首金；年轻小将初生牛犊不怕虎，越是艰险越向前，在滑雪项目中无所畏惧、突破自我、摘金夺银，承托起了中国冬季运动项目的希望和未来；冬残奥会中残奥运动员坚守着自尊自信、自强自立的信念，秉持着不卑不亢、不舍不弃的精神，最终在坚持不懈的训练和艰苦卓绝的奋斗中成就自我、圆梦冬奥。我国运动员在本届冬奥会中全力以赴、屡创佳绩，无论是久经沙场的老将，还是初出茅庐的新人，无不彰显出了不甘人后的骨气、夺标折桂的志气，表现出了敢打敢拼的勇气和舍我其谁的霸气，不仅圆满完成了竞赛任务，创造了历史新战绩，更磨炼了意志，完成了自我升华，实现了奥运成绩与精神文明的“双丰收”。

四、为国争光：在爱国激情之中汲取奋斗动力

北京冬奥精神作为新时代中国精神的集中体现，是百年变局与世纪疫情交织背景下对中国人民攻坚克难、为国争光精神品格的高度凝练，是激励亿万中华儿女奋进新征程、建功新时代的精神动力。七年筹办历程中广大参与者以强烈的责任感、使命感、荣誉感在各自岗位上兢兢业业，从“冰丝带”“雪如意”等场馆的建设到热情好客的志愿服务等，高标准、严要求地完成了各项工作任务，使中国以更加自立、自信、自强的姿态参与到国际盛事中，这是中国人民为国争光、追求卓越的爱国激情的集中体现，也是新时代接续奋斗历程、实现中华民族伟大复兴的强大动力源泉。在冬奥开、闭幕式上，中国人民积聚智慧力量，以叙事的形式将中华文化与冰雪元素有机融合，向世人展现了我国博大精深的文化底蕴，

彰显了无数仁人志士踔厉奋发、笃行不怠、为国争光的责任与担当，成为激励无数青年拼搏奋进、担当作为的精神财富。在北京冬奥赛场上，运动员迎难而上、拼搏进取，用实际行动践行了“为国争光为己任，为国建功为光荣”的使命责任，创造了无愧于祖国、人民与时代的优异成绩，汇聚起了助推中华民族伟大复兴的磅礴精神力量。通过挖掘凝练为国争光的冬奥时代素材，厚植青年学生的爱国情、强国志，可为推动体育强国建设、实现中华民族伟大复兴中国梦积聚砥砺奋进的强劲动能。

第三节　融入中华民族伟大复兴进程：传承北京冬奥精神的时代责任

青年一代是推进中华民族伟大复兴的主力军，承担着传承和发扬北京冬奥精神的时代责任。北京冬奥精神是顺应时代而形成的，是一种催人奋进和引人向上的精神力量。以中国冰雪健儿为代表的中国青年，在北京冬奥精神的引领下，为中华民族伟大复兴铸就了体育基色、筑起了体育基石、注入了体育动能、树立了体育风貌。

一、青春有我：为民族伟大复兴铸就底蕴十足的体育基色

在北京冬奥会和冬残奥会的举办过程中，青年运动员和青年志愿者承担着主力军的角色，是缔造冬奥优异成绩的关键力量。[①]广大青年志愿者胸怀“国之大者”的信念，在办出精彩冬奥盛会大局观的指引下，认真履行时代赋予青年一代的使命和责任，以一丝不苟、精益求精的态度和作风，确保了冬奥赛场组织环节的顺利衔接和运行，充分展示了当代中国新青年勇于担当和作为的品质，为民族伟大复兴铸就了底蕴十足的体育基色。广大青年医护人员坚守一线，守护着每名参赛者和工作人员的健康与安全，合力筑起了一道保障有力、牢不可破的健康与安全屏障。广大青年演职人员辛勤耕耘、乐于奉献，为全球观众演绎了精彩绝伦、亮点纷呈的冬奥视觉盛宴。广大青年冰雪健儿不畏强敌，在赛场上创造了一

---

① 钟秉枢，张建会，刘兰.冬奥外交：新中国体育外交的赓续与发展［J］.武汉体育学院学报，2022，56（9）.

个又一个属于中国的冬奥奇迹，为祖国增光、为民族添彩，使“胸怀大局、自信开放、迎难而上、追求卓越、共创未来”的北京冬奥精神展现在世界各国运动员面前。使广大青年群体传承与弘扬北京冬奥精神，就是帮助他们在学习和工作实践中能够时刻胸怀大局，不断提高站位，运用战略思维来考量和审视社会问题，将自己的奋斗基点与国家、民族、社会的发展完整契合起来，珍惜时代赋予的宝贵机遇，全心履行时代赋予的历史使命，不畏前行途中的艰难险阻，在推进中华民族伟大复兴的新征程中建功立业。

二、强国有我：为民族伟大复兴筑起底气十足的体育基石

习近平总书记在党的十九大报告中指出：青年兴则国家兴，青年强则国家强。青年一代有理想、有本领、有担当，国家就有前途，民族就有希望。[①]作为民族伟大复兴进程中的关键一环，北京冬奥会与冬残奥会的成功举办，离不开广大青年群体脚踏实地的行事作风、无私奉献的优秀品质；基于冬奥实践孕育而成的北京冬奥精神，见证了冰雪健儿努力拼搏、蓬勃向上汇集起来的巨大力量，筑起了底气十足的体育基石。从运动员到教练员，再到夜以继日奋战在冬奥一线、为场馆设施运营保驾护航的建设者；从服务周到、满怀热情的青年赛事志愿者和后勤保障团队，到守护涉奥全体人员健康的医护防疫队伍，青年志愿者们始终坚持以精益求精的标准要求自身，以一丝不苟的实际行动践行“如期、安全、顺利”的办奥理念，创造了无愧于祖国、无愧于人民、无愧于时代的光辉业绩。在全面建设社会主义现代化强国的时代进程中，继承与传播北京冬奥精神，需要广大青年群体从中汲取实现国家富强、民族振兴、人民幸福的内在力量，坚持“强国有我”的人生目标与职业理想，以“逢山开路、遇水搭桥”的实践能力，以咬定青山的韧劲、审时度势的眼光、统筹兼顾的韬略与勇毅笃行的魄力，在体育各领域内大放光彩，以昂首挺胸的姿态走出国门、走向世界，助推中国冰雪梦、体育强国梦与中华民族伟大复兴中国梦的实现。

---

① 邱辉，孟昭雯.北京2022年冬奥会志愿遗产及其内涵研究——基于21名志愿者的口述史［J］.北京体育大学学报，2022，45（5）.

三、奋斗有我：为民族伟大复兴注入活力十足的体育动能

奋斗是新时代的主旋律、是创造美好生活的推动力。2018年，习近平总书记在十三届全国人大一次会议上指出："中国人民自古就明白，世界上没有坐享其成的好事，要幸福就要奋斗。"①中华民族从"站起来""富起来""强起来"到"美起来"的伟大飞跃是中国人民奋斗出来的，北京冬奥会展现出来的大国形象、中国智慧与民族文化底蕴是中国共产党带领广大参与者不懈奋斗的结果，中华民族伟大复兴的实现，更需要广大中国人民在党的带领下矢志不渝地进行奋斗。广大青年群体是新时代奋斗者的"代言人"，他们积极响应"使命在肩、奋斗有我"的国家召唤，以坚韧不拔的意志担使命、以追求卓越的要求找差距、以迎难而上的精神练能力，在推动民族伟大复兴的进程中奉献属于他们的青春力量。诞生于北京冬奥会与冬残奥会伟大实践中的北京冬奥精神，既是新时代冬奥会志愿者无私奉献精神和不懈奋斗事迹的凝结结果，也是对推进新时代民族伟大复兴进程的实践表达；既承载着冬奥健儿奋力攀登奥林匹克运动之巅的逐梦使命，也蕴含着广大冰雪健儿助推民族伟大复兴中国梦实现的内生动力。在实现第二个百年奋斗目标的征程中，传承与弘扬北京冬奥精神，需要新时代青年以胸怀大局的精神勉励自身，以共创未来的精神携手其他奋斗者，不断增强中国体育的影响力和号召力，为实现中华民族伟大复兴注入活力十足的体育动能。②

四、兴体有我：为民族伟大复兴树立信心十足的体育风貌

作为中国共产党人精神谱系的新内容，北京冬奥精神为进行伟大斗争、建设伟大工程、推进伟大事业、实现伟大梦想注入了新的精神力量。广大体育工作者在党和国家的领导下，同人民群众谱写绘就出了一部践行新时代中国精神的北京冬奥奋斗史。在面对国内外各种风险挑战的严峻环境下，场馆建设者、赛事筹办

---

① 张志丹，王恩祥.北京冬奥精神的生成根据、内涵诠释与当代价值［J］.学校党建与思想教育，2022（12）.

② 孙葆丽，沈鹤军，孙海潮，等.北京冬奥精神的内涵特征、时代意蕴与传承路径［J］.武汉体育学院学报，2022，56（9）.

者、冰雪健儿们战胜了无数的艰难险阻，向世人展现了信心十足的体育风貌。面对部分冬奥场馆施工建设地区面临的无水、无电、无路、无通信的“四无”困难，一批批建设者们直面风险挑战，坚守岗位一线，不畏艰苦、攻坚克难，最终打造出独具中华特色与科技实力的冬奥特色建筑。在北京冬奥会开幕仪式上演绎的极具诗意的“二十四节气”倒计时、“折柳寄情”的中国式浪漫、“黄河之水天上来”的破冰五环，绘就了一场恢宏壮美的视听盛宴，充分彰显了中国人民的文化自信。冬奥赛场上来自全国各地的冰雪健儿们，牢记党和国家的嘱托，以为国争光为己任，实现北京冬奥全项目参赛，以顽强拼搏、超越自我的体育精神出色完成各项竞赛任务。北京冬奥冬残奥会筹办和举办过程中，广大冬奥工作者展现出的攻坚克难精神、对文化交融的开放包容精神、对竞技体育比赛的顽强拼搏精神，深刻展现了我国体育事业发展的时代张力与活力，激励全国人民以奋进新征程、建功新时代的精神面貌共创中华民族美好未来。

第四节　接续中华民族伟大复兴伟力：延展北京冬奥精神的时代使命

北京冬奥精神为实现中华民族伟大复兴注入了体育的动能和力量。通过在追求卓越中弘扬爱国主义精神，在积极进取中提振集体主义精神，在顽强拼搏中保持乐观主义精神，在突破自我中重构英雄主义精神，积极承担北京冬奥建设进程中的时代使命，为实现中华民族伟大复兴提供源源不断的精神伟力和奋斗动力。

一、唱响时代旋律：在追求卓越中弘扬爱国主义精神

爱国主义是北京冬奥精神的主旋律，也是北京冬奥精神中价值理念和理想信念的集中体现。[①]爱国主义作为“胸怀大局、自信开放、迎难而上、追求卓越、共创未来”的精神标识，是弘扬中华民族精神、中华体育精神过程中永恒不变的时代旋

① 孙葆丽，沈鹤军，孙海潮，等.北京冬奥精神的内涵特征、时代意蕴与传承路径［J］.武汉体育学院学报，2022，56（9）.

律。在追求卓越中弘扬爱国主义精神，体现出中国人民在举办冬奥会的进程中执着专注、一丝不苟的敬业特质。冰雪健儿们全项参赛，在每个项目中都全力以赴，尽心尽力。场馆设施建设始终坚持碳排放近乎零的标准，最具代表性的国家速滑馆，不仅能够采用二氧化碳临界直冷制冰技术，而且达到了全球最完整、最均匀和最快速的制冰要求。在文化展现方面，“雪如意”“雪游龙”“冰墩墩”“雪容融”等无一不体现出中华民族的特有文化印记，使中国文化之美通过冰雪运动在传统与现代之间激荡。执行赛事保障的部门和人员，始终坚持最严标准和要求，精心规划赛事保障的每一个环节，仔细设计比赛过程的每一个细节，对赛事方案精心雕琢和认真打磨，克服困难，预判风险，反复演练和磨合赛事保障的方方面面，创造出了在全人类面临新冠疫情威胁时仍然能够成功举办冬奥盛会的奇迹。这一系列创举的背后，蕴含的是中国人民追求卓越的优秀民族品质，体现的是爱国主义时代旋律在中国人民心中无可替代的位置，诠释的是中国人民对北京冬奥精神的时代演绎。

二、展现时代气息：在积极进取中提振集体主义精神

集体主义是北京冬奥精神的奠基石，同时也是北京冬奥精神凝聚“一起向未来”磅礴力量的重要保障。[①]集体主义作为“胸怀大局、自信开放、迎难而上、追求卓越、共创未来”的坚实基础，是引导中华儿女团结奋斗的时代动力。在积极进取中提振集体主义精神，展示出了中国冰雪健儿众志成城、敢为人先的青春底色。志愿者是奥运会重要的人力资源，在申办、筹办、举办北京冬奥会、冬残奥会的七年征程中，朝气蓬勃、敢闯敢干的青年志愿者队伍，用奋斗成就梦想，以实际行动助力冬奥。北京冬奥会1.9万赛会志愿者中，35岁以下青年多达94%[②]，其中在校大学生是青年志愿者的主要力量，他们积极投身于闭环驻地、赛事场馆、疫情防控等一线工作岗位，用热情而周到的志愿服务，展现出东道主

---

① 李爱群，吕万刚，漆昌柱，等.中华体育精神助力中华民族伟大复兴的时代特质与价值——“中华体育精神与中华民族伟大复兴”研讨会述评［J］.武汉体育学院学报，2022，56（8）.

② 曾诚，邓星华.北京冬奥精神与新时代中国国家形象建构研究［J］.武汉体育学院学报，2022，56（8）.

的胸怀和姿态，凸显了中国青年富有朝气、勇于承担的时代气息。国家体育馆2022冬奥改建项目团队成员平均年龄不到30岁，他们以积极进取、追求卓越的集体主义精神，不断创新技术，逐步攻克现场与图纸不符、场地狭小、管线复杂等改建难关，将国家体育馆全面升级改造为冬奥冰球场馆，为冬奥会保驾护航。青年志愿者、建设者、运动员等团结一心，用实际行动为冬奥添彩，在身体力行中践行北京冬奥精神，诠释了集体主义力量的核心内涵与特质。

三、踏好时代节拍：在顽强拼搏中保持乐观主义精神

乐观主义是北京冬奥精神的时代基色，是有效践行北京冬奥精神的心理基础与自信支撑。在顽强拼搏中保持乐观主义精神，使中国人民在艰难环境中仍能够以昂扬的斗志奋勇前行，以乐观的态度迎接各种挑战。北京冬残奥会中国参赛的运动员一共有96人，其中男运动员68人、女运动员28人，他们在冬奥赛场上奋力拼搏、追逐梦想的同时也展现了不畏强难、身残志坚、乐观豁达的竞技精神。冬奥幕后工作者“迎寒而上”，始终保持饱满的工作热情及乐观的工作态度，打扫冰面、布置会场、维持秩序、检查设备，为北京冬奥、残奥会各项赛事的顺利进行保驾护航。面对疫情防控常态化的严峻形势，万千医护工作人员恪守初心与使命，奋斗在最前线，用他们的担当与责任构筑起了一个安全的冬奥之城，每天开展核酸检测、宣传解读防疫政策等，竭力为冰雪健儿们营造良好参赛环境，完美诠释了甘于奉献、乐观积极的志愿服务精神。这一系列真实、鲜活的冬奥故事，已不再局限于北京冬奥的叙事之中，冰雪健儿们踏着时代的节拍，以强健有力的体魄、乐观坚强的意志、积极向上的人生态度凝结而成的体育精神，激励着中国人民在实现中华民族伟大复兴中国梦的进程中乐观向上、砥砺前行。

四、坚定时代步伐：在突破自我中重构英雄主义精神

北京冬奥冬残奥会筹办和举办的七年艰辛历程，就是一部崇尚英雄、成就英雄、英雄辈出的庄严的英雄诗史。[①]突破自我的英雄主义精神，在北京冬奥冬残

① 刘素，江筱倩.共创冰雪奇迹：冬奥训练场馆高质量建设的中国方案、中国经验和中国贡献［J］.经济与管理评论，2022，38（4）.

奥会的伟大实践中孕育而生，是对中国共产党人精神谱系的传承与延续，在广大北京冬奥参与者、工作者的英雄事迹中丰富与发展，有力彰显了中国人民勇于超越自我、敢于挑战极限的意志品格。在突破自我中重构英雄主义精神，体现出冰雪健儿们“功成不必在我，功成必定有我”的新时代英雄主义观。苏翊鸣在突破与低谷并存的时光里，一次次挑战高难度动作，始终为梦想付出不懈努力，最终在奥运赛场上“翊鸣”惊人，创造了属于中国单板滑雪的历史性成绩。迎难而上、坚韧不拔的“大道飞人”高亭宇，在冰面艰苦训练十几载，每当遇到瓶颈期和身体承受极限时，他都以强烈的集体荣誉感和为国争光的理想信念咬牙坚持下去，最终以34秒32的优异成绩，刷新奥运会纪录，一举夺得奥运金牌，成功击碎所谓的“旗手魔咒”，为中国男子速度滑冰实现冬奥金牌“零”的突破。回望北京冬奥奋斗史和冬奥精神英雄史，冰雪健儿们为国争光、为国建功的英勇行为只是新时代中国人民英雄主义观、英雄主义精神的一个缩影，无数冬奥医护人员、青年志愿者、场馆建设者们高扬永不褪色的精神旗帜，迈着坚定的时代步伐直面各种风险挑战，重构了英雄主义精神的核心价值和时代要义。

↘ 本章小结

伟大事业孕育伟大精神，伟大精神推动伟大事业。北京冬奥精神的形成，为助推冰雪运动文化的繁荣和冰雪运动项目的发展实现了价值引领。北京冬奥精神同时继承和创新了中华体育精神的成果与谱系，丰富了中华体育精神的时代内涵，将在推进全民健身国家战略、促进竞技体育综合实力提升、加快体育强国与健康中国建设起到凝心聚力的作用。北京冬奥精神作为新的精神标识，与民族精神融合在一起，向全世界展示了中国人民的时代形象和精神风貌，为实现中华民族伟大复兴的历史进程提供新的精神动力。北京冬奥精神为体育助力实现中华民族伟大复兴中国梦注入了强劲的精神动能，向世界展现了中国的冰雪精神、冰雪经验、冰雪实力和冰雪自信。北京冬奥精神蕴含的时代梦想和时代力量、呈现的时代形象和时代蓝图，是体育助力实现中华民族伟大复兴的具体展现。北京冬奥精神蕴含的凝心聚力、攻坚克难、争创佳绩、为国争光的时代意蕴，是诠释中国冰雪健儿勇挑中华民族伟大复兴历史重任的有力印证。在北京冬奥精神的引领下,新时代的中国青年为中华民族伟大复兴铸就了体育基色、筑起了体育基石、注入了体育动能、树立了体育风貌。通过在追求卓越中弘扬爱国主义精神,在积极进取中提振集体主义精神,在顽强拼搏中保持乐观主义精神,在突破自我中重构英雄主义精神,进而承担北京冬奥建设进程中的时代使命,发挥体育事业在助推实现中华民族伟大复兴历史进程的独特价值与功能。

第十二章

体育重大工程推动体育强国建设

国务院办公厅印发的《体育强国建设纲要》确定了体育强国建设的九大工程项目，具体囊括了体育场地设施建设工程、全民健身活动普及工程、青少年体育发展促进工程、国家体育训练体系构建工程、科技助力奥运工程、体育产业升级工程、体育文化建设工程、体育志愿服务工程、体育社会组织建设工程。九大重大工程之间存在着相互联系和相互制约的内在逻辑关联。体育部门与其他相关部门联合深入实施这九大重大工程，将有效解决当前我国地域、城乡、行业、人群之间以及不同运动项目间体育发展失衡，全民健身、竞技体育、体育产业发展不相协调，体育促进全民健康的作用发挥不充分、体育社会组织发展不规范、体育产品和服务供给不充足，全民健身公共服务体系与社会力量办体育的体制机制不健全等制约我国从"体育大国"迈向"体育强国"的一系列问题[①]，从而有助于体育强国目标的如期实现。

第一节　强化体育场地设施建设工程

体育场地设施建设工程位于体育强国建设的九大工程项目之首，是实施全民健身活动普及、青少年体育发展促进、国家体育训练体系构建工程的重要支撑。强化体育场地设施建设工程，需要合理做好城乡空间二次利用、大力提高学校足

① 专家解读《体育强国建设纲要》九大工程要跨领域、跨部门推进［EB/OL］.（2019—9—10）［2022—11—7］.

球篮球场地利用率、积极推广使用可移动式冰场和仿真冰场、加快建设公共体育场地设施管理服务网络平台以及持续完善社会力量参与体育场地设施建设及运营管理的扶持政策，从而促使体育场设施的总量能够得以持续扩大，服务效能得以充分发挥，建设主体更加多元。

一、合理做好城乡空间二次利用

土地资源是体育场地设施发展的物质基础和前提。然而，我国各城市普遍存在体育用地资源十分稀缺的问题，致使体育场地设施常常面临无地可建的窘境。[①]为缓和群众日益增长的运动健身需求与体育场地设施紧缺之间的矛盾，党中央先后在《体育强国建设纲要》《关于促进全民健身和体育消费推动体育产业高质量发展的意见》《关于加强全民健身场地设施建设发展群众体育的意见》等政策文件中，提及利用老旧厂房、仓库、商业设施、空闲地等闲置资源改造建设体育场地设施。在此背景下，合理做好城乡空间二次利用，整合利用城乡中的闲置地、废弃地建设体育场地设施，不仅是贯彻落实国家宏观政策文件的内在要求，而且是破解体育场地设施无地可建难题的关键举措。

合理利用城乡闲置空间建设体育场地应有步骤、有计划地开展。首先，摸清体育场地设施供给短板。利用城乡闲置空间建设体育场地的根本目的是扩大体育场地设施的有效供给，即能够补齐体育场地设施供给短板，有效满足群众运动健身需求。因此，做好城乡空间二次合理利用第一步就是要开展体育场地设施现状调查，摸清体育场地设施供给短板。比如城市体育部门要联合自然资源、住房和城乡建设等部门根据《公共体育场馆基本公共服务规范》《城市公共服务设施规划规范》等标准规范，加快启动本地区健身设施的调查工作，评估健身设施布局和使用情况，全面摸清健身设施短板。其次，梳理城乡闲置空间资源底数。城市地区应系统梳理能够用于建设体育场地设施等的城市空闲地、边角地、公园绿地、路桥附属用地等“金

① 陈元欣，何开放，杨金娥，等.我国利用非体育用地建设体育场地设施研究［J］.体育学研究，2020，34（5）.

角银边”区域。[1]如深圳市南山区各部门目前正在辖区内进行摸底调查，系统梳理可用于建设运动场地设施的老旧厂房、边角地、建筑屋顶、地下空间、水域等空间资源以及可复合利用的城市教育、商业等其他资源。农村地区则应重点梳理闲置房屋、集体建设用地以及荒山、荒沟、荒丘、荒滩等资源。在梳理城乡闲置空间资源底数时应注意切忌为“利用”而“利用”，应考虑市民群众实际要求，避免出现新的土地、资金等浪费。最后，制定城乡闲置空间改建体育场地行动计划。建议地方政府结合城乡社区生活圈构建、城市更新行动、乡村建设行动等，制定城乡闲置空间改建体育场地行动计划，明确近远期任务，在群众身边规划建设健身设施。如杭州市临安区印发了《杭州市临安区嵌入式体育场地设施建设实施方案（2022—2024年）》，提出综合利用公园绿地、桥下空间、河边绿道等土地资源配建百姓健身房、多功能运动场等嵌入式体育设施。

二、提高学校足球篮球场地利用率

国家体育总局体育经济司发布的《2021年全国体育场地统计调查数据》显示，截至2021年12月31日，我国目前共有球类运动场地248.1万个，其中足球场地12.7万个、篮球场地105.4万个，二者共占球类运动场地的47.5%。在我国第五与第六两次体育场地普查中，教育系统所拥有体育场地面积占据绝对优势地位，分别为67.7%与53.1%。在目前学校体育场地设施的组成结构中，篮球场是主要类型。[2]《全国足球场地建设规划（2016—2020年）》要求在“十三五”期间新建、改建、扩建6万块足球场，其中校园4万块，社会2万块。可以看到，学校中的足球、篮球场地具有着庞大的存量资源。然而，我国各类、各地区学校足球、篮球场地普遍存在利用率不高的问题，造成了极大的资源浪费。因而，提高学校足球篮球场地利用率具有极为重要的现实意义。为缓解群众健身需求与体育场地设施供给的矛盾，教育部与国家体育总局于2017年联合印发《关于推进

① 郑轶，李硕．城市空间，如何用好“金角银边”（体育大看台）［N］．人民日报，2020—1—11（7）．

② 王健，陈元欣．我国学校体育场地设施现状、制约因素与发展对策［J］．上海体育学院学报，2015，39（2）．

学校体育场馆向社会开放的实施意见》，这为提高学校足球篮球场地利用率提供了方向指引，即推进学校足球篮球场地向社会开放。

大力推进学校足球篮球场地面向社会开放，一方面需要破解学校足球、篮球场地在对外开放时可能面临的安全、资金、管理等方面的问题。[①]安全难题体现在学校不愿承担体育场地开放带来的风险；资金问题为学校体育场地开放在实践中由于资金短缺，难以可持续；管理问题则是不同学校的体育场地向社会开放的管理水平参差不齐，而委托第三方公司运营又容易出现乱收费问题。对此可借鉴深圳市的有益经验。深圳市通过引入大型专业化场馆运营企业将学校场地设施对外开放的安全责任分解为属地方、运营方和保险方，学校仅承担属地管理的安全责任，有效消减了来自学校方面的阻力。同时，建立“i深圳”体育场馆一键预约平台，并采取“提前预约＋信用积分”模式实现入校人群的前置管理，从而在源头上保障了对外开放的安全有序。另外，由场馆运营企业投入人力、物力和财力等资源，以运营反哺公益开放，为形成学校体育场地可持续开放奠定资金基础。另一方面，强化学校足球篮球场地对外开放的政策支持。学校足球篮球场地对社会开放必然会涉及错综复杂的管理及利益分配问题，这就需要从在政策层面予以支持、引导，从而确保其落实。如北京市体育局与北京市教育委员会联合发布的《北京市加强青少年足球体教融合发展十条措施》提出，在确保校园安全的基础上，推动学校足球场地面向教育、体育部门联合举办的官方培训、集训等活动开放，为学校体育场地开放提供了政策依据。

三、推广使用可移动式冰场和仿真冰场

推广冰雪运动离不开冰雪场地设施的基本保障。[②]《2022年北京冬奥会参赛实施纲要》提出，实施冰雪运动“南展西扩东进”战略，这标志着我国冰雪运动发展将不仅局限于东北地区，而是在全国范围内向纵深领域推进。然而，与东北地区相比，“南展西扩东进”区域缺少先天的气候优势和冰场资源，冰雪场地设

① 郝海亭，郇昌店，徐晓敏.我国部分学校体育场馆面向社会开放的管理机制研究［J］.首都体育学院学报，2019，31（3）.

② 王飞，阚军常，张莹，孙大海.互动、认同与政策引领：西北冰雪运动发展全面推进研究［J］.体育科学，2020，40（11）.

施建设难度较大，推广冰雪运动面临着极大挑战。[①]可移动式冰场和仿真冰场则能够有效破解这一难题，其具有不受场地面积限制、材料可重复使用、施工周期短、建造成本低及后期运营成本低等优点。如“科技冬奥”重点专项“冰雪推广项目”团队搭建一块30米×60米的标准移动式可拆装的人工制冷冰场，用时仅需46小时，可用于冰球、花样滑冰、速滑等5种以上冰上运动，且其使用寿命长达10年，冰场回收再利用率高达98%。[②]因此，移动式冰场和仿真冰场能够为“南展西扩东进”区域建设冰上场地设施提供有力支撑，有助于进一步加快我国冰上运动的普及推广。

推广使用可移动式冰场和仿真冰场可从以下几个方面着手。第一，不断完善可移动式冰场和仿真冰场的技术标准体系。目前，国家市场监督管理总局、国家标准化管理委员会已发布《GB/T 40086－2021仿真冰场通用技术要求和试验方法》（国家标准），山东省市场监督管理局制定了《仿真冰场技术要求与开放条件》（地方标准），一定程度上填补了可移动式冰场和仿真冰场的标准空白。今后相关部门、企业应结合群众需求与技术演化进一步完善可移动式冰场和仿真冰场的技术标准体系，为其推广建设提供科学的技术和监管依据，用标准规范相关企业研发生产，确保可移动式冰场和仿真冰场能够安全地服务于使用人群。第二，利用好财政资金支持。2021年国家体育总局利用中央集中彩票公益金大力支持地方建设全民健身场地设施，人工制冷可移动式冰场试点被列为补助项目之一。各地应积极进行项目申报，用好财政资金建设一批可移动式冰场和仿真冰场。如新疆利用2021年中央集中彩票公益金在富蕴县、伊宁市、沙湾市、博乐市各建一座面积为300平方米的人工制冷可移动式冰场。第三，推动可移动式冰场和仿真冰场进校园、商场。2019年5月，教育部联合国家体育总局等四部门印发《关于加快推进全国青少年冰雪运动进校园的指导意见》，意味着我国青少年冰雪运动进校园将向深度推进。为此，应鼓励学校建设可移动式冰场和仿真冰场，夯实青少年参与冰雪运动的场地基础。商场作为人流密集的场所之一，加快布局可移

① 马玉芳，王永红．从政策导向到文化生成：我国冰雪运动“南展西扩东进”的动力因素、现实困境与优化路径［J］．武汉体育学院学报，2020，54（4）．

② 用创新、创意让冰雪运动热起来［EB/OL］．（2021－7－6）［2022－11－7］．

动式冰场和仿真冰场有利于增加冰雪运动人口。商场运营方应强化可移动式冰场和仿真冰场运行所需要的电力技术、教练、物业、公共安全维护方面的保障，使大众能够舒适、便捷地参与冰雪运动。

四、推动建设公共体育场地设施管理服务网络平台

目前，我国在公共体育场地设施管理服务方面仍存在较大短板。一方面，城市街道社区、农村乡镇的公共体育场地设施随着时间的推移设施器材难免出现破旧损坏，需要维护维修。但由于管理职责不到位，公共体育设施并未得到应有维护，无法被正常使用的现象屡见不鲜。[①]另一方面，体育场馆仍大多采用现场或电话预订的传统方式，预订软件不够完善，“预定难”的问题依然普遍存在，场馆服务严重滞后于时代发展。[②]不少地区的实践经验表明，将数字化技术与公共体育场地设施管理相结合，有助于使相关部门及时了解场地设施的实时状况，避免设施损坏而无人管理。而数字化赋能体育场馆运营有助于消除运营方与消费者之间信息不对称问题，保障公共体育场地设施服务朝着标准化、品质化、普惠化发展。[③]因此，有必要借助新兴数字技术打造公共体育场地设施管理服务网络平台。

作为数字技术与公共体育场地设施深度融合的产物，建设公共体育场地设施管理服务网络平台应注意以下几个方面。第一，平台的功能设计要对接公共体育场地设施发展痛点，要能够为科学布局场地设施提供决策支撑。通过对公共体育场地设施的录入登记，不断充实健身设施地图信息库，动态掌握全省健身设施分布情况，为编制公共体育场地体育设施规划提供科学决策依据。同时，要实现全程动态管理，提升管护工作效率。依托大数据、人工智能、物联网等数字技术，设计设施信息查询、报修、维修、巡检打卡等功能，实现对公共体育场地设施的

---

① 周彪，陈元欣.新时代我国全民健身场地设施高质量发展探究［J］.体育文化导刊，2022（8）.

② 金银哲，李柏，夏晚莹.新时代体育场馆困境及发展路径研究［J］.沈阳体育学院学报，2019，38（6）.

③ 陈元欣，周彪，姬庆.我国体育场馆运营改革的实践进展、推动路径及发展展望［J］.西安体育学院学报，2022，39（3）.

全流程管理、监控。第二，应确保平台中数据的共享性与准确性。基础数据的准确性是充分发挥公共体育场地设施管理服务网络管理平台作用的关键所在。一方面，要严格按照体育总局印发的《体育场馆信息化管理服务系统技术规范》和《全民健身信息服务平台数据接口规范》中的相关要求进行数据处理，从而避免数据孤岛，限制平台功能的发挥与拓展。另一方面，在对公共体育场地设施进行数据采集工作时，应对其进行统一编码、标签，以确保构建平台所需数据的准确性。第三，注重公共体育场地设施管理服务网络平台的完善与更新。按照应接尽接的理念，陆续将公共体育场馆、满足开放条件的学校体育场馆以及社会体育场馆接入平台。如深圳坪山区将区级体育场馆、学校体育场馆、社区篮球场等296片运动场地上线“i深圳”一键预约平台，极大丰富了市民进行运动健身的场地选择。同时，持续拓展公共体育场地设施管理服务网络平台应用接口，积极吸纳高质量的文化演出、艺术活动和时尚创意等内容，让群众既能实现高效订场、一键支付、报名参赛，也能享受到丰富优质的文体消费体验。

五、完善社会力量参与体育场地设施建设及运营管理的扶持政策

充分调动社会力量积极参与投资建设、运营管理体育场地设施，不仅是深化体育改革与“放管服”改革的重要内容，也是构建更高水平的全民健身公共服务体系的现实需要。近年来，国家围绕鼓励支持社会力量参与体育场地设施建设及运营管理密集发布了一系列政策文件，包括《体育场馆运营管理办法》《体育强国建设纲要》《政府委托社会力量运营公共体育场馆示范合同（参考文本）》等，为社会力量参与体育场地设施建设及运营管理提供了有力的政策支持。但社会力量参与体育场地设施建设及运营管理在信息公开渠道、土地、规划、财政金融、审批程序等方面存在明显制约[①]，亟待进一步细化完善社会力量参与体育场地设施建设及运营管理的扶持政策，破解社会力量办体育的政策障碍和体制束缚。

一是加大体育场地设施建设土地供给。对于符合《划拨用地目录》的新供土地，

---

① 柳鸣毅，敬艳，孙术旗，等.行政放权与多元赋能：“社会力量办体育”的中国方案——基于浙江省改革实践的案例分析［J］.上海体育学院学报，2022，46（9）.

可按划拨方式供应。应有偿使用的，按照依法招拍挂或协议方式供应，土地出让价款可在规定期限内按合同约定分期缴纳；在社会力量自愿的前提下鼓励以长期租赁、先租后让的方式向其供应土地，支持地方政府以国有建设用地使用权作价出资或入股方式提供土地，与社会力量共同参与投资建设。二是鼓励社会力量因地制宜建设体育场地设施。社会力量利用既有建筑以及屋顶、地下室等空间改造建设体育场地设施的，可按照体育场地设施设计要求，依法依规在土地、规划、设计、建设等方面进行调整。如北京市规定社会力量利用工业厂房、商业楼宇等存量建筑空间改建体育设施时可依法依规对使用功能、租赁期限、车位配比等进行调整。同时，对于社会力量利用市政用地、公园绿地、桥下空间等区域建设便民体育设施，要进一步简化审批流程，强化部门之间的协同，并保障其合法权益。三是推动公共体育设施专业化运营管理。一方面，鼓励和扶持体育俱乐部与场地主管部门，以创新社会管理的方式共同运营管理公共体育设施，推动场馆运营专业化和社会化发展，提高体育场地设施使用的亲民性、合理性和高效性。另一方面，通过政府购买服务等方式，加大向社会体育场馆购买免费或低收费开放服务力度。鼓励社会体育组织依托各类公共体育设施开展形式多样的全民健身活动。四是完善体育场馆运营支持政策。目前，社会力量参与体育场馆运营支持政策存在税收优惠政策适用范围极其有限的问题[①]，极大地增加了社会力量的运营负担。为此，应扩大税费政策适用范围，比如可考虑将体育社会团体、体育基金会、体育类民办非企业单位拥有并运营管理的体育场馆，免征房产税和城镇土地使用税。

第二节　推进全民健身活动普及工程与青少年体育发展促进工程

2022年10月16日，习近平总书记在党的二十大报告中明确指出要“促进群众体育和竞技体育全面发展，加快建设体育强国”。全民健身活动普及工程作为

① 陈元欣，杨金娥，王健.体育场馆运营支持政策的现存问题、不利影响与应对策略［J］.上海体育学院学报，2016，40（6）.

促进群众体育发展的重要工程，通过扩大彩票公益金资助全民健身赛事活动办赛主体的范围，以扩大全国范围赛事规模和种类；探索组织举办全民赛事活动的新模式，以提升群众体育赛事的办赛质量；开展国民体质监测和全民健身活动状况调查，以掌握最新数据消除群众体育开展面临的三大阻碍系统工程，是通过全民健身活动普及工程推动体育强国建设的应有之义。同时，推进青少年体育发展促进工程，目的是解决好竞技体育人才后备军的问题。通过构建社会化、网络化的青少年体育冬夏令营体系，以拓宽青少年体育培训途径；构建青少年体育社会组织管理和支持体系，以保障青少年体育培训的两大质量系统工程，是通过青少年体育发展促进工程推动体育强国建设的应有之举。

一、扩大彩票公益金资助全民健身赛事活动办赛主体的范围

财政部、国家体育总局印发《中央集中彩票公益金支持体育事业专项资金管理办法》（财教〔2020〕69号），明确专项资金用于落实全民健身国家战略，提升竞技体育综合实力，丰富体育供给，推动群众体育和竞技体育协调发展，加快推进体育强国建设。①以上海市为例，2021年度市本级体育彩票公益金实际使用3.68亿元。其中，全民健身经费0.94亿元，主要用于科学健身指导、城市业余联赛等全民健身赛事活动、特殊人群体育发展、全民健身设施建设与管理、全民健身宣传调研经费、体育社会组织管理业务经费等。②可见在依托国家体育总局集中统筹规划的基础上合理安排彩票公益金专项专用，能切实造福群众。放权赋权、深入基层、兼顾农村等方式，不仅有利于扩大全民健身参与者的基数，提高全体人民健康体质，同时有利于实现对社会团体或群众自发组织筹办全民健身赛事提质增效，扩大赛事的影响力，保障赛事参与者的参与感与体验感。

首先，国家体育总局坚决执行“放管服”，加强省、市、县对于彩票公益金的调配力度。国家体育总局在集中规划彩票公益金资助全民健身赛事活动时，由

① 财政部，国家体育总局.中央集中彩票公益金支持体育事业专项资金管理办法［EB/OL］.(2013—12—23)［2022—11—7］.

② 谷苗.3.68亿元体彩公益金助力申城体育事业发展［N］.文汇报，2022—6—29（7）.

于其的顶层站位以及高瞻视角，难以充分洞察与审批数以千计、万计的全民健身赛事活动办赛主体的专项经费需求与申请。因此，体育总局应根据各省市全民健身赛事建设情况合理规划、供给相应的彩票公益金，并对这些省市放权赋权，充分发挥省市的自身能动性与积极性，合理规划利用彩票公益金，增强彩票公益金对于支持多元全民健身赛事活动办赛主体的利用率与匹配性。其次，强调彩票公益金下沉基层，保障基层多元办赛主体的体育服务需求。充分将彩票公益金下沉到基层，满足基层全民健身赛事活动办赛主体对人员、设施、器材等的需求。一是有利于保障基层全民健身赛事在基层植根发芽，最终实现百花齐放、百舸争流的繁荣景象。例如，北京市颁布《北京市全民健身条例》，推动北京市体育彩票公益金资源下沉至城乡、街道，资助建设基础体育健身场地设施，扶持草根健身团队，培养社会体育指导员，资助开展公益体育赛事等，让全民健身赛事活动在北京遍地开花。二是有利于充分践行彩票公益金取之于人民，用之于人民的中国共产党执政理念。最后，重点关注农村群众体育普及工程，惠及贫弱及偏远地区全民健身赛事推广。根据木桶理论，木桶是由众多长短不一的木板组成，木桶的盛水量不取决于最长的那一块板，而是取决于最短的那一块板。贫弱及偏远地区的全民健身赛事的开展情况作为我国全民健身建设的重点，决定着我国全民健身计划建设与推行的质量和高度。因此，依托彩票公益金，重点扶持贫弱及偏远地区尤其是农村的全民健身赛事活动办赛主体，尽可能满足这些地区办赛主体的合理需求，保持这些办赛主体的办赛热情持续高涨，有利于在惠及这些地区居民群众通过参与健身活动享受健身带来健身和愉悦的同时，持续补足补齐我国全民健身建设的短板，助力体育强国建设。

二、探索组织举办全民健身赛事活动的新模式

上海将体育作为城市的品牌，在精心打造国际著名体育城市的过程中积攒了大量全民健身赛事活动组织与办赛的经验，并在不断的探索与实践中形成了根据项目、场地、人群等差异，进行特色化建设的“一区一赛事”的组织模式。除此之外，武汉、成都、北京、大连等其他城市也在持续探索组织举办全民健身赛事活动的新模式，并以此为契机打造各自城市全民健身赛事的品牌。这些城市在探索组织举办全民健身赛事活动新模式的着力点主要在于办赛主体、办赛内容与形

式和办赛场地三个方面。

首先，创新办赛主体协同新模式，助力全民健身赛事活动模式创新。随着近年政府及相关主管部门持续深化“放管服”改革，政府或是进行公开招标，或是吸引民间资本将赛事进行市场化运作，吸引了越来越多来自社会、市场的多元力量开始担当起办赛主体的角色，为通过创新办赛主体协同、实现全民健身赛事活动提质增效起到了积极作用。例如，2016年举办的上海市第二届市民运动会，政府、社会、市场等多元办赛主体共同参与，实现“三轮驱动”的创新模式成为最大亮点，其赛事活动数量和参与人次、竞赛参赛人数更是创历史新高。[①]其次，丰富办赛内容和形式新模式，助力全民健身赛事活动模式创新。办赛内容和形式作为全民健身赛事活动的根本影响因素，对二者进行模式创新是探索组织举办全民健身赛事活动新模式的重点内容。一方面，在办赛内容上通过引进国外新型赛事或通过创新本土传统赛事等形式，对办赛内容实现丰富与创新。例如，对当前受青年人追捧的飞盘运动进行赛事化改编，将其纳入赛事内容体系。另一方面，体育总局可以推动项目中心（协会）、省（区、市）体育部门创新构建“体育＋互联网”和“互联网＋体育”等赛事组织形式，利用互联网、5G技术、大数据等技术的加持，打造全新线上全民健身体育赛事，使广大体育爱好者足不出户即可参加体育赛事活动。例如，烟台举办的网络全民健身运动会，通过推进居家健身活动，成功打造全民健身新模式。[②]贵州省体育局联动各市州体育（文体旅）局共同举办“打赢歼灭战·同步奔小康”——全民健身线上公益徒步活动，采取“互联网＋健身徒步＋爱心捐赠＋体育扶贫”的赛事组织新模式。[③]最后，革新传统办赛设施配置，助力全民健身赛事活动模式创新。随着科学技术的发展，智能化的体育赛事设施不断得到完善，将数字化、智能化的体育设施运用到赛事筹办、赛事组织、赛事开展等阶段，不仅有利于助力全民健身赛事新模式的形成，

---

① 申城发布全国首个“全民健身赛事活动指导意见”［N］.解放日报，2017—6—16（8）.

② 刘晋.打造城区“10分钟健身圈”［N］.烟台日报，2022—1—18（4）.

③ 黄易，邹林.全民健身乘“云”风行 智慧体育开疆拓土［N］.贵州日报，2020—12—24（14）.

还能以此为特色吸引更多群体参与其中，扩大全民健身赛事举办的影响力。例如，利用大数据技术在赛前筹办时统计信息，利用大屏幕转播增强全民健身赛事开展的影响力等。

三、开展国民体质监测和全民健身活动状况调查

完善国民体质监测和全民健身活动状况调查制度，推动现代信息技术手段与全民健身相结合，并定期进行国民体质监测和全民健身活动状况调查结果发布，是提高全民健身方法和手段的科技含量，建设全民健身管理资源库和服务资源库，使全民健身服务更加便捷、高效，进而推动全民健身科学化的重要保障。[①] 开展国民体质检测和全民健身活动状况调查，要在调查前选好调查工具、调查中做到调查内容多元、调查后及时对数据整理分析。

首先，在开展国民体质监测和全民健身活动状况调查前要选择好调查工具。当前互联网飞速发展，选择并利用好互联网、大数据、云计算、5G等新兴手段，借助线上的形式调查收集我国国民当前的体质健康状况和全民健身活动开展情况，能够大大减少人员和资金的投入，有利于高效、便捷地收集到所需数据。但是，针对那些无法实现线上调查的贫困或偏远地区，应要求当地政府组织开展线下走访调查，并将收集整理数据报送到上级有关部门。线上线下协同开展调查的形式，不仅确保了调查过程高效、便捷，也保障了所得调查数据的全面性和客观性，有利于保障数据的时效性，以便更好为政策出台和调整提供数据支撑。其次，在开展国民体质监测和全民健身活动状况调查中要做到调查内容多元。根据调查的国民体质监测和全民健身活动状况两个主题来看，调查的内容只有国民体质和健身活动的表面数据。但事实上开展调查的目的应是发现问题与解决问题，因此需要对调查内容进行多元化和细化处理。在国民体质监测调查方面，就调查对象而言，要根据年龄划分为少年、青年、中年及老年等，根据运动类型情况分为普通人、爱好者、职业运动员等；在全民健身活动状况方面，就调查内容而言

① 刘国永.对“十三五”时期全民健身事业发展的思考［J］.北京体育大学学报，2016，39（10）.

要对参与者的参与方式、时间、频次、效果、途径和活动内容等进行细致多元的调查。总之，调查的内容越多元、越细化、越深入，对后期的数据整理与分析就越有益，由此生成的标准及相关政策的实用性就越强。同时，调查要坚持问题导向，切勿出现为了调查而调查，为了多元而随意调查现象的出现。最后，在开展国民体质监测和全民健身活动状况调查后要及时对数据进行整理分析。在现实生活中绝不存在无目的的调查，调查目的的实现也绝不能在调查前或调查中就得以实现。因此，在调查后对调查收集的数据进行处理分析不仅属于调查的一部分，更是调查发挥作用的关键环节。在这一环节，要注意充分发挥问题意识与大局意识，对调查数据的全面筛选剔除杂质以及对数据进行多视角分析，以得出精简且真实有效的调查报告，为全民健身技术和体育强国建设宏观调控提供数据支撑的同时反哺调查设计和调查实施。

四、构建社会化、网络化的青少年体育冬夏令营体系

青少年作为体育参与的主体，是竞技体育人才的后备军。近年通过落实体教融合政策，学校体育工作得到进一步加强，有效拓宽了青少年体育参与的平台，为开齐开足体育课，常态化开展学校体育运动等体育工程构筑了坚实基础。[①]但仅依靠学校体育工作来完善青少年体育工程建设工作，难以实现对青少年体育工程提质增效。2019年国务院办公厅印发《体育强国建设纲要》，明确指出构建社会化、网络化的青少年体育冬夏令营体系，鼓励社会力量以组织建设、投融资支持等方式开展青少年体育技能培训，促使青少年掌握2项以上运动技能。[②]在此基础上，通过借鉴英美构建青少年体育冬夏令营体系的实践经验，并根据具体情况进行本土化处理，从而形成中国式社会化、网络化的青少年冬夏令营体系。

首先，治理主体多元，回答“谁来构建”的问题。社会化、网络化是构建青少年冬夏令营体系的根本要求。因此，在治理主体的选择方面，应将橄榄枝抛给

① 柳鸣毅，敬艳，孔年欣，等.从“民族振兴”到“民族复兴”：青少年体育的历程回眸与时代展望［J］.天津体育学院学报，2022，37（2）.

② 国务院办公厅.关于印发体育强国建设纲要的通知［EB/OL］.（2019—9—2）［2022—11—3］.

社会，鼓励并支持经营良好的体育俱乐部、体育培训机构、体育社会组织以及省市训练基地等参与到青少年体育冬夏令营体系的构建中，并充分发挥各自优势实现优势互补，在青少年冬夏令营体系构建的基础层面形成社会化、网络化的构建理念，推动形成社会组织、市场参与、政府支持“三位一体”的社会化、网络化青少年冬夏令营治理体系。其次，内容形式丰富，解决“如何构建”的问题。根据社会化和网络化的特点进行剖析，社会化要求其体系构建的内容要丰富多元，能在潜移默化中帮助青少年养成能够适应社会的综合素养及能力，网络化则要求在青少年体育冬夏令营体系构建时突出体系的秩序性、便捷性等特点。二者的共同特点在于都要求其构建形式及内容丰富，急需通过统筹好冬夏季体育运动项目、创新冬夏令营校内校外开展渠道等方式来实现。例如，依托学校现实条件或社会资源在夏季强化游泳运动夏令营体系构建、冬季推行滑雪运动冬令营开展，有利于改变青少年体育运动形式受限于学校、内容受限于田径项目的学校体育开展现状。最后，强化政府督导，保障体系构建质量。在构建社会化、网络化青少年体育冬夏令营体系过程中，治理主体由学校或教育局、体育局等政府部门垄断转变为依靠社会和市场力量进行主导。政府部门在构建中仅发挥牵头和指引作用，为其他主体提供更多可能的同时，政府部门应集中精力做好社会化、网络化青少年体育冬夏令营体系构建的督导及验收工作，并及时提出评价和建议，助力社会化、网络化青少年体育冬夏令营体系构建及时调整重心、改变策略，持续改进完善体系建设，增强体系的实用性功效。

五、构建青少年体育社会组织管理和支持体系

《体育强国建设纲要》在重大工程三中提出：“构建青少年体育社会组织管理和支持体系，促进青少年体育俱乐部、青少年户外体育活动营地等发展。”①在深化体教融合的背景下，通过构建青少年体育社会组织管理和支持体系，促进青少年体育俱乐部、青少年体育运动协会、青少年运动组织机构等协同发展，有利于

---

① 国务院办公厅.关于印发体育强国建设纲要的通知［EB/OL］.（2019—9—2）［2022—11—7］.

从中央到地方全面释放青少年体育组织的动能，建立健全社会力量参与青少年体育事务的政策、机制和制度化渠道，引导青少年体育社会组织发挥其专业性的服务功能。[①]尤其是要从管理和支持体系两个方面着手，一方面建立健全青少年体育社会组织管理体系，另一方面持续完善青少年体育社会组织支持体系。有利于成功解决好我国青少年体育社会组织面临的体育社会组织资质不一、管理失范，政策支持失效，尤其是青少年体育俱乐部还不够壮大、远不能满足广大青少年体育需求等现实困境。

在构建青少年体育社会组织管理体系方面，第一，要建立健全“三位一体”的协同组织管理体系。青少年体育社会组织可大致分为由市场主导社会主办的俱乐部、由政府主导教育局或体育局主办的组织机构和由个人主导爱好者自办的团体协会三种类型。相对于政府主办的组织机构来说，社会和个人主办的体育组织属于体制外的产物，更具有灵活性、机动性和覆盖性，能够较好地感知青少年体育服务市场需求、弥合政府体育供给缺口、督促体育组织建设持续更新。尤其随着近年来运动协会和俱乐部的不断壮大，协会和俱乐部对于完善青少年体育社会组织的辅助作用逐渐转向为主导作用。应正视并合理发挥二者的主体能动性，协同政府共同管理好青少年体育社会组织。第二，要实现协会和俱乐部基层自治。应理解协会和俱乐部的管理作用并不局限于协同政府在宏观或在顶层设计方面进行管理，而是应在民间或社会体育组织在落实政府文件精神的基础上，政府主动简政放权，充分发挥基层体育组织自给、自足、自治的治理优势，保障青少年体育社会组织运行有序、管理有方、功能有效。在构建青少年体育社会组织支持体系方面，首先，要保障政策向协会和俱乐部等社会体育组织倾斜。在体教融合和“双减”政策的背景下，政府应主动盘活学校层面的潜在资源，并积极向社会购买体育服务，通过“扶上马再送一程”的手段，打破社会体育组织进校园“最后一公里”上的桎梏，为社会体育组织提供更大的生存空间。其次，政府要提供一定的经济扶持。政府对社会中的小微体育组织要提供免息或低息贷款服务以及专

① 柳鸣毅，王梅，孔年欣，等.发达国家青少年体育组织的逻辑基础、体系构建与治理策略［J］.上海体育学院学报，2018，42（4）.

项基金的帮助，同时给予社会影响力较好的社会体育组织减税降费的政策优待，在青少年社会体育组织前期存活、中期建设和后期发展的全阶段提供经济支持，保障其存活、发展和创新升级。

第三节　加快国家体育训练体系构建工程与科技助力奥运工程

国家体育训练体系构建工程与科技助力奥运工程，是《体育强国建设纲要》重大工程建设的关键组成部分，事关我国竞技体育综合实力的提质增效，同时也是推动体育强国建设的重要环节。对此，通过建立科学训练复合型团队高效工作模式，推动竞技体育科学训练中心场馆智能化升级改造，不断提高训练过程和状态监控的科学化与信息化水平，为运动员的科学训练提供保障；同时组建各项目国家队复合型科研医疗团队，建设国家队训练大数据管理系统，建构高效、全面、科学的国家体育训练体系。

一、建立科学训练复合型团队高效工作模式

《体育强国建设纲要》指出，要以运动员（队）为中心，以训练效益为导向，建立科学训练复合型团队和“流水线”“一站式”“一体化”的高效工作模式。① 复合型团队是指为顺应国际高水平运动训练发展趋势，整合多学科专业人才的知识与能力，为运动队训练与备战提供服务保障，以提高运动员竞技能力和比赛成绩表现为核心的工作人员群体②，具备目标导向明确、成员分布多元、技能优势互补和专业学科多样等特征。当前，我国竞技体育复合型训练团队的发展时间较短，尚未能形成分工明确、效率高超、保障全面的工作模式，仍存在工作效能不

① 国务院办公厅.关于印发体育强国建设纲要的通知［EB/OL］.［2019－9－2］（2022－11－7）.

② 李卫.国家级运动队复合型训练团队运行机制与组织策略［J］.首都体育学院学报，2012，24（4）.

高、运行机制不完善、成员角色和职权不清晰等问题。[①]对此，通过实行分类推进、完善运行机制、优化团队结构，进一步明确团队职权分工，提升整体工作效能并不断增强其体系化保障能力，建立科学训练复合型团队“流水线”“一站式”“一体化”的高效工作模式。

首先，实行分类推进。复合型团队包括训练、科研、心理、医疗、康复、体能等多个交叉学科成员，领队、教练员往往掌握着团队话语权，而其他责任主体话语权不足，因此无法形成团队合力。对此，应实行分类推进，充分结合不同项目的特点分门别类设置指导方案，打造“流水线”式的个性化团队工作模式。如在训练计划制定方面，可以设置“主教练＋体能教练＋队医”的复合工作模式，在主教练的整体协同下，发挥体能教练的专业优势与队医的康复保障，针对不同竞技项目为运动员打造个性化的训练方案。其次，完善运行机制。受传统运动训练理念的影响，当前我国竞技体育复合型训练团队在动力、整合、约束、激励和保障等方面的机制协调仍有待提升。对此，通过完善复合型团队的动力、激励保障与评估机制，打造“一站式”高效团队工作模式。一是要处理好内部拉力、外部竞争力与科技支撑力之间的关系，优化团队工作组织环境、完善绩效评价和考核体系、积极引进高新技术以提供多元动力支撑。二是要围绕团队成员的职责进行分工，将工作效益与个人收入、奖惩挂钩，形成责、权、利三位一体的激励机制，同时落实各项激励和奖励政策，合理提升团队成员的收入与奖励额度。三是要集约人员内部结构，明确职责分工，进一步细化团队的构成、职责、工作机制，实现对团队不同人员工作绩效的动态评价。最后，优化团队结构。随着世界运动训练科学技术的快速发展，集合多学科、多层次、多成员集体攻关，成为推动运动队集约化发展的重要途径。[②]对此，应打破传统局限于运动心理学、运动生理学、运动医学、体能康复学、营养学等领域的团队组构模式，结合现代竞技体育的发展趋势推进复合型团队建设，积极引进教育学、经济学、管理学等领域

① 杨国庆，彭国强，戴剑松，等.中国竞技体育复合型训练团队的发展问题与创新路径［J］.北京体育大学学报，2020，43（6）.

② 彭国强，杨国庆.世界竞技体育强国备战奥运政策及对我国备战东京奥运会的启示［J］.体育科学，2018，38（10）.

的专家，优化升复合型团队的知识结构、专业结构与年龄结构，进而在提升运动员运动训练效果的同时，促成不同成员功能的相互渗透、相互交融，使人员、功能、资源结合在一起，增强团队体系化保障能力。

二、推动竞技体育科学训练中心场馆智能化升级改造

在互联网时代，信息技术应用与体育产业的融合发展已是大势所趋。体育场馆智慧化是指依托智能设备和信息技术，系统化整合场馆管理、运营与服务等，从而达到最佳运营效益的发展模式[①]，是体育产业高质量发展的重要环节。但从整体上看，国内体育场馆转型起步较晚，在信息化程度、智慧化系统应用、服务模式与水平等方面仍有待提高。[②]对此，通过政府主导、科技助力与场景完善，进一步建设数字化服务平台，促进场馆的智慧化改造升级，优化群众场馆服务体验，推动我国竞技体育科学训练中心场馆智能化转型。

首先，明确政府主导地位。随着“互联网＋”战略的逐步实施，体育数字化建设也在不断推进，但在实践过程中，体育场馆数字化平台孤岛化、体育资源共享不充分、平台功能发挥不充分等问题逐步浮现。对此，应进一步明确体育政府部门的主导地位，深入落实主体责任，在加大竞技体育科学训练中心场馆数字化平台建设资金投入的基础上，在市场规范管理、财税政策、投融资政策等方面给予扶持，系统整合竞技体育、体育产业的多维资源，实现数字化平台建设的精准化供给，同步建立体育科技产品的安全监管和评估体系、健全相关制度法规，避免建设过程中的伦理困境与信息安全问题，针对高新技术的复杂性、风险性以及不确定性构建预警机制，为体育场馆数字化平台建设提供坚实的资金基础、完善的政策支撑与全面的机制保障。其次，强化高新科技应用。大数据、5G、云计算、人工智能等现代信息技术有助于提升场馆运营和管理水平，但当前我国大部分场馆仍存在场馆科技化水平不高、配套设施陈旧、运营机制滞后等问题，在一

---

① 康露，黄海燕.体育与科技融合助推体育产业高质量发展：逻辑、机制及路径［J］.体育学研究，2021，35（5）.

② 李刚，黄海燕.体育场馆智慧化转型域外经验与启示［J］.体育文化导刊，2022（5）.

定程度上限制了竞技体育科学训练中心场馆的智慧化转型。对此，一是要基于高新技术建设场馆智能管控系统，如训练设备关联、热成像体温筛查、能耗计量设备、环境与水质监控等，实现场馆内设施、设备、能效、环境的集中管理，在降低运行能耗的同时提升管理效率。二是要借助信息技术搭建场馆运营管理应用，如集成票务管理、赛事实况直播、赛事活动管理、实时客流监测等，实现体育场馆的线上运营，提升赛事活动运营管理的智能化水平。最后，完善场馆服务场景。场馆服务场景是指与体育场馆物理环境相关的服务质量要素，随着现代科技与体育场馆服务的融合发展，体育运动逐步转向线上线下一体化的新场域，更加重视消费者的观赛体验。对此，一是要满足体育消费的多元体验需求，充分运用VR、AR、MR等沉浸技术，为体育消费者打造多视角观赛、全方位战术分析、云观众实时互动的全景式、立体化服务场景，提升体育消费者的参与感与满意度，给予高质量的观赛体验。二是要拓展网络直播、电子竞技等虚拟空间，建构“参赛流程线上管理、参赛数据及时反馈、竞赛体验云上共享”的数字化办赛模式，提升体育消费者参与体育的广度，增强体育消费者在观赛、参赛中的体验感和代入感，为其营造更加多元的线上场馆服务场景。

三、提高训练过程和状态监控的科学化与信息化水平

在更快、更高、更强、更团结的奥林匹克精神指引下，世界纪录被不断刷新，运动员的竞技能力不断提升，这对运动训练的科学化与信息化水平提出了更高的要求。在训练过程中，对运动员施以长期、系统的科学监测，是做好备战工作、科学调控运动员竞技状态的首要前提。对此，通过更新体育装备、加快数据库建设和构建常态化监测机制，实现对运动员在身体机能、心理负荷、运动技术等方面的科学监控，以及训练过程与状态数据的信息化管理，为运动员的科学训练保驾护航。

首先，加快体育装备的更新迭代。一是要积极引进高科技设备，对运动员的训练过程实施长期、系统的科学监测。如智能心电衣将心电监测仪与衣物相融合，演进为更为先进的无感穿戴设备，能够利用人工智能算法得到更为准确的测量数据，实现训练数据的自动采集和大数据分析，对运动员体征数据进行远程实时监测。二是要更新监测技术，如遥测心率技术能够有效监测运动员的动态心

率，消除传统测量方法不及时、不准确等弊端，能够结合运动员的训练完成情况评价其机能状态。除身体机能的监测外，针对心理负荷和运动技术的监测设备更新同样重要，应进一步完善体育装备结构，对运动员的身体机能、技术特点和心理状态进行科学诊断。其次，加快数据库建设。基于先进的运动监测设备，我们得以收集运动员的训练数据，但要实现运动员训练过程和状态监测的信息化发展，仍需基于数据库实现训练数据的信息化管理，进而为运动员提供专业的训练指导。一是要注重专业人才引进，组建一支高水平的信息技术人才，完善数据库的运行机制并实现数据库的动态检查与实时维护，为训练档案的制定夯实基础。二是要关注训练档案的制定。运动员的训练过程和状态监测涉及身体、心理、技巧等多个方面，每个运动员的现实情况不一。因此，基于数据库的信息支撑建立训练档案，能够详细记录每个运动员的实际情况，进而辅助教练员设置符合运动员身体机能的运动负荷、制定针对性的训练计划，防止运动员过度疲劳或超量训练。最后，形成常态化监测机制。科学化的体育装备为常态化监测机制奠定了坚实的物质基础，而信息化的数据库建设又为常态化监测机制提供了载体保障。但运动训练是一个复杂、动态、受多因素影响的过程①，仅凭科学化监测设备和信息化数据库，难以保障运动员训练过程和状态的常态监控。对此，教练员在借助科学化监测设备与信息化数据库的基础上，应针对项目特征和运动员成长成才规律，结合自身的切身观察与运动员的自我评价，建构客观数据与主观认知相结合的常态化监测机制，通过多项指标的常态评测，不断提高训练过程和状态监控的科学化、信息化水平。

四、组建各项目国家队复合型科研医疗团队

《体育强国建设纲要》在科技助力奥运工程板块中指出，要积极组建各项目国家队复合型科研医疗团队，对国家队日常训练中的体能训练、机能监控、伤病防治、运动营养、技战术分析、数据管理与分析、信息情报收集与处理等方面提

---

① 田野，王清，冯连世，等.优秀运动员运动训练科学监控与竞技状态调整［J］.体育科学，2008，28（9）.

供及时、有效的科研医疗保障，优化团队运行管理及绩效评价。对此，通过强化专业人才引进、建构跨域协作平台和优化团队运行管理与绩效评价，组建一支基础完善、水平一流、项目覆盖面广、运行机制流畅的复合型科研医疗团队，为运动员的身心健康与科学训练提供多方保障。

组建各项目国家队复合型科研医疗团队，必须具备充足的人才保障和坚实的载体支撑，能够应对各个竞技项目的训练突发事件，完成各个竞技项目的伤病防治，为运动员提供高水平的科研医疗保障服务。首先，强化专业人才引进。一是要强化医疗人才引进，在整合国内高水平医疗、体能、康复、心理、营养等方面专业人才的基础上，大力引进国外知名专家，联合组建大型赛事科研医疗保障营，确保复合型医疗团队成员组构的多元化与医疗保障的全面化；二是要强化科研人才引进，除医疗专业人才外，研究运动生理学、运动心理学、运动训练学等方面的知名专家、教授等，同样是各项目国家队复合型科研医疗团队的重要组成成员，能够为复合型科研医疗团队提供权威指导，并通过科研创新不断提升团队整体医疗保障能力。其次，建构跨域协作平台。复合型医疗团队的复合特质对实施载体提出了新要求，需建构更具开放性、全面性的跨域协作平台，以实现团队成员间的优势互补、强强联合与多学科协同作业。对此，应统筹整合现有资金渠道，建立面向全球的体育科研、医疗、康复、营养、心理等方面的跨域协作平台，接续配套建设科学的培养支持机制，不断完善赛时科研医疗保障工作机制，提升赛时科研医疗保障服务水平，为运动员提供安全、高效、全程的优质医疗服务。最后，优化团队运行管理与绩效评价。长效化团队运行机制与合理的绩效考评机制，是各项目国家队复合型科研医疗团队高效运作的必备基础。而团队成员教育背景差异性引发的意见分歧和年龄多元化引发的情感性冲突[①]，是影响团队运行管理与绩效评价的重要因素。对此，应积极转变传统思维，充分发挥团队成员因教育背景差异性演变形成的经验多样化优势，将负面的工作意见分歧转化为对深化团队思考的正面影响，在反复研讨和学习反思中激发创新性观点，实现团队运行的长效化。同时通过塑造和谐的团队氛围，鼓励团

① 袁安府，金申健.医疗团队成员多元化、团队冲突与团队绩效关系研究［J］.中国卫生事业管理，2013，30（4）.

队成员之间的信息分享与交流互动，不断增进团队成员间的信任程度，以稳定的成员关系逐步消除年龄多元化对绩效的负面影响。

五、建设国家队训练大数据管理系统

近年来，大数据的重要性不断凸显，许多国家将之上升至国家战略高度，体育与信息技术的融合发展将成为未来的主流趋势。在大数据时代背景下，建设国家队训练大数据管理系统，能够为运动员提供多方位的信息监测，同时辅助教练员设置科学的训练指导方案。对此，应通过积极引进专业人才、完善数据库建设与建立个性化档案，不断健全国家队大数据管理系统，以科技助力体育强国建设。

首先，积极引进信息化专业人才。大数据管理系统正在经历以软件为中心到以数据为中心的计算平台的变迁①，其功能也由传统的数据收集、整理、统计、保存向着数据鉴定、检索、编研等更加多元化的方向演进，尤其需要信息化专业人才作为动力支撑。信息化人才具有知识更新速度快、流动频繁、职业周期短等特征②，对此，应在积极引进信息化专业人才的基础上，为其制定长远的职业发展规划，为其提供可持续的发展空间与期望的福利待遇，最大程度地留住人才，进而充分发挥其专业素养与丰富的实践经验，紧跟大数据管理系统的演进方向，做好大数据管理系统的升级改造工作。其次，完善数据库建设。先进、完备的数据库是建立国家队训练大数据管理系统的载体基础。对此，应加大对数据库建设的投入力度，结合教练员的实际诉求协同信息化专业人才，建立涵盖中央控制集群、大数据采集集群、检索集群和永久存储集群的集群式数据库，实现大量数据的智能化采集、碎片化加工、自动抽取与智能识别，同时预留的部分可编程接口，方便后期结合新的发展需求进行数据库的功能优化。最后，建立运动员的个性化档案。运动员因其在项目、年龄、性别等方面的差异性，尤其需要制定针对性的训练计划，而建设国家队训练

---

① 杜小勇，卢卫，张峰.大数据管理系统的历史、现状与未来［J］.软件学报，2019，30（1）.

② 魏津瑜，刘曰波，杨翠梅，等.基于职业生命周期的信息化人才使用与培养对策研究［J］.情报科学，2007（2）.

大数据管理系统，归根结底是为运动员的科学化训练做支撑。对此，在信息化专业人才与完备数据库的有力支撑下，应结合运动员的项目差异与个性特征，建立运动员的个性化训练档案，进一步加强对运动员基本信息、身体机能、心理状态、训练负荷、训练计划和执行、膳食与营养、伤病及康复数据的采集与归档，进而辅助教练员科学分析、指导训练与参赛工作。

第四节　开展体育产业升级、文化建设、志愿服务与社会组织建设工程

体育产业升级、文化建设、志愿服务与社会组织建设工程都是我国体育强国战略中的体育重大工程，对于引领全民健身助力健康中国建设、提升中国体育文化软实力、实现“体育大国”向“体育强国”的转变具有极其重要的意义。在国务院办公厅印发的《体育强国建设纲要》的引领下，打造多层次和多样化的体育赛事体系、增强体育用品制造业综合竞争力、打造体育文化品牌活动、建立健全全民健身志愿服务组织体系和支持与培育发展社区体育组织是我国推进体育强国建设的主要工作。

一、打造涵盖职业、商业和群众性赛事的多层次和多样化的体育赛事体系

《体育强国建设纲要》指出：支持各运动项目协会制定体育运动项目产业规划和具体落实措施，推动有条件的运动项目打造涵盖职业、商业和群众性赛事的多层次、多样化的体育赛事体系。[①]体育赛事体系是以实现体育赛事综合价值为目标，由相互关联的体育赛事要素体系和治理环境组成的有机整体。[②]打造涵盖职业、商业和群众性赛事的多层次、多样化的体育赛事体系可满足我国因人口众多而对体育赛事产生的多元化需求，提高我国各类人群的体育赛事关注度与参与

---

① 国务院办公厅.关于印发《体育强国建设纲要》的通知［EB/OL］.［2019—9—2］（2022—11—7）.

② 李崟，李刚，黄海燕.全球体育城市视域下上海体育赛事体系构建战略［J］.上海体育学院学报，2020，44（3）.

度，助力我国体育强国建设。当前，我国体育赛事体系的构建存在诸多问题，如篮球、足球等受关注度高的运动项目，职业赛事体系构建相对完善，但棒球、垒球等受关注度低的运动项目，职业赛事体系构建尚需完善。同时，我国商业、群众性赛事体系的构建也存在极大的地区差异，经济发达地区较为完备，经济落后地区体系不全。究其原因，我国体育场地设施资源不足、赛事专员储备不足、赛事举办资金不足、民众对体育赛事参与热情低等问题限制着我国多层次、多样化体育赛事体系的构建。因此，应针对相关问题制定措施以促进体育赛事体系的完善。

第一，加快体育场地设施的建设。场地设施是体育活动的物质载体，是举办职业、商业和群众性体育赛事的必备条件之一。政府应针对不同类型的体育赛事建设体育场地设施，引导、激励社会力量投入体育场地设施的建设之中，同时打破体育场地私有化壁垒，开放学校、社区、企业的体育场馆以实现资源互通，有效助力多层次、多样化体育赛事的举办。第二，加强赛事专员的培训工作。职业体育赛事需要相关赛事专员的统筹与组织，通过加强对赛事专员的培训，提高其职业体育赛事的专业程度，增强体育赛事的吸引力，为职业体育赛事的发展提供长效支持。第三，扩宽赛事融资渠道。由政府牵头，鼓励政企结合或单由社会力量举办商业体育赛事，不仅能提高企业知名度、树立企业良好形象，更有利于提高企业经济效益，使企业健康发展。同时由政府带头，成立专项扶持资金，鼓励社会力量参与，扩大资金总量。第四，激发民众参与热情。民众是群众性赛事的参与主体。政府应支持举办不同职业、不同年龄阶段的体育赛事，如盐城市举办的市级机关职工运动会、武汉市举办的青少年足球锦标赛以及各地区和高校举办的趣味运动会等，可提高民众对体育赛事的关注度、增强民众参与热情，从而扩大参与体育赛事的群众基础。

二、稳步增强体育用品制造业的综合竞争力

《体育强国建设纲要》指出：聚焦全民健身和竞技体育需求，引导和支持体育用品制造企业研制开发一批急需体育用品，打造知名品牌，提升供给能力，稳步增强体育用品制造业的综合竞争力。体育用品制造业指各种与体育活动有关的

最终体育用品及相关配套产品的加工制造单位及其经济活动的集合。[①]我国坚持推进体育强国建设，需要体育用品制造业的长足发展。数据显示，近年来，体育用品和相关产品制造业带动我国超过一半的体育产业产出；国内的体育用品制造企业不断提高科研投入，依托国内市场设计符合民众需求的体育用品，出现了一些能够冲出中国、走向世界的大型体育用品制造企业。然而，我国体育用品制造业在保持良好发展态势的同时也面临着诸多挑战，如体育高端器材设备进口依赖程度高、体育服装高端市场几乎被国外企业垄断、绝大多数中小型企业处于体育用品的代工、加工与组装环节，使得我国体育用品制造业的综合竞争力较弱，因此，实现我国体育用品制造业的高质量发展、稳步增强综合竞争力已迫在眉睫。

第一，加快体育高端器材设备的研发工作。就体育装备制造业而言，冰雪架空索道、压雪车、造雪机进口依赖度超过80%，滑雪单板、双板前十大品牌全部是国际品牌，先进运动防护器材制造基本依靠进口。[②]因此，我国必须提高体育高端器材设备制造业中的“中国制造”份额。在研发工作中，高新技术人才是必备条件之一，加大引进国外人才、加快培养国内人才，以人才为载体，将先进制造业知识转化为现实的制造技术，助力我国体育高端器材设备的研发工作。第二，国内体育服装制造龙头企业着重冲击高端市场。近年来，我国产生了一批体育服装制造龙头企业，知名度不断提高，销售量逐步增长，但服装售价800元以上的中高端市场仍然几乎被国外知名企业垄断。产品定价高不是进入高端市场的唯一渠道，利用科技创新、优质制造研发出让民众愿意消费的高端产品，扩大高端市场占有率才是关键，一些国内知名体育用品制造企业在美国、日本等发达国家建立产品研发设计中心，力争在全球高端体育服装市场拥有一席之地。第三，中小型体育用品制造企业应明确发展方向，设立长期目标，仅依靠产品的代工、加工与组装环节，企业无法长期生存。做好市场调研，洞悉民众需求，生产针对不同消费群体、填补市场空缺、凸显企业文化、符合社会主流价值的体育产品，进而不断扩大销售市场，才能在竞争

① 董进，夏成前，战炤磊.新常态下体育用品制造业集群发展：动因、态势与路径［J］.沈阳体育学院学报，2016，35（6）.

② 刘晴，罗亮，黄晶.“双循环”新发展格局下我国体育用品制造业高质量发展的现实困境与路径选择［J］.体育学研究，2021，35（2）.

激烈的体育用品制造产业中站稳脚跟，逐步扩大企业规模，完成企业的转型升级。

三、打造体育文化品牌活动

《体育强国建设纲要》指出：打造体育文化品牌活动，改革、创新中国体育文化博览会和中国体育旅游博览会；丰富全国运动会等综合性赛事和单项体育赛事的体育文化内涵。近年来，随着我国不断推进体育强国建设，体育文化作为体育的重要组成部分越来越受到重视，类型多样的体育文化产品不断涌现，而体育文化与体育活动结合而成的体育文化活动逐渐成为体育文化的主要宣传阵地。打造我国体育文化品牌活动不仅对各类型体育文化活动具有强大的引领和带动作用，而且将极大提升我国的体育文化软实力，助力我国从体育大国向体育强国转变。[①]

第一，改革、创新中国体育文化博览会和中国体育旅游博览会。中国体育文化博览会由国家体育总局、中国奥委会主办，是目前唯一由国家体育总局主办的博览会；中国体育旅游博览会由中华全国体育总会、中国奥委会、中国旅游协会主办，是体育旅游产业高规格的展会。[②]中国体育文化博览会和中国体育旅游博览会立足于我国建设体育强国的国家战略，以体育文化为引领，结合体育发展的时代要求，不断通过改革、创新来丰富其体育文化内涵，力争成为我国的体育文化品牌活动。第二，丰富全国综合性赛事和单项体育赛事的体育文化内涵。将各类型体育赛事与我国体育文化紧密结合，在赛事举办过程中融入体育文化，在赛事举办地宣传体育文化，从而形成成功举办体育赛事并宣传体育文化的双赢局面，不断丰富我国各类型体育赛事的体育文化内涵。如2008年举办的北京奥运会，其开幕式极具中国文化特色，很好地利用奥运会这一体育盛会为载体，与我国传统文化结合，成为了我国历史上体育文化活动的经典范例。第三，办好体育美术作品展览。中国体育美术作品展览历史悠久，1985年首届体育美展举行，随着展览内容的不断丰富，体育

① 钟秉枢，李楠.体育在中华优秀传统文化传承中的重要价值、基本理念与具体路径［J］.首都体育学院学报，2022，34（1）.

② 国家体育总局体育文化发展中心.2019中国体育文化博览会 中国体育旅游博览会在广州举办［EB/OL］.［2019－12－13］（2022－11－7）.

美术作品展览已成为国内极具影响力的展览之一。体育美术作品展览不仅可以大力宣传我国辉煌的体育事业成就，弘扬奥林匹克精神和中华体育文化，同时在世界舞台上扮演着讲好中国体育故事的重要角色。第四，推动体育博物馆和档案馆等建设，做好体育文物藏品征集和收藏管理保护工作。体育博物馆和档案馆是体育文化传承的纽带，更是我国体育文化自信的根基。推动体育博物馆和档案馆建设，不仅是要建设大型场馆，还需要重视对体育文物的征集、收藏、管理和保护工作。体育博物馆和展览馆的建设，一方面可以通过体育文物的收集和展览来提高体育的文化影响力，另一方面可以将“两馆”作为世界体育文化交流的舞台，打造成我国体育文化的品牌，推动我国体育强国建设。

四、建立健全全民健身志愿服务组织体系

《体育强国建设纲要》指出：建立健全全民健身志愿服务组织体系。扩大运动员、教练员中的志愿者人数。将志愿服务纳入体育专业学生考核和体育教师评价内容。依据志愿服务的相关核心思想，全民健身志愿服务就是指动员和激发广大社会人士，包括优秀运动员、教练员、裁判员、社会体育指导员、体育科研工作者、体育教师、体育专业大学生等体育人士以及其他社会有志之士以提供志愿公益性服务的方式参与到群众体育的普及、推广和开展活动中来的一种群众体育社会化、生活化、常态化和制度化的创新性发展方式。[①]四年一届的奥运会、冬奥会不仅是运动员的盛会，也是数以万计志愿者的盛会，北京奥运会、冬奥会的成功举办，离不开志愿者的辛勤付出，同样，在中共中央全面推进体育强国建设，增强人民体质、提高健康水平的背景下，全民健身志愿服务仍然是不可或缺的一环。[②]

第一，建立健全全民健身志愿者注册、培训与管理体系，形成完善的志愿者招募、注册、培训、服务、激励流程制度。志愿者是全民健身志愿服务的参与主

① 袁锋，张晓林.我国全民健身志愿服务现状及发展策略研究［J］.广州体育学院学报，2015，35（1）.

② 郑家鲲.“十四五”时期构建更高水平全民健身公共服务体系：机遇、挑战、任务与对策［J］.体育科学，2021，41（7）.

体，扩大招募规模、完善注册流程、强化培训力度、提高服务能力、建立激励体系，是建立健全全民健身志愿服务组织体系的重要基础。第二，建立全民健身志愿服务统计体系和志愿服务成效评估体系，完善以精神激励为主、物质奖励为辅的志愿者表彰激励机制，推动建立志愿者保险制度。全民健身志愿服务统计体系的指标有志愿者人数、志愿服务时长、人均志愿服务时间、志愿服务参与率、志愿服务组织数量等，志愿服务成效评估体系的指标有志愿者活跃度、志愿者满意度等，统计体系的指标反映志愿服务发展的广度，而成效评估体系的指标反映志愿服务发展的深度，建立统计体系和成效评估体系有利于我国全民健身志愿服务组织体系明确目标、科学发展。同时，完善志愿者表彰机制、建立志愿者保险制度，从心理层面满足志愿者需求，提高志愿者的服务水平，促进我国全民健身志愿服务组织体系的可持续发展。第三，加大对欠发达地区社会体育指导员的培训力度；结合大型全民健身赛事活动，鼓励体育专业学生、优秀运动员赴欠发达地区进行志愿服务。通过培训，提高我国欠发达地区体育社会指导员的数量和质量，加快我国欠发达地区的全民健身志愿服务组织体系的完善。同时此举还可以促进志愿服务人员素质的提升，形成良好的宣传作用，与所培训的体育社会指导员一起，加快我国欠发达地区的全民健身志愿服务组织体系的建设。

五、支持和培育发展社区体育组织

《体育强国建设纲要》指出：支持大中小学、厂矿企业等企事业单位发展各类群众性体育社会组织，组建形式多样的群众性体育俱乐部，鼓励有条件的地方组织群众性体育俱乐部联赛，并积极承接体育部门赛事活动等公共体育服务。推动农民体育协会等社会组织建设，健全农民群众身边的健身组织。支持和培育发展社区体育组织。有学者总结道："社区体育就是以城市基层社区为单位，以社区成员为主体，以实施政府部门支持，体育部门指导，社区部门参与，为社会成员提供体育保障的社会群众性体育活动。"①发展社区体育组织，可以有效提高居民的体育锻炼参与度，增进居民的身心健康，从居民个体出发，助力我国体育强

① 王美，崔冬冬.社区体育概念的研究综述［J］.体育文化导刊，2004（7）.

国建设。目前，随着我国一系列政策的落地，社区体育组织蓬勃发展，社区体育组织数量稳步增加，参与人数不断攀升，但其发展过程中依旧存在诸多问题。社区体育组织治理能力不足、参与民众年龄结构不平衡、组织之间缺乏联系与交流等，限制着我国社区体育组织的健康发展。

第一，提高社区体育组织治理能力。主要包括对体育设施的管理能力以及对人员的组织能力。社区体育组织的体育设施存在场地、器材管理不善的问题，相关社区工作人员心理上的不重视、维护技术上的不到位是问题出现的主要原因，因此加强对相关社区工作人员的培训，改变其认知、增进其技术是重点。对参与人员的组织主要由社区体育指导员来把握，但我国目前存在较大的人才缺口，无法满足社区体育组织的需求，同时也存在部分社区体育指导员管理经验匮乏的问题，加快培养社区体育指导员、加强对社区体育指导员的心理和能力培训可有效解决问题。第二，改善参与民众年龄结构不平衡问题。以郑州市为例，在郑州市不同年龄阶段的人参加体育锻炼所占比例中，55岁以上年龄组所占比例最高，以下年龄组依次递减，30岁以下年龄组身体强壮，工作、生活、学习压力大，休闲时间少，在市场经济大潮中往往注重经济利益，而忽视健康，所以参与体育锻炼的比例较低。由此可见，30岁以下的中青年人群参与度需要提高。从数据中可以看出，25岁到44岁的中青年人群体育参与度需要提高。通过开设讲座、组织活动等方式来改变民众认知、提高组织吸引力，引导、激励中青年人群加入社区体育组织，改善组织年龄结构。第三，加强组织之间的联系与交流。我国社区体育组织数量虽然不断增长，但绝大多数组织局限于举行组织内部的活动，缺乏组织之间的联系与交流。组织之间进行交流，可以促进组织的良好发展，扩宽组织的活动思路，促进组织之间的协作，提高组织的服务效率，学习优秀社区组织的先进经验，助力我国社区体育组织的健康发展。

↘ 本章小结

体育场地设施建设工程，全民健身活动普及工程与青少年体育发展促进工程，国家体育训练体系构建工程与科技助力奥运工程，体育产业、文化、志愿服务与社会组织工程共同构成了体育强国建设的九大工程。在强化体育场地设施建设工程方面,应合理做好城乡空间二次利用、提高学校足球篮球场地利用率、推广使用可移动式冰场和仿真冰场、推动建设公共体育场地设施管理服务网络平台、完善社会力量参与体育场地设施建设及运营管理的扶持政策。在推进全民健身活动普及工程与青少年体育发展促进工程方面,需要扩大彩票公益金资助全民健身赛事活动办赛主体的范围,探索组织举办全民健身赛事活动的新模式,开展国民体质监测和全民健身活动状况调查,构建社会化、网络化的青少年体育冬夏令营体系,构建青少年体育社会组织管理和支持体系。在加快国家体育训练体系构建工程与科技助力奥运工程方面,要建立科学训练复合型团队高效工作模式、推动竞技体育科学训练中心场馆智能化升级改造、提高训练过程和状态监控的科学化与信息化水平、组建各项目国家队复合型科研医疗团队、建设国家队训练大数据管理系统。在开展体育产业升级、文化建设、志愿服务与社会组织工程方面,则需要打造涵盖职业、商业和群众性赛事的多层次和多样化的体育赛事体系,稳步增强体育用品制造业的综合竞争力,打造体育文化品牌活动,建立健全全民健身志愿服务组织体系,支持和培育发展社区体育组织,从而凝聚起体育强国建设的强大动能。

第十三章

冰雪运动全面发展推动体育强国建设

建设体育强国是实现国家强盛、民族振兴的必然要求，而冰雪运动作为现代体育领域的重要组成部分，必须将其全面发展摆在更为突出的位置。然而，我国冰雪运动的起步较晚、基础较为薄弱，与夏季项目相比，仍然存在竞技水平不高、群众参与面不广、产业基础设施不完善等问题。《冰雪运动发展规划（2016—2025年）》从发展基础、总体要求、主要任务、保障措施四个方面提供政策保障，为冰雪运动助推体育强国建设提供了发展方向。本章从主要任务中的大力普及冰雪运动、提高冰雪运动竞技水平、促进冰雪产业发展、加大场地设施供给四个方面，具体阐释冰雪运动应如何全面发展，希望能为冰雪运动推动体育强国建设提供针对性的行动指南。

第一节　大力普及冰雪运动

《体育强国建设纲要》将推进冰雪运动发展作为“落实全民健身国家战略，助力健康中国建设”[①]的重要内容。青少年是冰雪运动的重要潜在主力军，要培养青少年的冰雪运动技能、推行“百万青少年上冰雪”和“校园冰雪计划”，兴办冰雪运动俱乐部或冰雪运动培训学校，同时要鼓励各地依托当地自然和人文资

① 国务院办公厅.关于印发体育强国建设纲要的通知［EB/OL］.（2019－9－2）［2022－11－3］.

源开展大众冰雪赛事活动、支持有群众基础的冰雪健身项目发展，帮助冰雪运动广泛普及，助力体育强国建设。

一、培养青少年冰雪运动技能

少年强则国强，青少年是助推体育强国建设的重要群体，也是我国冰雪运动长期发展的主力军，2019年教育部等四部门发布的《关于加快推进全国青少年冰雪运动进校园的指导意见》凸显了广大青少年作为冰雪运动普及突破口的重要性。因此，冰雪运动的普及和推广离不开青少年群体的参与。培养青少年的冰雪运动技能不仅能够为我国竞技冰雪增添优秀后备人才，改善竞技体育“夏强冬弱”的问题，还能够丰富青少年体育生活，帮助青少年增强体质，有效激发青少年对运动的兴趣，养成终身运动习惯。同时，青少年作为连接家庭成员的关键部分，能够自然而然地扩大冰雪运动参与人群的辐射范围，进一步夯实全民健身的群众基础，稳固体育强国建设之基石。因此，学校和体育教师作为青少年学习冰雪运动技能的重要场域和关键传授者，应保证青少年学习冰雪运动技能场地和课程的质量。

首先，冰雪运动技能的高质量教学需要完备的器材设施以及合格的教学场地做支撑。但我国幅员辽阔，南方部分学校受资金、气候等因素的影响，难以建造和购买专门的冰雪场地和教学器材，无法满足冰雪运动技能高质量教学的要求。因此，学校方面可以通过科学整合社会资源，与区域内的冰雪机构和场馆达成合作，实现场地、器材等稀缺资源的共享，为培养青少年冰雪运动技能提供基本的场地和设施保障。其次，体育教师作为冰雪运动技能的传授者，自身应先具备冰雪运动基本能力，才能顺利展开教学。因此，校方要着重提升体育教师的冰雪运动项目的教学能力，可以通过向社会上冰雪运动培训机构、冰雪运动协会等以知识付费的形式为本校的体育教师购买冰雪运动的教学技术指导服务，实现体育教师冰雪运动教学水平的提高。最后，体育教师要充分了解自身所处的教学环境，从教学方法以及教学组织等教学环节入手，依托北京冬奥热潮，结合冰雪运动特点，创造出具有校本特色的冰雪运动教学体系，帮助学生有效获取冰雪运动技能。例如，北京市的垂杨柳中心小学，学校本身虽无冰面，但校方设了一块旱地冰场，体育教师通过充分利用旱地冰场，帮助学生掌握滑冰滑雪的基本动作技能。同时，开设了冰蹴球、雪垒、队列滑三个社团，在“双减”的课后服务中，持续为学生提供冰雪运动的技术教学。[①]

二、推行“百万青少年上冰雪”和“校园冰雪计划”

“带动三亿人参与冰雪运动”是北京携手张家口申办2022年冬奥会时，中国向国际社会作出的重要承诺，青少年作为推广冰雪运动的主力军，“百万青少年上冰雪”和“校园冰雪计划”应运而生。“百万青少年上冰雪”于2013年由国家体育总局青少司、冬季运动管理中心在北京怀北滑雪场举行了启动仪式，其目的是要通过“百万青少年上冰雪”活动的示范作用，实现让更多青少年参与到冰雪运动中，以促进冬季校园体育活动的开展。“校园冰雪计划”是《冰雪运动发展规划（2016—2025年）》中提出的，其主要任务包括编制冰雪运动校园指南、建设中小学校园冰雪运动特色学校以及鼓励培养中小学冰雪运动教师，是冰雪运动进校园的重要手段之一。“百万青少年上冰雪”和“校园冰雪计划”的推行不仅能为青少年冰雪运动的开展提供坚实的政策保障和具体的行动指南，还是大力普及冰雪运动、促进体育强国建设的重要方式。因此，各地政府、学校应积极响应国家引领，设计独具区域和校本特色的推行计划。

一方面，地方政府的制度设计是地方顺利推行“百万青少年上冰雪”和“校园冰雪计划”的保证。例如2016年12月，吉林省教育厅出台《“百万学生逐雪嬉冰”工程实施方案》，将冰雪运动纳入学校体育课教学内容，鼓励引导学生走进雪场、冰场。[②]但在制定过程中，由于我国冰雪资源呈现出的不均衡现象，部分地区的制度设计难以与地方环境和冰雪条件相结合，制度难以落实。因此，地方政府在制度设计初期，应根据因地制宜原则，根据各地特点宜冰开冰、宜雪开雪。例如广州市满族小学在悬浮地垫上，开展轮滑课，为学生“转冰”打下基

① 冬奥开幕在即“双减”催热冰雪课堂［EB/OL］.（2022－1－10）［2022－11－3］.

② 吉林省教育厅.关于举办中国滑冰协会百校计划暨吉林省教育厅“冰雪进校园”启动仪式的通知［EB/OL］.（2018－10－10）［2022－11－4］.

础，学校于2019年被评为教育部首批全国青少年校园冰雪运动特色学校。[①]另一方面，学校作为组织开展“百万青少年上冰雪”和“校园冰雪计划”的主导力量，在课内课外，应积极开发出符合学生身心发展的丰富多彩的冰雪活动。课内，通过体育课堂传播冰雪知识，利用社会冰雪资源，加强冰雪运动教学指导，帮助学生走上冰雪、感知冰雪运动；课外，南方地区学校积极与北方地区学校建立沟通，开展冰雪冬令营、冰雪研学等活动，有效推行“百万青少年上冰雪”和“校园冰雪计划”。

三、支持社会力量兴办冰雪运动俱乐部或冰雪运动培训学校

兴办冰雪俱乐部和冰雪运动培训学校是帮助各地开展冰雪运动的重要手段，对冰雪运动的普及和发展有着重要意义。冰雪俱乐部是指以俱乐部的形式将体育教学、课外体育、运动训练、群体竞赛等融为一体的体育课堂教学模式。[②]俱乐部的教学模式相较于传统的学校体育教育更为灵活和多样，分班规则有别于学校的班级制度，开设课程的分级更加细节，层次更加多样，除此之外，采用的教学方法也更具趣味性。开展冰雪俱乐部学习冰雪运动技术和知识教学，不仅能够更好地根据学生的实际情况对其进行针对性的教学，还可以满足“双减”对体育课后服务的要求。根据调查显示，在冰雪教学场地方面，多数学校由于受到经济条件的制约，在资金筹集和投入方面极其有限，约有一半学校的资金投入处于不充足状态[③]，同时，由于冰雪运动的运动损伤风险系数较高，传统的学校体育难以保障冰雪运动课程的开设。而冰雪运动培训学校则是专门针对冰雪运动开设的，配备高质量场地、器材以及教学人员，有助于冰雪运动教学安全顺利开展，同时能够有效推动冰雪运动的推广。

兴办冰雪运动俱乐部和冰雪运动培训学校能够有效推广冰雪项目、开发组织

---

① 国家体育总局.因地制宜发展冰雪项目 广州大力推动“轮转冰”［EB/OL］.（2022—1—27）［2022—11—4］.

② 刘岩.普通高校冰雪体育俱乐部教学研究［J］.冰雪运动，2007，29（1）.

③ 程文广，冯振伟.我国青少年冰雪运动进校园影响因素、推进机制与实践路径［J］.体育科学，2020，40（7）.

冰雪运动赛事、形成专属青少年的冰雪技能培养体系，但由于我国冰雪运动开展与北欧等冰雪强国相比时间较短、基础较弱，尚未在政府与企业、协会等其他社会组织间组织建立紧密联系，依托社会力量整合资源的能力不足，使得目前社会力量并未得到高效发挥。党的十八大以来，随着全面深化改革新阶段的到来，党领导下的多元主体协同共治成为推进国家治理体系与治理现代化的必然要求。[①]因此，要支持社会力量兴办冰雪运动俱乐部或冰雪运动培训学校。社会力量指政府组织之外的企业事业组织、社会团体及其他社会组织和公民个人。[②]首先，政府要对冰雪类的社会组织给予政策上的支持，政府的政策支持是社会力量在兴办冰雪运动俱乐部和冰雪运动培训学校过程中的直接外在动力。同时，政府要加大对冰雪运动俱乐部和冰雪运动培训学校的宣传力度，扩大品牌俱乐部和学校的知名度，调动家长的参与度，助力“百万青少年上冰雪”计划的推行。

四、鼓励各地依托当地自然和人文资源开展大众冰雪赛事活动

大众冰雪活动和赛事是推动冰雪运动普及，落实“三亿人上冰雪”最有效、最直接的抓手。[③]党的十八大以来，以习近平同志为核心的党中央高度重视大众冰雪运动发展，发布了各类指导意见，例如，2018年12月《关于加快发展体育竞赛表演产业的指导意见》强调“以筹办北京冬奥会、冬残奥会为契机，大力发展高山滑雪、跳台滑雪、冬季两项、速度滑冰、短道速滑、花样滑冰、冰球、冰壶、雪车雪橇等各类冰雪体育赛事，推动专业冰雪体育赛事升级发展”[④]；2019年3月，中共中央办公厅、国务院办公厅印发的《关于以2022年北京冬奥会为契机大力发展冰雪运动的意见》指出“普及冰雪运动，发展冰雪产业，落实条件保

---

① 邓建伟，马玉芳，伊佳淋.我国冰雪运动“南展西扩东进”战略的演进历程与内涵价值［J］.体育科学，2022，42（7）.

② 陈海燕.冰雪运动进校园推进机制及优化策略［J］.体育文化导刊，2022（4）.

③ 陈明辉，王庆伟，张树敏，等.北京冬奥会背景下京津冀冰雪赛事协同发展研究［J］.西安体育学院学报，2021，38（4）.

④ 国务院办公厅.关于加快发展体育竞赛表演产业的指导意见［EB/OL］.（2018－12－21）［2022－11－4］.

障，努力实现我国冰雪运动跨越式发展”[①]。国家通过一系列政策法规指导意见保障大众冰雪赛事活动的开展，使得冰雪运动的普及有章可循，助力体育强国目标的实现。我国幅员辽阔、地大物博，各区域的冰雪条件、人文特色、风俗习惯各不相同。例如，我国南方省份海南省全年平均气温23℃到29℃，基本全年无雪，而北方黑龙江省平均气温0℃到11℃，冰雪资源丰富。因此，大众冰雪赛事活动的开展形式也应依托区域资源，发挥地域优势，室内外相结合，宜冰则冰、宜雪则雪，有侧重地开展具有地域特色的大众冰雪赛事活动。

首先，各地政府要以国家发布的实施意见等为指引，根据地方特色具体问题具体分析。例如，云南省部分地区的冰雪资源较为紧缺，可通过变换冰雪赛事的组织方式，将传统的冰壶、速滑等项目转变为在当地容易开展的桌上冰壶、旱地轮滑等项目，以此为切入点开展大众冰雪赛事活动。其次，政府通过结合当地习惯，依托当下普及度较高的项目，融入冰雪项目，用于开展大众冰雪赛事活动。例如，北京开展了冰雪健身操比赛，将冰雪运动的单个动作结合音乐融入健身操中，不仅降低了对场地器材的要求，其内容也更适合大众，参与的群体和覆盖面也会更广，冰雪运动也会得到广泛普及。最后，政府要给予当地冰雪运动相关企业以及冰雪协会经济上的扶持，与其协同创新，深入挖掘自然资源，用于大众冰雪赛事活动的开展，形成贯穿全年的系列品牌活动。

五、支持有群众基础的冰雪健身项目发展

2015年，北京冬奥会申办成功，冰雪运动在我国大众体育群体间迎来新一波热潮。然而由于冰雪运动在我国发展时间尚短，更多消费者是初次体验甚至是一次性体验者，《2020年中国滑雪产业白皮书》显示，国内滑雪场中旅游体验型的滑雪场占比75%，其中90%为一次性体验客户。[②]这种“体验式”的冰雪运动使得冰雪运动难以有效普及，只有推动群众持续参与其中才能促使冰雪运动蓬勃

① 中共中央办公厅　国务院办公厅.关于以2022年北京冬奥会为契机大力发展冰雪运动的意见［EB/OL］.（2019—3—31）［2022—11—5］.

② 杨丽花，王德显.后冬奥时代冰雪产业可持续发展的制度构建［J］.北京体育大学学报，2022，45（5）.

发展，才能加快建设体育强国。因此，为了鼓励更多民众参与到冰雪运动中，党和国家高度重视，出台了相关政策进行扶持，特别是《冰雪运动发展规划（2016—2025年）》中强调要“支持有群众基础的冰雪健身项目发展”，不仅能够激励各地开展人民群众喜闻乐见的冰雪健身项目，推动冰雪运动的普及，还能够推动各年龄阶段群体广泛参与，实现冰雪运动项目的“人人可参与”。

支持有群众基础的冰雪健身项目发展，首先，要创新冰雪运动的组织形式，形成人人可参与、人人便参与、人人愿参与的各类群众性冰雪活动。各地政府结合不同区域民众的健身运动习惯，将冰雪运动和当地开展已久、具有一定固定群体的运动项目进行融合改造，形成在群众间易开展的冰雪健身项目。例如，开展“冰雪嘉年华”“冰雪运动会”等群众身边的特色冰雪活动，推进冰蹴球、单腿驴、冰上龙舟等民间民俗冰雪娱乐活动，将其做成品牌活动，规模做大做强，同时降低门槛，全方位推广普及冰雪运动。其次，政府、企业要保障冰雪健身项目开展的场地。一方面，政府要依据国家出台的相关政策对冰雪企业进行经济上的帮扶，保证基础场地器械的质量和数量，确保冰雪健身项目的安全开展；另一方面，拥有冰雪场馆的相关企业可科学延伸冰场雪场的单一用途，为各类冰雪健身项目的开展提供合适场地。最后，政府和冰雪协会要充分利用新颖的冰雪健身项目活动，借助媒体手段对冰雪健身项目进行宣传，调动群众参与积极性，如邀请知名运动员为该项目做推广等，全面促进有群众基础的冰雪健身项目的发展，实现冰雪运动的有效普及。

第二节　提高冰雪运动竞技水平

竞技水平是衡量一个国家体育实力的最外显指标。[①]虽然近年来我国冰雪运动竞技水平有所提升，但仍存在“冰强雪弱”的不均衡发展态势、冰雪运动专业人才缺失等现实困境，离冰雪强国还有较大差距。对此，通过优化冰雪运动竞技

① 阚军常，翟哲，张宏宇.我国冰雪运动发展的战略规划与推进路径［J］.上海体育学院学报，2022，46（1）.

项目布局、积极引进新开展项目，逐步改善我国“冰强雪弱”的不均衡发展态势，同时强化后备人才基地建设，进一步打通冰雪项目和夏季运动项目后备人才培养渠道，高质量运用北京冬奥遗产，为后备人才培养提供多元保障，以此不断提高我国冰雪运动竞技水平。

一、优化冰雪运动竞技项目布局

冬奥会共设有7个大项和15个分项，从我国历年冬奥奖牌分布上看，我国冰雪运动的优势项目主要集中于短距离速度滑冰、速度滑冰、花样滑冰和自由式滑雪4个分项①，在优势项目中冰上项目就占了3个，整体呈现出“冰强雪弱”的样态。对此，应在保持传统优势项目、潜优势项目领先地位的基础上，结合我国运动员冰雪竞技优势有侧重地发展一般项目，并积极推动新开展项目的引进、推广和提高工作，优化冰雪运动竞技项目整体布局，缩小冰雪项目水平差距。

《冰雪运动发展规划（2016—2025年）》指出，要优化冰雪运动竞技项目布局，实现优势项目和潜优势项目的重点发展，一般项目的侧重发展和新开展项目的跨越式发展。②首先，要重点发展优势项目和潜优势项目。在北京冬奥会上，我国代表团以9金4银2铜创造了冬奥参赛史上的最佳成绩，短道速滑、自由式滑雪成为我国最具优势的夺牌项目，是提升我国冰雪竞技能力的有力抓手。对此，应接续完善优势、潜优势冬季项目竞技体育后备人才培养机制，进一步加强高水平冬季运动训练基地建设，以此扩大优势、潜优势项目参与的人口基数，夯实参与基础，实现优势、潜优势项目的重点发展。其次，要有侧重地发展一般项目。一般项目同样是提升我国冰雪竞技能力的重要一环，应结合我国运动员的冬季项目特长优势、项目发展规律和运动员成才规律，在一般项目中科学选取最为契合的冬奥项目，规划整体资源分配和精力投入，实现一般项目的侧重发展。最后，推进新开展项目的跨越式发展。新开展项目是提升我国冰雪竞技能力的“破

---

① 张建会.冬奥会竞技强国冰雪项目发展经验与启示［J］.体育文化导刊，2019（2）.

② 国家体育总局等四部门.关于印发《冰雪运动发展规划（2016—2025年）》的通知［EB/OL］.［2016－11－25］（2022－11－3）.

局利器”，但在影响力较大的冰球、冰壶运动以及技术性要求较高的滑行运动上，我国仍存在底子薄、基础差、人才匮乏等发展短板。对此，一是要发挥优势地域的带头作用，鼓励东北三省积极引进、推广和提高新开展项目，带动北京、河北、新疆等地冰雪项目的发展速度，并陆续调动其他有条件的省市普及新开展项目。二是要充分发挥高等体育院校的设施、人才和科研优势，积极推动新开展项目的引进、推广和提高工作，切实推进如百万青少年上冰雪、校园冰雪计划、冰壶进校园等系列活动，丰富冰雪项目普及种类，提升新开展项目基数。

二、推动新开展项目的引进、推广和提高

2022年北京冬奥会共设有7个大项、15个分项和109个小项，其中7个大项分别为滑冰、滑雪、冰壶、冰球、雪橇、雪车和冬季两项，按运动环境可将其分为雪上项目、冰上项目和滑行项目，按竞技特点可将其分为竞速、技巧和综合三大类。在2022年北京冬奥会上，我国代表团在冰上项目中取得4金1银1铜，雪上项目取得5金3银1铜，可见我国正在积极改善“冰强雪弱”的不利局面。对此，在保持传统优势、潜优势项目领先地位的基础上，应持续加大冰雪项目的选拔力度，积极推进新开展项目的引进、推广和提高工作，将新开展项目作为破局利器，不断提高我国冰雪竞技水平。

首先，积极引进新开展项目。冬季冰雪项目布局中传统优势已在冬奥会中固化形成①，如德国、挪威的传统优势是体能类雪上项目，美国和加拿大的传统优势是体能技能型的雪上项目，而韩国、中国的传统优势则在于体能技巧型雪上项目。因此，应充分发挥中国运动员的体能技巧型雪上项目特长优势，短期内积极引进有舵雪车、无舵雪车、雪橇等小众体能技巧型项目，争取实现重大突破，从长远项目布局着手，则应强化冬季两项、越野滑雪和高山滑雪。其次，持续推广新开展项目。我国大力推进冰雪运动，如北京市“冰雪运动进校园”实现16个区全覆盖，广州市构建了“冰雪特色校＋冬季奥林匹克教育示范校＋高水平冰雪

---

① 邱招义，陶永纯，周瑾，等.我国2022冬奥会战略选择及项目布局的研究［J］.北京体育大学学报，2016，39（9）.

运动队”的立体发展格局。数据显示，从2015年北京申冬奥成功到2021年10月间，全国冰雪运动参与人数达到3.46亿人，居民参与率达24.56%[①]，我国冰雪运动正由起步期逐步过渡到快速发展期。在此进程中，应接续推广体能技巧型新开展项目，争取取得重大突破，提升我国冰雪竞技水平。如北京宋庄学校充分发挥冰壶运动易开展的优势，将其作为“冰雪运动进校园”的有力抓手，培养学生对冰壶运动的兴趣爱好，将“冷”运动“热起来”，鼓励并带动更多的学生参与校园冰壶运动。最后，实现新开展项目的提质增效。为改变我国“冰强雪弱”的冬季项目现状，在积极引进、推广新开展项目的基础上，尤其要重视新开展项目的提质增效，构建科学的训练体系、完善后备人才培养机制，使其真正落实到冬奥新开展项目后备人才培养的方方面面，填上我国冰雪项目漏洞，以期在下一届冬奥会中再创佳绩。

三、加强高水平后备人才基地的建设

2019年9月2日，国务院办公厅印发《体育强国建设纲要》，指出要完善举国体制与市场机制相结合的竞技体育发展模式，坚持开放办体育，形成国家办与社会办相结合的竞技体育管理体制和运行机制。[②]加快高水平后备人才基地建设，是完善举国体制与市场机制相结合的竞技体育发展模式的必由之路，同时也是提升我国竞技体育综合实力、增强运动员为国争光能力的现实需求。对此，应从制度保障、物质基础和师资保障三大要素着手，推进我国高水平后备人才基地建设。

首先，完善的制度保障是加快我国高水平后备人才基地建设的首要前提。为增强国民体质健康，我国相继颁布如《“健康中国2030”规划纲要》《体育强国建设纲要》《全民健身计划（2021—2025年）》等系列政策文件，这些政策在推进健康中国、体育强国战略布局的同时，也为推进高水平后备人才基地建设做好

① 综述：“带动三亿人参与冰雪运动”为国际奥林匹克运动作出新贡献［EB/OL］.［2022—2—22］（2022—11—3）.

② 国务院办公厅.关于印发体育强国建设纲要的通知［EB/OL］.［2019—9—2］（2022—11—2）.

了顶层设计。但值得注意的是，各地存在显著的地方差异，各级各类学校之间的办学特色、定位不同，仍需结合实际情况，推行更具针对性的利好政策，吸引社会力量积极参与到高水平后备人才基地的建设进程中，进而助推举国体制与市场机制相结合的竞技体育发展模式，持续推进冰雪运动。其次，坚实的物质基础是加快我国高水平后备人才基地建设的必然要求。建设高水平后备人才基地离不开场地、设施、资金等物质基础的强力支撑，而仅凭地方的支持或各级各类学校之间的协作，难以有效保障后备人才基地的建设质量。对此，在地方支持的基础上，应持续强化校企联合，进而形成各级各类学校与企业间协同建设的长效化发展机制，坚持开放办体育，打造双赢局面。一方面，各级各类学校在企业的人才、资金支持下，能够协同组建一支高水平的建设队伍，保障后备人才培训基地建设质量；另一方面，企业能够以赞助、加盟的形式增强自身影响力，形成品牌效应，并在广告、代言与场地租用等方面得到持续创收。最后，雄厚的师资力量是加快我国高水平后备人才基地建设的现实诉求。后备人才基地建设重点不仅在于制度保障与物质支撑，教练员、裁判员等师资力量同样重要，其能动性与创造力直接关乎后备人才基地的最终建设成效。对此，应积极探索适应中国国情和职业体育特点的职业运动员管理机制，进一步组建职业联盟，鼓励高水平运动员、教练员走职业化发展道路。一方面，解决优秀运动员、教练员的退役难题。在竞技导向下，运动员通常专注于专项技能的练习，在社会技能方面较为欠缺，致使其退役后面临一些生活的困难，后备人才基地应积极聘请符合条件的高水平退役运动员、教练员，能有效解决运动员、教练员退役后就业难的问题；另一方面，提供师资保障。这些高水平的运动员、教练员，通常具备丰富的赛事实践经验与坚实的专业素养，是培养我国冰雪运动后备人才的不二人选，能够提供强有力的师资保障。

四、打通冰雪运动项目和夏季运动项目后备人才的培养渠道

在北京冬奥会上，我国代表团在多个项目上实现重大突破，最终以9金4银2铜共15枚奖牌的好成绩名列金牌榜第三位，创造了冬奥参赛史上的最佳成绩。2022年4月2日，国际奥委会召开远程执委会会议，确定了2024年巴黎奥运会的各项运动比赛日程。为实现我国竞技体育更好、更快、更高、更强的发展目标，

急需打通冰雪运动项目和夏季运动项目后备人才的培养渠道，积极备战即将到来的巴黎夏季奥运会，同时为下一届冬奥做好充足准备，进而实现夏季项目与冬季项目的均衡发展。

《体育强国建设纲要》强调，要创新优秀运动员培养和优秀运动队组建模式，建立向全社会开放的国家队运动员选拔制度，充分调动高校、地方以及社会力量参与竞技体育的积极性。[①]对此，要始终坚持开放办体育，从学校、市场、社会等多个层级中优中选优，形成多元竞技体育后备人才培养格局，为提升我国整体竞技水平奠定坚实基础。首先，打通后备人才培养的院校化路径。院校化是世界体育强国培养竞技体育后备人才的主要形式[②]，依据办学定位，可将高校分为体育院校和普通院校。一是要发挥体育院校训练专业化、基础完善化、选材优质化的显著优势，遵循“亦读亦训”的培养理念，让后备人才能够接受系统、完整、优质的教育，同时完善人才晋升与退役机制，使其走职业化发展路径；二是要发挥普通高校文体共进、资源充沛、基数庞大的特点长处，强化高校办队的自主性并统一认定标准，确保后备人才选拔的公平、公正、公开，实现体育院校后备人才与普通高校后备人才的横向流动。其次，打通后备人才培养的市场化路径。市场化培养路径是指由市场主体按照经济发展规律、竞技体育发展规律培养后备人才的模式，秉持“谁投资、谁培养、谁受益”的发展理念。一方面，要发挥企业的市场运作优势，加大资源投入并提升资源配置效率，弥补院校在高端设备、竞赛组织、科学训练等方面的不足，进而健全竞赛奖励体系、完善退役入职机制，实现体育链、人才链、产业链之间的有效衔接。另一方面，要关注后备人才的经济效益。培育后备人才有助于增进企业知名度、塑造企业品牌，提升其长期盈利能力，进而实现企业盈利模式的多元化，将为国育才的社会效益与企业自身的经济效益高度统一。最后，打通后备人才培养的社会化路径。社会化培养路径的重点在于优化竞赛体系，建构开放性的后备人才选拔制度。一是要深化全国运动

① 国务院办公厅.关于印发体育强国建设纲要的通知［EB/OL］.［2019－9－2］(2022－11－2).

② 杨桦，刘志国.体教融合：中国特色竞技体育后备人才培养模式转化与创新［J］.成都体育学院学报，2021，47 (3).

会、全国冬季运动会、全国青年运动会等全国性赛事改革，鼓励社会力量和各地体育协会积极举办系列赛、大奖赛、分站赛等种类丰富的高水平体育赛事活动；二是要构建多个部门合作、多元主体协同的开放性后备人才选拔制度，进一步畅通分类有序的开放性参赛通道，面向全国选拔高水平冰雪运动项目和夏季运动项目后备人才。

五、充分利用北京冬奥遗产

习近平总书记指出："北京冬奥会、冬残奥会是在全党全国各族人民向第二个百年奋斗目标迈进的关键时期举办的重大标志性活动。我们要积极谋划、接续奋斗，管理好、运用好北京冬奥遗产。"①北京冬奥遗产既包括场地、设施等有形遗产，也涵盖冬奥精神、冬奥文化等无形遗产，是提升我国冰雪运动竞技水平的巨大宝库。因此，我们要贯彻落实习近平总书记的重要论述，充分利用北京冬奥的有形遗产与无形遗产，为我国冰雪运动后备人才培养提供精神指引、动力支撑与平台保障，不断提高我国冰雪运动的竞技水平。

让更多人从冬奥遗产中受益是实现冬奥遗产利用效益最大化的价值遵循。"胸怀大局、自信开放、迎难而上、追求卓越、共创未来"的北京冬奥精神，是广大参与者们牢牢把握时代赋予的宝贵机遇，在申办、筹办、举办北京冬奥会、冬残奥会期间共同创造的伟大精神财富，是北京冬奥遗产的重要组成部分，其内蕴的浓厚文化底蕴与思政教育价值，能够为我国冰雪运动后备人才培养提供宝贵的精神指引。对此，体育教师应牢牢把握时代赋予的宝贵机遇，深入剖析北京冬奥精神的时代价值与深厚内涵，将其转化为优质思政教学资源，进而培养学生胸怀天下的胸襟、自立自强的认同、直面挑战的勇气、止于至善的追求以及命运与共的大局意识，为我国冰雪运动后备人才输入新鲜血液。习近平总书记曾向国际奥委会主席巴赫讲述："我们申办冬奥会的最大目的，就是在三亿人中推广普及

---

① 习近平：管理运用好北京冬奥遗产［EB/OL］.［2022—9—10］(2022—11—2).

冰雪运动，推动中国冰雪运动跨越式发展。”[①]对此，各地应积极响应“带动三亿人参与冰雪运动”的号召，结合地方实际制定“冰雪运动进校园”实施方案，通过开设冰雪运动理论与技能培训课程、组织冰雪赛事等方式，让冰雪运动的种子在全国各地播撒，为我国冰雪运动后备人才培养提供动力支撑。如武汉市体育局与武汉市教育局联合发布《首批武汉市冰雪运动特色学校实施方案》[②]，一方面通过冬奥知识大讲堂、板报、橱窗等方式普及冰雪运动知识；另一方面积极组织校际花滑、旱地冰球、旱地冰壶等赛事活动，提高学生的冰雪运动技术水平，充分发挥“冰雪运动特色学校”的引领示范作用，推进冰雪运动宣传活动并向周边学校辐射。除运动员的后备人才培养外，教练员、裁判员等冰雪职业者后备人才的培养同样重要。对此，各地应加强与国内外知名冰雪院校合作，充分利用北京冬奥场馆、设施等有形遗产开设冰雪职业培训基地，为我国冰雪运动后备人才培养提供坚实的平台保障，持续强化冰雪运动的师资力量，不断健全人才培养体系，以此培养高水平的教练员、裁判员、造雪师、打蜡师等新兴冰雪职业者。

第三节　促进冰雪产业发展

在北京冬奥会申办过程中，我国作出“带动三亿人参与冰雪运动”的庄严承诺。作为一个负责任的大国，中国“承诺必践”。国家统计局数据显示，自申办成功至2021年10月，我国居民参与冰雪运动的总人数达3.46亿人，提前实现了“带动三亿人参与冰雪运动”的目标。冰雪运动不再仅仅停留于冬奥赛场，而是“飞入寻常百姓家”。近年来，国家体育总局及有关部门大力推进冰雪运动“南展西扩东进”，由此形成了我国东南西北遥相呼应、冬夏两季各具特色、冰上雪上全面开花的新格局，冰雪运动也实现了从小众到大众、从区域到全国、从冬季向全年的转变。

---

① 推动中国冰雪运动跨越式发展——写在“带动三亿人参与冰雪运动”目标达成之际［EB/OL］.［2022－1－13］(2022－11－2).

② 冰雪运动进校园：武汉首批19所学校“破冰”［EB/OL］.［2021－11－29］(2022－11－2).

一、推动冰雪健身休闲产业业态发展

党的十八大以来，以习近平同志为核心的党中央高度重视体育事业和冰雪运动发展，各地方、各部门坚持以习近平新时代中国特色社会主义思想为指导，以加快建成体育强国为目标，以成功举办北京冬奥会为契机，推动冰雪运动的推广普及，社会各界参与冰雪运动的积极性不断提高。[①]在2013年申办冬奥会之初，中国正式向国际社会作出“带动三亿人参与冰雪运动”的承诺。冬奥会申办成功以来，习近平总书记发表一系列关于发展冰雪运动的重要论述和重要指示，将冰雪运动的种子播撒到全国各地，从塞北到江南，从西部边陲到东部沿海，冰雪之花飞入千家万户。国家体育总局于2022年1月发布的《“带动三亿人参与冰雪运动”调查主要数据结果》中显示，在2015年以来参与过冰雪运动的受访群众中，70.35％参与者参与冰雪运动的目为“娱乐休闲”[②]，可见我国冰雪健身休闲产业具有优越的群众基础。2022年北京冬奥会、冬残奥会的成功举办进一步推动了我国冰雪运动跨越式发展，为我国冰雪健身休闲产业的推广与普及带来了宝贵的历史机遇。如何趁北京冬奥带来的良好势头，推动冰雪健身休闲产业业态发展，进一步落实全民健身国家战略，助力健康中国建设，加快体育强国建设，将成为冰雪产业发展的重要议题。

合抱之木，生于毫末；九层之台，起于累土。大众是体育产业发展的基础，大众的广泛参与支持是体育产业不断前进的原生动力。国际奥委会终身名誉主席萨马兰奇认为，没有大众体育的存在，奥运会的发展是无源之水。实现大众体育和竞技体育的和谐发展是体育强国追求的目标。要想实现冰雪健身休闲产业业态发展，应聚焦顶层设计，将冰雪健身休闲产业纳入各项冰雪计划中，在冰雪场地、冰雪设备、冰雪人才配置等方面加大资金注入，并给予冰雪健身休闲产业一定的政策支持。首先，应加强冰雪运动社会指导员建设，健全大众冰雪组织。各

---

① 傅潇雯.群众冰雪运动在大江南北蓬勃开展［N］.中国体育报，2022－9－13（5）.

② “带动三亿人参与冰雪运动”调查主要数据结果［EB/OL］.中国体育报（2022－1－13）［2022－11－2］.

级体育总会、冰雪运动协会和其他社会组织应积极发挥利用北京冬奥掀起的冰雪健身氛围与热潮，大力兴办冰雪运动培训机构，扩大冰雪健身休闲产业的覆盖面积，建设一支内核坚实的冰雪运动社会指导员队伍，为大众参与冰雪健身休闲产业提供必要的战略支持。其次，应鼓励冰雪体育协会和俱乐部开展各类冬季群众体育活动，使滑冰、冰球、冰壶、自由式滑雪等冬奥项目成为冰雪健身休闲产业的内容组构，使冰雪健身休闲运动的受众更为庞大，推动我国冰雪健身休闲产业的供给侧结构性改革，进一步落实"北冰南展"计划，促进冰雪产业的全面发展。最后，应倡导冰雪健身休闲运动集约化发展，促进不同区域冰雪健身休闲产业建设因地制宜，宜冰则冰、宜雪则雪，室内室外同步发展。并大力推动区域间协作互联，根据冰雪健身休闲产业发展需要，在雪场和冰场周边地区建设交通、餐饮和文旅等相应配套设施与产业。以雪场和冰场为圆心搭建的冰雪健身和旅游的产业带，使大众可以随心所欲地在商超冰场、独立冰场、仿真冰场、可拆装式滑冰场、冬天限定的河冰场等场地做选择。解决冰雪健身休闲项目设置短缺与项目布局不平衡的问题，有助于实现人群全服务、地域全覆盖、全国大联动全面开花的冰雪健身休闲新格局。

二、实施冰雪产业精品工程

2018年体育总局发布《"带动三亿人参与冰雪运动"实施纲要（2018—2022年）》，对冰雪工程建设作出了要求，提出要基本形成地域全覆盖、要素全融合、人群全服务的群众性冰雪运动发展态势，逐步推进冰雪运动普及和推广。①2019年国务院办公厅印发《体育强国建设纲要》，将推进冰雪运动发展相关内容写入"落实全民健身国家战略，助力健康中国建设"和"促进体育文化繁荣发展，弘扬中华体育精神"等战略任务。②2022年北京冬奥会成功举办，"带动三亿人参与冰雪运动"不仅成功实现了推动冰雪运动参与人群从小众向大众、

① 国家体育总局."带动三亿人参与冰雪运动"实施纲要（2018—2022年）［EB/OL］.（2018−9−5）［2022−11−3］.

② 国务院办公厅.关于印发体育强国建设纲要的通知［EB/OL］.（2019−9−2）［2022−11−3］.

参与范围从地方向全国、参与地点从室外到室内外、参与实践从冬季向全年的转变，提升了群众的获得感和幸福感，也为世界冰雪运动的创新性发展提供了中国实践、中国方案。另外，也使如何抓住契机推进冰雪产业发展、如何落实《冰雪运动发展规划（2016—2025年）》[①]和《全国冰雪场地设施建设规划（2016—2022年）》[②]、如何发挥冰雪产业联盟的作用、如何推进冰雪器材装备转型升级、如何促进冰雪旅游业发展等问题广受关注。

国际奥委会终身名誉主席萨马兰奇认为，北京冬奥会的奥运遗产已经充分释放出它的遗产效益，一批出色的北京冬奥会场馆已经向公众开放，这些场馆为主办城市和主办国家中国带来了持久的利益，北京在奥运遗产可持续利用方面给全世界提供了示范。但由于冰雪运动在我国发展较晚，多数群众参与冰雪运动的时间较短，部分群众是初次体验甚至是一次性体验者。《2020年中国滑雪产业白皮书》显示，中国滑雪场中旅游体验型的滑雪场占比75%，一次性体验者占比90%。[③]较于冰雪爱好者，冰雪运动体验者对于冰雪产业更偏向于“尝鲜”“好奇”的探索猎奇心态，冰雪参与理念、运动习惯的欠缺，使冰雪产业工程建设缺乏可持续的人流和资金流。日本作为较早进入发达国家行列并成功举办过冬季奥运会的国家，其对冰雪产业工程可持续发展的建设经验值得我国研究和借鉴。研究发现，日本冰雪产业发展聚焦于冰雪产业精品工程的实施，具体在于落实三个方面。首先，相较于其他运动，冰雪运动对专业冰场、雪场等专业基础设施建设的依赖程度较高。日本政府引导旅行社、房地产企业、银行金融系统、交通各领域集体参与开发和建设冰雪运动基础设施，力求通过投资界对冰雪运动基础设施建设的支持，使冰雪运动基础设施助推冰雪产业精品工程建设。其次，日本结合老龄化的国情，通过推动冰雪运动和旅游的深度融合发展，打造冰雪旅游产业精

---

① 国家发展改革委.冰雪运动发展规划（2016—2025年）[EB/OL].（2016—11—25）[2022—11—3].

② 国家体育总局.全国冰雪场地设施建设规划（2016—2022年）[EB/OL].（2016—11—3）[2022—11—3].

③ 伍斌.2020年中国滑雪产业白皮书（暨2020—2021雪季财年报告）[EB/OL].（2021—7—3）[2022—11—3].

品工程。日本冰雪产业工程建设的目光不再停留于冰雪运动度假，而是打造大型综合性度假区，并将传统的山雪祭、祈福、雪屋节等文化元素融入冰雪场景，让游客有身临其境的体验。最后，日本强调通过培训，推广冰雪运动、培养冰雪运动人才，把冰雪运动初学者转变为冰雪运动爱好者，提高冰雪产业精品工程黏性。如通过“培养留学生滑雪教练计划”，培养在日留学生成为滑雪教练，满足旅客冰雪运动培训需求。

“带动三亿人参与冰雪运动”的愿景已经成为现实，我国开启了全球冬季运动的新时代，实施冰雪产业精品工程，全力推动冰雪产业高质量发展，让冰雪“冷资源”成为“白雪换白银”的“热产业”是时代所趋。

三、推动冰雪旅游产业发展

经过多年发展，我国冰雪运动在普及程度、综合水平和产业收益等方面都取得了相当的发展，休闲型群众冰雪活动逐渐走上正轨。冰雪旅游和冰雪运动相互促进，相辅相成。随着冰雪运动“南展西扩”战略的推进，冰雪活动覆盖面积逐步扩大，冰雪活动类型日益丰富，参与人群逐年递增，群众参与冰雪运动的热情节节攀升。我国幅员辽阔，冰雪资源丰富，重新审视冰雪资源的可开发性、可利用性，充分发挥冰雪旅游资源的独特经济价值，使冰雪旅游进一步推动经济社会发展具有重要现实意义。张家口市委、市政府把2022年确定为“奥运经济推进年”，计划实施一批具有标志性、引领性和影响力的会展论坛活动，努力把崇礼打造成为国际冰雪旅游目的地和高端会议会展中心。截至当前，已有30个省市推出了冰雪旅游产品，原来的冰雪“冷资源”正向旅游“热业态”加快转变。当旅游业的消费升级遇上冬奥会的成功申办，万亿产业规模的背后，反映出庞大的消费需求，冰雪旅游也站上了发展的新风口。

目前我国冰雪运动产业已经初步形成了以健身休闲为主，竞赛表演、场馆服务、运动培训和体育旅游等业态协同发展的产业格局，正呈现出个性化、品质化发展特征。但旅游产品特别是旅游新产品的供给还远远不能满足日益增长的旅游需求。我国冰雪旅游业存在品牌消费能力低、IP特色缺失、产业链不完善等问题，具体可有以下解决方法。冰雪旅游兼具体验性和娱乐性，冬奥精神、冰雪文化、地域文化的综合运用是突出冰雪旅游IP的关键之举。地域冰雪旅游建设应着重提升冰雪文化内涵、品牌竞争力，创新开发冰雪旅游文创产品，提高消费驱动力。冰雪旅游延长产业链要从门票经济向拓展产业经济转变。通过统筹规划、区域间资源共享、产业联动延长产业链，使整体布局需覆盖交通、景区、度假酒店、度假小镇、服务中心等各环节，并加快产业的融合发展。几十年旅游发展的实践表明，旅游发展离不开政府的支持，如政策扶持、营商环境、公共设施、公共服务等，但在具体冰雪项目的投资决策上，更要强调市场理念、市场机制、市场规则。在全国都看好冰雪旅游的形势下，更要强调以市场视角去研究和决策投资，而非盲目从众、仓促决策。冰雪旅游产业的大发展，既有赖于供给侧的扩大和改善，也离不开消费侧的发育和挖掘，这两个方面的改善，都远非三两年之功。总体来讲，我国冰雪旅游的未来一定是银光灿烂的，差距就是动力，需要稳扎稳打、小步快跑。

四、积极培育冰雪竞赛表演业

一直以来，我国体育产业深受“夏强冬弱”问题的困扰。在2022年北京冬奥会的举办契机下，我国涌现出了一批优秀运动员，为更好助力冰雪产业发展奠定了坚实基础。“带动三亿人参与冰雪运动”目标的深入落实，为全国乃至世界冰雪产业作出了卓越贡献。冰雪运动的蓬勃发展，让冰天雪地挖“金矿”成为产业发展的“香饽饽”。“三亿人参与冰雪运动”的溢出效应，体现在群众对冰雪运动的参与热情上，也体现在未来我国冰雪产业的高质量发展上。被中国冰雪运动员在竞技场上专业、冷静和拼搏的特质所感染，人民群众对冰雪赛事的关注程度逐渐攀升。高水平冰雪赛事活动在国内掀起热潮，为冰雪产业发展提供了新的思路、汇聚了人气，中国冰雪市场的开拓为冰雪产业提供了新的发展空间，让冰雪竞赛表演业在大江南北呈全面开花之势。体育竞赛表演业是体育产业发展的核心，是冰雪市场开发的重要内容组构。冰雪竞技表演业以冰雪竞技竞赛与冰雪竞技表演为主体产品，以喜爱冰雪运动的已有或潜在需求者为消费主体，以冰雪体育场馆为物质载体，为冰雪竞技产业的持续健康发展提供了必要的空间。

当前我国冰雪竞赛表演业存在赛事及市场开发等中介机构缺失，电视媒体、广告等转播频率低等问题。在西方发达国家，体育竞赛表演业的发展离不开具有丰富经验的、专业化的、资本雄厚的大型体育中介机构、咨询公司和策划公司的帮助，如澳大利亚的“新概念公司”、美国的德勒公司、美国国际管理集团等，这些机构在体育赛事的组织、策划和包装过程中发挥了重要作用。在我国冰雪竞赛表演市场中，缺少有竞争能力和开发实力的体育中介公司，严重制约了冰雪竞赛表演业的发展。提高冰雪竞技表演业推广力度是助推冰雪竞技产业发展的关键之举。一方面应邀请冰雪运动运动员参与赛事，提高冰雪竞赛表演业的知名度和影响力，提高其市场价值，并打造明星冰雪运动员，维持群众基数。另一方面应尽快稳固我国冰雪竞赛表演业的市场主体地位，提高冰雪竞赛表演业的市场效应。具体指协调我国体育管理部门，对我国冰雪竞赛表演的赛事及市场开发等中介机构进行充分调研，掌握第一手资料，掌握场地和人才的变化特点，只有充分了解我国冰雪竞赛表演业的现状，才能根据我国实情制定各要素的培育方针，进一步提高我国冰雪竞赛表演业的群众基础。发挥冰雪运动和竞赛表演业驱动作用，使二者“融”出新生机，“合”出新活力，促进冰雪产业健康发展，以促进冰雪竞赛表演业满足我国城市功能和人民对美好生活的需求，是后冬奥时代体育强国建设的关键之策。

五、创新发展冰雪装备制造业

我国冰雪产业发展的良好势头，为冰雪装备制造业提供了巨大的市场机遇，从接近于完全进口转向自主研发，“中国智造”“中国创造”成为时代精华。后冬奥时代，随着我国大量企业涌入冰雪装备制造行列，我国民众更倾向于选择国产冰雪装备，为中国冰雪装备制造业的复苏与发展增添了助力马达。为创新发展冰雪装备制造业，国家政策纷纷向其倾斜，如支持冰雪装备制造企业与冰雪场地等单位联合开发冰雪装备，扶持具有自主品牌的冰雪运动器材装备、防护用具、设施设备等冰雪用品企业发展，鼓励企业通过海外并购、合资合作、联合开发等方式，引进国内外高端冰雪装备制造企业，结合传统制造业去产能，引导企业进军冰雪装备制造领域等。国家体育总局、工业和信息化部等九个部门联合印发的《冰雪装备器材产业发展行动计划（2019—2022年）》提出，截至2022年，我国冰雪装备器材产业年销售收入超过200亿元，年均增速在20%以上。[①]但当前我

---

① 工业和信息化部、教育部等九部门. 冰雪装备器材产业发展行动计划（2019—2022年）［EB/OL］.（2019—6—5）［2022—11—6］.

国冰雪装备制造业仍有大量市场空间被外资企业占据，如滑雪场的索道系统、造雪机、压雪车、雪板等领域，由于制造工艺要求高，国内企业还无法有效介入。

冰雪装备制造业是冰雪产业链上的重要环节，连接着冰雪运动的各方参与者，其发展繁荣对提升我国冰雪项目竞技水平、推动冰雪运动广泛开展具有重要意义。提高冰雪装备的国产化进程和技术水平，让中国企业在这场竞争中逐步取得市场发言权，培育一批具有国际竞争力的企业和知名品牌势在必行。要想使国内企业提高我国冰雪装备制造业市场占有率，需整合产业资源，制定区域整体规划，完善各项法规，形成分工明确、布局合理的产业体系，以充分发挥产业集聚效应。如依托张家口装备制造基地、廊坊装备制造基地和石家庄综合服务基地，统筹规划冰雪装备制造产业园区，形成冰雪装备制造产业链。①另外要强调对接平台，促进本土企业和重点产品类内生要素的生成。还需建立现代产业学院，与冰雪装备制造业形成协作模式，共建研发中心，围绕产业技术创新关键问题开展协同创新，推动冰雪装备制造科学研究的进一步深入。随着“带动三亿人参与冰雪运动”持续升温，全国终端消费品市场规模的快速增长，为冰雪装备制造业发展带来了巨大商机。借着举办冬奥会、冬残奥会的东风，在未来，我国冰雪运动装备制造业将逐渐填补产业空白，在冰雪装备制造业核心产品上跻身世界前列。

第四节　加大场地设施供给

体育场地是我国新时代体育事业发展、体育强国建设的重要物质基础，加快冰雪场地设施规划建设是满足人民群众不断增长的体育需求、推动全民健身和全民健康深度融合、建设健康中国和体育强国的重要内容。据国家体育总局发布的《2021年全国体育场地统计调查数据》显示，全国冰雪运动场地2261个，场地面积0.77亿平方米，其中滑冰场地1450个，占64.13%；滑雪场地811个，占

① 王佳见，苗润莲，于怡鑫，等.冬奥背景下京津冀冰雪装备制造产业发展研究［J］.科技智囊，2022（1）.

35.87%。[①]从2015年到2021年以来，以北京冬奥会为契机，在习近平总书记“三亿人上冰雪”的号召下，我国冰雪运动场地建设突飞猛进，但以“三亿人上冰雪”计算，目前人均场地面积依旧有很大上升空间。冰雪运动无疑是全面推动体育强国建设的有力引擎，但其自身项目属性对场地具有极强的依赖性，如何科学规划布局冰雪运动场馆等冰雪运动场地供给问题是影响冰雪运动全面发展推动体育强国建设的重要掣肘因素，“如何优化”“怎样建设”等冰雪运动场地建设问题亟待解决。

一、科学规划布局冰雪运动场地

近年来，随着我国国民经济和人民生活水平的提高，以及北京冬奥会的成功举办，冰雪运动需求日益旺盛，参加冰雪运动的人口数量逐年攀升，直接带动了我国冰雪场地的建设与发展。2020年全国滑冰场地有1187个，滑雪场地有701个。[②]我国大部分省（区、市）都建有滑雪场地，其中浙江省内建有16个滑雪场地[③]，海南省建有1个滑雪场地[④]。在众多省（区、市）中河北省以总数605个冰雪运动场地位居榜首，其总场地面积达1700.44万平方米。[⑤]从地理学角度来看，我国滑雪场绝大多数分布在第二、三阶梯；从区域视角来看，大多分布在东北和华北。由于我国冰雪运动发展历史较短，冰雪文化普及度不高，我国滑雪场绝大多数都是建在城市周边的中小型滑雪场，大多规格不高，如何科学规划布局冰雪

① 国家体育总局.2021年全国体育场地统计调查数据［EB/OL］.（2022—4—29）［2022—11—2］.

② 国家体育总局.2020年全国体育场地统计调查数据［EB/OL］.（2021—6—1）［2022—11—2］.

③ 浙江省体育局.浙江省体育局关于公布2021年浙江省体育场地统计调查主要数据［EB/OL］.（2022—5—30）［2022—11—2］.

④ 海南省旅游和文化广电体育厅.2021年度海南省体育场地数据［EB/OL］.（2022—9—6）［2022—11—2］.

⑤ 河北省体育局.河北省2021年体育场地调查数据公报［EB/OL］.（2022—8—23）［2022—11—2］.

运动场地是影响我国冰雪运动发展的重要因素。

科学规划布局冰雪运动场地是加大冰雪运动场地供给的首要之举，更是推动冰雪运动发展的必然要求。首先，科学规划布局必然要以正确的认识为实践基础，应充分认识我国冬季冰雪资源与自然资源特征特性。我国幅员辽阔，地域气候类型多样，尤其是以东北和西北为典型，具有其他地区无可比拟的冰雪运动资源优势。在整体规划布局中应按照自然地理特性、地区经济发展水平、气候类型特点、区位交通优势等综合划分冰雪运动场地建设等级，建立综合研判指标及建设标准体系，按照综合研判下的等级分类开展冰雪运动场地建设。其次，科学规划布局要把控场地建设成本，科学地进行场地建设研判评估，因地制宜将当地自然资源优势与区位交通优势发挥至最大，减少特定冰雪运动场地的开发成本。譬如吉林松花湖滑雪度假小镇，充分利用其山地优势开发集滑雪、滑冰、度假、文娱等一体化的综合产业项目。此外，积极开展场地建设资源（资金）引进力度，对基建项目、文娱开发等进行合理分工分配，通过不同的社会主体力量参与对冰雪运动场地进行科学开发建设。[①]最后，要注重培养和建设冰雪运动人才储备库。规划布局冰雪运动场地建设除了“硬实力”外也要注重“软实力”的布局建设。东北地区的吉林体育学院、哈尔滨体育学院等体育专业院校以及华北地区的北京体育大学、首都体育学院等院校冰雪运动资源丰富，各高校应准确把握冰雪资源特长建立建设冰雪运动学院，切实切需进行冰雪运动人才培养储备建设。例如首都体育学院建立冰雪运动学院、冰雪专业，积极开展越野滑雪、滑冰等人才建设，为我国冰雪运动提供人才储备。

二、优化冰雪场地类型结构

2021年全国体育场地统计调查显示，全国体育场地面积34.11亿平方米，其中事业单位14.56亿平方米，占42.68％，村委会位居第二，有6.78亿平方米，占19.87％，企业5.96亿平方米，占17.47％。冰雪运动场地占总场地面积2.25％，

① 管育梅．我国冰雪运动场地发展影响因素分析及对策探究［J］．冰雪体育创新研究，2022（12）．

其中滑冰场地占冰雪运动场地64.13%。[①]根据各个省份2021年体育场地统计调查数据来看，截至2021年底，黑龙江冰雪运动场地226个，其中滑冰场地152个、滑雪场地74个，冰雪场地数占总场地数的0.54%；河北冰雪运动场地605个，其中滑冰场地487个、滑雪场地118个，冰雪场地数占总场地数的0.34%；河南冰雪运动场地45个，其中滑冰场地11个、滑雪场地34个，冰雪场地数占总场地数不足0.1%；福建省冰雪运动场地8个，其中滑冰场地8个，冰雪场地数占总场地数不足0.1%；海南冰雪运动场地6个，其中滑冰场地5个、滑雪场地1个，冰雪场地数占总场地数不足0.1%；浙江冰雪运动场地38个，其中滑冰场地22个，滑雪场地16个，冰雪场地数占总场地数不足0.1%；青海冰雪运动场地15个，其中滑冰场地5个、滑雪场地10个，冰雪场地数占总场地数不足0.1%；新疆冰雪运动场地71个，其中滑冰场地19个、滑雪场地52个，冰雪场地数占总场地数的0.1%。[②]从我国冰雪运动场地归属结构类型来看，总体呈现国家事业单位为主导，村委会、企业为辅助的一主二辅态势；从冰雪运动场地功能类型结构来看，滑冰类场地占比较高于滑雪场地；从冰雪运动场地分布类型结构来看，呈现北强南弱、内陆地区多沿海地区少的整体形势。我国冰雪运动发展较欧美国家相比而言起步晚，但依托国家体制特点充分体现了集中力量办大事的显著优势，这也较好地说明我国冰雪运动场地从属结构类型的地域发展特征。我国季风气候特征显著，受地理地形影响不同纬度不同经度省份拥有冰雪资源差异显著，加之我国大部分省份都有结冰期，滑冰项目在我国拥有较好的群众基础，这也较鲜明反映出我国“北强南弱”的冰雪运动场地数量分布态势与滑冰和滑雪场地数量之间差异的情况。优化冰雪运动场地类型结构是推动我国冰雪运动发展，助力体育强国建设的重要组成部分。

优化冰雪运动场地类型结构要“对症下药”，针对关键问题进行精准把控，力求以“药到病除”。首先，针对我国冰雪运动场地归属类型结构而言，要优化组织配置属性，通过政策引导激活企业场地建设意愿，从而形成事业单位主导、

---

① 国家体育总局.2021年全国体育场地统计调查数据［EB/OL］.（2022-4-29）［2022-11-2］.

② 以上数据出自各省（区、市）体育场地统计调查公告。

企业与事业单位并重的发展局面，优化参与冰雪运动人员构成类型，扩大冰雪运动开展活动群体。其次，在有能力、有市场需求的省份积极试点建设“麻雀式”小而全的滑雪运动场地，积极推动单双板滑雪运动与滑雪趣味项目，为周边群众提供质量优异、配置齐全的滑雪运动服务，不断扩大滑雪运动在我国的普及率。例如，在热门商圈或城市公园地带建设季节性户外滑雪主题场，通过架设滑雪坡道，提供滑雪板、雪圈租赁与滑雪教练指导业务（服务）为城市居民提供价格亲民、服务周到的滑雪体验。最后，通过引入北方地区成熟的滑冰运动诸如冰球、冰壶、冰上游戏等项目优化南方地区滑冰场地项目提供，通过受众不同的冰上项目的引进积极推动南方地区滑冰运动的发展，进而扩大现有运动场地规模，为南方省份体育发展注入冰雪力量。

三、建设公共冰雪运动场地设施

从2015年北京冬奥申办成功到2016年习近平总书记提出“冰天雪地也是金山银山”理念为全国冰雪运动发展吹响了冲锋号，再到2022年北京冬奥会的成功举办，7年的时间见证了我国冰雪运动发展的全面升级。冰雪运动、冰雪旅游等形成的冰雪产业实现了从0到1、从北到南、从小到大、从单一季节到四季、从小众项目到大众追捧的时尚生活方式的全面升级，冰雪旅游渐渐成为老百姓刚性生活需要，高频次冰雪消费成为越来越多老百姓的常态。[①]《全国冰雪场地设施建设规划（2016—2022年）》明确指出要加快滑冰、滑雪场地（场馆）建设，推广室外天然滑冰场和建设可拆装滑冰场，鼓励有条件的地区因地制宜建设滑雪场地。[②]一方面则是冰雪运动带来的冰雪消费全面升级与国家冰雪场地设施建设部署规划有力指导，另一方面则是以事业单位为主，企业、村委会为辅的冰雪运动场地建设下人均场地面积捉襟见肘的窘迫局面，人民群众对冰雪运动需求的增加与公共冰雪运动场景不足产生了强烈的冲突，加快建设公共冰雪运动场地、满

① 中国旅游研究院（文化和旅游部数据中心）.《中国冰雪旅游发展报告2022》:“三亿人上冰雪”从愿景到现实［EB/OL］.（2022—1—6）［2022—11—4］.

② 国家体育总局.全国冰雪场地设施建设规划（2016—2022年）［EB/OL］.（2016—11—3）［2022—11—4］.

足人民日益增长的冰雪运动需求便显得尤为紧要。

因此，要以省情、市情、自然地理条件等为前提，建设受众面广、普惠性高的公共冰雪运动场地。以满足人民日益增长的冰雪运动需求为导向，积极探索景区、校园等不同场地的冰雪运动场地设施建设，多措并举、多态并施，努力建设成近有15分钟冰雪运动空间、远有“冰雪＋景区”冰雪体验综合体、冬有业态丰富的冰雪运动项目、夏有“四季冰雪梦”的冰雪运动体系。例如，新疆维吾尔自治区依托当地自然地理优势资源，将全区5S滑雪场增加至8家，4S滑雪场增加至10家，并建成3到4家高标准滑冰馆，在2025年实现全区滑雪场总数100家以上，滑冰馆总数达30家以上。同时，以天山天池、可可托海、赛里木湖等优质旅游资源为依托探索建设“5A级旅游景区＋滑雪场”模式。[①]天津市积极推动冰雪运动进校园，以“教会、勤练、常赛”为宗旨将冰雪运动纳入体育课教学内容，在全市创建100所冰雪运动特色学校。[②]上海市利用商场、商业区及其周边场地建设城市滑雪空间、运动滑雪工场、冰上体验中心等，依托不同空间特点加大建设冰雪运动场地力度，让冰雪运动走入寻常百姓家。[③]四川省抢抓“北冰南展西扩东进”机遇，积极建设滑雪运动场地设施，助力广大冰雪爱好者实现“四季冰雪梦”。[④]

四、改造提升现有冰雪场地设施水平

据国家体育总局全国体育场地设施统计数据显示，2021年全国新增冰雪运动场地数比2020年增加373个，增长19.75％。数据显示冰雪运动场地数量增长率喜人，但相比人民群众参与冰雪运动的热情，全国冰雪运动场地仍不能满足目

---

① 新疆打造世界冰雪运动冰雪旅游胜地［EB/OL］.（2022—9—3）［2022—11—4］.

② 天津青少年踊跃上冰雪（冰雪运动热起来）［EB/OL］.（2022—2—8）［2022—11—4］.

③ 上海冰雪运动普及率提高（冰雪运动热起来）［EB/OL］.（2022—2—14）［2022—11—4］.

④ 四川36个冰雪运动场地引领冰雪产业快速发展［EB/OL］.（2022—4—9）［2022—11—4］.

前群众所需。冰雪运动场地的建设从科学规划布局到资金引入、场地选址再到建设施工，整个建成投入使用周期相对较长。改造现有冰雪场地设施，对现有冰雪运动空间进行扩容提质，提升目前现有冰雪运动场地设施使用率是满足人民群众日益高涨的冰雪运动消费需求的最优解。

目前，我国冰雪运动、冰雪旅游市场空间形成新格局，即“三足鼎立、两带崛起、全面开花”，以东北、京津冀、新疆三个区域形成的鼎立局面共蕴含着到2025年实现近万亿元收入的超大规模冰雪运动市场潜力；以西藏、青海两地形成的“两带崛起”和南北方地区通过技术手段实现四季冰雪产品供给的“全面开花”都蕴含着千亿级的冰雪市场空间。[①]满足人民群众的冰雪消费需求，提升冰雪运动场地设施水平迫在眉睫。从实际出发是提升冰雪场地设施水平的基准点。例如黑龙江省结合当地实际情况引导有条件的市（地）充分利用本地室内滑冰馆、气膜馆等资源，在春、夏、秋季开展冰雪体育活动，将传统的冰上项目灵活转变为陆地冰壶运动、轮滑运动、滑板运动等，扩大相似运动项目的可利用场地，为冰雪运动扩容提质做准备。[②]河北省锚定冬奥竞赛场馆，担当冬奥竞赛场馆赛后利用典范，为提升冰雪场地设施水平提供新路径。其以冬奥效应为依托深入挖掘场馆资源潜力，将张家口赛区打造成集高端赛事、专业训练、科研培训、大众参与于一体的世界级冰雪运动基地。[③]

五、丰富冰雪运动场地类型

后冬奥时代冰雪运动愈发火热，从花样滑冰、跳台滑雪、U型滑雪等奥运竞技项目到双板滑雪、雪圈、冰壶等大众运动项目，冰雪运动在大众生活中焕发生机。在目前“三足鼎立、两带崛起、全面开花”的局面下，大众冰雪运动受场地类型影响，大众冰雪运动项目相对而言仍比较匮乏。加大冰雪运动场地供给的重

① 中国旅游研究院（文化和旅游部数据中心）.《中国冰雪旅游发展报告2022》：“三亿人上冰雪”从愿景到现实［EB/OL］.（2022—1—6）［2022—11—4］.

② 今冬黑龙江省“百万青少年上冰雪”活动即将启动［EB/OL］.（2022—11—1）［2022—11—5］.

③ 打造冬奥竞赛场馆赛后利用的国际典范［EB/OL］.（2022—11—2）［2022—11—5］.

要内容之一就是要丰富冰雪运动场地类型，以场地为载体开展更多人民群众喜闻乐见的冰雪活动，进而为体育强国建设增添一把“冰雪之力”。从冰雪运动场地的空间类型来看，全国室内各式冰雪运动空间数量大于室外冰雪运动空间数量；从冰雪运动项目属性来看，以滑冰为主的冰上运动场所远多于雪上运动场所；从冰雪运动场地所属性质来看，省（区、市）直属运动场所、学校所属冰雪运动场所数量远多于商业类冰雪运动场地数量。丰富冰雪运动场地类型要以冰雪运动项目为突破口，前置冰雪运动项目关口。第一，积极优化已有场地或建设新场地以满足特定项目的开展，例如在有条件有能力的地方建立场地或改造现有场地开展攀冰运动。第二，通过新技术、新业态利用“5G＋冰雪”丰富冰雪运动场地类型。例如，银川市通过融合5G技术与VR，利用商场空间让大众通过穿戴虚拟设备在滑雪机上进行一场山地滑雪体验。[①]第三，巧用新形式丰富冰雪运动场地。例如，秦皇岛市积极开展“冰雪大篷车”活动，先后在景区、商业区等中心地段开展冰雪活动，形成流动式冰雪运动场地，积极推动了当地冰雪运动的发展，在乡村街道、社区形成了良好的冰雪活动覆盖。[②]

↘　本章小结

全面发展冰雪运动，是提升我国竞技体育综合实力、增强为国争光能力的现实需求，同时也是推进体育强国建设的有效途径。大力普及冰雪运动是实现全面发展的首要前提，各地应积极响应“带动三亿人参与冰雪运动”的号召，积极推行“百万青少年上冰雪”和“校园冰雪计划”，结合地方实际开展大众冰雪赛事活动，兴办冰雪运动俱乐部与培训学校，培养青少年的冰雪运动技能，进一步夯实冰雪运动的群众基础。提高冰雪运动竞技水平是引领全面发展的核心导向，体育相关部门应

① “5G＋冰雪”融合，让冰雪文化在年轻群体中生根发芽［EB/OL］.（2022－1－29）［2022－11－5］.

② 秦皇岛市：促进冰雪运动高质量发展打造丰富多彩冰雪季［EB/OL］.（2022－2－3）［2022－11－5］.

优化冰雪运动竞技项目布局，推动新开展项目的跨越式发展，改善我国“冰强雪弱”的不均衡发展态势，加强后备人才基地建设并打通培养渠道，充分发挥北京冬奥遗产的支撑作用，为我国冰雪运动后备人才培养提供坚实的物质基础与平台保障，以此不断提升冰雪运动竞技水平，增强运动员为国争光能力。促进冰雪产业发展是助推全面发展的重要一环，建构涵盖冰雪健身休闲、旅游、竞赛表演和装备制造等方面的完备产业链，实现社会效益与市场效益的双丰收，能为体育强国建设夯实经济基础。加大场地设施供给是落实全面发展的载体支撑，同时也是普及冰雪运动的必备基础，科学规划冰雪运动场地布局，统筹公共与私有冰雪场地的合理分布，优化冰雪场地结构、丰富场地类型、提升设施水平，进一步加强公共冰雪运动场地设施建设，能够为冰雪运动的全面发展提供载体支撑。通过大力普及冰雪运动、提高冰雪运动竞技水平、促进冰雪产业发展和加大场地设施供给，为冰雪运动的全面发展提供多元保障，持续推动体育强国建设。

第十四章

少数民族地区体育援助与体育强国建设

对少数民族地区进行体育援助，是加快少数民族地区经济社会发展的主要内容，也是促进少数民族地区和谐稳定、团结繁荣的重要手段，更是体育强国建设助推中华民族伟大复兴不可或缺的重要组成部分。2010年，国家体育总局印发了《国家体育总局体育援藏工作指导意见和实施方案及责任分工》《国家体育总局体育援疆工作指导意见和实施方案及责任分工》，正式拉开了新中国成立以来国家层面对少数民族地区体育事业进行专项和精准援助的帷幕。少数民族地区体育援助是各援助主体依据国家体育援助政策，设计对口的援助方案，探索援助模式与路径，从公共设施、教育培训、运动竞赛、科学研究、产业发展领域积极与少数民族受援地对接的一种援助，其因地制宜与突出重点相互结合，科学规划援助的布局与重点，使国家的少数民族地区体育援助政策落到了实处，发挥了实实在在的作用。

第一节　少数民族地区体育援助的内容及方式

少数民族地区体育援助内容的选择需要因地制宜，且要兼顾少数民族地区体育事业的全面发展。①近年来，在国家少数民族地区体育援助政策的落实过程中，针对少数民族地区体育发展实况，探索形成了一套因地制宜、全面高效的援助内

① 张嘉信，雷军蓉.新时代民族体育文化自信建构的动力、困境与路径［J］.河北体育学院学报，2020，34（3）.

容体系。

一、内容选择：因地制宜且全面有效

在促进少数民族地区竞技体育发展方面，国家体育总局和施援单位根据少数民族地区体育事业发展的实际情况，帮助受援地区制定竞技体育发展规划和方案，提高奥运会、世锦赛、全运会等大型比赛中选拔和选用少数民族地区运动员的比例。在体育基础设施建设方面，以农牧区体育建设工程为突破口，对少数民族地区的体育训练设施进行重点援建，组织社会体育指导员赴少数民族地区，对基层社区居民和村镇村民开展形式多样、内容丰富的健身辅导。在全民健身活动组织的组建和健身活动开展方面，国家和施援单位邀请国家队或优秀省队的相应人员担任培训讲师，对少数民族地区的各类运动项目教练员、裁判员、义务工作人员和科研工作人员组织开展不同层次的培训活动，培训费用由施援单位承担。在体育教育事业和体育科学研究方面，通过建立体育教育和运动训练专业函授站，为少数民族地区的运动员、教练员、体育教师、体育管理人员、社会体育工作者进行函授教学，开展在职学历教育，鼓励少数民族地区运动员进入高校进行深造和学习。在体育产业发展方面，国家和施援单位负责组织专家专题研究少数民族地区的体育产业发展问题，鼓励其他地区企业与少数民族地区体育企业进行合作，积极引导内外投资参与到少数民族地区体育产业发展中来。在以上五个方面，国家和政府均因地制宜地对少数民族地区体育事业发展进行了针对性治理，其内容全面且效果显著。

二、方式选择：实用高效且富于创新

少数民族地区体育援助方式是与体育援助内容相配套的。[①]既要考虑不同少数民族地区体育事业发展的现实情况和历史沿革，也要考虑施援方的援助特长和承受能力。均衡协调各方的利益需求，才能使援助效益最大化。

在竞技体育方面的援助方式上，重点指导少数民族地区运动员、教练员改进训练方法，提升其训练水平，结合运动员特点制订针对性的训练方案，使其与国

① 郝家春，龚观.新中国70年民族传统体育学科回望与前瞻［J］.民族教育研究，2020，31（2）.

内外高水平训练机构的训练方法相接轨。在体育基础设施建设方面的援助方式上，持续推进重点体育基础设施项目的建设进程，加大建设力度，从根本上改善少数民族地区大型和高端体育训练设施短缺的问题。在全民健身活动组织建设的援助方式上，重点优化不同地域组建全民健身活动组织的程序、方法和配套的软硬件，力求全民健身活动与少数民族传统体育项目结合起来，开发具备民族特色的体育项目。在体育产业发展方面的援助方式上，持续加大对少数民族地区发展不同类型体育产业的针对性指导，组织具有影响力的体育产业负责人到少数民族地区宣讲和对接，推动少数民族地区体育产业健康快速发展。在体育教育和科研方面的援助方式上，坚持“走出去”和“请进来”相结合的方式，充分发挥高等体育专业院校和体育科研机构的人才优势与科技优势，以“送教到门”与“送培到门”相结合的方式，将优质的体育教育资源和体育科技资源向少数民族地区倾斜，极大提升少数民族地区体育智力援助水平。①在体育人才交流和培训的援助方式上，紧紧把握现代体育人才的认证标准，对优秀运动员的选拔和培养方法进行重点指导和帮助，少数民族地区教练员、运动员可以到国内其他地区优秀运动队、国外优秀运动队中进行专业挂职和训练，全方位提升少数民族地区体育人才的储备和自身能力。

三、少数民族地区体育援助的价值

（一）贯彻落实体育援助政策

少数民族地区体育援助绝不是单一的一种援助活动，其实质是一种社会治理的体现、政策意志的社会行为表达。国家对少数民族地区进行体育援助这一社会行为的出发点是用政策引领区域间援助实践。体育援助持续推进的先行价值，便体现为以政策为先行引领，在区域间以体育援助行为贯彻落实援助政策的首要价值。

国家在对少数民族地区进行体育援助时，深入基层援助是必然之举，也是压实援助成效，输送援助资源到“根”、保持援助力度到“底”的保障举措。近年来，在国家持续出台关于少数民族地区体育发展的支撑性政策文件、加大对少数民族地

① 赵富学，王发斌.我国“体育援藏”政策的特征与启示［J］.齐齐哈尔大学学报（哲学社会科学版），2015（1）.

区财政拨款力度、促进全国各省（区、市）经济全面协调发展、扎实推进体育援助工作持续深入的同时，体育援助政策本身所蕴含的民生价值也在体育援助实践中得到了进一步落实和持续深化。自2016年以来，少数民族地区如甘肃甘南藏族自治州、四川阿坝藏族羌族自治州、云南红河哈尼族彝族自治州、湖北恩施土家族苗族自治州等均在接受体育援助过程中充分贯彻并展现出政策优势，各施援主体包括政府部门、社会团体紧紧依据体育援助政策要求，结合乡村振兴战略，带动受援地进行特色体育产业开发，如青海湖打造的环湖国际自行车赛，成为跨涉青海、甘肃、宁夏三地的典型体旅项目。此外，还注重开发传统项目体验和各类彰显特色的文体娱乐活动等，如甘肃省合作市每年举办传统项目比赛，有押加、打陀螺、回族式摔跤等。[①]对少数民族体育的具体援助行为，从顶层规划到基层治理，充分贯彻落实了政策要求，均体现出较好的援助成效和较高的价值。

（二）满足了社会群体的体育参与需求

在具体的援助开展过程中，政策引领之下高效的体育援助执行效力既能保障不同受援主体的体育参与权利，又能满足不同主体的体育参与需求。其中，满足少数民族地区群众的体育参与需求是对少数民族地区进行体育援助的基础性价值体现。

当前，少数民族地区群众的体育参与权利与体育需求之间的矛盾仍未得到较大缓解。由于长期受经济发展滞后、信息闭塞等因素的影响，少数民族区域内各群体间体育参与权利与需求意识普遍不高[②]，青少年、老年人、特殊群体等社会群体的体育参与需求更是难以得到满足，缺少必要的体育关怀。少数民族体育援助可打破少数民族地区受援地的闭塞形态，近年来政府在少数民族地区建设了一批大型体育场馆，以承办大型体育竞赛及文体表演，满足少数民族地区特别是农牧区群众的体育参与权利及观赏需求，如甘南藏族自治州每年8月举行的大型综合性旅游节会“香巴拉旅游艺术节”，在一定程度上突破了文化、宗教、地缘隔

---

① 凌媛，代向伟，汪雄．乡村经济振兴与少数民族体育旅游资源的融合发展研究［J］．中国发展，2020，20（1）．

② 高继科，田国祥，赵富学．环境学理论视野下甘肃藏区高原群众体育锻炼研究［J］．成都体育学院学报，2015，41（6）．

绝的限制因素。在对口支援的过程中，国家体育总局及相关社会团体重点嵌入受援地教育单位、特殊学校、老年人服务机构，有针对性地补足学校体育教学活动器材，截至2019年全国少数民族地区学校体育教学设施普及率达到75%以上，人均场地面积为3.5平方米。[①]同时增设特殊群体的体育场地设施、打造老年人群健身活动场所，兼顾了不同群体的体育参与诉求。为进一步满足农牧区群众自主参与体育活动的需要，致力城乡一体化发展，打造了民族体育公园、健身步道、全民健身中心等一系列惠民、利民工程，极大丰富了受援地群众的业余体育生活，同时提高了少数民族地区体育援助资源的利用率，延长了资源利用寿命，整体盘活了体育援助资源。可见，少数民族地区体育援助基础性价值就在于满足不同社会群体的体育参与需求，促进区域内社会和谐。

（三）有助于公共体育服务均等化发展

近年来以乡村振兴战略为指导，在全面脱贫攻坚工作的持续推进过程中，少数民族地区体育援助实践在援助结构、视角、领域方面更加完善、全面和深入。

少数民族地区体育援助过程中，国家、省级层面的体育管理部门，在全面总结各类体育援助经验的基础上，结合少数民族地区体育事业发展的民族性和地域性特点，立足援助实践，形成城乡一体化发展的公共体育服务管理体制，全面分析受援地区城乡公共体育服务发展需求，认真规划与设计城乡援助方案，使少数民族地区体育援助实践既能以城带乡，实现城乡联动，又能保障公共体育服务建设的城乡发展战略规划均等化。对少数民族受援地城乡公共体育服务发展而言，城镇区域在城市化进程中逐渐具备了较强的资源吸纳能力和承载利用能力，使得大量外部援助资源倾流于城镇，反观农牧区，资源吸纳能力差，资源承接能力不强，且自身吸纳资源的意识不强，公共体育服务发展动力乏弱。[②]近年来，多元主体参与的少数民族体育援助实践已有力消除这一恶性弊端，通过援助资金的科

---

① 孙成林.我国市域学校体育场地空间分布特征及影响因素研究［J］.天津体育学院学报，2020，35（5）.

② 赵富学，王发斌.我国“体育援藏”政策的特征与启示［J］.齐齐哈尔大学学报（哲学社会科学版），2015（1）.

学引流，加强农牧区特色体育项目的开发、指导、推广，打造体育文化氛围，提升内部资源挖掘潜力，实现城乡体育资源融通、协同发展，提升农牧区招商引资的能力，逐步达到资源投放利用均等化的目的。

（四）有利于提升体育事业的自我造血能力

少数民族地区的体育援助以民族地区体育事业发展的现实为基础，以国家体育援助政策的全面实施为契机，争取在3～5个“五年规划”的周期内，提升民族地区体育事业自主发展能力，努力做到少数民族地区体育事业与国家体育事业的整体发展同频共振。

国家开展少数民族地区体育援助，其总体目标是以国家的“五年规划”为时间节点，以体育援助的总体规模为衡量要素，以资金援助力度的提升标准为考评重点。2010年以来，少数民族地区体育事业每年都会迈上一个新的台阶，其公共体育基础设施和服务水平得到大幅度的改进与提升，各民族群众健身意识与健身条件得到不断改善，基层体育组织与机构逐渐健全和完备。2016年至今，全国参与体育援助的省部级单位共24个，地市级单位共166个，所筹措的体育援助资金105.22亿元，建设体育援助工程203处，援助大型体育设施设备17340套（件），为少数民族地区培养社会体育指导员12010余人次，培训教练员2700余人次，运动员对口交流10200余人次，培训业余教练员3900余人次，资助体育贫困生和贫困运动员2600余人次，配套建设少数民族地区全民健身工程路径14770余条（个），举办体育科研人员、体育管理人员培训班760余期，为少数民族地区牧民定居点援助体育设施（设备）6620余套（件）。体育援助事业的发展，也有效地带动了少数民族地区各项社会事业的稳步前行，体育作为公共事业所发挥的社会价值与效益在体育援助过程中完美展现出来。在施援方“输血”型的帮助下，少数民族地区体育事业在承办比赛、人才培养、体育旅游、特色项目开发等方面自我“造血”能力进一步增强，体育事业自我发展的能力不断提高，自我发展的层次也不断优化。

（五）推动了体育事业实现跨越式发展

少数民族地区体育援助工作是中央统一部署安排的促进民族地区经济社会发展的主要内容之一。党的十八大以来，少数民族地区体育援助工作翻开了新的篇章，不仅有专项资金和体育物资等大规模物质援助，也有来自各个施援地区的人力援助，极大地改善了少数民族地区体育事业落后的局面，使少数民族地区体育事业呈现出跨越式发展的局面。

近年来，在国家少数民族体育援助政策的引领下，各少数民族地区群众共享我国体育事业发展成果，在民族团结、增强体质、提升健康、促进和谐等方面充分体现了体育事业的独特作用和功能。竞技体育、群众体育、体育赛事、体育旅游、学校体育、体育彩票、体育产业等领域的援助成效已经逐渐显现出来，解决了少数民族竞技体育人才奇缺的瓶颈问题和少数民族地区群众体育发展的首要问题。形成了少数民族受援地体育产业与援助地区体育产业联合发展、互照互应的援助轨迹；打造和培养了一批“技术精湛、业务精良”的优秀体育教师队伍，培养和培训了体育彩票专业工作人才，将体育旅游与少数民族地区乡村振兴有机地结合起来，使国家的少数民族地区体育援助政策落到实处，进而助力少数民族地区经济、社会、文化实现全面发展。

四、少数民族地区体育援助的路向探索

在少数民族地区具体的体育援助工作中，应把施援方“输血”能力同受援方“造血”能力结合起来，保持二者的动态平衡，既要强调“输血”型的帮助，也要重视“造血”型的成长。

（一）强化“输血”能力

近年来，我国少数民族地区体育援助工作经历了一波“粗放式”的援助推进，援助成效突出的同时，在部分地区也出现了援助“维域交叉、权责失范、协作失调”等问题。以援助问题为导向，解决“粗放式”援助弊端，向“精细化”援助转变，将从根本上强化对少数民族地区体育援助工作的“输血”能力。针对施援方“输血”能力懈怠问题，实现“精细化”援助需要通过聚焦援助问题，不断改进调适施援主体援助模式、规划援助领域引领整体援助进程、完善体育援助协作机制，进而强化外部“输血”能力。一是援助模式创新方面。体育援助实践的推进，产生的“新区情”是对现有援助模式的重新考量，新时代体育援助模式创新需秉持援助“全面覆盖与维域清晰、主体联动与权责分明、资金精准与科学引流、重点嵌入与利益相兼”

的发展逻辑，使之成为实现精细化援助、规范“输血”的应有之义。二是规划援助领域引领整体援助进程方面。政府应规划能够持续引领少数民族地区体育事业发展的重点领域，以受援地民族特色体育文化建设为上层战略引领、体育基础设施等“硬条件”与人才援助和科技援助等“软实力”相结合为基层援助方式，以战略引领和操作落实着力推进受援地体育事业全面发展，使之成为对少数民族地区体育援助持续“输血”的动力保障。三是完善体育援助协作机制方面。建立包含外部施援主体与民族地区受援主体的协作机制，同时加强施援方如政府部门、企业单位、市场主体间的统筹管理和职责分工，规范受援地区与外部施援主体的对接行为，不断吸纳资本投入，健全援助协作机制。

（二）打造“造血”能力

少数民族地区要努力培养自身的“造血”能力，着眼于增强自身体育事业的发展能力，不断总结经验，统筹规划，增强内部“张力”，了解自身的资源优势和深度挖掘本地体育特色，结合自身薄弱环节和亟须改变的问题向施援方发起求助，根据当地社会环境、自然环境和体育资源分配情况自主接受援助项目，将被动接受转换为主动应对。可依托国家战略优势大力开展全民健身活动，经常组织全民健身活动，有效提高当地体育人口参与率，提高体质监测科学化水平，满足人民群众的健身需要；努力发展具有地域、资源优势的体育特色赛事活动，打造少数民族地区特色运动品牌，借助“一带一路”倡议发展体育旅游活动，吸引内资、外资投入，为体育产业发展提供源源不竭的动力。

“输血”能力与“造血”能力犹如鸟之两翼，二者的关系不是矛盾对立、互相割裂的，“造血”与“输血”是我国对少数民族地区体育事业发展的两个重要抓手，要充分理解二者的具体含义，不能“一刀切”[①]，也不能顾此失彼，要合理利用两种能力在少数民族体育援助中充分发挥最大功效。在不断完善施援方的援助内容、调适援助模式、改进援助方式的同时，通过受援地自主开发市域、县域等特色体育资源，发展地方体育实体经济，注重民族文化宣传与科技支撑，使

---

① 赵富学，程传银，高继科，等.“一带一路”背景下散存少数民族体育文化信息资源的数字化保护问题研究［J］.武汉体育学院学报，2017，51（1）.

调适“输血”与强化“造血”协同推进，让少数民族地区体育援助过程和成果“看得见”和“摸得着”，助推少数民族地区体育事业跨越式发展。

五、形式多样与重点援助并进

对少数民族地区进行体育援助需要采取形式多样、内容丰富、因地制宜的援助形式，由于各地体育事业发展基础不一致，加之各地施援单位的资金实力也不一样，政策倾斜力度存在差距，致使援助资金的分布差异性较大。在这种情况下，重点援助的方式可以解决主要矛盾，推动体育援助工作深入。在援建体育设施及投放体育器材方面，可利用政府招商引资，企事业单位提供专项资金援助等多种形式，解决发展中的实际问题。在全民健身中，施援方可通过承担国家体育总局青少司有关青少年体育发展的基金项目等形式，重点援助民族地区青少年体育事业，帮助他们开展多层次、多形式的校园体育竞赛活动，烘托出浓烈的学校体育氛围，完善体育公共服务体系，深化体教融合，为全面提高群众身体素质打下良好基础。少数民族地区体育硬件、软件援助可通过传帮带、组团式援助等方式，帮助少数民族地区培养后备竞技体育人才，加强智力援助，提供先进的训练经验和科学的比赛指导，帮助其建立完善的信息系统，推动竞技体育蓬勃发展。通过对少数民族地区体育工作者进行在职教育培训、聘请专家教授进行专题讲座、与一线体育工作者进行经验交流等活动形式培养社会体育指导员，以实地考察、函调和座谈多种形式，摸清基本情况和掌握第一手资料，进而扶持体育产业发展，为有的放矢地做好体育援助工作打下基础。实现“体育＋旅游”融合发展，有关部门继续加大资金投入，完善公共服务体系，把体育特色项目打造成知名品牌，树立一条具有人文特色的体育旅游风景线。

重点支持民族地区、边疆地区、贫困地区、享受中央特殊政策地区，帮助少数民族地区建设全民健身中心，为群众提供更好的体育健身条件，为全民健身奠定坚实基础，既满足群众体育需求，又增强群众体质，努力打造“15分钟健身圈”。[①]首先，各少数民族地区体育局、相关行政部门应积极争取国家对公共体育

① 赵富学.基于信息集成服务的少数民族体育非遗资源档案数字化平台建设研究［J］.贵州民族研究，2019，40（1）.

设施的援建项目，持续改善当地群众健身设施。其次，重点支持全民健身组织建设和活动开展。全民健身活动大力开展可使高原特色体育项目走入人们的视野，不仅丰富了人们的日常生活，还对民族团结有着重要作用。少数民族地区竞技体育发展基础薄弱、人才短缺、经验不足①，国家体育总局应协调各方重点推进少数民族地区公共体育服务体系建设，通过硬件援助改善少数民族地区训练场馆条件，提供多样的训练器材，提升大赛的举办能力和经验。在体育人才培养方面，由国家体育总局牵头成立多个少数民族全民健身体育组织，以培养大批民族地区社会体育指导人才。最后，还应积极推进受援地体育科研事业发展，重点改进体育科研基础条件，帮助民族地区体育科研人员不断更新知识结构，掌握前沿理论知识，适应当前体育发展需要，全方位推动受援地体育事业实现跨越式发展。②体育产业的援助要紧贴实际情况发展适合当地发展的体育产业，在少数民族地区重点打造民族传统体育项目，如维吾尔族高空走索、哈萨克族骑马叼羊、蒙古族摔跤等特色体育项目③，不仅保留了当地民俗传统，同时还开发了特色体育项目。

六、外部资源与内部资源结合并蓄

外部资源主要是通过对口援助的形式来进行工作安排和资源调动，将发达地区的先进理念、科学方法和丰硕成果与受援地共享，使发达地区与贫困地区的关系紧密联系起来。由于施援单位之间的相互协调，在援助某一特定的共同对象时，部分援助内容存在交叉的现象，对口援助是中央帮助少数民族地区实现跨越式发展和维持社会稳定、体现我国政治制度优越性的重要举措。

受援地在充分接受外部资源援助的同时要秉持因地制宜的发展理念，注重挖掘自身资源优势，将外部、内部资源有机结合，借助丰富的外部资源培养出独特

---

① 屈植斌，高会军，李延超.裂变与重生：少数民族传统体育传承路径演变与重构［J］.天津体育学院学报，2019，34（6）.

② 周家金，孙庆彬，张强，等.少数民族村落体育组织的运作方式与运作动力［J］.沈阳体育学院学报，2019，38（5）.

③ 姚乐辉."一带一路"背景下少数民族体育发展策略研究［J］.贵州民族研究，2019，40（9）.

的内部资源优势，实现自身内在动力平稳且可持续性的发展。近年来，我国展开了“结对子”“认亲戚”等多种援助方式，创新了民族团结形式，为文化交流搭建了平台。[①]通过“结对子”的形式利用外部发展条件不断增强少数民族地区体育发展内生动力，让少数民族地区从内部富起来、壮起来。“结对子”的方式给予少数民族地区强大的外部条件支持，将调动施援方雄厚的人力、物力和财力对受援地进行经济扶持、设施建设和人才培养，可为受援地体育事业发展提供“孵化器”的作用。施援方不仅要给予资金、物质上的帮助，还要带去先进的管理经验、体育交流和智力支持，助推群众体育发展。高等院校、科研场所充分发挥智库作用，强化“软件”支持力度。[②]注重引入先进的科学管理理念，从对口援建地区的实际情况出发，组织专家到受援地进行实地调研，帮助受援地制定体育产业园区规划。例如在“体育援藏”工作中，挖掘西藏丰富的高山资源，重点扶植当地的登山事业，充分利用当地区位优势和资源优势，支持建立高山救援队，协调企业建设西藏登山学校，大力扶持登山运动队，举办多种登山赛事活动，建设标志性的体育产业品牌。

明确的援助目标，可给受援地提供明晰、精准的体育援助导向及支持，即不仅要完善竞技体育也要发展群众体育，不仅要注重全民健身也要专注校园健身，不仅要致力于满足各族人民对美好生活的向往，更要满足他们享受体育的基本权利。[③]合理调配资源，需深入了解当地的优势项目，根据现实情况，精准投放人力、物力、财力，让有限的资源发挥最大的价值，实现体育援助的外部资源与内部资源的完美结合。可通过联合省域举行大型体育赛事的合作形式，帮助受援地区积累大型赛事举办经验，以体育比赛带动旅游，宣扬传统体育项目，弘扬传统体育文化精神；将优秀的体育教师团队送到受援地开展培训活动，帮助贫困地区

---

① 秦小平，胡庆山，鲁长芬，等.新时代我国少数民族地区体育公共服务分层治理研究［J］.武汉体育学院学报，2019，53（8）.

② 张强，周家金.共建共治：新时代少数民族村落体育组织的发展模式——基于桂西北少数民族村落的调查［J］.沈阳体育学院学报，2019，38（4）.

③ 王洪珅，韩玉姬，梁勤超.少数民族传统体育文化发展的生境困境与消弭路径［J］.体育科学，2019，39（7）.

体育教师掌握专业知识和技能、了解前沿理论和方向，有助于其更好开展教学工作。做好外部资源与内部资源结合并蓄，需要从体育项目、体育竞赛、体育人才等多方面在具体援助方案规划预设、受援地体育援助资源内容和流动调配方式三个层面进行交叉融合。各施援部门、单位在进行对口援助的过程中，要注重针对性援助措施之间的协调性、高效性、普适性，如重点援助领域的针对性援助措施要与其他援助领域相协调，既凸显在本援助领域的高效性，也体现出对相关援助领域的普遍适用性，有利于体育项目开发、体育竞赛举办、体育人才培养内外部资源的互动流通，进而建立交叉融合机制，高效利用资源。

第二节 “一带一路”背景下体育援助对散存少数民族体育文化信息资源的保护

“一带一路”是党中央提出的为实现“两个一百年”奋斗目标和中华民族伟大复兴中国梦、协调推进“四个全面”战略布局的重要举措，意在进一步加强与东南亚、南亚、西亚乃至非洲的联系。[①]2015年中国政府颁布的《推动共建丝绸之路经济带和21世纪海上丝绸之路的愿景与行动》，具体规划了“一带一路”沿线地区的发展蓝图，为民族地区经济文化事业的发展带来了重大机遇。从地理布局上来看，我国大部分民族地区都处于面向中亚、西亚和东南亚地区对外开放和构建国家全方位开放格局的前沿地带。[②]从国家之间的合作交流机制来看，可将文化视为“一带一路”建设的灵魂，通过“文化先行”的一系列举措，我国政府与“一带一路”沿途中的国家可以进行多类型、多层次、多民族文化的交流与合作。我国丰富多彩的少数民族体育文化是“一带一路”文化交流传播领域的重要组成部分，其传承方式的多样性、内容构成的典型性、开展方式的灵活性都足以代表具有中国特色的文化信息资源的广博和精深。但长期以来，由于受到民族认

---

① 隗斌贤．“一带一路”背景下文化传播与交流合作战略及其对策［J］．浙江学刊，2016（2）．

② 米娟婷，王平．“一带一路”建设中西北民族地区非物质文化遗产档案资源保护研究［J］．西北民族大学学报（哲学社会科学版），2016（2）．

知特点、宗教信仰方式、文化传承机制等因素的影响，少数民族体育文化信息资源的开发与保护面临着一些问题，许多少数民族体育文化信息资源或散存于群众家中，或散见于不同单位机构的内部收藏，这样的保存现状极不符合“一带一路”建设对民族文化的保护趋势和要求，容易导致流传千百年的少数民族体育文化信息资源的损毁和流失，也不利于在世界范围内对其所蕴含的民族文化价值及传承创新价值进行展示和交流。

随着信息技术的不断发展，人们对民族文化信息资源的处理方式从最初使用简单的照相、录音、录像的手段，已发展到如今的全部使用计算机技术进行数字化的手段，文献保存的介质也由最初的录音带、录像带、照片等完全过渡到现在的数字化存储设备。在少数民族体育文化信息资源保护过程中，按照信息管理的程序和步骤，将物质形态和非物质形态的少数民族体育文化信息资源进行数字化分析，既可以防范由于自然、人为等因素造成文献信息资源流失与损坏的问题，还可以在世界范围内进行无障碍的交流与使用。

一、散存少数民族体育文化信息资源的现状

（一）多以文化遗产的形式存在，信息资源庞杂无序

从我国少数民族体育文化信息资源的现状和形态来看，其主要以文化遗产的形式存在，其中许多资源都属于古代丝绸之路文化遗产的重要组成部分，在“一带一路”的整体布局中占有重要的位置。按照著名民族学家杨建新先生的少数民族文化遗产分类方式，我们可以将少数民族体育文化遗产分为两类，一种是物质形态，一种是非物质形态。[①]其物质形态的少数民族体育文化遗产信息资源主要包括在其民族历史发展过程中保存下来的古书、文案、碑刻、典籍、印章、摩崖、木牍、竹简、骨刻、贝叶等；非物质形态的文化遗产信息资源主要包括本民族健身表演、民俗竞技、身体礼仪、拳术传承、器械演练的方法技艺等。这些信息资源主要散存于民间，大部分属于易流失的“非程式化”资源。如在宁夏回族自治区，散存于民间的各类口述史档案有3000余种，已进行恢复性抢救的有2400余种，包括具有健身价值的

① 杨建新.中国少数民族通论［M］.北京：民族出版社，2009.

回族武术、回族舞蹈170余种、400多套。甘肃省甘南藏族自治州的夏河拉卜楞寺一向以藏文文献遗产档案丰富而著称，该寺所藏的藏文文献档案有的已逾数百年的历史，并且从建寺起该寺就指派专人负责文献档案的管理工作，该寺所藏的和体育有关的文献档案涵盖宗教体育活动、传统医疗卫生技艺、健身保健方法等范畴，这些内容均散存于近6万部（册）的各类文献古籍中。由西北民族地区两所高校联合组成的课题研究组，在多年的实地调研中，访谈了西北少数民族地区民间艺人400余人，拍摄相关照片近万张，录音录像600余部，搜集整理文字类资料100余万字，其中有大量的具有体育文化学术研究价值的资料。但这些珍贵的少数民族文化遗产信息资源的数字化程度较低，且由个人、企业、学校、医院、政府机构、文化部门等分散保存。这种庞杂无序的散存状况，无形中增加了少数民族体育文化遗产信息资源流失和损毁的风险，不利于对其进行系统和完整的研究，使其中蕴含的学术价值和研究意义大打折扣。从长远来看，这既不符合“一带一路”背景下我国向世界展示具有中国特色的民族多元文化体的构想，也落后于我国少数民族文化遗产传承与保护的整体进程。

（二）多以民间散存的形式分布，损毁流失问题突出

我国“一带一路”建设中的文化发展构想，致力于为促进沿途各国优秀的民族民间文化交流合作与繁荣发展服务。我国作为“一带一路”倡议倡导国，自身拥有丰富的少数民族文化信息资源，而且已经公布了5批国家级非物质文化遗产代表性项目名录，其中包括多种和少数民族体育文化有关的内容，但被纳入名录的少数民族体育文化信息数量远远少于现存少数民族体育文化信息资源的总量。而且被用于国家和民族之间进行正式交流的少数民族体育文化形式一般需要具备完整的结构和谱系，现实中，少数民族体育文化信息资源多以民间散存的形式分布，其本身存在发掘与整理耗时费力、难度较大的短板，且缺少专项资金支持和专人组织实施。目前国家立项的关于少数民族体育文化信息资源保护的大型研究项目过少，而其他研究组织和机构的研究重点主要与自身专业研究向度有关，对少数民族体育有关材料不够关注。民间的保存方法原始简陋且民众保护意识淡薄，使少数民族体育文化信息资源面临严重的流失倾向。在现有少数民族文化信息资源中，专门表述体育主题的信息资源较少，和体育有关的信息资源一般都散见于其他文献资料之中，这些文

献资料的数字化程度低，不可避免地会造成不必要的民间流失问题。在甘肃的藏族聚居区，部分农牧民家中尚存一些有体育文化价值的纸质版、布帛版、木刻版的古籍文献，有的存放于破旧的麻袋中和其他杂物堆放在一起，有的存放在楼阁地板的夹层中，颜色已发黄发黑，质地腐脆。有的甚至存放在生火做饭的灶房里和存储杂物的柴房中，保存条件极为恶劣，虫噬鼠咬、破碎发霉、受潮腐败现象普遍存在。一些具有体育文化价值的古籍、帛画、经书等文献遗产，被不法分子贩运至广州、深圳等地出售牟利。这些珍贵的信息资源从民间大量流失，给少数民族传统体育文化信息资源的发掘与保护带来了巨大挑战。

（三）多以载体不一的形式保存，管理不当现象频发

国家“一带一路”建设布局的逐渐清晰，不仅带动和加快了少数民族地区新型城镇化建设进程，同时也加速了少数民族地区群众生活方式的改变。少数民族体育文化信息资源赖以保存的传统载体也逐渐变得多样，不同性质和类型的官方管理机构与部门在“一带一路”建设进程中争先承担起少数民族体育文化信息资源管理任务。例如档案馆、图书馆、博物馆、文化馆、史志办、民委古籍办或民族研究所等单位都存有大量少数民族体育文化遗产档案，但受自然因素影响，加之保管条件简陋，这些文献信息资源二次损毁流失问题仍然严重。[①]例如，内蒙古自治区社会科学院珍藏着蒙古文古籍近7000种，其中和蒙古族健身、蒙古族传统体育项目有关的文献达300余种。调研发现，在搜集和收藏过程中，除自然因素影响外，还有许多人为操作不当所导致的文献残缺和损毁，使许多有价值的页面缺损字句而意思不通，难以释读。青海果洛藏族自治州图书馆收藏的3卷藏文版萨迦式修行炼身法手稿，由于运输和整理问题，已有数页破损，一些健身图谱由于人为翻阅不当，造成了不同程度的损毁，研究者难以辨识。值得注意的是，在少数民族地区，当地民族事务委员会的古籍办都或多或少藏有民族文献古籍，但由于缺乏专业文献档案保存知识和方法，加之保存制度和条件不够完善，管理方式不够科学，造成古籍文献档案流失问题不可忽视。在新疆维吾尔自治区

---

① 华林，姬兴江，王晋，等.文化遗产框架下的西部散存民族档案文献遗产保护研究[J].档案学通讯，2013（3）.

部分地州民委古籍办查阅到的和体育有关的文献古籍约330册（卷），其中大部分单位都缺乏较为专业的古籍文献档案保存场所与设施，一些单位甚至用化肥袋、编织袋等装古籍文献，且保存地点阴冷湿暗，通风不畅，造成了不必要的损毁。因此，由于各民族地区文化信息资源管理机构的性质复杂多样，缺乏专业文献档案管理条件和方法所造成的少数民族体育文化信息资源管理不当问题不可忽视，急需规范和整改。

二、对散存少数民族体育文化信息资源的保护

在“一带一路”建设背景下，沿途各国都在致力于打造繁荣多样、合作共享的经济文化发展机制。在传统文化交流领域，数字化成果已成为各国展示本国优秀民族文化的主要方式。随着信息资源数字化技术的飞速发展，各国在文化信息资源数字化保护领域的技术方法也在不断改进和更新。目前，国内对于少数民族体育文化信息资源的数字化保护与处理方式，还没有做到独立的区别和分类，是融合在少数民族文化遗产整体保护程序之中的。[①]目前对少数民族文化信息资源的数字化保护方法主要有：虚拟博物馆、特色数据库、虚拟现实技术、数字化图案设计技术、实体的辅助设计系统、数字化故事编排与讲述技术、数字化动作编排与声音驱动技术、表面质感建模技术、人工智能技术、3D打印技术等。[②]通过这些方法对少数民族体育文化信息资源进行数字化保护，其实质是存储与获取、管理与展示、使用与研究保护对象的一系列具体信息，但前提是需要一个合理且有效的分类体系。

在研究过程中，常常按照国家少数民族文化遗产保护中常用的国家、省级、市级、县级四级划分标准[③]采用“八分法”对少数民族体育文化遗产文献中涵盖的信息资源进行分类。具体的分类为：民间文学中的体育信息资源、民族传统音

---

① 赵富学，程传银，才让卓玛，等.“体育援藏”背景下安多藏区农牧区全民健身路径工程现状调查研究［J］.武汉体育学院学报，2016，50（1）.

② 徐晨飞.南通地方非物质文化遗产数字化保护方法设计探究［J］.南通职业大学学报，2015，29（1）.

③ 陈理主.中国少数民族文化遗产集粹［M］.昆明：云南教育出版社，2006.

乐中的体育信息资源、民族传统舞蹈中的体育信息资源、民族传统曲艺中的体育信息资源、民族传统戏剧中的体育信息资源、民族传统杂技与游艺中的体育信息资源、民族传统美术中的体育信息资源、民族传统医疗保健中的体育信息资源。在具体保护方法的选取方面，不同种类的少数民族体育文化信息资源可以选取多样化的数字化方式进行保护。针对少数民族体育的特点，最适合和最常用的数字化保护方法主要有虚拟博物馆、特色数据库、数字化图案设计技术、数字化故事编排与讲述技术等4种方法。

（一）优化少数民族体育文化信息资源征集与收藏方式

随着中国与“一带一路”共建国家经济文化联系的日益密切，各类创新的合作模式对重新焕发古老丝绸之路的生机与活力，实现各自民族复兴的伟大梦想，具有划时代的重大意义。“一带一路”倡议的提出，为沿线少数民族地区体育文化的保护工作带来了新的机遇，但同时也提出了更高的要求。传统的体育文化信息资源征集与收藏模式已不能适合新的形势和要求，而且散存的体育文化信息资源性质更为复杂，需要使用先进和独特的数字化收藏方式。特色数据库是基于不同文献信息资源类型建立的在同行中具备资源特色的信息总汇，它是图书馆发挥文献档案收藏和使用功能的一种资源信息共享模式。[①]从收藏性质和类别来看，各种类型的图书馆都可将少数民族体育文化信息资源作为自己特色数据库的一个特别分类项目。目前，各高校图书馆在这方面拥有不可比拟的优势和资源，它们也是我国少数民族体育文化信息资源特色数据库建设的主力军。这些图书馆收藏了大量具有民族和地方特色的少数民族体育文化遗产文献信息，包括已被加工成文本、音视频、图片集的形式各异的信息类型。在专业化的搜集与整理、加工与分类、标引和存储等环节的处理下，这些资源转变成为符合数据库要求的各类数据进行保存，用户可以根据自己的需要随时进行检索和使用。

在少数民族体育文化信息资源的整体保护进程中，建立特色数据库是民族体育研究者普遍采用的研究方式，在近5年立项的各级体育类课题中，以少数民族

① 郭文丽，严潮斌，吴旭．基于Android客户端的图书馆微服务研究与实践［J］．图书情报工程，2013，57（8）．

体育文化遗产保护和传承为主题的研究项目有14个，在已发表的研究成果中，都谈到了文献信息资源数据库的建设问题，有所区别的只是研究视角和基点不同。但从这些研究成果的理论和技术层面来看，还显得较为粗糙，普遍存在对少数民族体育文化信息资源的分类标准不一、体系杂乱、核心数据的把握和处理环节不够准确等现象，以及对数据库构建策略的阐述简化、数字化保护模式不够合理等问题。调研同时发现，由于各类管理人员的管理理念迥异，各地收藏的信息资源难以在更高的数字化平台上进行虚拟整合，无形中降低了资源使用的效率。

（二）整合与展示数字化的少数民族体育文化信息资源

要保护和开发散存少数民族体育文化信息资源，关键点不仅在于对其进行系统化的整合，而且要借助数字化的平台，展示整合后的成果，以便于在国内和国际进行交流。“一带一路”文化建设中，倡导采用多元化现代科技方法，促进沿途各国优秀民族文化的保护、展示与交流。[①]近年来，广泛应用于少数民族文化信息资源整合与展示领域的虚拟博物馆技术，可以最大限度地为民族传统优秀体育文化提供互鉴交流的平台，使各国、各民族优秀体育文化突破疆界和国别的限制，使更多的人认识到曾经不为人所知的其他民族独有的体育文化。虚拟博物馆是指博物馆使用计算机技术、网络信息技术、数字化技术和虚拟技术等，把存在于现实情景中的实体文化或者其他类型的信息资源进行数字化处理，通过计算机信息网络展示在使用者面前。[②]相较于实体博物馆，虚拟博物馆突破了时空的限制和约束，能最大限度地保存一些濒临损毁甚至流失的少数民族体育文化遗产文献，人们可以通过计算机网络信息技术平台或者自己携带的移动设备，在授权以后随时关注自己感兴趣的少数民族体育文化素材，研究者也可以按照自己的研究方向和兴趣，通过虚拟博物馆选择符合自己研究需要的内容，进而提高研究的针对性和时效性。不同博物馆之间通过虚拟技术，可以弥补由少数民族体育文化信息资源收藏的缺失和零乱而造成的信息混淆与资源过散的问题，还能使大量的关

① 李新，张鑫．“一带一路”视域下区域一体化发展探析［J］．新疆师范大学学报（哲学社会科学版），2016（4）．

② 邓绍兴．档案管理学［M］．北京：首都师范大学出版社，2011．

于体育文化遗产方面的信息资源实现博物馆之间的共享。

博物馆可以运用虚拟博物馆技术，对散存的少数民族体育实物、体育史料等资源予以信息化处理，既可以避免其他收藏部门不愿贡献原始资源的现状，又可以避免其他部门由于管理条件和方法落后造成的文献信息损毁和流失问题。通过虚拟博物馆技术，还可以详细介绍具有代表性的少数民族体育项目、体育习俗的历史渊源、风格特色、技艺方法以及保护传承的具体状况。随着数字化虚拟博物馆技术的不断成熟，能使各类少数民族体育文化遗产文献信息资源进行在线共享，并且融合音视频、图文像为一体，进行专题展示，使用户可以在线交互体验和访问，使更多的人了解和关注少数民族体育文化。

（三）提高与提升少数民族体育文化信息资源的加工质量

“讲好中国的故事，讲好民族的故事”是“一带一路”建设中各国实现文化交流与发展的一条有效途径。[①]在中国少数民族体育文化的发展历程中，有相当一部分文化资源借助的信息载体是各种类型的图画、图案。为了多方位、全视角地向世界各国人民展示中国少数民族体育文化，数字化的图案处理技术已成为提高与提升少数民族体育文化信息资源加工质量的重要手段。随着计算机技术的不断普及与发展，使用相应软件处理图片并对其进行数字化操作的技术已不再专属于计算机专业人员，研究者稍作训练就可以掌握一般领域的简易数字化图案处理技术。在散存的少数民族体育文化遗产文献中，有不少是以图片和图案的形式被保存下来的，例如云南省沧源县反映佤族先民狩猎和跳跃的多幅岩画、甘肃敦煌莫高窟中反映草原民族赛马场景的壁画、云南省博物馆收藏的图文并茂的布朗族家传武术拳谱、壮锦中的壮族节庆体育画面等，它们所反映的体育活动事件和内容之间或有联系，或孤立存在，但均适合运用数字化图案设计技术的文献档案加工方法进行保护。该方法主要包括两个步骤：一是通过计算机图形处理软件对收集到的体育图案素材进行数字化处理，二是对处理后的数据进行编码、程序化和输出完善，然后设计成能融入数据库的数字化信息资源。

① 王厚雷，王竹影.“一带一路”背景下新疆体育非物质文化遗产保护策略［J］.武汉体育学院学报，2016，50（6）.

通过数字化图案设计，可以对散存少数民族体育文化遗产中的图案类文献信息资源进行创新性比较，较容易找到少数民族体育项目之间的源流关联、谱系关系等，为体育社会学、体育人类学、民族体育学的研究提供新的视点。例如，兴起于吐蕃时期的藏棋，至今已有上千年的发展历史，目前流传下来的棋谱图片近千张，单是反映不同风格和规则的棋谱就多达10余种。可以采用计算机图形处理技术和人工智能技术，设计出能将不同类型棋谱的图案进行输入与生成、编辑与修改等操作的程序系统，对不同历史时期、不同规则与源流的藏棋棋谱进行分类管理，并按照棋谱的图片特征建立特有的信息资源规则库，以便于查阅者按照自己的需要和兴趣进行浏览和选取。如果需要加工的少数民族体育项目图案文献较为单一，可以采取“同种同属归一”的办法①，以便建立同样种属的图案文献档案，如散存在民间的反映少数民族摔跤、球类、拔河等体育活动的图案文献，皆可以采用此种方式进行保护。

（四）丰富整理少数民族体育文化信息资源的方法与途径

数字化的口述史技术，近年来广泛应用于濒危文化和散存文化的发掘与整理工作中，既可以完成某种文化的溯源追踪，还可以挖掘出一些不为人知的有较大学术研究价值的素材。在“一带一路”文化廊道的构建中，非常重视民族濒危文化研究价值的发掘。

在少数民族体育文化研究领域，使用口述史整理的散存少数民族体育文化文献信息资源目前已非常丰富，几乎每个少数民族体育项目都有源流、发展、革新的典型口述记载。但口述史所获取的素材一般较为原始和粗糙，且基本归属于该项目相关信息的内部材料中，一般研究者要进行获取、比较和研究具有一定的困难。长远来看，这种现象不利于少数民族体育文化遗产文献史料价值的发挥。数字化口述史技术是通过人工智能的手段与方式，开发出一种虚拟环境，包括虚拟的讲述、音效、配图、情景等手段，融合口述史中比赛场景、动作技艺、场面气氛、观众效应等内容，多方位、多角度还原口述史中关于体育项目的历史进程和典型故事情节，既可以满足研究者的需要，也可以让一般人员了解和关注鲜为人

① 饶远，刘竹.中国少数民族体育文化通论［M］.北京：人民出版社，2009.

知的少数民族体育文化的历史源流，提升了信息资源的可视化和趣味性。该技术目前主要应用于口头非遗文化信息资源的整理与保护中，所以也特别符合散存的少数民族群众体育、民俗体育项目的口述史数字化保护趋势。例如苗族的击布球活动，其比赛体系和规则有着不同的口述流传版本。布球一般是用棉花或碎布缝制的，比赛时人们相互用脚踢球进行传递，对方要在布球落地之前将球踢传出去，也可以用手掌托打球，或用木棒击球，融合了现代足球、藤球、排球和棒球的特点。遗憾的是击布球活动的规则尚未有系统的文献资料予以说明，基本都是口口相传的比赛方法，有很大的变化性。

使用数字化口述史技术，按照研究设计的管理系统，可以通过计算机系统创设一个虚拟的三维环境，将动作要领编排成为电脑程序，使用虚拟化的电脑人物来完成动作技术和比赛要领，甚至可以配以人物的面部表情和适当的节奏音效。当使用者置身于独特的虚拟比赛环境时，可以体验完整的比赛体系带来的视听冲击效果。当然，数字化口述史技术不仅可以使散存的少数民族体育遗产文献更形象地保存下去，而且可以拓展项目的群众基础，使其走出民族和地域的限制，进而更好地传承与发扬。

三、对散存少数民族体育文化信息资源的数字化保护策略

（一）开展普查与整理工作

国家的“一带一路”倡议，不仅对沿线的民族地区社会与经济发展方面作出了构想与安排，而且对民族地区的文化事业也部署了新的发展规划。基于这一背景，在体育文化信息资源数字化保护过程中，必须注意保持真实历史风貌。开展专业的普查和调研，获取一手的和现场的调查资料，可以预防文献档案信息的非真实及扭曲现象。近年来，来自各级机构和部门的针对少数民族体育文化方面的研究课题立项数目在不断增加，研究人员的素养和研究水平更加趋于专业化，研究组中不但有少数民族传统体育的专业研究人员，而且还大量补充了民族学、民俗学、信息技术、档案学等领域的专家学者，为高质量的调查研究工作奠定了坚实的基础。在开展散存少数民族体育文化信息资源普查时，可以结合课题研究的方向，指定一个区域或者选择1～2个民族进行重点普查，详细掌握散存少数民

族体育文化信息资源的种类、数量、传承途径、生存现状和面临的系列问题，按照体育学科的特点和常用的分类方法，对普查到的信息资源的保存形态、文本信息、动作图谱、传承人情况进行专业分类、登记、编目与建档。尤其遇到口述文献时，应深入调查口述者的讲述记录，从中采集具有代表性的动作名称、程式等。如果可以找到该文献信息资源对应的传承人，则要调查清楚传承的派系、范围和代表人物、演变发展情况等，为数字化的保护工作提供科学可靠的原始调查资料，以便于后期进一步加工处理。

（二）建立散存少数民族体育文化信息资源数据库

散存少数民族体育文化信息资源保护与开发，本身的任务量和工作量烦琐巨大，而且大部分少数民族体育项目并没有独立的文献载体，其支撑材料需要从其他项目信息资源中甄别和选取，面对这种现状，通过现在普遍使用在档案信息建设中的信息资源数字化技术，建设散存少数民族体育文化信息资源目录库，是推进对其进行数字化保护进程的基础性工作。一些地方，在对散存少数民族体育文化信息资源进行普查整理的过程中，开始探索建立国家、省（自治区、直辖市）、市、县4级管理的目录库。[①]例如云南省档案馆、博物馆共同开发了一套少数民族文化信息资源目录库，使用的是MARC的数据标准，可以对不同类型文献的分类主题进行标引，并且使用的是专业的著录格式，其中就包括少数民族体育文献的类型。在对普查到的文献信息资源进行整理时，体育类资源和其他类型资源一样，同样需要经历筛选、分类、加工、标引、著录、数字化等程序，建立成为方便查询的数字化文献信息资源目录数据库。用户在取得登录许可后，可以使用篇（题名）、收录人、关键词、日期等进行检索，并且通过点击简易的浏览模式就可以获取所需的体育文献档案信息。这样的目录库建设方式，本质上是比较符合散存少数民族体育文化信息资源特征的，而且有利于明晰体育项目的起源流变、明确传承谱系和拓展传播路径。

---

① 卢兵.中华民族传统体育文化导论［M］.北京：民族出版社，2005.

（三）多方位探索散存少数民族体育文化信息资源的数字化保护机制

“一带一路”有关文化的构想宏大且面广，不依靠多机构、多部门的沟通与合作是不可能完成少数民族文化信息资源的开发与整理工作的。从调研的情况来看，目前散存的少数民族体育文化信息资源主要集中在各少数民族地区的档案馆、图书馆和博物馆之中，随着图书档案信息化进程的加快，这些机构逐渐具备了文献档案资源信息化与数字化的能力。但由于这三种类型机构的任务和定位不同，面对同一份文献，它们选择的处理方法也不相同。在少数民族体育文化信息资源的处理上，三馆采取的搜集、整理、收藏和使用的方式各异，彼此存有一定的优势，但劣势也不能避免。由于这三种类型的部门并没有隶属关系，各自经营，因此平时很难开展业务方面的交流与合作，很大程度上延缓了少数民族体育文化信息资源的数字化建设和有效利用进程，无形中加剧了散存文献的“分散性”，使原本就难以体系化的少数民族体育文化信息资源更加难以聚集和整合。面对这种情形，有必要建立档案馆、图书馆和博物馆之间的信息资源数字化建设联动机制，对相关少数民族体育文化信息资源进行合作性的数字化加工与开发，实现网络资源共享与对接。一是建立协调统一的管理体系，发挥与整合三馆之间的优势，弥补不足，探索信息资源共享机制。二是尝试构建少数民族体育文化信息资源数据库，通过散存体育项目的图片文献、文本文献、视频文献等方式，向观众展示少数民族体育项目的独特魅力。三是整合三馆研究人员的专业优势，加强从各类文献中发掘体育信息资源的力度，并及时进行数字化处理和联动共享，打破不利于交流合作的时空现状，使少数民族体育文化遗产信息资源能在更加广泛的领域和空间内得到传播和利用。

（四）拓展散存少数民族体育文化信息资源的交流路径

在“一带一路”背景下，民族文化跨境交流已变得频繁且平常。由于我国少数民族地区多处于与邻国有频繁民间交往活动的地域，而且许多少数民族与国外民族有共同的谱系及传承脉络，他们在体育文化、习俗等方面有高度相似性。例如我国蒙古族的博克、布鲁、射箭等项目，和蒙古国蒙古族的相同项目在赛制规则方面近乎一致，所留存的相关文献档案也几乎能完全整合融汇。朝鲜族的摔跤、拔河、跳板和秋千与朝鲜国内人民普遍开展的相同项目相比并无差异，而且两国在这些项目的历史源流及传承发展方面的学术认知也没有不同。要使这些互有交集的少数民族体育文化遗产文献信息资源结束散存状态，进行国家或民间之间的合作是必不可少的。这些资源在长期的历史传承过程中，不可避免地有分散和流失的情形出现，因此加强与相应国家与地区合作，通过联合申遗、共同举办民族体育文化交流活动、联合培养管理人才等措施，共同探索少数民族体育文化信息资源数字化保护的机制与路径，不仅符合“一带一路”建设中促进民族交流与民族文化繁荣发展的长远构想，而且有利于提升与邻国在少数民族体育文化交流方面的频次和质量，进而促进少数民族体育文化遗产研究的整体性。

第三节　体育援助政策助力少数民族地区乡村振兴战略

随着乡村振兴战略已纳入各省（区、市）乡村经济的发展规划和方案，推进少数民族地区乡村振兴战略更是党和政府非常关注的焦点问题，少数民族地区各级党委和政府在结合本地经济、社会、文化发展现状的基础上，按照乡村振兴战略的实施目的和模式，根据“精准扶贫、强村富民”的目标任务与基本原则，大力开发本地少数民族特色体育资源，使其与少数民族地区体育旅游产业有效结合起来，为少数民族地区全面实施乡村振兴战略探索出了一条“门槛低、见效快、普及广、收益好”的新路径。少数民族体育在乡村特色旅游综合体中占据重要位置，在乡村振兴战略的导向下，在国家政策的有力支持下，朝着更加规范和有序的方向发展。

一、体育援助政策助力少数民族地区乡村振兴战略的现状

近年来，少数民族特色体育旅游产业对调研区域旅游经济产值的贡献值在不断加大，通过调研得知，在国家体育援助政策帮扶下，少数民族地区旅游产业类型的发展呈现出多元化趋势，少数民族传统体育项目以其独特的表现力和文化性深受游客喜爱，特色体育旅游已悄然成为少数民族地区旅游产业的生力军。在调研过程中，多名旅游局负责人表示少数民族特色体育旅游在旅游产业链中的“戏份”还会进一步加大，将会为少数民族群众带来“看得见、摸得着”的“新实惠”。

在国家体育援助政策的推进中，体育旅游成为少数民族地区乡村振兴的新路

径。由于各少数民族地区所处的地域和经济发展水平差异很大，因此，体育旅游产业助力当地乡村振兴战略的方式也各异。根据对调研结果的梳理，主要有以下三种形态。

一是借助村寨文化旅游，对现有的少数民族传统体育项目进行严格保护，对游客进行完整展示。通过现代技术信息和媒体宣传的手段，打造宣传推广平台，以吸引广大游客、民族文化科研团队、民族风情演艺团体等前来洽谈合作，例如云南红河哈尼族彝族自治州推出的打磨秋、赛蒙抬（跳高跷）体验项目和贵州省黔西南布依族苗族自治州推出的射背牌、麻古（手毽）体验项目，目前已经有稳定的演艺团体和科研团体驻村（寨）表演与研究，为当地的乡村旅游市场注入了新的活力，实现了民族特色体育项目保护与村民增收的双赢局面。

二是通过对本地少数民族传统体育项目进行改造，降低难度，增加趣味性和扩展参与范围，进而吸引更多的游客参与民族体育活动。例如内蒙古自治区兴安盟推出了“信马由缰”活动，降低了游客在骑马过程中的危险性，使更多游客过足了“骑马瘾”，只此一个项目便可每年为当地带来2.13亿元的旅游收入。号称“民族体育王国”的云南省，通过每年的民族文化节，向外界展示自己独特的民族体育项目，如射弩、打陀螺、抱花腰、抢花炮等，这些项目大都进行了软式化的改造，提升了趣味性，并且融入了当地乡村特色游的项目之中，成为当地乡村旅游的一大特色。

三是利用流行体育项目实现对当地特色体育项目的改造，举办半娱乐半专业性质的乡村民族体育赛事，扩大项目的影响力，使项目对游客产生更强的吸引力，进而增加当地旅游产值，振兴乡村旅游经济。

旅游产业已经成为支持我国少数民族地区乡村经济发展的重要行业，国家发布的涉及乡村特色旅游的相关政策，对通过乡村特色旅游产业构建新型乡村产业发展融合方式，打造乡村新型旅游产品和业态模式，提供了具体的指导路径和方法。

二、民族特色体育旅游产业发展迅速

总体来看，在国家乡村振兴战略背景下实现少数民族特色体育旅游产业的快速发展，都是以国家政策为依托，在“特”字上下足了功夫。民族地区乡村体育旅游整体布局中，围绕“乡村旅游目的地”建设计划，呈现出以点带片的辐射性发展布局。各地着力打造少数民族古村寨的体育文化展演活动，积极创建民族特色体育项目传承人推介制度，不断优化和更新传统的乡村特色体育旅游布局。西藏和四省藏族聚居区将精准扶贫政策与农牧村振兴有机结合起来，拓展出了“藏族聚居区深度旅游大环线”的设想，包括了几乎所有的藏族聚居区旅游目的地，推出了11种藏族特色传统体育项目，并将其纳入了藏族聚居区品牌旅游项目建设规划之中。另外，青海、广西、新疆、贵州部分民族风情旅游线路设计中，选择了数个具有代表性的少数民族文化示范园建设项目，将少数民族传统体育作为重要示范项目，形成了以康养、民俗、文化、冰雪、休闲、探险等体验项目为主的少数民族特色体育旅游度假带，将同一地域不同民族的特色体育项目融合起来进行特色化打造，形成了区域竞争优势。

随着“美丽乡村”建设进程的逐步深入，少数民族地区结合乡村振兴战略推进乡村体育旅游区域协同发展已成为一种趋势。调研结果表明，少数民族地区通过政府扶持、引进资金、对口支援等方式，打造诸如“美丽藏乡”“大美彝乡”“和谐苗乡”等区域旅游地理标志，改造和升级乡村旅游软硬件设施，规划和设计少数民族特色旅游景观，组织和展演少数民族特色文化活动，其间形成了一批少数民族特色体育旅游品牌，如额济纳胡杨林徒步赛、黔西南独竹漂文化节、甘南赛马会、洱海耍海会、固原回族万人拔河赛等。在少数民族地区旅游管理部门的统一协调下，少数民族特色体育旅游成为民族地区乡村体育旅游区域的光鲜名片，各地纷纷制定了少数民族特色体育旅游发展规划，并将其纳入本地旅游产业发展的整体规划之中，在各地旅游局、民委、教育、农业、林业和文化等部门的协同努力下，少数民族特色体育旅游产业已经形成跨区域、集群化、规模化的发展趋势，围绕乡村振兴战略，一系列展现民族地域特色、富有浓郁民族风情标识的少数民族体育旅游模式正在形成。

国家实施乡村振兴战略，将会在很长时期内扎实推进乡村建设过程中的各项任务。各少数民族地区因地制宜利用本地特有的文物古迹、传统村落、民族村寨、农业遗迹、非物质文化遗产等，发展少数民族特色体育旅游文化，使民族文化与体育旅游文化有效结合起来，形成各具特色的少数民族体育旅游产品类型。新疆、云南、贵州等地尝试拓展丰富少数民族特色体育旅游产品类型，取得了显著的成效。西藏、青海、广西等地将研学旅游与乡村振兴战略有机结合起来，许多民族聚居区主动邀请来自北京体育大学、上海体育学院、国家体育总局体育科学研究所等部门的研究人员，对本地少数民族体育项目的旅游价值进行评估设计，形成针对不同人群的特色健身休闲旅游项目，开发出自驾游、徒步越野等极具特色的体育旅游精品线路，建立了少数民族特色体育旅游创客基地，打造出了特色鲜明、内容丰富、民族风味浓郁的特色体育旅游产品类型，为少数民族地区乡村振兴战略提供了鲜活的素材。

为提升少数民族特色体育旅游服务管理水平，新疆、贵州、云南、广西等地旅游管理部门组织和加强了对体育旅游组织、企业、团体、个人的业务培训和技能指导，部分地区还邀请民族传统体育活态传承人做专门培训，使本地提供的体育旅游项目既能保持民族特色，又适宜于向游客展演。管理部门协同民族地区乡镇、村组委员会相关人员，借助现代科技信息平台，提高旅游管理能力和服务水平，积极发展本地特色体育旅游资源，增加了乡村特色体育旅游产业形成过程中的知识与科技含量。在构建民族地区特色体育旅游产业品牌体系方面，所调研的区域都做足了“功课”，例如湖南省湘西土家族苗族自治州和本地民族体育职业学校联合起来，利用清明歌节、社巴节、赶秋节、跳香节等民族节庆时期，针对本地旅游人数众多的特点，构建出了以“毛古斯”“打溜子”“跳香舞”等大型节日活动为特色的体育文化赛会活动，已发展成为湘西旅游线路中的著名节庆旅游品牌。甘南藏族自治州利用每年7月的“香浪节”，推出“藏族赛马会”“大象拔河”“押加”等固定赛事活动，吸引了大量游客参与和体验，成为本地特色体育旅游产业品牌体系的重要名片，有力促进了当地村寨旅游品牌的宣传，增加了区域旅游产业的整体效益，实现了村民的增营和增收。

三、体育援助助力少数民族地区乡村振兴战略的新路径

（一）保持少数民族特色体育旅游的“本色”，防止过度开发与商业化嫁接

少数民族特色体育旅游之所以能够吸引大量游客，主要原因就是其文化内涵与表现形式的“特别化”和“民族化”。在旅游线路和项目开发过程中，通过“本色”宣传和展演，让广大游客切身感受到原汁原味的少数民族特色体育文化。游客不仅能够感受到民族地区美丽乡村的景色与风光，更能享受到少数民族特色

体育文化的独特魅力。通过非物质文化遗产保护政策与制度，使更多的少数民族传统体育项目列入到体育非遗名录之中，防止过度开发与商业化嫁接倾向，使少数民族特色体育旅游产业在助力乡村振兴战略的实施进程中，步子迈得更稳，前进的方向更加明确。

（二）精准规划与实地对接，确保少数民族特色体育旅游资源的有序与合理开发

少数民族地区乡村振兴战略的全面实施，需要涉农经济产业精准布局与规划。少数民族特色体育旅游资源的有序与合理开发，可以使特色体育旅游为当地乡村经济的发展带来稳定的效益。在开发过程中，需要在实地调研的基础上对近期的发展和远期的发展作出详细的规划，使少数民族特色体育旅游资源能够按照“选定＋规划＋开发＋保护”的路径运行，寻求开发与保护并重的举措，使管理部门制定的开发计划与程序能够与当地少数民族特色体育旅游资源的保护现状进行实地对接，及时发现开发过程中存在的隐患和问题，采取积极稳妥的手段予以消除和解决。

（三）努力打造新型少数民族特色体育赛事平台，使游客能够体验到多彩的少数民族风情

少数民族特色体育赛事是少数民族地区乡村旅游重要打造的热点平台，通过少数民族节庆等时间点，举办高规格的少数民族特色体育赛事，不仅有利于传承少数民族地区特色体育文化，更是向外界推介本地特色旅游资源的重要路径。目前，国内民族地区通过打造新型少数民族特色体育赛事平台来吸引游客和体育赛事投资商，已经形成了成熟的案例和成功的方法，将赛事举办地选在少数民族地区的乡村（寨），可使游客身临其境地感受和体验多彩的少数民族风情，许多赛事不仅有固定的赞助商，而且每次大赛都可以吸引到来自国内外的游客前来观看，实现了少数民族特色体育旅游品牌推广与旅游价值提升的双赢局面。

（四）探索少数民族特色体育旅游产业的多元化发展模式，不断提升旅游品质与丰富旅游产品

受少数民族地区乡村经济发展现状的限制，振兴少数民族地区乡村旅游产业需要打破影响少数民族特色体育旅游发展的单一模式，寻找符合当地少数民族特色体

育旅游产业更好发展的路径，将区域旅游向全域旅游推广和拓展，将融资、投资、用资有效结合起来，使少数民族特色体育旅游与特色景观旅游、特色文化旅游实现密切配合。借助国家“一带一路”倡议，将特色体育旅游向“一带一路”共建国家推展，开发精品的少数民族特色体育旅游路线，将少数民族地区“乡村游”和“体育游”融合起来，打造少数民族地区的“乡村体育”和“体育乡村”，结合少数民族特色文化村、镇、寨的建设实际，加大投融资力度，改造乡村旅游软硬件设施和条件，开发出可为游客量身定做的专项体育旅游产品，进而提升旅游品质。

四、体育援助助力少数民族地区乡村振兴战略的新趋势

（一）将会丰富少数民族特色体育旅游项目类型，延伸少数民族特色体育旅游产业链条

乡村振兴战略的总要求是用“产业兴旺”替代“生产发展”，要求在发展生产的基础上培育新产业、新业态和完善产业体系，使农村经济更加繁荣。新兴的少数民族特色体育旅游产业后劲十足，在原有特色项目的基础上，可以进一步开发和丰富少数民族特色体育旅游项目类型，在开发的基础上实现保护。使少数民族特色体育旅游产业链条延伸至乡村经济振兴的各个环节，确保少数民族地区特色体育旅游产业能够实现有序和稳定发展。

（二）少数民族特色体育旅游产业将会融入少数民族地区全域旅游的整体规划，为旅游行业推动民族地区乡村振兴战略的实施提供成功的范本

从调研结果来看，各调研区域的少数民族体育旅游产业正在逐步融入各地全域旅游的整体规划之中，使少数民族体育旅游项目不再以“小打小闹、零敲碎打”的形式存在，规模化、组织化、整体化的发展已经成为主要导向。少数民族特色体育旅游产业正在成为民族地区实现乡村经济发展的一个重要抓手，并且形成了诸如“伊犁模式”“西双版纳模式”等特色体育旅游的典型地域范本，已经取得了成功的经验和案例，并被其他少数民族地区所借鉴和参考。

（三）信息技术将会在少数民族特色体育旅游产业的发展中发挥重要作用，“科技+旅游+乡村+体育”的范式将会更加普及

“乡村振兴，科技先行”已经成为当今乡村经济发展的普遍共识。以“互联

网+”为代表的信息技术将会在未来5年内武装少数民族特色体育旅游产业的方方面面，少数民族特色体育旅游将会与信息技术互为媒介、实现深度融合。“科技+旅游+乡村+体育”的范式已不再是部分地域旅游的专利，将会向其他少数民族地区快速辐射、成果共享。

（四）将会培养一批少数民族特色体育旅游专业从业人员，为少数民族地区乡村振兴战略提供有力的智力支持。

未来5年内，政府管理部门将会联合高校、职业学校、培训机构、旅游公司等部门，为民族地区培养一批“体育+旅游+民族文化”的复合型专业人才，贵州、云南、青海、西藏等地已进行了尝试性探索，从少数民族特色体育传承人中选取培训者，从少数民族待业青年中选取培训对象进行系统和专业的培训，既为少数民族群众增加了就业机会，又为少数民族特色体育旅游助力民族地区乡村振兴战略提供了有力的人才支持和智力援助。

↘ 本章小结

截至目前，以“体育援藏”和“体育援疆”政策为突破口，国家陆续对内蒙古、宁夏、广西等少数民族自治区进行了精准体育援助，并且对四川、甘肃、青海、云南、湖南、湖北、吉林等少数民族聚居的地区也开展了相应的体育援助，援助范围覆盖全国所有少数民族地区，这种援助力度和规模在我国少数民族地区体育事业发展过程中留下了浓墨重彩的印记，产生了深远的影响。“一带一路”建设为我国体育强国战略的推进提供了重要国际环境，在“一带一路”背景下，沿线各国的优秀民族体育文化信息资源必将形成共享机制。散存的少数民族体育文化虽然属于特定时期、特定民族、特定地域的产物，但它们仍有整合与发展的理由和条件。对少数民族体育文化信息资源进行数字化保护，是促进国家“一带一路”建设所蕴含的文化发展构想的有效途径，也是促进“一带一路”建设全面实现的重要文化动力，这也决定了数字化保护路径需要符合散存少数民族体育文化信息资源的特征与类型。积极探寻合理有序的保护路径，沟通和梳理好图书馆、博物馆、档案馆、高校等机构与个人之间的关系，集中一定的采集、保护和研究力量，结合国家体育强国建设战略，采用科学的保护方法与策略，将会对散存的少数民族体育文化信息资源实现完整和有效的数字化保护。在国家体育援助政策的帮扶下，少数民族特色体育旅游产业助力民族地区乡村振兴战略的全面实施，不但需要秉持“做大、做强、做好、做精”的发展态度，更为关键的是要从改善少数民族特色体育旅游自身的发展理念和方式入手，积极吸收一切有利因素投入到特色体育旅游产业的升级改造过程之中，建立合理的机制与体系，努力提高旅游服务品质，提升旅游服务管理水平，使少数民族特色体育产业依托的载体更加坚实，发展的路径更加宽阔和明晰，为体育强国建设构筑更加稳固的平台。

第十五章

中国共产党领导的体育教育事业推动体育强国建设

在中国共产党的百年历史进程中，体育事业作为一个特殊的元素，经历了由小至大、由弱至强的发展历程，创造出了让世人惊叹的辉煌成就。体育教育作为中国共产党领导的体育事业的重要组成部分，在百年的发展历程中，形成了丰富的历史经验和成就，是中国共产党体育发展史和教育发展史中极具贡献度的内容。百年来，在中国共产党的领导下，中国体育教育事业融入学校教育事业的整体之中，经历了不同的历史时期，探索出了一条适合中国实际和符合中国特色的社会主义体育教育事业发展之路。在此期间，既经历过挫折，也落入过低谷，但总体来看，取得了巨大的成绩，表现出了独特的发展品性和经验，形成了特定的发展路向。对党的体育教育事业百年发展历程进行梳理，对其发展进程中表现出的多种品性、各类经验及多重路向进行系统释读和解析，有助于进一步理解和把握中国体育教育事业发展的历史规律与特征，对于准确认识和定位体育教育事业在新时代文化强国、教育强国、人才强国、体育强国及健康中国建设中的历史价值和地位，具有重要意义。

第一节　中国共产党体育教育事业的品性释读

一、理论品性：起源于中国共产党人早期体育教育思想和主张

中国共产党成立初期，由于特殊时代背景与历史条件的局限，没有可能制定与发布和体育教育直接相关的系统纲领与政策，有关体育教育的表述只能散见于早期共产党人的教育思想和主张之中。这些思想和主张多从体育对青少年身心发展和健康成长的视角出发，辅以朴素理论层面的解释和阐述，并将体育教育活动视为革命事业的重要组成部分，结合个人先后发表的文章和演说予以理论佐证。

毛泽东的《体育之研究》和恽代英的《学校体育之研究》，虽都发表在建党以前的1917年，但这2篇文章均将体育置于学校教育的重要位置，对体育教育的目的和指向等理论问题进行了阐释，其影响力一直延续到建党之后，直至今天仍然对我国体育教育事业的发展有着重要的指导意义。陈独秀1923年谈及团的工作时，指出劳苦青年也要开展体育和娱乐活动，并且要注意健康问题。[①]李大钊指出学生需要保持身体和精神的平衡与调剂，尤其是对幼小儿童，游戏教学尤为重要。[②]邓中夏更是亲力亲为地推动青年团办体育，积极倡导青少年团员在学校期间体育活动的开展。[③]萧楚女于1924年在《学生杂志》上撰文指出，青年人不能做温室里的花朵，应该不畏艰苦地进行体育锻炼，进而成为坚强的革命者。[④]杨贤江则从身心一致的唯物主义观点，详述青少年群体开展体育活动的生理和心理依据，将体育与青少年学生的修养养成联系起来，主张在学校教育中普及体育。

早期中国共产党人提出的一系列体育教育思想和主张，对青少年群体开展体育活动的重要性进行了理论层面的设想和阐释，透视出了一定的渐进性和适应

---

① 李颖.陈独秀与共产国际［M］.上海：上海人民出版社，2019.

② 杨琥.李大钊卷（中国近代思想家文库）［M］.北京：中国人民大学出版社，2014.

③ 杨军.邓中夏思想研究［M］.长春：吉林大学出版社，2009.

④ 费聿辉，刘涛.红色基因传承研究［M］.济南：济南出版社，2019.

性，尤其是在体育教育活动目的和面临的问题方面，提出的理论见解往往有破有立，与当时的社会背景相契合，具备一定的说服力，表现出了浓郁的理论品性。

二、实践品性：形成于革命进程中推进体育教育的实践与探索

中国工农红军成立之后，陆续开辟出了自己的根据地，也称为苏区。在党的领导下，苏区以学校为单位的青少年儿童体育教育活动开展得十分活跃。列宁小学、共青团、少先队、儿童团中的体育活动普遍开展，革命根据地的学校均开设早操、晚操和体育课，内容涉及步伐练习、队形变化、操木枪、体操、跳跃、投石、游戏等。例如《列宁初级小学校组织大纲》中规定，初级小学各年级的体操课程每周要上够3小时，目的在于促进学生身体各部平均发育，强健体质、活泼精神……[①]《列宁高级小学校组织大纲》则要求要开展兵式体操，其顺序是先用木枪，后用铁枪，另外还辅以少数的体育游戏和体操活动。[②]除列宁小学的体育教学活动之外，青年团、儿童团、少先队等开设的课外体育活动也非常丰富，主要以比赛的形式进行，内容涉及篮球、足球、铁饼、铅球、标枪、跳高、跳远等，另外还有操棍、瞄准和投弹等军事内容的训练。[③]总体来看，苏区学校体育课和各类课外体育活动的内容，主要以兵式体操和普通体操为主，其他体育教学内容也大都透视出了军事化实践教学的品性，这与当时独特的历史背景和革命需求是密切联系的。

1935年，中央红军到达陕北之后，在党中央和边区政府的领导与组织下，陕甘宁边区的学校体育教育活动蓬勃开展起来。延安中央党校、延安大学、陕北公学、延安女大等学校，不仅开辟出了排球、篮球等专用体育教学比赛场地，而且跳高、跳远、足球、双杠、太极拳、滑冰、舞蹈、团体操等项目的教学活动也陆续进入课堂，课外训练与比赛也非常规范地开展起来。[④]尤其是多所学校合并之后的延安大学，设立了体育系，开设了篮球、田径、排球、舞蹈、滑冰、双

---

① 张挚，张玉龙.中央苏区教育史料汇编［M］.南京：南京大学出版社，2016.

② 汪智.20世纪的中国（体育卷）［M］.兰州：甘肃人民出版社，2000.

③ 詹小平.中央苏区教育实践与教育思想概论［M］.湘潭：湘潭大学出版社，2011.

④ 夏书宇.中国体育通史简编［M］.郑州：河南人民出版社，2007.

杠、卫生学等专业课程，保障了培养质量，其培养的学员大都成为根据地的体育工作骨干成员，为边区体育活动的开展提供了有效的智力支持。另外，儿童运动会、青年运动会等由学生主体参与的竞赛活动也普遍开展，例如，1939年5月4日，延安举行首届青年运动会，中央党校、延安大学、抗日军政大学、鲁迅艺术学院、马列学院等学校均派学员参加，比赛项目以田径、篮球、排球、射击等为主[①]，对后期体育教育工作的开展影响深远。在苏北抗日根据地，体育教育工作融入抗战建国新型文教政策之中。例如根据地的盐阜行政公署，陆续制定了《小学课程标准总纲》《小学暂行规程》《中学教育实施大纲》等[②]，不仅对各学段学生体育教育的目的作了明确规定，而且对体育课程开展的时限、内容和考核方式作出了具体要求，对整个中部地区学校体育教育的发展都产生了重要影响。纵观这一时期的体育教育活动，其性质属于新型的新民主主义体育，在党的领导下为革命与战斗服务，凸显了成熟的实践品性，其实践路线继承的是艰苦奋斗的优良作风和传统，实践内容和形式都是在逐步演进和发展的，为后期体育教育实践更加顺利开展奠定了坚实的基础。

进入解放战争时期之后，在中国共产党的领导和组织下，体育教育活动的实践形式和内容更加丰富。群众体育、军队体育、职工体育中比较成熟的体育项目和新兴体育项目，陆续进入到学校体育教学活动之中，并且成为学校体育运动会的常设项目。全国解放区的学校体育教育工作已经逐渐摸索出一套比较成熟的实践经验和做法，为解放后的体育教育工作提供了实践素材与参照。这一时期，体育教育工作的进步性质和历史地位应值得肯定，作为新民主主义教育的重要组成部分，体育教育实践完成了中国共产党在这一时期交付的历史使命，为体育教育在新的历史时期继续建设和发展提供了坚实保障。

① 肖斌.延安时期陕甘宁边区体育的研究［D］.延安：延安大学，2017.

② 许友根.试论盐阜抗日根据地体育运动的历史地位和作用［J］.成都体育学院学报，1989，15（2）.

三、经验品性：成熟于马克思主义教育理论体系的引领与指导

马克思主义教育理论是中国共产党领导我国教育事业整体推进和发展的重要理论。新中国成立之后，在中国共产党的领导下，以马克思教育理论引领和指导，我国体育教育事业逐渐形成了自己独特的发展经验，在新的起点上步入了新的发展道路。在继承马克思主义教育理论和体育观的基础上，通过学习苏联和总结自己的经验，新中国的体育教育在短时期内形成了自己的思想体系，解决了新中国体育教育事业发展的方向和内容等基本问题。

马克思、恩格斯关于人的全面发展的教育学说是我国的德智体美劳“五育并举”教育目的论的立论基础。[①]在马克思主义教育理论体系中，体育作为独立的一域，是共产主义教育总体系中不可或缺的一部分，也是促进人的全面发展的必备教育形态。[②]在马克思主义教育理论的指导下，从1951年开始，陆续通过并发布了《政务院关于改善各级学校学生健康状况的决定》《学校体育工作暂行规定》《各级各类学校教育计划》《小学体育教学大纲（草案）》《中学体育教学大纲（草案）》《师范学校体育教学大纲（草案）》《高等学校普通体育课教学大纲》《体育课教学参考书》《准备劳动与卫国体育制度》等文件，确保提升体育教育质量，推动课外体育活动与运动竞赛的开展，“两课、两操、两活动”已经成为学校体育教育活动的常态。国家陆续恢复和成立了6所直属体育学院和28个师范院校的体育系科，通过专业体育院（系科）的成立和一系列政策文件的颁行实施，逐步形成了符合国家建设需要的体育教育制度和标准规范，体育教育边发展边总结经验，逐步走上有组织和有规律的全面发展道路。

党的十一届三中全会以来，党中央非常重视体育教育工作，创新性地运用马克思主义教育理论指导体育教育工作有序和全面开展。[③]在注重调查与研究的基

① 曹卫东.新时代中国体育教育改革创新研究［J］.体育文化导刊，2019（2）.

② 赵富学，李壮壮.习近平总书记体育重要论述融入体育课程思政建设研究［J］.武汉体育学院学报，2021，55（3）.

③ 谭华.新中国体育的重大转折：1978年以后体育战线的三年调整［J］.体育文史，1999（5）.

础上，体育教育工作全面恢复并步入正轨阶段。从小学至大学、从普通学校至其他类型学校，体育教育教学活动开始全面推展并有序衔接。尤其是在“扬州会议”之后，各地通过总结体育与卫生教育经验，提高了对学校体育工作连续性和全面性的科学认识。教育部、国家体委联合颁发了《高等学校体育工作暂行条例（试行草案）》《中小学体育工作暂行规定（试行草案）》《关于加强中小学体育师资队伍建设的意见》等文件，使学校体育教育的基础地位得到进一步的巩固和加强。通过与马克思主义教育理论紧密结合，体育教育的目标指向与具体措施也逐步朝着多层次、多形式的有序局面发展。党的一系列与体育教育有关政策的颁布和落地，使体育教育领域内的体育课程教学、体育师资培养、体育教材编写、体育教育交流等理论和实践改革创新活动开展得非常活跃，体育教育界开始探索“体教结合”的模式和路径，逐渐形成与积累了系统的中国体育教育经验，展现了党中央能够深刻把握马克思主义教育理论的品质，善于从全局出发，调动各个方面的优质经验积极做好体育教育工作的优越品性。

四、创新品性：融入中国特色社会主义教育事业的时代布局

进入21世纪，“以学生为中心”的体育教育观和终身体育教育理论受到体育教育界的极大重视，围绕体育教育开展的各类理论与实践创新活动层出不穷。站在新的历史方位，党中央围绕青少年学生的身体健康对各级各类学校的体育教育工作殷切关注。体育教育在党中央办好人民满意的教育工作中处于重要一级，体育教育的改革方向和创新举措更加突出了中国特色社会主义教育事业的时代性。随着《幼儿园教育指导纲要》《义务教育体育与健康课程标准》《普通高中体育与健康课程标准》《中等职业学校体育与健康课程标准》《普通高等学校体育教学指导纲要》等政策文件的颁布试行和持续修订，我国已经构建起了从学前教育至高等教育的系统完整的体育教育体系，并且围绕不同学段体育教育实践开展各类教学教研创新活动，不仅强化了体育教育创新实践的制度建设，而且明确了体育教育改革创新实施环节的责任主体和具体要求。从体育课程标准、体育教材、体育课程设计与规划、体育教学管理、体育教学评价和资源建设等方面，提出了创新点和改革原则。

“少年强中国强，体育强中国强”坚定了学校体育教育改革创新实践中的信

心和动力。“健康第一”“开齐开足体育课”“体教融合”的理念不断融入学校体育教育实践，教育强国、体育强国、健康中国的全面建设和推进，更为体育教育工作的持续创新提供了广阔空间。在党的领导下，各级体育教育工作者用强烈的历史责任感和使命感来共同推动新时代体育教育的改革与创新，自觉以习近平新时代中国特色社会主义思想和习近平总书记关于体育与教育工作的重要论述为指导，全面推进体育教育改革创新的整体步伐。创新已成为党的体育教育事业的一个时代品性，是党在新时代加强和改进体育教育工作的支撑和保障。

第二节　中国共产党体育教育事业的经验解析

坚持党的全面领导，是中国共产党自成立以来克服一切困难和挑战的根本经验。[①]百年来，中国体育教育事业在中国共产党的领导下，攻坚克难，稳步前行，形成了一系列符合中国实际且具实践范式的优质经验。

一、根本经验:坚持党领导体育教育事业的坚定立场

坚持党对教育事业的全面领导，是坚定社会主义办学方向和推动教育事业全面发展必须遵循的前提。[②]在领导中国革命的进程中，中国共产党在一穷二白的基础上，带领体育和教育工作者开始创办属于人民群众的体育教育事业，并初步建立起了相应的体育教育制度、课程教学体系等。在摸索和探寻中国体育教育发展之路的进程中，党领导和推动体育教育事业积极寻求本土转型，使体育教育事业不仅走出了“苏式经验”的禁锢，而且突破了“文革”带来的挫折和影响，在改革开放的进程中，形成了独具特色的中国体育教育发展范式。

进入新时代，在党的关怀、教育和组织号召下，在党和国家领导人的高度关切和重视下，围绕我国体育教育事业展开的改革与创新实践活动更加丰富多彩。

---

① 石云霞．中国共产党百年思想理论教育的历史经验研究［J］．思想理论教育，2021（5）．

② 刘复兴．坚持党对教育事业领导的全面性、系统性、整体性［J］．教育研究，2021，42（4）．

以立德树人为根本，以社会主义核心价值观为引领，通过体育教育的形式，塑造学生良好的道德素养、运动能力和健康行为，成为学校教育领域的共识。以学生健康全面发展为中心的体育教育新理念，正在推动着新时代中国特色体育教育事业稳步向前发展。坚持党领导体育教育事业的坚定立场，是中国体育教育事业在各个历史阶段总结出来的根本经验，更是新时代推动学校体育教育高质量发展的根本遵循和行动指南。

二、核心经验：致力于社会主义建设者和接班人的培养

立足于时代需求，弥补自身发展短板，在面向未来与改革创新的基础上，培养德智体美劳全面发展的社会主义建设者和接班人，是党的教育事业的发展指针和核心经验。[①]体育教育作为党的教育体系的重要组成，肩负着推动体育与党的教育事业发展要求同步协调和相适应的责任，承担着与构建德智体美劳全面发展的教育体系相匹配的历史重任，是合格社会主义建设者和接班人培养进程中必不可少的重要一域。

从党的教育事业的百年发展历程中可以总结出，合格建设者和接班人的培养是中国共产党领导教育事业发展的指向。在党的领导下，通过体育教育，培养社会主义建设者和接班人的爱国主义、集体主义精神，使其具备为社会主义事业发展而奋斗的身心素质和道德素养，促使其养成奋发拼搏、健康向上、勇敢顽强的意志品质，实现以体育德、以体育智、以体育心的独特育人功能。进入新时代，在全面贯彻落实习近平总书记关于体育与教育工作重要论述以及全国教育大会精神的基础上，推动学生在体育学习和锻炼中能够享受乐趣、增强体质、健全人格和锤炼意志，形成了“国家＋社会＋学校＋家庭”协同育人的新局面，共同关心和促进青少年学生全面健康成长，使中国共产党致力于培育社会主义建设者和接班人的核心经验能够更精准地落实到体育教育实践中。

---

① 翟博.党的教育方针百年演进及其思想光辉［J］.人民教育，2021（6）.

三、直接经验：强调体育与教育紧密结合的育人原则

强调体育与教育紧密结合是党的教育体系运行进程中形成的直接经验。[①]体育作为教育的重要组成部分，二者之间存在着天然的联系。但由于各种原因的综合作用，重视智育、轻视体育的现象在我国教育领域普遍且长期存在，体育与教育结合度不够的问题非常突出，甚至一度影响到我国教育领域的平衡性发展。党历来重视青少年儿童的身心健康发展问题，同时也在发展体育和教育的进程中不断总结经验，敢于直面困难，勇于审视、判断和解决问题。

在充分认识和判别体育与教育结合之间存在诸多问题的基础上，党和政府开始探索在遵循教育规律的前提下，如何使体育教育更好地与学校教育发展、素质教育推进、青少年体质健康促进、高素质社会主义劳动者培养等结合起来，并且扩展到解决运动员的“学训矛盾”领域。进入21世纪，在中共中央下发《关于加强青少年体育增强青少年体质的意见》之后，“全国亿万学生阳光体育运动”广泛普及与开展，使青少年学生更有目的和规律地接受体育教育与参加体育锻炼。党的十八大以来，国家陆续下发了《关于强化学校体育促进学生身心健康全面发展的意见》《关于深化体教融合促进青少年健康发展的意见》《关于全面加强和改进新时代学校体育工作的意见》等文件，不仅理顺了体育与教育紧密结合的逻辑理论和推进路线，而且实现了“体教结合”向“体教融合”的扩展，其内涵和举措更加精准地指向青少年学生文化学习和体育锻炼的协调发展问题，使体育与教育紧密结合的直接经验能够更好地整合教育与体育资源，促进青少年学生的健康协调发展。

四、成熟经验：构建促进学生全面发展的框架与体系

在“健康第一”的基础上，通过教育的手段构建学生实现德智体美劳全面发

---

① 陈世阳，刘晓.体育对构建“人类命运共同体”的价值与实施路径［J］.北京体育大学学报，2021，44（2）.

展的框架与体系，是党在长期的教育领导实践中总结出来的成熟经验。[①]纵观党的体育教育工作的历史实践理路，“以学生发展为中心”始终处于核心主线，将保障学生接受体育教育的权利和诉求置于重要位置，注重对已有的学生发展框架与体系进行改造和调适，避免学生片面化发展。

体育教育在构建学生全面发展的框架与体系进程中发挥着独特的作用。体育教育作为“五育”之一，是党和国家解决青少年学生全面发展问题所要倚重的重要“一育”。体育教育和其他“四育”之间存在着必然的联系，并对其他各育有着天然促进作用。有学者指出，在学生全面发展中可以以体成德、以体益智、以体健美、以体助劳。[②]另有学者认为，学生的全面发展体系中体育教育能够以体树德、以体启智、以体健美、以体促劳。[③]可见，体育教育的功能已经不仅仅局限于促进学生身心的健康发展，更能够通过与其他各育密切的配合与融通，诠释德智体美劳“五育”的整体育人逻辑。进入新时代，党和政府在总结促进学生全面发展的成熟经验的基础上，致力于消除体育与其他各育之间残留的体制障碍，使体育教育的育人价值能够更好地渗透到促进学生全面发展的成熟经验之中。

第三节 中国共产党体育教育事业的路向考察

一、路向探索：发端于中华民族要“强种图存”的新认识

近代中国积贫积弱，备受西方列强的欺凌，面临着亡国亡种的危险，一代又一代的仁人志士希冀借助体育实现“强种图存”。通过体育教育的手段，从学校教育入手，加强青少年一代的体育锻炼，倡导尚武精神，成为早期共产党人的普遍认识和选择。毛泽东、恽代英、李大钊、陈独秀等人，把青少年学生接受必要

---

① 王雁，燕飞.党的五代领导人关于体育的重要论述蕴含的马克思主义哲学观［J］.体育与科学，2021，42（2）.

② 冯建军.构建德智体美劳全面培养的教育体系：理据与策略［J］.西北师大学报（社会科学版），2020，57（3）.

③ 宁本涛.“五育融合”与中国基础教育生态重建［J］.中国电化教育，2020（5）.

的体育教育，上升到与民族和国家长远利益直接相关的“强国”“保种”的认识高度，通过体育教育的手段来“强种”，进而实现“强中国”的梦想，体现出了炽热的爱国情怀。

早期共产党人，基于实现中华民族强健体质和强盛民族的追求，将学校体育教育视为“强种图存”的基础之基础，“强种”的目的在于改造国民的体质，国民体质的改造首在中国的青少年学生。有具有强健体魄且富有竞争力的青年的国家，才能争得民族生存和国家富强。[①]早期共产党人已经深刻认识到青少年体质与体魄的健全，是中华民族保存血脉实现自强的基础。通过学校体育教育改造国民尤其是青少年学生群体的体质，是实现“强种图存”的最基础的需要，是解决国势积弱不振、国民文弱不武的社会现象的最基本的途径。基于这种新认识，中国共产党体育教育事业初始路向的探索，充满了以挽救民族危亡为己任的强烈使命和崭新认识。

二、路向抉择:立足于中华民族能够“站起来”的新起点

在中国共产党领导中国人民“站起来”的进程中，体育作为一面鲜艳的旗帜，引导无数中华儿女团结一致，奋勇向前，追求民族的解放和复兴。[②]在中国共产党的领导下，体育教育事业立足于中华民族“站起来”的新起点，使体育的力量融入到中国教育事业发展的历史脉络中。体育教育激励青年一代在中华民族“站起来”的时候能够更加激昂地表达自己的爱国之情，培育和砥砺自己的强国之志，实践和施展自己的报国之心。

中国共产党体育教育事业的路向抉择，基于对所处时代背景和需要的正确认识与判断，立足于中华民族“站起来”的新起点。体育教育串联起了中华民族体育精神，凝聚了中国共产党人正确的体育认识，组构了助推中华民族“站起来”的教育版图，使青年一代在中华民族“站起来”的进程中拥有坚实的底气和爆发

① 黄莉.中华体育精神与体育强国梦［M］.北京：北京出版社，2021.

② 刘纯献，刘盼盼.社会主义核心价值观引领体育治理效能研究［J］.北京体育大学学报，2021，44（4）.

力。为国育才，育可靠和可用之才，是党的体育教育事业发展路向的重要抉择。通过体育教育，为人民教育和体育事业的发展添培新兴沃土，培育能够堪当国家富强和民族复兴大任的体力强健、心智健全、道德高尚、能力优异的可靠人才，使中华民族在新的起点上“站”得更稳、“站”得更牢，为党的体育教育事业永葆正确路向提供取之不尽用之不竭的力量源泉。

三、路向形成：面向于中华民族实现“富起来”的新阶段

体育被公认为是一种软实力，体育教育是培育这种软实力的重要途径。中国共产党清晰地认识到体育这一软实力在确保中华民族生存、发展和繁荣进程中的重要性，将其视为能够对国家富强产生重要影响的潜在精神力量。[①]党的体育教育事业在中华民族实现“富起来”的新阶段，致力于培养充满自信、活力的新一代，使体育这一软实力能够在青年一代的成长中发挥它的“硬价值”。培育青年一代能够在“富起来”的新阶段勇于迎接新挑战，在复杂多变的环境中不怕挫折、积极进取和敢于拼搏。

中华民族实现“富起来”的新阶段对党的体育教育事业的路向形成提出了新要求。在实现中华民族伟大复兴中国梦进程中，“富起来”是基础。体育强国梦作为中国梦一部分，是中国体育梦的具体目标。[②]实现体育强国梦，需要强有力的体育教育事业的发展作为支撑。在中华民族实现“富起来”的新阶段，中国共产党领导的体育教育事业肩负着提高一代又一代青少年儿童的身体素质和健康水平的重任，使整个民族有健康的体质迎接“富起来”所面临的挑战，同时，“富起来”后所具备的国家体育发展实力也将助力体育教育事业朝着更加广阔的前景发展和前行。

---

① 张晓义．体育全球化：中国体育的态度与制度应对［J］．北京体育大学学报，2016，39（2）．

② 傅钢强，刘东锋．新中国成立以来党领导我国体育产业发展的历史逻辑与经验启示［J］．沈阳体育学院学报，2021，40（2）．

四、路向革新：置身于中华民族必定“强起来”的新征程

在中国共产党领导中国体育教育事业发展的历史进程中，从来不乏革新的因素和动力。在整个中华民族朝着“强起来”奋进新征程中，体育教育事业繁荣发展则是国家整个体育事业繁荣兴盛和蓬勃发展的有力佐证与典型缩影。“强起来”是整个国家强盛和民族实现伟大复兴的代名词，“强起来”需要来自各个领域的共同合力和不断革新才能完成。在党的领导下，实现文化、教育、人才、体育、健康等领域真正的强盛，是中华民族和中国人民整体利益的体现，也是全体中华儿女的共同期盼。党的十九届五中全会描绘的“九个强国”宏伟蓝图中，体育教育元素可以全面且完整地贯穿其中，体育文化的学校传播、教育领域的体育支撑、体育人才的培养培育、体育领域的教育支持、健康中国的体育教育助力等，是对这一命题的直接阐释。

在党的领导下，体育教育事业置身于中华民族必定“强起来”的新征程中，进行发展的不断革新，才能够保持旺盛发展动力和必备适应力。党的百年历史进程表明，没有强盛的国力，一切无从谈起。[①]强盛的国力需要全民健康作为基础和准备，体育教育作为实现全民健康的基础之基础，与国家和民族的前途与命运紧密相连。在实现中华民族伟大复兴梦进程中，体育教育事业发展仍需保持勇于革新的品质，自觉增强使命担当，与国家富强和民族振兴紧密联系起来。

第四节　中国共产党体育教育事业的未来发展方向

目前，中国对青少年的身体素养评价标准和依据正处于调适阶段[②]，在“健康第一”“体教融合”的背景下，对提升中国青少年身体素养提出如下理论研究和实践路径建议。

---

① 刘纯献，刘盼盼.中华民族站起来体育的使命与担当［J］.体育学刊，2019，26（5）.

② 冯建军.构建德智体美劳全面培养的教育体系：理据与策略［J］.西北师大学报（社会科学版），2020，57（3）.

一、构建符合中国青少年身心发展规律的身体素养评价理论体系

近年来，中国学者关于青少年身体素养的理论研究成果逐渐增多，但是从操作层面来看，中国青少年身体素养提升仍然存在一些有待解决的问题，相应的身体素养提升评价体系的缺失和不完善，使得中国青少年身体素养提升的理论框架与实践路径不一致。从其他国家政府界定的身体素养的概念来看，不同国家对身体素养的认知与各个国家青少年的身心特点和身体条件有关，具有显著的地域差异和人群差异。而中国学者关于身体素养的认知是建立在对体育素养认知的基础上的。近年来，针对中国青少年提出的体育素养、体育核心素养、体育学科核心素养等概念，为提升中国青少年身体素养奠定了一定的理论基础。中国学者界定的“身体素养”与“体育素养”在概念内涵及外延上基本是一致的，符合中国青少年身体素养的特点。进入21世纪以来，中国政府发布的一些政策文本都体现了将促进中国青少年身心健康作为学校体育的重要工作的精神，例如《关于加强青少年体育增强青少年体质的意见》《关于进一步加强学校体育工作若干意见》《“健康中国2030”规划纲要》《关于强化学校体育促进学生身心健康全面发展的意见》《青少年体育活动促进计划》。这些政策的落实，要进一步把握当前中国青少年的身心发展规律和身体素养特点，可以结合中国青少年身体素养的实际情况，构建中国青少年身体素养评价理论体系，进而促进提升中国青少年身体素养的系统性研究和精准化实践。

二、研制中国青少年身体素养的监测方法和评价工具

中国目前尚未形成完善的青少年身体素养提升要素体系与监测方法，并且青少年身体素养提升的监测工作大多融入了学校体育的相关评价活动中。2014年，教育部印发了《学生体质健康监测评价办法》《中小学校体育工作评估办法》《学校体育工作年度报告办法》，2017年国务院教育督导委员会办公室印发了《中小学校体育工作督导评估办法》，这些文件从不同角度对学校提高青少年学生体质健康水平提出了监测要点和要求。在中国现有政策及青少年体质健康监测工作的基础上，应从提升中国青少年身体素养的角度，以不同年龄段和不同身体状况的青少年为切入点，研制与当前中国青少年身体素养特点相符的监测方法和评价

工具。

三、有针对性地审视青少年身体素养促进问题

我国“身体素养”与“体育素养”政策在很多方面保持一致，是符合我国青少年身体发展的认识特点和研究特征的。自2007年5月中共中央、国务院印发《关于加强青少年体育增强青少年体质的意见》以来，“强化青少年体育、增强青少年体质”被提升到国家战略决策高度，动员全党全社会重视学校体育、促进青少年健康成长，各界对促进青少年身体素养的关注也愈多。2012年的《关于进一步加强学校体育工作若干意见的通知》、2016年的《关于强化学校体育促进学生身心健康全面发展的意见》和《2019年全国青少年体育活动计划》等政策文件的发布，使各界认识到了“促进青少年身心健康、体魄强健”的紧迫性和使命感。为更好促进我国青少年身体素养的研究和实践工作，需要在落实国家政策和要求的同时，全面审视我国青少年身体素养促进过程中存在的各类问题，界定符合我国青少年群体特征的身体素养促进范围，并进行系统的理论建构和精准的实践检验，构建与形成我国青少年身体素养促进的研究和实践体系。

四、拓展青少年身体素养促进的协同路径

我国青少年身体素养促进的顶层设计由政府引领完成，配套资源主要由政府统一调配和协调，其他各方参与度较低。可以尝试运用政府调配之外的其他资源供给方式，动员多方力量参与到青少年身体素养促进的协同治理进程中，形成“政府主导、市场配合、协会辅助、学校执行”的青少年身体素养促进配套资源的供给体系，多渠道拓展青少年身体素养促进的布局和路径，实现对现有资源供给方式和模型式的改进与调适。在青少年身体素养促进实践中探索“制度改革融合资金扶持、体育需求对接市场组织、有序指导对接公平投入”的资源配型，形成符合我国青少年身心发展需要的身体素养促进机制及资源供给方式。

五、打造“政府激励+协会跟进+社区统筹”的治理格局

我国青少年身体素养促进与国家青少年体育事业发展息息相关，以全民健身战略、体育强国战略为指导，以学校体育为主要载体进行开展，但在具体推行过

程中社区、家庭、协会所发挥的作用不够全面和有力。因此，发挥政府、协会和社区的统协作用，打造“政府激励＋协会跟进＋社区统筹”的治理格局，将家庭、学校和青少年个人的诉求与建议整合起来，构建起“学校推行＋家庭协助＋个人努力”的支持体系，使青少年身体素养促进的实践体制和机制能够有序运行起来。

六、对接“主动健康”的理念与导向

我国向来重视青少年的健康问题，健康行为素养是必须培养学生拥有的体育与健康核心素养。随着“健康中国”的不断推进，“主动健康”一词逐渐走入人们视野中，其强调主动施加人体可控刺激以达到增强人体机能和健康能力的目的。“主动健康”理念已被国家卫生与健康科技专项规划所认证，也是国家体育总局2020年度科技应对专项计划的主题之一。“主动健康”的导向与“推动青少年形成积极健康行为”的体育与健康学科核心素养的理念不谋而合，因此，通过对接“主动健康”导向，强化各方指导青少年身体素养促进能力与质量，进而使“健康第一”“健康优先”理念渗透进青少年身体素养促进的全过程。

↘ 本章小结

党领导体育教育事业的百年发展史，是中国体育对“少年强则国强，体育兴则中国兴”所作的最好教育注解和诠释。在中国共产党的领导下，我国体育教育事业取得了跨越式的发展成果，特别是党的十八大以来，体育教育事业的发展脉络更加清晰，改革力度不断加大，前进的步伐显著加快，配套的政策机制愈加完善，保障条件不断改善，改革的成效不断凸显，青少年一代良好体育意识和锻炼习惯逐渐形成。中国的体育教育事业在中国共产党的领导下，正在走出一条中国特色的发展之路，成为教育领域助推中华民族伟大复兴中国梦的坚实力量。

提升中国青少年身体素养和促进中国青少年体质健康，是中国共产党的体育教育事业人才培养的基础性工程，关乎中国“体育强国”“健康中国”建设进程，同时也是贯彻落实“健康第一”和“体教融合”理念的重要抓手。目前，中国学者对于身

体素养的研究已经历了概念辨析、要素选择、国际比较、体系构建、教学实验等过程，短时间内形成了较多的研究成果，但是针对不同年龄段人群开展身体素养提升的专题研究还比较缺乏，尤其是在如何构建适合提升中国青少年身体素养的结构性要素体系问题上仍然要加大借鉴、转化和自创的力度。今后，要结合体育学科核心素养和“体教融合”的理念与要求，加强对提升中国青少年身体素养的人体科学和教育学方面的理论研究，细化对提升中国青少年身体素养的组织行为学方面的实践路径研究，这将是推动中国体育教育进一步发展的重要抓手。

参考文献

一、著作

[1] 编辑组.毛泽东早期文稿[M].长沙:湖南人民出版社,2013.

[2] 编写组.邓小平讲话实录(第二卷)[M].北京:红旗出版社,2018.

[3] 习近平.高举中国特色社会主义伟大旗帜 为全面建设社会主义现代化国家而团结奋斗——在中国共产党第二十次全国代表大会上的报告[M].北京:人民出版社,2022.

[4] 习近平.决胜全面建成小康社会 夺取新时代中国特色社会主义伟大胜利——在中国共产党第十九次全国代表大会上的报告[M].北京:人民出版社,2018.

[5] 编辑组.习近平谈治国理政[M].北京:外文出版社,2017.

[6] 编写组.习近平新时代中国特色社会主义思想三十讲[M],北京:学习出版社,2018.

[7] 编写组.党的十九大报告单行本[M].北京:人民出版社,2018.

[8] 中共中央文献研究室编.习近平关于全面深化改革论述摘编[M].北京:中央文献出版社,2014.

[9] 中共中央宣传部.习近平总书记系列重要讲话[M].北京:学习出版社,2016.

[10] 中央党校采访实录编辑室.习近平的七年知青岁月[M].北京:中央党校出版社,2017.

[11] 中共中央文献研究室.习近平关于协调推进“四个全面”战略布局论述摘编[M].北京:中央文献出版社,2015.
[12] 国家体育总局.新中国体育70年[M].北京:人民出版社,2019.
[13] 国家体委政策法规司.中国体坛四十春[M].北京:人民体育出版社,1990.
[14] 国家体委政策研究室.体育运动文件选编[M].北京:人民体育出版社,1982.
[15] [美]亨利·基辛格.美国的全球战略[M].胡利平,凌建平,译.海口:海南出版社,2012.
[16] [美]约瑟夫·奈.软实力[M].马娟娟,译.北京:中信出版社,2013.
[17] [英]戴维·赫尔德,安东尼·麦克格鲁.全球化与反全球化[M].陈志刚,译.北京:社会科学文献出版社,2004.
[18] 安乐哲.和而不同:中西哲学的会通[M].北京:北京大学出版社,2009.
[19] 安启念.新编马克思主义哲学发展史(第3版)[M].北京:中国人民大学出版社,2015.
[20] 白亚光.马克思主义认识论丛谈[M].哈尔滨:黑龙江人民出版社,2001.
[21] 陈理主.中国少数民族文化遗产集粹[M].昆明:云南教育出版社,2006.
[22] 陈先达,杨耕.马克思主义哲学原理(第4版)[M].北京:中国人民大学出版社,2016.
[23] 陈禹.信息管理与信息系统概论[M].北京:中国人民大学出版社,2005.
[24] 陈志良.思维的建构和反思:重新理解马克思主义认识论[M].北京:北京师范大学出版社,2017.
[25] 崔乐泉.中国体育通史[M].北京:人民体育出版社,2008.
[26] 邓绍兴.档案管理学[M].北京:首都师范大学出版社,2011.
[27] 费聿辉,刘涛.红色基因传承研究[M].济南:济南出版社,2019.
[28] 顾海良.马克思主义中国化史(第四卷)[M].北京:中国人民大学出版社,2015.

[29] 胡钧.历史唯物主义与马克思主义政治经济学[M].北京:经济日报出版社,2018.

[30] 黄莉.中华体育精神与体育强国梦[M].北京:北京出版社,2021.

[31] 黄永刚,张健华.杨贤江现代教育理论体系研究[M].杭州:浙江大学出版社,2015.

[32] 孔繁敏,程惠丽.中央苏区体育文化研究[M].北京:人民体育出版社,1999.

[33] 李玲修,周铭共.体育之子荣高棠[M].北京:新华出版社,2002.

[34] 李颖.陈独秀与共产国际[M].上海:上海人民出版社,2019.

[35] 刘冠婵.马克思主义简明读本:解读《矛盾论》[M].长春:吉林出版集团有限责任公司,2014.

[36] 刘国章.马克思新哲学观及其认识与改造理论研究[M].北京:人民出版社,2018.

[37] 刘辉.中国近代思想家文库(恽代英卷)[M].北京:中国人民大学出版社.

[38] 刘清早.体育赛事运作管理[M].北京:人民出版社,2006.

[39] 卢兵.中华民族传统体育文化导论[M].北京:民族出版社,2005.

[40] 马振东.中央苏区红色体育[M].北京:新华出版社,2010.

[41] 倪志安.马克思主义哲学中国化的方法论问题研究[M].北京:人民出版社,2015.

[42] 欧阳康,张明仓.在观念激荡与现实变革之间——马克思实践观的当代阐释[M].北京:中国人民大学出版社,2008.

[43] 欧阳康.马克思主义认识论研究[M].北京:北京师范大学出版社,2017.

[44] 曲青山.新时代在党史新中国史上的重要地位和意义[M].北京:人民出版社,2019.

[45] 饶远.刘竹.中国少数民族体育文化通论[M].北京:人民出版社,2009.

[46] 任建树.独秀文存[M].上海:上海人民出版社,2016.

[47] 任莲香.体育文化与高校体育[M].兰州:甘肃人民出版社,2005.

[48] 申伟华,尹华丁.毛泽东体育思想概论[M].长沙:湖南教育出版社,

2009.
[49] 史进,刘晓莉.中国红色体育[M].北京:人民日报出版社,2016.
[50] 苏格.平易近人:习近平的语言力量(外交卷)[M].上海:上海交通大学出版社,2018.
[51] 苏肖晴.新民主主义体育史[M].福州:福建教育出版社,1999.
[52] 体育史教材编写组.体育史[M].北京:高等教育出版社,2000.
[53] 涂良川,王庆丰.历史唯物主义与政治哲学[M].北京:中国社会科学出版社,2018.
[54] 汪智.20世纪的中国(体育卷)[M].兰州:甘肃人民出版社,2000.
[55] 伍绍祖.中华人民共和国体育史(1949—1998)(综合卷)[M].北京:中国书籍出版社,1999.
[56] 夏书宇.中国体育通史简编[M].郑州:河南人民出版社,2007.
[57] 萧前.历史唯物主义原理[M].北京:北京师范大学出版社,2012.
[58] 谢武申,王鼎华.共和国体育元勋[M].北京:人民体育出版社,1989.
[59] 熊晓正.中国体育[M].北京:北京出版社,1995.
[60] 杨建新.中国少数民族通论[M].北京:民族出版社,2009.
[61] 杨军.邓中夏思想研究[M].长春:吉林大学出版社,2009.
[62] 俞吾金.马克思主义基础理论研究丛书:马克思主义认识论研究[M].北京:北京师范大学出版社,2012.
[63] 袁伟民.我的执教之道[M].北京:人民出版社,1988.
[64] 詹小平.中央苏区教育实践与教育思想概论[M].湘潭:湘潭大学出版社,2011.
[65] 张彩珍.论体育[M].北京:人民体育出版社,1990.
[66] 张振亭.中华体育精神[M].北京:北京体育大学出版社,1997.
[67] 张挚,张玉龙.中央苏区教育史料汇编[M].南京:南京大学出版社,2016.
[68] 赵富学.体育教学问题研究[M].长春:吉林大学出版社,2018.
[69] 赵家祥,聂锦芳.马克思主义哲学教程[M].北京:北京大学出版社,2003.
[70] 周尚文.列宁政治遗产十论[M].上海:上海人民出版社,2018.

[71] 朱传棨.马克思哲学思想研究论稿[M].北京:中央编译出版社,2018.
[72] 庄福龄,杨瑞森.毛泽东哲学思想史[M].北京:中国人民大学出版社,2011.

二、期刊

[1] 白刚.真理·道义·文明:中国式现代化的三大制高点[J].吉林大学社会科学学报,2022,62(6).
[2] 白晋湘.中国民族传统体育文化建设的使命与担当[J].体育学研究,2019,2(1).
[3] 白蓝."一带一路"背景下中国体育文化对外交流研究[J].体育学刊,2020,27(2).
[4] 白宇飞,杨松.我国体育产业数字化转型:时代要求、价值体现及实现路径[J].北京体育大学学报,2021,44(5).
[5] 鲍明晓,赵轶龙,赵承磊."十四五"我国"三大球"振兴发展战略[J].北京体育大学学报,2020,43(6).
[6] 曹普.新时代更好坚持和发展中国特色社会主义的战略指引[J].科学社会主义,2022(5).
[7] 曹卫东.新时代中国体育教育改革创新研究[J].体育文化导刊,2019(2).
[8] 曾诚,邓星华.北京冬奥精神与新时代中国国家形象建构研究[J].武汉体育学院学报,2022,56(8).
[9] 曾祥云.论毛泽东的马克思主义中国化思想——从马克思主义认识论角度[J].湖南大学学报(社会科学版),2018,32(5).
[10] 陈丛刊,陈宁.论我国体育社会组织发展新的历史方位[J].体育科学,2018,38(9).
[11] 陈刚,郭子瑜.体育促进"双循环"新发展格局构建的理论路径研究——基于习近平总书记关于体育工作重要论述的研读[J].武汉体育学院学报,2022,56(9).
[12] 陈刚.一带一路与我国体育文化国际传播策略研究[J].体育文化导刊,

2016(7).

[13] 陈海燕.冰雪运动进校园推进机制及优化策略[J].体育文化导刊,2022(4).

[14] 陈华荣.全民健身公共服务:从要素供给到制度保障[J].成都体育学院学报,2022,48(4).

[15] 陈明辉,王庆伟,张树敏,等.北京冬奥会背景下京津冀冰雪赛事协同发展研究[J].西安体育学院学报,2021,38(4).

[16] 陈生琛.三江源移民区藏族体育文化可持续发展研究[J].体育文化导刊,2008(5).

[17] 陈世阳,刘晓.体育对构建"人类命运共同体"的价值与实施路径[J].北京体育大学学报,2021,44(2).

[18] 陈思.中国体育外交能力:内涵、现状与提升策略[J].北京体育大学学报,2020,43(11).

[19] 陈元欣,何开放,杨金娥,等.我国利用非体育用地建设体育场地设施研究[J].体育学研究,2020,34(5).

[20] 陈元欣,杨金娥,王健.体育场馆运营支持政策的现存问题、不利影响与应对策略[J].上海体育学院学报,2016,40(6).

[21] 陈元欣,周彪,姬庆.我国体育场馆运营改革的实践进展、推动路径及发展展望[J].西安体育学院学报,2022,39(3).

[22] 陈云云,张玉,胡娟.新时代习近平体育思想探析[J].武汉体育学院学报,2018,52(5).

[23] 程文广,冯振伟.我国青少年冰雪运动进校园影响因素、推进机制与实践路径[J].体育科学,2020,40(7).

[24] 程文广.习近平新时代中国特色社会主义思想引领下健康中国的体育思想:释义、源起与意义[J].北京体育大学学报,2018,41(9).

[25] 崔乐泉.奥林匹克文化论[J].体育文化导刊,2009(9).

[26] 崔李明,杨桃.新发展阶段下我国竞技体育治理体系改革的推进路径[J].西安体育学院学报,2022,39(5).

[27] 邓建伟,马玉芳,伊佳淋.我国冰雪运动"南展西扩东进"战略的演进历程与内涵价值[J].体育科学,2022,42(7).

[28] 翟博. 党的教育方针百年演进及其思想光辉[J]. 人民教育,2021(6).

[29] 丁玲辉,边巴次仁. 试论西藏小康社会全民健身体系建设与藏族传统体育的发展[J]. 西藏民族学院学报(哲学社会科学版),2005(3).

[30] 董进,夏成前,战炤磊. 新常态下体育用品制造业集群发展:动因、态势与路径[J]. 沈阳体育学院学报,2016,35(6).

[31] 段妍. 中国共产党百年奋斗对中华民族伟大复兴的历史性贡献[J]. 陕西师范大学学报(哲学社会科学版),2021,50(4).

[32] 范文. 新时代中国特色社会主义政治建设的理论分析[J]. 中国特色社会主义研究,2019(6).

[33] 范尧. 供给侧改革背景下体育用品供需困境与调和[J]. 体育科学,2017,37(11).

[34] 冯国有,贾尚晖. 中国财政政策支持体育产业发展的承诺、行动、效应[J]. 体育科学,2018,38(9).

[35] 冯建军. 构建德智体美劳全面培养的教育体系:理据与策略[J]. 西北师大学报(社会科学版),2020,57(3).

[36] 冯雅男,孙葆丽,毕天杨. 新媒介对奥林匹克文化传播的影响[J]. 体育学刊,2018,25(6).

[37] 傅钢强,刘东锋. 新中国成立以来党领导我国体育产业发展的历史逻辑与经验启示[J]. 沈阳体育学院学报,2021,40(2).

[38] 高波,吕有金. 中国式现代化道路:理论逻辑、现实特征与推进路径[J]. 河北学刊,2022,42(6).

[39] 高继科,田国祥,赵富学. 环境学理论视野下甘肃藏区高原群众体育锻炼研究[J]. 成都体育学院学报,2015,41(6).

[40] 顾春先,何文涛,胡波. 我国普通高校校园体育文化建设现状及对策[J]. 成都体育学院学报,2010,36(8).

[41] 管晓峰. 企业信用与可持续发展[J]. 人民法治,2016(9).

[42] 管育梅. 我国冰雪运动场地发展影响因素分析及对策探究[J]. 冰雪体育创新研究,2022(12).

[43] 郭维刚. 论共享发展理念与体育强国的价值建构[J]. 成都体育学院学报,2021,47(2).

[44] 郝海亭,郇昌店,徐晓敏.我国部分学校体育场馆面向社会开放的管理机制研究[J].首都体育学院学报,2019,31(3).

[45] 郝家春,龚观.新中国70年民族传统体育学科回望与前瞻[J].民族教育研究,2020,31(2).

[46] 郝家春.开展全民健身活动 推进体育强国建设——学习习近平关于加快推进体育强国建设的重要论述[J].中南民族大学学报(人文社会科学版),2018,38(5).

[47] 郝文鑫,方千华,蔡向阳,等.我国新校园足球竞赛体系的运行现状考察与治理路径研究[J].武汉体育学院学报,2020,54(7).

[48] 何虎生.实现中华民族伟大复兴的政治宣言——深刻领悟习近平总书记"七一"重要讲话的思想精髓[J].人民论坛,2021(19).

[49] 华林,姬兴江,王晋,等.文化遗产框架下的西部散存民族档案文献遗产保护研究[J].档案学通讯,2013(3).

[50] 华民.经济全球化与中国的对外开放[J].学术月刊,2007(7).

[51] 黄海燕,康露,刘蔚宇,等.体育产业高质量发展的法治保障研究——基于《中华人民共和国体育法》修订的思考[J].体育学研究,2022,36(4).

[52] 黄海燕,刘蔚宇.论体育市场监管工具创新——基于深度访谈的质性研究[J].体育文化导刊,2020(5).

[53] 黄海燕.新阶段、新形势:我国体育产业发展战略前瞻[J].上海体育学院学报,2022,46(1).

[54] 黄海燕.新时代体育产业助推经济强国建设的作用与策略[J].上海体育学院学报,2018,42(1).

[55] 黄莉.体育软实力的概念、实力要素与核心探究[J].体育文化导刊,2017(2).

[56] 黄莉.中华体育精神的弥足珍贵与独特优势探究[J].武汉体育学院学报,2022,56(9).

[57] 江亮.国内外体育用品品牌广告设计能力及其市场效应的比较研究[J].中国体育科技,2016,52(2).

[58] 江先锋.习近平关于卫生健康重要论述的三重逻辑[J].理论导刊,2020(9).

[59] 蒋启飞.习近平新时代体育思想的哲学意蕴[J].吉林体育学院学报,2020,36(3).

[60] 蒋新国.我国竞技体育文化迷失现象的分析[J].体育学刊,2010,17(7).

[61] 蒋志学.促进体育科技创新,推动体育强国建设——在第九届全国体育科学大会上的主题报告[J].体育科学,2012,32(1).

[62] 金银哲,李柏,夏晚莹.新时代体育场馆困境及发展路径研究[J].沈阳体育学院学报,2019,38(6).

[63] 阚军常,翟哲,张宏宇.我国冰雪运动发展的战略规划与推进路径[J].上海体育学院学报,2022,46(1).

[64] 康露,黄海燕.体育与科技融合助推体育产业高质量发展:逻辑、机制及路径[J].体育学研究,2021,35(5).

[65] 李爱群,吕万刚,漆昌柱,等.中华体育精神助力中华民族伟大复兴的时代特质与价值——"中华体育精神与中华民族伟大复兴"研讨会述评[J].武汉体育学院学报,2022,56(8).

[66] 李爱群,吕万刚,王志强,等.中国式现代化视域下体育强国建设助推中华民族伟大复兴的道路探索——"贯彻落实二十大精神,探索中国式现代化体育新道路"论坛述评[J].武汉体育学院学报,2022,56(8).

[67] 李彩娥,许月云.基于政策工具对《关于推进学校体育场馆向社会开放的实施意见》的量化分析[J].首都体育学院学报,2021,33(5).

[68] 李刚,黄海燕.体育场馆智慧化转型域外经验与启示[J].体育文化导刊,2022(5).

[69] 李海乐,刘静娴.论中国共产党的体育理念[J].体育文化导刊,2011(11).

[70] 李军,康培培.北京冬奥:文化传承与全球传播[J].人民论坛,2022(16).

[71] 李军军,李建平.中国特色社会主义共同富裕:科学内涵、制度保障和分配改革[J].当代经济研究,2022(10).

[72] 李全文.在新时代坚持和发展以人民为中心的马克思主义权力观[J].长春大学学报,2018,28(11).

[73] 李冉.以中国式现代化全面推进中华民族伟大复兴[J].红旗文稿,2022(20).

[74] 李卫.国家级运动队复合型训练团队运行机制与组织策略[J].首都体育学院学报,2012,24(4).

[75] 李新,张鑫."一带一路"视域下区域一体化发展探析[J].新疆师范大学学报(哲学社会科学版),2016(4).

[76] 李严,张健.象征转化·仪式展演·互动景观:数字时代冬奥会开幕式的媒介仪式建构[J].中国电视,2022(9).

[77] 李崟,李刚,黄海燕.全球体育城市视域下上海体育赛事体系构建战略[J].上海体育学院学报,2020,44(3).

[78] 李崟.体育强国建设背景下体育体制机制改革的中国逻辑与路径[J].上海体育学院学报,2022,46(1).

[79] 李钰.新时代我国生态文明建设的作用、创新及特色发展[J].重庆社会科学,2019(9).

[80] 廖小明.中国式现代化历史演进中制度公正的发展进程与多维审视[J].贵州师范大学学报(社会科学版),2022(11).

[81] 林伯海,李潘.正确把握中国式现代化新道路中的若干辩证统一关系[J].思想理论教育导刊,2021(11).

[82] 凌媛,代向伟,汪雄.乡村经济振兴与少数民族体育旅游资源的融合发展研究[J].中国发展,2020,20(1).

[83] 刘纯献,刘盼盼.中华民族站起来体育的使命与担当[J].体育学刊,2019,26(5).

[84] 刘纯献,刘盼盼.社会主义核心价值观引领体育治理效能研究[J].北京体育大学学报,2021,44(4).

[85] 刘冬磊,崔丽丽,孙晋海,等.产业生态覆盖与消费场景变革:物联网时代下体育消费升级的探索与思考[J].体育科学,2022,42(4).

[86] 刘桂海,汪婷,杨智国,等.改革开放40年中国特色体育外交:历程、经验与理论反思——基于"历史观、大局观、角色观"三重视角的考察[J].体育科学,2020,40(3).

[87] 刘国永.对"十三五"时期全民健身事业发展的思考[J].北京体育大学

学报,2016,39(10).

[88] 刘国永.对新时代群众体育发展的若干思考[J].体育科学,2018,38(1).

[89] 刘敏,郭学松,曹莉.中国共产党体育理念的历史演进与创新发展[J].北京体育大学学报,2021,44(11).

[90] 刘晴,罗亮,黄晶."双循环"新发展格局下我国体育用品制造业高质量发展的现实困境与路径选择[J].体育学研究,2021,35(2).

[91] 刘素,江筱倩.共创冰雪奇迹:冬奥训练场馆高质量建设的中国方案、中国经验和中国贡献[J].经济与管理评论,2022,38(4).

[92] 刘文勇.中国式现代化的遵循与创新[J].天津社会科学,2022(6).

[93] 刘小静,钟秉枢,蒋宏宇.协同治理视角下我国竞技体育与全民健身发展中的问题与思考[J].北京体育大学学报,2022,45(2).

[94] 刘岩.普通高校冰雪体育俱乐部教学研究[J].冰雪运动,2007,29(1).

[95] 刘玉.改革开放30年我国体育公共服务供给模式转型与现实选择[J].体育科学,2013,33(2).

[96] 柳鸣毅,敬艳,孔年欣,等.从"民族振兴"到"民族复兴":青少年体育的历程回眸与时代展望[J].天津体育学院学报,2022,37(2).

[97] 柳鸣毅,敬艳,孙术旗,等.行政放权与多元赋能:"社会力量办体育"的中国方案——基于浙江省改革实践的案例分析[J].上海体育学院学报,2022,46(9).

[98] 柳鸣毅,王梅,孔年欣,等.发达国家青少年体育组织的逻辑基础、体系构建与治理策略[J].上海体育学院学报,2018,42(4).

[99] 卢文云.迈向体育强国我国竞技体育发展面临的问题与对策[J].沈阳体育学院学报,2020,39(2).

[100] 吕伟.习近平新时代中国特色社会主义外交思想研究[J].河南大学学报(社会科学版),2019,59(3).

[101] 马思远.我国业余体育竞赛体系构建研究[J].北京体育大学学报,2021,44(10).

[102] 马玉芳,王永红.从政策导向到文化生成:我国冰雪运动"南展西扩东进"的动力因素、现实困境与优化路径[J].武汉体育学院学报,

2020,54(4).

[103] 马振川,张道鑫,支川,等.传统武术文化自信的生成机制与提升策略[J].体育文化导刊,2021(9).

[104] 毛振明,查萍,洪浩,等.从“体教分离”到“体教融合”再到“体回归教”的中国逻辑[J].体育学研究,2021,35(4).

[105] 梅国琴,高地.社会主义核心价值观与传统“和合”文化关系研究——学习习近平总书记关于文化建设的系列论述[J].河南教育(高教),2019(2).

[106] 米娟婷,王平.“一带一路”建设中西北民族地区非物质文化遗产档案资源保护研究[J].西北民族大学学报(哲学社会科学版),2016(2).

[107] 宁本涛.“五育融合”与中国基础教育生态重建[J].中国电化教育,2020(5).

[108] 宁焕生,徐群玉.全球物联网发展及中国物联网建设若干思考[J].电子学报,2010(11).

[109] 彭国强,高庆勇.新阶段竞技体育助力社会主义现代化强国建设的时代机遇与战略路径[J].天津体育学院学报,2022,37(5).

[110] 彭国强,杨国庆.世界竞技体育强国备战奥运政策及对我国备战东京奥运会的启示[J].体育科学,2018,38(10).

[111] 齐冰.中国共产党百年体育实践成果与文化特质[J].北京体育大学学报,44(6).

[112] 秦小平,胡庆山,鲁长芬,等.新时代我国少数民族地区体育公共服务分层治理研究[J].武汉体育学院学报,2019,53(8).

[113] 邱辉,孟昭雯.北京2022年冬奥会志愿遗产及其内涵研究——基于21名志愿者的口述史[J].北京体育大学学报,2022,45(5).

[114] 邱招义,陶永纯,周瑾,等.我国2022冬奥会战略选择及项目布局的研究[J].北京体育大学学报,2016,39(9).

[115] 屈植斌,高会军,李延超.裂变与重生:少数民族传统体育传承路径演变与重构[J].天津体育学院学报,2019,34(6).

[116] 饶远,徐红卫,张云钢.在民族体育政策实施中构建和谐的社会主义民族关系——略论中国共产党的民族体育发展政策[J].云南行政学院

学报,2007(5).
[117] 饶远,张云钢.发展少数民族体育产业的政策与社会环境分析[J].北京体育大学学报,2003(4).
[118] 任保平,任欣怡.中国式现代化民族性与世界性的统一[J].人文杂志,2022(10).
[119] 任波,黄海燕.体育产业供给侧改革的内在逻辑与实施路径——基于高质量发展的视角[J].上海体育学院学报,2021,45(2).
[120] 任波,黄海燕.体育强国建设背景下我国体育产业现实问题与发展策略[J].体育文化导刊,2022(4).
[121] 邵凯,董传升.回应与行动:面向新型全球化我国体育强国建设的文化发展路径[J].上海体育学院学报,2022,46(10).
[122] 沈克印,寇明宇,吕万刚.数字经济时代体育产业数字化的作用机理、实践探索与发展之道[J].上海体育学院学报,2021,45(7).
[123] 沈文玮,李昱.中国式现代化、数字经济和共同富裕的内在逻辑[J].经济纵横,2022(11).
[124] 石云霞.中国共产党百年思想理论教育的历史经验研究[J].思想理论教育,2021(5).
[125] 史小强,戴健."十四五"时期我国全民健身发展的形势要求、现实基础与目标举措[J].体育科学,2021,41(4).
[126] 孙葆丽,沈鹤军,孙海潮,等.北京冬奥精神的内涵特征、时代意蕴与传承路径[J].武汉体育学院学报,2022,56(9).
[127] 孙成林.我国市域学校体育场地空间分布特征及影响因素研究[J].天津体育学院学报,2020,35(5).
[128] 孙楚,谢慧松,厉素霞,等.体育强国建设背景下体育文化自信的生成逻辑与实践路径[J].体育文化导刊,2021(5).
[129] 孙玲,徐晓仪,刘旻航.体育强省建设背景下山东群众体育发展趋势及对策研究[J].山东体育学院学报,2020,36(3).
[130] 谭华.新中国体育的重大转折:1978年以后体育战线的三年调整[J].体育文史,1999(5).
[131] 唐佳懿,卢文云.我国社区体育赛事发展的现实困境与优化路径[J].

天津体育学院学报,2022,37(5).

[132] 田文波.中国共产党体育治理理念的历史逻辑考察[J].武汉体育学院学报,2021,55(7).

[133] 田野,王清,冯连世,等.优秀运动员运动训练科学监控与竞技状态调整[J].体育科学,2008,28(9).

[134] 汪青松,王辰璇.中国式现代化的历史演进与新时代高度[J].理论学刊,2022(6).

[135] 王创业,张德胜.体育外交的实践逻辑:工具理性与资本再生产[J].上海体育学院学报,2020,44(5).

[136] 王飞,阚军常,张莹,孙大海.互动、认同与政策引领:西北冰雪运动发展全面推进研究[J].体育科学,2020,40(11).

[137] 王公龙,付星博.世界历史视野下的中国式现代化道路[J].思想理论教育,2022(1).

[138] 王广亮,侯斌.我国体育设施建设规划探索[J].体育文化导刊,2010(5).

[139] 王浩淼.围绕“六个身边”构建全民健身新路径研究[J].体育文化导刊,2018(11).

[140] 王洪珅,韩玉姬,梁勤超.少数民族传统体育文化发展的生境困境与消弭路径[J].体育科学,2019,39(7).

[141] 王厚雷,王竹影.“一带一路”背景下新疆体育非物质文化遗产保护策略[J].武汉体育学院学报,2016,50(6).

[142] 王佳见,苗润莲,于怡鑫,等.冬奥背景下京津冀冰雪装备制造产业发展研究[J].科技智囊,2022(1).

[143] 王健,陈元欣.我国学校体育场地设施现状、制约因素与发展对策[J].上海体育学院学报,2015,39(2).

[144] 王凯.体育强国建设背景下体育产业强省建设的思考[J].体育学研究,2019,2(6).

[145] 王美,崔冬冬.社区体育概念的研究综述[J].体育文化导刊,2004(7).

[146] 王猛,渠彦超.中国共产党百年体育思想的历史演进、理论内涵与重要价值[J].体育与科学,2021,42(4).

[147] 王宁宁,程文广.全民健身公共服务智慧化实践困境及行动路向[J].体育文化导刊,2022(10).
[148] 王朋兵.论以人民为中心的发展思想对“人民主体论”的新拓展[J].长江论坛,2018(5).
[149] 王水嫩.论经济与文化的一体化趋势[J].经济论坛,2003(11).
[150] 王文龙,崔佳琦,米靖,等.我国竞技体育后备人才培养制度的演进逻辑与展望——基于历史制度主义分析范式[J].体育学刊,2021,28(6).
[151] 王向军.新型举国体制的核心优势与时代意义[J].人民论坛,2021(27).
[152] 王晓微.成就·经验·反思·构建:中国体育学若干重要议题探骊——黄汉升教授学术访谈[J].北京体育大学学报,2021,44(12).
[153] 王雪莉,付群,郑成雯.2010—2019年中国体育消费政策落实:问题与对策[J].体育科学,2019,39(10).
[154] 王亚坤,武传玺,彭响.新时代我国群众体育赛事发展困境及优化路径[J].体育文化导刊,2018(11).
[155] 王雁,燕飞.党的五代领导人关于体育的重要论述蕴含的马克思主义哲学观[J].体育与科学,2021,42(2).
[156] 隗斌贤.“一带一路”背景下文化传播与交流合作战略及其对策[J].浙江学刊,2016(2).
[157] 魏津瑜,刘曰波,杨翠梅,等.基于职业生命周期的信息化人才使用与培养对策研究[J].情报科学,2007(2).
[158] 吴浩.奥林匹克文化与中华文明的和合共生——北京冬奥会赋予历史、当下与未来的精神遗产[J].北京体育大学学报,2022,45(5).
[159] 吴文峰.中国体育文化近代变迁的重新审视[J].天津体育学院学报,2022,37(2).
[160] 吴永奎,李庆有,虞灿星.农村社区和学校体育场地器材共建共享的困境与出路[J].湖北体育科技,2020,39(7).
[161] 夏静,李赞,谭洋洋.我国竞技体育竞赛体制改革的发展历程、模式优化及前瞻思考[J].天津体育学院学报,2022,37(1).

[162] 夏莉娜.陈镜开:新中国第一个打破世界纪录的运动员[J].中国人大,2010(22).

[163] 谢军,周志雄.奥运备战视域下科技助力竞技体育发展的研究[J].体育科学,2020,40(7).

[164] 邢丽菊.从传统文化角度解析中国周边外交新理念——以“亲、诚、惠、容”为中心[J].国际问题研究,2014(3).

[165] 徐博.试论体育文化的民族性——关于我国当代体育文化研究根据的思考[J].人民论坛,2013(20).

[166] 徐磊,王庆军,孟文涛.大数据时代学校体育场馆服务全民健身智慧治理的内在诉求与路径选择[J].山东体育学院学报.2021,37(5)

[167] 徐拥军,张丹,闫静.北京2022年冬奥会和冬残奥会遗产价值及其评估研究[J].武汉体育学院学报,2020,54(10).

[168] 羊绍武.“亲诚惠容”周边外交理念的内在联系及其实践[J].学理论,2017(12).

[169] 杨国庆,彭国强,戴剑松,等.中国竞技体育复合型训练团队的发展问题与创新路径[J].北京体育大学学报,2020,43(6).

[170] 杨国庆.中国竞技体育的发展困囿与纾解方略[J].上海体育学院学报,2022,46(1).

[171] 杨桦,刘志国.体教融合:中国特色竞技体育后备人才培养模式转化与创新[J].成都体育学院学报,2021,47(3).

[172] 杨凯.郑州市城市社区体育服务现状调查及分析[J].河南师范大学学报(自然科学版),2011,39(1).

[173] 杨丽花,王德显.后冬奥时代冰雪产业可持续发展的制度构建[J].北京体育大学学报,2022,45(5).

[174] 杨蒙蒙,吴贻刚.体教融合背景下学校体育竞赛体系价值、困境与完善路径[J].体育文化导刊,2021(10).

[175] 杨小明,田雨普.和谐社会视域下城乡群众体育统筹发展的战略[J].北京体育大学学报,2014,37(5).

[176] 杨志勇.中国式现代化的目标、动力与实现机制[J].财贸经济,2022,43(10).

[177] 姚乐辉."一带一路"背景下少数民族体育发展策略研究[J].贵州民族研究,2019,40(9).

[178] 姚磊.乡村振兴战略中农村体育基本公共服务供给机制的创新路径[J].体育科学,2022,42(6).

[179] 尹作亮,戴俊.健康中国战略下我国健身休闲产业政策供给研究[J].南京体育学院学报,2019,2(2).

[180] 于磊.中国式现代化的发展脉络、科学内涵及世界意义[J/OL].学术探索,2022(11).

[181] 喻芒清.从"主动融入"到"聚焦特色":中国式现代化的战略选择[J].学校党建与思想教育,2022(22).

[182] 袁安府,金申健.医疗团队成员多元化、团队冲突与团队绩效关系研究[J].中国卫生事业管理,2013,30(4).

[183] 袁锋,张晓林.我国全民健身志愿服务现状及发展策略研究[J].广州体育学院学报,2015,35(1).

[184] 袁红林,刘哲.全球价值链视角下我国体育用品产业升级路径及对策[J].江西社会科学,2011,31(11).

[185] 张兵.新时代体育强国建设进程中职业体育高质量发展路向[J].体育科学,2020,40(1).

[186] 张德胜,李聪,胡羽,等.习近平的体育外交风格研究[J].体育成人教育学刊,2019,35(1).

[187] 张家伟.中华传统体育文化传承发展的立法保障探究[J].体育文化导刊,2022(4).

[188] 张嘉信,雷军蓉.新时代民族体育文化自信建构的动力、困境与路径[J].河北体育学院学报,2020,34(3).

[189] 张建会.冬奥会竞技强国冰雪项目发展经验与启示[J].体育文化导刊,2019(2).

[190] 张杰,张晨曦,林钰.中国式现代化进程的重大经济风险及应对[J].天津社会科学,2022(6).

[191] 张强,周家金.共建共治:新时代少数民族村落体育组织的发展模式——基于桂西北少数民族村落的调查[J].沈阳体育学院学报,

2019,38(4).

[192] 张文显.面向中国式现代化的自主性现代化理论[J].公共管理与政策评论,2022,11(6).

[193] 张晓义.体育全球化:中国体育的态度与制度应对[J].北京体育大学学报,2016,39(2).

[194] 张学兵,章碧玉,孟令飞.社会力量办体育实践经验与启示——以"温州模式"为例[J].体育文化导刊,2022(4).

[195] 张占斌,王学凯.中国式现代化:特征、优势、难点及对策[J].新疆师范大学学报(哲学社会科学版),2022(11).

[196] 张钊瑞,侯昀昀,肖淑红.健身产业价值创新战略案例分析与主要启示——以精品健身房为例[J].北京体育大学学报,2020,43(2).

[197] 张志丹,王恩祥.北京冬奥精神的生成根据、内涵诠释与当代价值[J].学校党建与思想教育,2022(12).

[198] 赵富学,程传银,才让卓玛,等."体育援藏"背景下安多藏区农牧区全民健身路径工程现状调查研究[J].武汉体育学院学报,2016,50(1).

[199] 赵富学,程传银,高继科,等."一带一路"背景下散存少数民族体育文化信息资源的数字化保护问题研究[J].武汉体育学院学报,2017,51(1).

[200] 赵富学,李壮壮.习近平总书记体育重要论述融入体育课程思政建设研究[J].武汉体育学院学报,2021,55(3).

[201] 赵富学,王发斌.我国"体育援藏"政策的特征与启示[J].齐齐哈尔大学学报(哲学社会科学版),2015(1).

[202] 赵富学.基于信息集成服务的少数民族体育非遗资源档案数字化平台建设研究[J].贵州民族研究,2019,40(1).

[203] 赵富学.论习近平新时代体育强国思想蕴含的马克思主义哲学观[J].北京体育大学学报,2020,43(5).

[204] 赵富学.体育成为中华民族伟大复兴标志性事业的要义指向、释析理路与推进方略[J].中国体育科技,2022,58(1).

[205] 赵富学.中国共产党体育强国建设的百年探索[J].体育科学,2021,41(9).

[206] 赵吉峰,邵桂华.我国竞技体育高质量发展的系统动力学模型与模拟仿真[J].上海体育学院学报,2022,46(3).

[207] 赵金国.体育企业信用评价指标体系研究[J].齐鲁工业大学学报(自然科学版),2017,31(2).

[208] 赵王青.五大发展理念的马克思主义方法论探析[J].哈尔滨学院学报,2018,39(9).

[209] 赵文胜.我国体育市场监督管理体制探讨[J].体育与科学,2005,26(5).

[210] 郑家鲲."十四五"时期构建更高水平全民健身公共服务体系:机遇、挑战、任务与对策[J].体育科学,2021,41(7).

[211] 郑有贵.中国式现代化演进中破解不平衡不充分发展问题的路径[J].中南财经政法大学学报,2022(6).

[212] 钟秉枢,李楠.体育在中华优秀传统文化传承中的重要价值、基本理念与具体路径[J].首都体育学院学报,2022,34(1).

[213] 钟秉枢."人类命运共同体"引领下的中国体育外交战略构建[J].体育文化导刊,2019(2).

[214] 周彪,陈元欣.新时代我国全民健身场地设施高质量发展探究[J].体育文化导刊,2022(8).

[215] 周峰.民族传统体育项目与全民健身融合研究[J].体育文化导刊,2017(2).

[216] 周家金,孙庆彬,张强,等.少数民族村落体育组织的运作方式与运作动力[J].沈阳体育学院学报,2019,38(5).

[217] 周嘉昕.马克思主义经典著作研究与马克思主义哲学方法论自觉[J].求索,2018(5).

[218] 周结友,曹华."全民健身计划"政策制度演进贯穿的七大逻辑主线研究[J].广州体育学院学报,2021,41(4).

[219] 周杨.马克思主义哲学与费尔巴哈唯物主义学说的关系[J].智库时代,2018(26).

[220] 朱卫平,陈林.产业升级的内涵与模式研究——以广东产业升级为例[J].经济学家,2011(2).

[221] 邹安乐.马克思主义视域中的新时代人民观[J].前线,2018(10).

三、报纸

[1] 习近平.习近平会见全国体育先进单位和先进个人代表等时强调 发展体育运动增强人民体质 促进群众体育和竞技体育全面发展[N].人民日报,2013—9—1(1).

[2] 习近平.习近平会见中国女排代表[N].人民日报,2019—10—1(1).

[3] 习近平.习近平看望南京青奥会中国体育代表团[N].人民日报,2014—8—16(1).

[4] 习近平.习近平在国家勋章和国家荣誉称号颁授仪式上的讲话[N].人民日报,2019—9—30(2).

[5] 习近平致信祝贺中央广播电视总台央视奥林匹克频道及其数字平台开播上线强调 全面展示北京冬奥会冬残奥会精彩非凡卓越的奥林匹克新篇章为推进中华体育强国建设作出贡献[N].人民日报,2021—10—26(1).

[6] 习近平.在"不忘初心、牢记使命"主题教育总结大会上的讲话[N].人民日报,2021—1—9(2).

[7] 习近平.在北京冬奥会、冬残奥会总结表彰大会上的讲话[N].人民日报,2022—4—9(1).

[8] 习近平.在第十二届全国人民代表大会第一次会议上的讲话[N].人民日报,2013—3—18(1).

[9] 习近平.在会见第三十一届奥运会中国体育代表团时的讲话[N].人民日报,2016—8—26(1).

[10] 习近平.在看望索契冬奥会中国体育代表团时的讲话[N].人民日报,2014—2—8(1).

[11] 习近平.在同各界优秀青年代表座谈时的讲话[N].人民日报,2013—5—5(2).

[12] 习近平.中共中央关于党的百年奋斗重大成就和历史经验的决议[N].人民日报,2021—11—17(1).

[13] 中华人民共和国国务院新闻办公室.中国残疾人体育事业发展和权利保障[N].人民日报,2022—3—4(13).

四、电子文献

[1] 财政部,国家体育总局.中央集中彩票公益金支持体育事业专项资金管理办法[EB/OL].(2013—12—23)[2022—11—7].

[2] 国家体育总局.2020年全国体育场地统计调查数据[EB/OL].(2021—6—1)[2022—11—2].

[3] 国家体育总局.2021年全国体育场地统计调查数据[EB/OL].(2022—4—29)[2022—11—2].

[4] 国家体育总局.关于印发体育强国建设纲要的通知[EB/OL].(2019—9—23)[2022—11—5].

[5] 国家发展改革委.冰雪运动发展规划(2016—2025年)[EB/OL].(2016—11—25)[2022—11—3].

[6] 国家体育总局.全国冰雪场地设施建设规划(2016—2022年)[EB/OL].(2016—11—3)[2022—11—2].

[7] 国家体育总局,教育部.关于深化体教融合 促进青少年健康发展的意见[EB/OL].(2020—9—22)[2022—11—5].

[8] 国家体育总局."带动三亿人参与冰雪运动"实施纲要(2018—2022年)[EB/OL].(2018—9—5)[2022—11—3].

[9] 国家体育总局."十四五"体育发展规划[EB/OL].(2021—10—25)[2022—11—6].

[10] 国家体育总局.2001—2010年体育改革与发展纲要[EB/OL].(2003—8—8)[2022—11—5].

[11] 国家体育总局.关于支持促进西藏体育事业发展的指导意见[EB/OL].(2011—8—11)[2022—11—6].

[12] 国家体育总局.国家体育总局体育援疆工作指导意见和实施方案及责任分工[EB/OL].(2011—8—11)[2020—3—11].

[13] 国务院.关于加快发展体育产业促进体育消费的若干意见[EB/OL].(2014—10—2)[2022—11—3].

[14] 国务院.关于印发"十三五"国家战略性新兴产业发展规划的通知[EB/OL].(2016—12—19)[2022—11—7].

[15] 国务院.关于印发“十四五”市场监管现代化规划的通知[EB/OL].(2021－12－14)[2022－11－3].

[16] 国务院.体育产业力争成为国民经济支柱性产业[EB/OL].(2021－5－20)[2022－11－3].

[17] 国务院办公厅.关于加快发展健身休闲产业的指导意见[EB/OL].(2016－10－25)[2022－11－5].

[18] 国务院办公厅.关于加快发展体育竞赛表演产业的指导意见[EB/OL].(2018－12－21)[2022－11－4].

[19] 国务院办公厅.关于加强全民健身场地设施建设发展群众体育的意见[EB/OL].(2020－10－10)[2022－11－2].

[20] 教育部,国家体育总局.关于推进学校体育场馆向社会开放的实施意见[EB/OL].(2017－3－8)[2022－11－5].

[21] 中共中央办公厅国务院办公厅.关于构建更高水平的全民健身公共服务体系的意见[EB/OL].(2022－3－23)[2022－11－7].

后　记

2019年9月，国务院办公厅印发的《体育强国建设纲要》对加快推进体育强国建设作出明确部署，提出要努力将体育建设成为中华民族伟大复兴的标志性事业。从党的百年奋斗历程来看，中国共产党是实现体育强国建设最可靠的主心骨与“定盘星”，是助推实现中华民族伟大复兴中国梦的“定海神针”与“压舱石”。“今天，我们比历史上任何时期都更接近、更有信心和能力实现中华民族伟大复兴的目标。”习近平总书记的这一重大论断，准确界定了新时代中国的历史阶段，充分表达了中国人民的自强自信。立足新的发展阶段，加速体育强国建设，推动实现中华民族伟大复兴中国梦的建设历程，任重道远，需要站在百年体育探索的历史积淀上，以科学的战略思维和深远的发展眼光，强化顶层设计，协同推进竞技体育、群众体育与体育产业，融体育教育、体育文化、体育精神、体育外交于一体，携手谱写中国式现代化体育强国建设的发展图景，坚定不移地走中国特色体育强国新征程。

逢山开路，遇水架桥。在中国共产党的领导下，中华民族从体育救国、体育强体、体育兴国迈进了体育大国的发展行列，正向着建设体育强国的战略目标坚定前行。从历史逻辑来看，体育承载着国家强盛、民族振兴的梦想，体育强国梦与中国梦紧密相连。然而，将体育建设成为中华民族伟大复兴的标志性事业，并不是空口白话、一蹴而就的，需要将体育事业置于中国特色社会主义现代化建设的宏伟蓝图中去思考、去谋划，深刻把握其时代特质、精准厘清其演进脉络，协同推进竞技体育、群众体育与体育产业，为实现体育强国梦与中华民族伟大复兴中国梦凝聚强大精神力量。同时，要把以习近平同志为核心的党中央的新思想新观点新论断作为行动指南，坚持马克思主义立场和社会主义方向，不断推进理论创新与实践创新，为实现体育强国梦、中国梦凝心聚力、筑牢根基。

体育强则中国强，国运兴则体育兴。在中国共产党的带领下，我国摘掉了百年前“东亚病夫”的帽子，并成功迈向了世界体育强国行列，这与中华民族伟大复兴中国梦一脉相承，共同见证了中国共产党百年奋斗的光辉历程。站在新的历史坐标上，进一步推动实现体育强国梦与中华民族伟大复兴中国梦，要紧紧围绕人民群众的发展需求，形成高水平的全民健身公共服务体系，构建体育和卫生健康等部门相协同、全社会共参与的运动促进健康的新模式；要以实现竞技体育自身发展、带动全人类共同发展为重要方向，优化举国体制与市场机制相协调的运行模式，构建“训、科、医、教、服”一体化的训练体系，探索竞技体育后备人才培养的科学化发展道路；要以激发体育产业发展活力为抓手，以“互联网+平台”、区块链等智慧技术手段为引领，促进体育与相关产业融合发展，推动体育产业转型升级与市场开发，全力打造现代化的体育产业服务体系。体育文化作为国家文化建设的重要组成部分，是实现体育强国建设的精神引领和内在动力。助推中华民族伟大复兴，促进体育文化繁荣发展，要高度凝练中华体育文化的时代精髓，将其有机融入竞技体育、群众体育、学校体育等，在实践中取其精华、不断创新，为体育强国建设凝聚精气神。体育外交是中国外交的重要组成部分，要紧紧围绕服务中华民族伟大复兴的历史使命，厘清现阶段体育外交转型发展中存在的阻滞因素，以维护国家主权、安全、发展利益为中心，整合优质资源，努力构建人类命运共同体。

百年复兴路，苦难铸辉煌，中国式现代化之路气象万千、前景光明。2022年，习近平总书记在党的二十大报告上指出：“中国式现代化，是中国共产党领导的社会主义现代化，既有各国现代化的共同特征，更有基于自己国情的中国特色。”为此，在中国式现代化的发展视域下，应科学审视体育助推中华民族伟大复兴的时代特质与价值内涵，全方位、宽领域地探索实现体育强国梦与中国梦的建设理路。首先，中华体育精神作为深深根植于中华大地的优秀传统文化，具有无与伦比的精神文化力量，在助推中华民族伟大复兴的使命征程中，须充分发挥其引领作用，推动体育强国建设，为体育事业谋发展、设布局。其次，北京冬奥会历经七年磨炼，将青春有我、强国有我、奋斗有我、兴体有我的时代责任牢牢熔铸于中华民族伟大复兴进程中，创造了“胸怀大局、自信开放、迎难而上、追求卓越、共创未来”的北京冬奥精神。冰雪运动作为重要呈现形式，在七年筹办历程中实现了“带动三亿人参与冰雪运动”的美好愿景，让世界看到了一个步履不停、更加自信开放的中国，这极大推动了我国体育事业的蓬勃发展，为加快建设体育强国积累了丰厚的物质、文化和人才遗产，注入了强大的精神力量。最后，少年强则中国强，要建设体育强国，实现中华民族伟大复兴，加强青少年体育教育是重中之重，需全面总结历史经验，有序推动体教融合发展战略，打造“政府激励＋协会跟进＋社区统筹”的治理格局，构建“学校推行＋家庭协助＋个人努力”的一体化支持体系，为体育强国建设助推中华民族伟大复兴提供源源不断的高质量后备人才。

推动体育强国建设助力中华民族伟大复兴是一项系统工程，必须始终坚持中国共产党的正确领导，推进竞技体育、群众体育、体育产业等蓬勃发展、开拓创新，在百年体育探索的历史基础上，携手共绘中国之路、中国之治的美好未来。本书的成稿，凝聚了作者与诸多学者的思想与智慧。在本书的撰写过程中，吕万刚教授、祝莉教授、李爱群编审、黄莉教授、王相飞教授、沈克印教授等学者给予了无私的帮助与关心，王杰、李林、沈兆鑫、赵鹏、李壮壮、李艳、刘明梅、薛丹丹、王姗姗、焦家阳、丰涛、徐露、何思源、张永山、曹寒薇、刘朗、吴依、韩佳欣、张晗、李运全、毋敏敏、乔威等同学在搜集和整理资料方面作了大量工作，作者在这里表示衷心的感谢！期待在你们和更多学者的关注与参与下，共同见证体育强国梦与中华民族伟大复兴中国梦早日成为现实，谱写中国式现代化体育强国的宏伟蓝图。

赵富学

2022年11月